대한민국 자연휴양림 가이드

휴식부터 레저까지 숲에서 즐기는 생애 가장 건강한 휴가

이준휘 지음

중앙books

작가의 말

자연휴양림을 처음 알게 된 것은 2005년, 선배를 따라나선 산행에서였다. 휴양림이라는 단어조차 생소했던 시절, 처음 접한 휴양림의 모습은 이국적이었다. 야영데크가 만들어져 있는 것도 생소했지만 무엇보다도 야영장을 감싸고 있는 울창한 잣나무숲에서 시선을 떼기 어려웠다. 그날 산행은 개수대 한쪽에서 반주 한 잔과 함께 마무리했다. 해가 산 뒤로 넘어가고, 어둠이 내려오면서, 숲은 점점 채도를 낮춰갔다. 어느샌가 인적이 끊어지고 칠흑 같은 어둠이 내려와 앉았지만 숲은 무섭기보단 아늑했다.

그 뒤로 새로운 일을 하느라 정신없이 시간이 지나갔지만 그날 봤던 풍경은 기억의 잔상으로 남아 오래도록 지워지지 않았다. 나중에 알게 되었지만 그날 머물렀던 곳은 유명산 자연휴양림의 제2야영장이었다. 1년 뒤 가족과 함께 다시 찾은 휴양림과 '숲속의 집'에서의 하룻밤은 기대 이상이었다. 일체의 소음이나 오염원이 없는 산속 깊숙이 자리한 통나무집은 머릿속에 그려왔던 전원주택의 모습과 가장 닮아 있었다.

이때부터 우리 가족의 여행 패턴에 큰 변화가 생겼다. 자연휴양림을 여행의 근거지로 삼기 시작했다. 답답한 도심 콘크리트 건물에서만 생활하던 우리에게 숲 속 통나무집에서의 하룻밤은 별다른 이벤트 없이도 좋은 추억이 되었다. 계절마다 바뀌는 숲 속에서 잘 가꿔진 숲길을 걷고 산책하는 것만으로도 좋았다. 상대적으로 저렴한 요금까지 뭐 하나 나무랄 것이 없었다. 지자체에서 운영하는 자연휴양림까지 포함하면 전국에 정말 많은 휴양림이 있다는 사실에 놀라기도 했고 지역마다 특색 있는 휴양림을 경험하는 것도 즐거운 일이었다.

2008년도에 본격적으로 캠핑을 시작하면서 휴양림에 대한 애정은 더 깊어졌다. 100여 곳의 야영장을 돌아다녔지만 자연휴양림만 한 곳을 찾기란 쉽지 않았다. 때론 주차장에서 짐을 나르고, 마음대로 화로대를 사용하지 못하는 소소한 불편함이 있어도 청정 자연을 즐기며 안전하게 하룻밤을 보낼 수 있는 호사에 비하면 그 불편은 아무것도 아니었다.
이렇게 휴양림을 내 집 삼아 여름엔 야영장으로, 겨울에는 숲속의 집으로, 봄·가을에는 등산과 자전거 코스 삼아 즐기는 사이 휴양림에도 변화가 생겼다. 이용객이 늘어나면서 숙소 잡기가 더욱 어려워진 것이다. 3대가 덕을 쌓아야 휴양림에서 1박 할 수 있다는 우스갯소리도 주위에서 어렵지 않게 들을 수 있다. 특히 2011년부터 시행된 국립자연휴양림의 야영장 예약제는 많은 것을 변화시켰다. 이전 선착순으로 이용할 때는 현장에서 직접 야영장 자리를 확인하고 데크를 이용했지만 이제는 현장에 도착하기 전 데크를 미리 선택해야 된다. 이때부터 '야영장 데크', '야영장 명당' 정보가 중요해졌다. 블로거들은 일제히 본인이 다녀왔던 야영장의 사진을 찍어 올리고 어떤 자리가 명당인지 논하기 시작했다. 든든한 벽이 있는 통나무집과 달리 달랑 천 한 장을 집 삼아 하룻밤을 보내야 하는 야영객들에게는 어느 위치의 데크를 선정하느냐가 큰 고민이기 때문이다. 화장실과 너무 가까운 것은 아닐까? 사람들의 왕래로 너무 번잡스럽지는 않을까? 이웃 데크와 너무 붙어 있는 건 아닐까? 이런 수많은 고민들이 야영객의 머릿속을 어지럽힌다. 필자 역시 야영장을 예약할 때는 어느 데크가 명당인지 수많은 블로그 정보를 일일이 확인하며 '손품'을 팔았다. 그러나 현장에 가서 눈으로 확인하기 전까진 본인이 원하는 데크 정보를 속 시원히 확인하기가 결코 쉽지 않았다.
어렵사리 숙소를 정하고 예약에 성공해도 여행을 준비하는 가장의 입장에서는 챙겨야 할 것들이 많다. 대부분의 휴양림들이 유명 관광지에서 떨어진 산악지대에 있다 보니 주변에 식자재를 구입할 곳과 식사할 곳 그리고 귀경길에 들러볼 만한 인근의 명소를 미리 찾아 계획을 세우는 것도 휴양림 예약과 함께 챙겨야 할 일이었다.

필자는 이 책을 두 가지 목적으로 쓰게 되었다. 첫 번째는 독자들의 여행 목적에 맞는 자연휴양림을 소개하는 것이다. 휴양림이라면 산 있고, 숲 있고, 계곡이 있어 다 비슷비슷해 보인다고 말할지도 모르지만 조금만 자세히 들여다보면 휴양림에도 차이가 있다. 물놀이하기 좋은 곳이 있는 반면 아예 물이 없는 휴양림도 많다. 어떤 곳은 휴양림에 볼거리와 체험 프로그램이 많고, 어떤 곳은 밖으로 나가 주변을 둘러봐야 좋은 곳도 있다. 이 책에는 57곳의 자연휴양림과 3곳의 치유의 숲에 대한 내용이 실려 있다. 치유의 숲을 포함한 까닭은 대중에게 휴양림으로 인지되고 있기 때문이다. 57곳의 자연휴양림 중에는 익히 알려진 국립자연휴양림뿐만 아니라 특색 있는 지자체휴양림들도 포함하고 있다. 필자의 주관이 반영된 글과 사진 이외에도 각 휴양림의 기후, 고도, 규모 등 객관적인 수치들을 포함시켜 균형 있는 정보를 전달하려고 노력했다. 먹고 자는 것 이외에도 휴양림에서 즐길 수 있는 아웃도어 활동과 체험거리에 대한 정보들도 빠트리지 않고 담았다.

두 번째 목적은 휴양림 예약에서 숙소 선택까지 의사결정에 도움을 주는 것이다. 필자도 그러했고, 여러 여행자들이 휴양림을 가고 싶어도 예약부터 벽에 부딪히는 경우가 많다. 필자의 경험과 휴양림에서 확인한 내용을 바탕으로 예약 방법과 팁을 알리는 데 많은 지면을 할애했다. 또한 이 책에는 모두 1,519개의 객실과 1,383개의 야영데크에 관한 정보가 담겨 있다. 야영장 데크의 경우 야영객의 관심 정도를 고려해 가능한 한 자세한 정보를 수록했다. 독자들은 야영장 분석 내용을 통해서 대략적으로 야영장의 분위기를 이해하고 본인 취향에 맞는 데크를 선택하는 데 도움을 받을 수 있을 것이다.

작가의 말

자연휴양림이라는 특정 공간이 목적지라 그리 길지 않은 여행이 대부분이겠지만 그냥 쉬었다가 오는 개념이 아닌 충분히 즐기는 휴양림 여행이 되었으면 한다. 휴양림으로 떠나는 짧은 여행을 위해서 주변의 장 볼 만한 곳과 지역 맛집 그리고 주변 관광명소까지 가능한 한 이동 동선을 고려해 정보들을 수록해 놓았다. 매년 많은 사람들이 휴식과 레저를 위해서 숲을 찾는다. 숲을 찾는 사람들이 사랑하는 가족, 연인, 친구들과 함께 안전하고 즐거운 추억을 만드는 데 이 책 한 권이 조금이라도 도움이 될 수 있기를 기원하며 글을 마친다.

2020년 가을 **이준휘**

*Thanks for

숲 속 즐거운 여행을 함께해준 우리 가족에게 감사하다. 그들과 함께한 즐거운 추억이 없었다면 결코 이 책을 쓰지 못했을 것이다. 출판을 위해 노력해준 출판사 중앙북스에게도 감사 인사를 드린다. 그리고 수많은 문의에 친절하게 답해주신 자연휴양림 관계자분들과 숲에 대해서 좀 더 자세히 알게 도와주신 숲해설사와 숲치유사 분들에게도 지면을 빌려 다시 한번 감사의 인사를 드린다.

이 책 이렇게 보세요!

우리나라 60곳의 대표 산림휴양문화시설

이 책에서는 국립자연휴양림 40을 소개하고 있으며, 지자체 휴양림 중에서는 특색 있는 인기 휴양림 17곳을 엄선했다. 휴양림은 아니지만 치유의 숲도 특별히 3곳 포함해 독자들이 충분히 숲을 즐길 수 있도록 했다. 휴양림은 지역별로 나누어 소개하고 있으며, 휴양림의 특장점, 시설의 특징, 야영장 정보, 교통편, 예약 정보와 주변 관광까지 모든 휴양림 여행 정보를 담았다. 휴양림마다 앞머리에는 기본 정보(연락처, 기후, 고도, 숙박시설 규모)를 한눈에 볼 수 있게 정리해두었다.

『대한민국 자연휴양림 가이드』 활용법

하나. 이 책에 소개된 휴양림 중에서 지역·테마 등을 고려해 가고 싶은 휴양림을 고른다.

둘. '내부 들여다보기', '야영장에서 하룻밤 보내기'와 세부지도를 보며 묵고 싶은 숙박시설을 고른다.

셋. '콕콕 짚어주는 휴양림 정보'에서 예약 방법을 확인하고, 사전예약일을 달력에 체크해둔다. '자연휴양림 예약하기(p.22)'에서 휴양림 예약 성공 노하우를 확인해 계획한다.

넷. 예약 완료 후, '휴양림 백퍼센트 즐기기'에서 체험프로그램·보급·볼거리·먹거리 등의 정보를 참고해 동선과 여행 계획을 짠다.

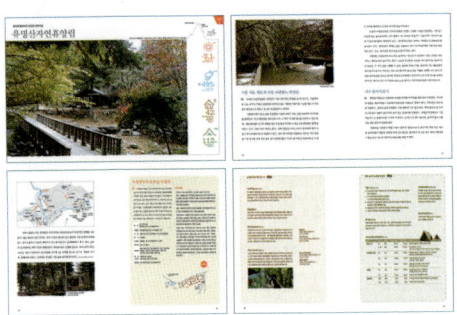

고도
휴양림마다 고도계로 직접 실측한 값을 기준으로 했다. 야영장을 기준으로 측정했고 야영장이 없는 경우 휴양관이나 관리사무소를 기준으로 측정했다. 산 정상의 해발고도와 휴양림의 해발고도를 비교해 몇 부 능선에 위치했는지 알 수 있다.

기후
휴양림이 위치한 읍·면 단위 소재지를 기준으로 2001년에서 2010년까지 10년 평균치를 전국 평균값과 비교한 기온과 강수량이다.

숙박시설 규모
해당 휴양림의 규모를 파악할 수 있도록 객실 수와 최대 수용 가능 인원, 야영장의 수를 소개한다.

이 책에 수록된 휴양림 숙박시설 예약 및 객실 정보, 요금 등은 2020년 8월까지 수집한 정보를 담았습니다. 휴양림 사정에 따라 예약 방법과 운영시설물은 언제든지 변경될 수 있습니다. 여행 전에 미리 변경된 정보는 없는지 해당 자연휴양림과 치유의 숲 홈페이지를 참고해 계획하는 것이 가장 좋습니다(개정 문의: 02-6416-3922).

캠퍼들을 위한 휴양림 야영장 집중 분석

야영장 시설·데크 배치도와 함께 조목조목 분석해 명당자리를 추천한다. 사실 명당 데크 선정 기준은 3가지를 기준으로 종합적으로 평가했다. 이 기준은 데크를 선택할 때 가장 기본적으로 생각해봐야 할 요소이기도 하다.

편의
데크와 주차장, 화장실,
개수대 등
편의시설까지의 거리,
전기나 샤워 시설
사용 가능 여부 체크.

환경
주변에 계곡과 그늘은 있는지,
경사도와 바닥 지형 체크.

프라이버시
등산객들의 동선에 노출되지
않는지, 야영장의 혼잡도와
데크 간격 등 체크.

BEST Site
종합적으로 판단한 작가의
추천 명당.

상세한 휴양림 내부 시설 및 야영장 배치도

휴양림마다 내부 시설 배치도를 수록했다. 야영장이 있는 휴양림은 야영장별 상세 데크 배치도까지 볼 수 있다. 야영장 배치도는 직접 답사와 측정을 통해 그린 개념도다. 데크 수와 위치, 편의시설·계곡·도로 위치 등을 파악하는 데에 도움이 된다. 특히 편의시설, 주차장 등과 데크까지의 거리는 워킹미터를 이용해 실제 측정한 거리다.

지도에 사용한 기호

알뜰한 가족여행, 지역 먹거리 소개

『대한민국 자연휴양림 가이드』는 공정여행을 지향한다. 주로 리(里) 단위에 위치한 자연휴양림을 베이스캠프로 하며 그 지역의 음식과 식재료를 구입할 수 있도록 지역 장터와 재래시장, 농협 마트에 대한 정보를 우선적으로 소개한다.

차례

○ 국립자연휴양림　○ 지자체자연휴양림　○ 치유의 숲

○ **유명산자연휴양림** 34
꿈에 그리던 숲 속 오두막집을 만나다

○ **중미산자연휴양림** 44
계곡 옆 조용한 캠핑장과 만나다

○ **산음자연휴양림** 54
산그늘 울창한 치유의 숲과 만나다

○ **반려견과 함께 즐기는 휴양림** 62
[Special page]

○ **치유의 숲·산음 치유의 숲** 64
[더욱 특별한 숲의 세계]

○ **운악산자연휴양림** 66
고급 펜션 부럽지 않은 숲 속의 집

○ **축령산자연휴양림** 72
서울 근교 최대 규모의 잣나무숲

○ **용인자연휴양림** 82
이유 있는 전국 최고 인기 휴양림

○ **석모도자연휴양림** 92
차 타고 찾아가는 보물섬에서의 휴식

○ **칼봉산자연휴양림** 100
깊은 숲 속 경반계곡에서 즐기는 휴식

○ **강씨봉자연휴양림** 106
경기 북부에서 가장 인기 있는 휴양림

작가의 말 4
이 책 이렇게 보세요 8
자연휴양림 FAQ 14
자연휴양림의 환경 16
자연휴양림 숙소 고르기 18
자연휴양림 이용 시 주의사항 20
자연휴양림 예약하기 22
테마로 즐기는 자연휴양림 30

강원도

- 용화산자연휴양림 112
  캠핑과 등산 전문 휴양림

- 용대자연휴양림 120
  열목어가 사는 청정 계곡 속으로

- 방태산자연휴양림 128
  원시림 속 아름다운 은둔 계곡으로

- 삼봉자연휴양림 136
  우리나라 3대 약수를 맛볼 수 있는

- 미천골자연휴양림 146
  자연휴양림 중 가장 길게 계곡을 접한

- 두타산자연휴양림 156
  속세의 번뇌를 잊고 신선놀음을 즐기다

- 대관령자연휴양림 164
  금강송숲에 세워진 최초의 자연휴양림

- 가리왕산자연휴양림 172
  회동계곡 옆 최고 시설의 오토캠핑장

- 검봉산자연휴양림 182
  해수욕과 삼림욕을 동시에 즐기는

- 청태산자연휴양림 190
  청태산 7부 능선에 자리한

- 백운산자연휴양림 198
  서울에서 가까운 강원도의 휴양림

- 복주산자연휴양림 204
  조용한 자작나무숲에서의 하룻밤

- 강릉임해자연휴양림 210
  객실에서 일출을 바라볼 수 있는

- 동강전망자연휴양림 216
  파노라마같이 펼쳐진 동강의 비경

- 용현자연휴양림 222
  백제 불교를 꽃피웠던 심산유곡 속으로

- 오서산자연휴양림 230
  서해안 억새 산행의 베이스캠프

- 희리산해송자연휴양림 238
  사시사철 푸른 해송숲에서의 오토캠핑

- 황정산자연휴양림 248
  매혹적인 단양팔경의 비경 속으로

- 속리산말티재자연휴양림 256
  최적의 속리산 여행 베이스캠프

- 상당산성자연휴양림 262
  성곽을 따라 거닐며 트레킹을 즐기는

- 봉수산자연휴양림 268
  예당호 조망이 아름다운 휴양림

- 계명산자연휴양림 274
  충주호를 내려다보는 별장 같은 숲속의 집

- 장태산자연휴양림 280
  아름드리 나무 도열한 메타세쿼이아숲

- 안면도자연휴양림 288
  매끈하게 뻗은 적송 사이를 거닐다

- 좌구산자연휴양림 294
  별자리 관측 체험이 가능한

- 문성자연휴양림(충주행복숲체험원) 302
  숲에서 할 수 있는 거의 모든 것

- 영인산자연휴양림 308
  박물관 옆 자연휴양림

충청도

○ 국립자연휴양림　○ 지자체자연휴양림　○ 치유의 숲

경상도

전라도

- ○ 운장산자연휴양림 316
  갈거계곡의 비경 속으로 들어서다
- ○ 덕유산자연휴양림 324
  한여름밤 반딧불이가 불 밝히는 숲길
- ○ 회문산자연휴양림 332
  신선이 바둑 두는 명당자리에서의 하룻밤
- ○ 변산자연휴양림 340
  바닷가 옆 최초의 해안생태형 자연휴양림
- ○ 낙안민속자연휴양림 346
  사통팔달 남도여행의 베이스캠프
- ○ 천관산자연휴양림 354
  동백꽃으로 가장 먼저 봄소식을 알리는
- ○ 방장산자연휴양림 362
  스머프마을을 떠올리는 목공예 체험장
- ○ 정남진편백숲우드랜드 368
  편백나무향이 은은한 치유의 숲
- ○ 장성 축령산 치유의 숲 374
  [더욱 특별한 숲의 세계]

- ○ 청옥산자연휴양림 378
  오성급 호텔 못지않은 오토캠핑장의 성지
- ○ 통고산자연휴양림 388
  불영계곡 속 금강소나무숲으로
- ○ 검마산자연휴양림 398
  숲 속 도서관에서 읽는 한 권의 책
- ○ 칠보산자연휴양림 408
  동해바다가 내려다보이는 휴양림
- ○ 운문산자연휴양림 416
  벽계수계곡이 일품인 자연휴양림
- ○ 대야산자연휴양림 424
  용추계곡의 시원한 비경을 누리는
- ○ 신불산폭포자연휴양림 430
  간월재 억새 산행의 베이스캠프
- ○ 지리산자연휴양림 436
  지리산 반달곰이 살고 있는 자연휴양림
- ○ 남해편백자연휴양림 444
  남해바다에 잘 가꿔진 편백나무숲
- ○ 운주산승마자연휴양림 452
  온 가족이 승마를 체험할 수 있는

차례

Special Theme

조망이 멋진 자연휴양림
봉수산자연휴양림-예당호 268
계명산자연휴양림-충주호 274

바다가 보이는 자연휴양림
강릉임해자연휴양림-동해 210
변산자연휴양림-서해 340
칠보산자연휴양림-동해 408

숲이 멋진 자연휴양림
축령산자연휴양림-잣나무숲 72
대관령자연휴양림-금강송숲 164
장태산자연휴양림-메타세쿼이아숲 280
정남진편백숲우드랜드-편백나무숲 368
절물자연휴양림-삼나무숲 466

이색 체험이 가능한 자연휴양림
좌구산자연휴양림-천문대 체험 294
문성자연휴양림-산림 체험 302
영인산자연휴양림-수목원 308
운주산승마자연휴양림-승마 체험 452

오토캠핑장이 좋은 자연휴양림
가리왕산자연휴양림 172
동강전망자연휴양림 216
희리산해송자연휴양림 238
청옥산자연휴양림 378

섬에 위치한 자연휴양림
석모도자연휴양림 92
안면도자연휴양림 288

제주도

○ **서귀포자연휴양림** 458
  한라산 편백숲에서 제주도의 푸른 밤

○ **절물자연휴양림** 466
  야생 노루 뛰노는 삼나무숲에서의 휴식

○ **교래자연휴양림** 472
  제주의 특징을 잘 살려놓은

○ **붉은오름자연휴양림** 480
  제주에서 가장 최근 개장한 자연휴양림

한눈에 보는 자연휴양림 숙박시설 현황 486
한눈에 보는 자연휴양림 야영장 현황 488
한눈에 보는 우리나라 자연휴양림 490

아직은 낯선 사람들을 위한
자연휴양림 FAQ

Q
자연휴양림이 무엇인가요?
사람들의 휴식과 레저를 목적으로 조성된 숲을 말한다. 자연휴양림은 숲, 숙박시설(야영장·숲속의 집·휴양관 등), 휴양시설(산책로·등산로)로 구성되어 있다.
(*휴양림은 일반적으로 숲이 좋은 곳을 가리키는 단어로도 쓰이지만 이 책에서는 산림문화휴양에 관한 법률에 따라 지정·고시한 곳만을 자연휴양림으로 지칭한다.)

Q
수목원과 어떤 점이 다른가요?
자연휴양림이 사람의 휴식과 레저를 목적으로 조성된 숲이라면 수목원은 수목의 수집, 보존, 관리와 전시가 목적이다. 즉 사람이 아닌 수목이 중심이 되는 곳으로, 국·공립수목원에서는 숙박 및 야영과 취사행위를 할 수 없다.

Q
휴양림은 국립공원에만 있나요?
국립공원과 국립자연휴양림은 서로 다른 시설이다. 국립공원은 환경부 산하 국립공원관리공단에서 운영하는 지역이며 국립자연휴양림은 산림청 산하 국립자연휴양림관리소에서 운영한다. 물론 국립공원 인근에 휴양림이 있는 경우가 많아 휴양림에서 국립공원을 탐방하기에 좋다. 예를 들어 지리산자연휴양림은 지리산국립공원 벽소령 인근에, 덕유산자연휴양림은 덕유산국립공원 삼공탐방소 인근에 위치해 있다.

Q
국립휴양림과 지자체휴양림의 차이는 무엇인가요?
산림청 산하 국립자연휴양림관리소에서 운영하는 자연휴양림은 국립자연휴양림, 경기도·가평군·용인시와 같이 지방자치단체에서 운영하는 휴양림은 지자체휴양림으로 구분한다. 일부 국립자연휴양림은 지자체에서 위탁 운영하기도 하고 지자체휴양림을 개인이나 단체가 위탁 운영하는 경우도 있다.

전국 통틀어 175곳의 자연휴양림이 있다. 그중 국립자연휴양림은 43곳, 지자체휴양림은 109곳, 개인운영 자연휴양림이 23곳이다. 이 책에서 다루는 자연휴양림은 모두 60곳인데, 국립자연휴양림 40곳, 지자체휴양림 17곳, 치유의 숲 3곳을 소개하고 있다.

일반 이용객에게 휴양림 운영 주체는 별로 중요한 사항은 아니다. 단, 예약 방법에 차이가 있을 수 있다. 과거에는 국립자연휴양림의 예약시스템과 지자체휴양림의 예약시스템이 별도로 운영되어 예약 정책에 차이가 있었다. 최근에는 숲나들e 홈페이지(https://www.foresttrip.go.kr)에서 국립휴양림과 지자체휴양림을 통합 예약하는 방식으로 변경되었다. 예약시스템이 통합되었어도 예약 정책에는 차이가 있다. 동강전망자연휴양림과 정남진편백숲우드랜드의 경우에는 아직도 별도 예약 시스템을 운영 중이다.

Q
예약 없이는 갈 수 없나요?
과거 국립자연휴양림의 경우 오후 5시 이후 미예약 물량과 당일 취소 물량을 현장에서 구매할 수 있었지만 현재는 불가하다. 당일에 방문하더라도 인터넷을 통해서 예약 후 이용해야 한다. 현장 예약 불가, 당일 인터넷 예약은 오후 5시까지 가능하다. 빈방이 있더라도 오후 5시 이후에는 예약할 수 없다. 숙박이 아닌 당일 방문은 예약 없이도 가능하다. 단 이용 시간이 정해져 있어 오후 6시 이전에는 휴양림에서 퇴장해야 한다.

Q
휴양림에서 취사하거나 바비큐를 해먹을 수 있나요?
가능하다. 단 휴양림별로 바비큐가 가능한 기간과 시설을 확인해야 한다. 거의 대부분의 휴양림에서 바비큐가 가능한 기간이 정해져 있다. 국립자연휴양림의 경우 봄, 가을 산불조심 기간에는 야외 바비큐 이용이 전면 금지된다. 기간은 2월 1일~5월 15일, 11월 1일~12월 15일 사이다. 건조특보가 내려질 때는 금지기간이 연장될 수 있다. 국립자연휴양림 중에서 365일 야외 바비큐가 금지되는 곳들도 있다. 대관령, 미천골, 가리왕산, 검봉산, 상당산성, 지리산, 신불산폭포자연휴양림 상단지구가 그렇다.
국립자연휴양림은 2015년부터 숙소 주변의 바비큐통(화로대)를 모두 치워버려 개인이 화로대를 직접 준비해야 한다. 반면 지자체휴양림의 경우 아직까지도 바비큐통이 설치되어 있는 곳이 많다. 이용하려면 불판과 숯을 준비해야 한다.

Q
모든 휴양림에서 야영이 가능한가요?
모두 야영이 가능한 것은 아니다. 이 책에서 소개하는 60곳 휴양림 중에서 야영장이 있는 곳은 39곳. 가장 규모가 작은 곳은 6개의 데크가 있는 낙안민속자연휴양림이고, 가장 규모가 큰 곳은 142개 데크가 있는 청옥산자연휴양림이다. 겨울철에는 대부분 야영장이 일시 폐쇄된다. 동계 캠핑이 가능한 곳은 유명산, 희리산해송, 청옥산, 용현, 축령산, 용인, 교래자연휴양림이다.

Q
휴양림에서는 어떤 활동을 할 수 있나요?
휴양림의 대표 즐길 거리는 등산과 산책, 그리고 물놀이다. 여름에는 물놀이장과 접근이 가능한 계곡에서 물놀이를 즐길 수 있다. 또 휴양림마다 전문 숲해설사가 무료로 숲 해설을 진행하고 있으며, 열쇠고리나 나무피리 등 간단한 소품을 만들어볼 수 있는 목공예 체험 프로그램에 별도의 재료비를 내고 참여할 수 있다. 이 외에도 승마나 천문대 체험 등 이색 체험도 가능하다(테마로 즐기는 자연휴양림 p.30 참고).

자연휴양림의 환경

01
고도

흔히 휴양림이 위치한 산의 높이를 보고 험준함을 판단하는데 그보다는 숙박시설 특히 야영장의 해발고도를 고려하는 것이 더 적합하다. 예를 들어 청태산의 높이는 해발 1,194m로 해발 1,444m의 방태산보다 낮지만 자연휴양림의 야영장은 청태산이 200m 이상 더 높다.

해발고도와 위도는 기후와도 연결되니 잘 살펴보는 것이 좋다. 해발고도가 100m 상승할 때마다 기온은 약 1℃ 떨어지는 것으로 알려져 있다. 같은 지역이라도 고도가 높으면 기온이 낮아 한여름 삼복더위에도 서늘하고 파리, 모기 등의 해충도 상대적으로 적다. 일몰 후에는 일교차가 더 크게 벌어진다. 이 책에서 소개한 야영장의 평균 해발고도는 433m다. 이를 기준으로 야영장의 상대적인 높낮이를 가늠하면 되겠다.

02
기후

휴양림은 대부분 산속 깊은 곳에 위치하고 있어 도시와 비교했을 때 기온과 강수량에 있어 큰 차이를 보인다. 휴양림 숙소에서 휴식만 취하다 오는 경우도 있겠지만 외부에서 야영을 하거나 트레킹과 같은 아웃도어 활동을 즐긴다면 기후는 더 중요해진다. 기후로 살펴봐야 할 것은 기온과 강수량이 대표적이다. 휴양림의 기온이 전국 평균과 비교해 어떤지 살피고 그에 맞는 옷차림과 준비물을 챙기는 것이 좋다. 강수량이 적은 지역은 상대적으로 맑은 날이 많겠지만 휴양림 안 계곡의 수량은 기대할 수 없다(p.17 참고).

03
규모와 시설

자연휴양림은 지정된 면적으로 그 크기를 이야기한다. 청옥산자연휴양림의 경우 지정 면적이 1억 53만㎡로 우리나라 자연휴양림 중에서 가장 넓은 면적을 차지하고 있다. 하지만 면적으로는 일반 방문객들이 자연휴양림의 규모를 거의 인지할 수 없다. 어디까지가 경계인지 가늠하기도 어렵고 굳이 알 필요도 없기 때문이다. 면적도 면적이지만 중요한 것은 휴양림의 시설 규모다. 숙박시설이 몇 실이고 최대 몇 명까지 수용 가능한지, 내부에 다른 휴양 시설이 있는지, 주변 자연환경은 어떻게 조성되어 있는지 확인하자.

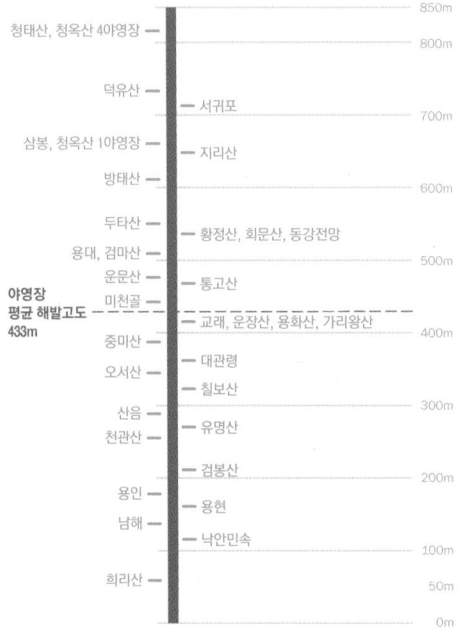

전국
자연휴양림의
기온 및
강수량

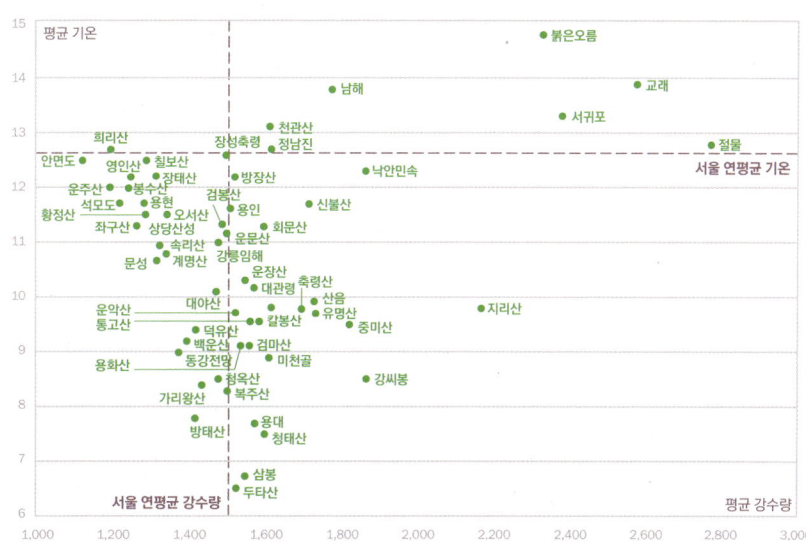

전국
자연휴양림의
객실 규모

· 원 크기는
  야영장의 규모

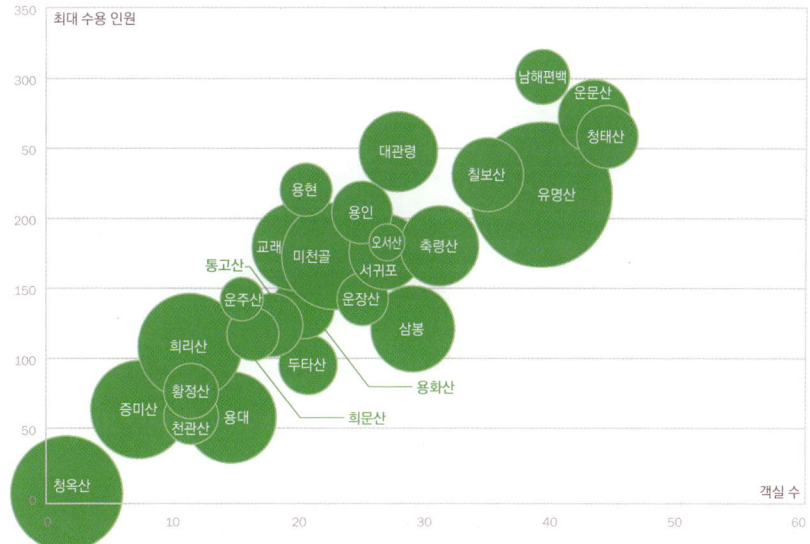

자연휴양림 숙소 고르기

자연휴양림 숙소의 종류

01
산림문화휴양관

2~3층 건물의 숙소. 한 건물에 여러 개의 객실이 모여 있는 형태다. 대부분의 자연휴양림에서 운영하고 있다. 일부 2층 객실의 경우 다락방을 포함하고 있어 인기다. 한 건물에 10개 이상의 객실을 보유한 게 일반적이었지만 2000년대 중반 이후에 신축된 휴양관은 한 건물에 4~5개의 객실을 보유한 소형 건물이 더 많다.

02
숲속의 집

독채 형태의 숙소. 단독주택같이 한 건물을 단독으로 사용하는 형태다. 가장 작은 3인실부터 12인실 이상의 대형 객실까지 다양하다. 주로 통나무집 형태의 외관이지만, 해당 지역의 특색이 가미된 숙소도 있다. 아파트와 빌딩에 익숙한 도시인들에게 숲 속 통나무집이 주는 로망은 대단하다. 단연 자연휴양림의 숙소 중에서 가장 인기 있다. 다락방이 있는 숲속의 집은 특히 어린아이들이 있는 가족에게 더 인기. 일부 숲속의 집은 독채가 아닌 이웃과 벽을 맞대고 있거나 1층과 2층으로 객실이 붙어 있는 경우도 있다.

03
연립동

독채 건물이지만 다른 객실과 벽이나 천장을 마주한 형태의 숙소. 가장 일반적인 구조는 두 가구가 벽을 마주 대고 있는 형태다. 이웃집과 벽을 맞대고 있다는 점에서 숲속의 집보다는 독립성이 약간 떨어지지만 그래도 단독주택의 느낌을 살려 선호가 높은 편이다. 역시 변종으로 2층 건물에 4개 객실이 있는 휴양관 구조의 연립동도 존재한다.

04
숲속수련장

단체이용객을 위한 숙소. 주로 5명에서 64명까지 인원을 수용할 수 있는 구조다. 가족 단위 방문객에게 관심을 받지 못하는 숙소지만, 여러 가족이 같이 놀러 갈 때는 이야기가 달라진다. 용화산자연휴양림 숲속수련장의 경우 23인실로 커 보이지만 방이 3개여서 세 가족이 여행을 하기에 좋은 구조다. 숙박비용도 세 가족이 나눌 수 있어 부담도 그리 크지 않다. 일반 객실에 비해서 상대적으로 예약이 쉽다는 점도 고려해볼 만하다.

05
야영장

국립자연휴양림을 기준으로 야영장은 일반야영장, 오토캠핑장, 황토온열데크, 캠핑카야영장으로 나뉜다. 그중 일반야영장과 오토캠핑장이 대표적인 야영장이다.

자연휴양림에서 잠을 잘 수 있는 숙소는 크게 야영장과 숙박시설이 있다. 숙박시설은 산림문화휴양관, 연립동, 숲속의 집, 숲속수련장으로 구분된다. 이 책에 소개된 휴양림의 숙박시설과 야영장 현황은 p.486 참고.

자연휴양림 야영장의 종류

01
일반야영장
텐트를 칠 수 있도록 바닥에 나무데크가 설치된 야영장. 주로 평탄화 작업을 하지 않은 자연 그대로의 지형에 설치되어 있다. 숲이 울창하고 계곡과 가까워 주변 환경이 좋은 곳이 많다. 반면 차를 데크 옆에 주차할 수 없어 데크까지 짐을 옮겨야 하는 불편함이 있다. 데크 사이즈는 휴양림과 야영장에 따라서 천차만별이다. 360×360㎝, 300×360㎝, 250×300㎝ 사이즈의 데크가 있고, 그중 360×360㎝ 사이즈 데크가 가장 많다. 크다고 해도 투룸텐트나 거실텐트를 올리기에는 턱없이 작다. 휴양림에 어울리는 텐트는 원룸텐트다.

03
노지야영장
구획 구분 없이 원하는 곳에 텐트를 설치하는 가장 원초적인 형태의 야영장. 나무데크 같은 시설물은 없다. 이 책에서 소개된 휴양림 중 제주도의 교래자연휴양림이 유일하게 노지야영장을 운영하고 있는데 원하는 곳에 자유롭게 자리를 잡고 텐트를 세팅할 수 있으며 가격도 매우 저렴하다.

04
캐빈
일부 자연휴양림에서 운영하고 있는 숙소다. 독채로 지어진 외관은 숲속의 집과 유사하지만 숙소 안에 화장실과 부엌이 없다. 전기와 난방 조명시설은 되어 있지만 화장실과 개수대는 외부 공용시설을 이용해야 한다. 일부 휴양림에서는 산막, 방갈로라 부르기도 한다.

02
오토캠핑장
데크 바로 옆에 차를 주차할 수 있는 야영장. 차량에서 데크까지 짐을 날라야 하는 일반야영장보다 편의성이 좋아 선호도가 더 높다. 단 오토캠핑장은 주차 공간을 확보하기 위해 주로 평탄화 작업을 한 평지에 조성하는 경우가 많다. 때문에 주변에 나무가 없어 그늘이 부족하고 일반야영장보다 자연미가 떨어지는 단점이 있다. 호불호가 확실하게 갈리는 야영장이며 짐이 많거나 캠핑에 익숙하지 않은 초보 캠퍼들이 주로 선호한다.

05
캠핑카야영장
캠핑카를 옆에 주차하고 야영을 즐길 수 있는 야영장. 희리산해송자연휴양림과 유명산자연휴양림에서 운영하고 있다. 야영장에 일반적으로 설치되어 있는 나무데크는 없고 대신 캠핑카를 주차할 수 있는 널찍한 공간이 제공된다. 10×8m부터 10×12m까지 세 종류가 있다. 아직까지는 캠핑카나 캐러밴을 몰고 오는 사람보다 일반 자동차로 와서 넓은 공간을 이용해 거실텐트를 설치하는 이용객이 대다수다.

자연휴양림 이용 시 주의사항

자연휴양림 이용 시 유의사항

01 체크인과 체크아웃
국립자연휴양림의 체크인 시간은 오후 3시. 체크아웃은 다음 날 낮 12시까지다. 휴양림에 일찍 도착하더라도 체크인 시간 전에는 입장할 수 없는 곳이 대부분이다. 일부 지자체 운영 시설(예: 정남진편백숲우드랜드)은 체크인과 체크아웃 시간이 오후 2시에서 다음 날 오전 11시까지로 한 시간씩 빠르다.

02 체크인이 늦어질 경우
대부분의 휴양림이 오후 10시 이전까지 체크인 하는 것을 권장하고 있다. 이후에는 관리자가 퇴근하고 없을 수도 있다. 도착 시간이 늦어진다면 미리 전화로 문의하자. 특히 야영장의 경우 너무 늦은 시간에 도착하면 텐트 설치 소음 때문에 주변 야영객들에게 피해를 줄 수 있다. 오토캠핑 전문 휴양림인 청옥산자연휴양림은 오후 10시 이후에는 아예 입장이 불가하고 휴양림 내 차량 이동도 제한된다.

03 숙박시설의 양도, 교환, 매매 금지
예약한 숙박시설은 양도, 교환, 매매를 금지하고 있다. 따라서 국립자연휴양림에서는 체크인 시 입실자의 신분증을 검사한다. 이때 예약자와 실제 입실자가 동일인이 아니면 예약은 취소되고 입실도 할 수 없다. 타인에게 양도하다 적발될 경우 예약 취소와 위약금 부과는 물론이고, 웹 회원 탈퇴와 3년간 재가입을 제한하는 페널티를 적용하고 있다.

04 애완동물 입장
대부분의 자연휴양림에서 애완동물은 숙박은 물론이고 당일 입장도 불가하다. 관리자의 눈을 피해 몰래 입장했더라도 나중에 발견되거나 다른 이용객으로부터 민원이 발생하면 강제 퇴실 조치 당한다. 이 책에 소개된 자연휴양림 중에서는 산음자연휴양림, 천관산자연휴양림, 검마산자연휴양림에서 반려견 동반 숙박이 가능하다.

05 예약 취소 시 위약금
국립자연휴양림의 경우 여름 성수기에는 사용 예정일 10일 전까지 취소해야 전액 환불된다. 2일 전부터 당일 사이에 취소할 때는 사용료의 80% 공제 후 환불된다. 비수기의 경우 사용 예정일 2일 전에 취소해도 전액 환불되고 당일 취소 시에는 사용료의 20% 공제 후 환불된다.

06 자연휴양림 휴무일
국립자연휴양림은 매주 화요일이 휴무일이다. 단 화요일이 공휴일이면 운영한다. 여름 성수기(7월 15일~8월 24일)에는 전일 운영한다. 지자체휴양림은 휴무일이 각각 다르다.

안전과 건강을 위해 지켜야 할 것

01 야영장에서의 화기 사용
야영장에서의 사망 사고 중 가장 높은 비중을 차지하는 것이 좁은 텐트 안에서 화기를 사용하다 발생하는 질식사고다. 동계시즌이나 기온차가 큰 간절기에 체온을 유지하려고 텐트에서 화기(버너, 숯, 차콜)를 종종 사용하는데, 매우 위험한 행동이다. 휴양림 야영장에서는 침낭과 전기장판(전기 사용이 가능한 경우)을 이용해 보온하도록 하고, 휴대용 가스버너로 고기를 구울 때도 주의해야 한다.

Tip. 휴대용 가스버너 사용 시 주의사항
- 과대불판 사용하지 않기(불판이 부탄캔까지 덮는 것을 의미함)
- 부탄캔을 화기 주변에 두지 않기
- 여름철 차량 안에 부탄캔 두지 않기
- 사용한 가스용기는 구멍을 내서 폐기하기

02 체온 유지
대부분의 자연휴양림 야영장은 겨울 동안 잠시 폐장하고 3월 31일부터 다시 오픈한다. 이때 주의해야 할 점은 휴양림의 봄은 한 박자 느리게 온다는 것이다. 휴양림의 야영장은 전기를 사용할 수 없거나 데크 사이즈가 작아 거실텐트를 사용할 수 없는 곳이 대부분이다. 특히 동계캠핑 경험이 없는 초보자들은 주의해야 한다.

이른 봄철에는 한 계절 늦은 두꺼운 옷과 든든한 침낭을 준비하고, 강원 산간지역보다 해안가와 가까운 낮은 지대나 남쪽 지역 휴양림을 이용하는 것이 좋다. 휴양림이 위치한 지역과 그 평균 기온은 물론 고도도 고려하는 것이 좋다. 회문산과 운문산은 상대적으로 남쪽에 있지만 야영장의 해발고도가 높아 춥다. 필자의 경험으로는 최저 기온이 15℃ 이상이면 동계 침낭이나 난방이 없어도 견딜 만했다. 최저 기온이 20℃ 이상이면 한밤중에도 한기를 느끼지 않는 정도다. 긴팔 옷도 준비해 큰 일교차에 대비하도록 하자.

03 장마·폭염
자연휴양림의 야영장은 계곡을 끼고 있는 경우가 많다. 계곡의 수량은 순식간에 불어나기 때문에 손쓸 틈 없이 사고를 당할 수 있어 매우 위험하다. 장마철이나 태풍 이동 경로에 위치할 때는 과감하게 장소를 변경하거나 일정을 취소하는 것이 좋다. 현장에서도 관리 직원의 안내에 귀 기울이고 지시에 신속하게 따른다. 비가 많이 내릴 때에는 아예 계곡에 접근하지 않는 것이 좋다.

대부분의 야영장은 그늘이 풍부한 계곡에 자리 잡은 덕분에 한여름 폭염에는 오히려 시원하다. 하지만 일반야영장이 아닌 오토캠핑장은 그늘이 부족한 곳도 종종 있다. 이 경우에는 타프를 추가로 설치해 그늘을 더 만들어주거나 한낮에는 그늘진 곳이나 계곡, 주변 관광지에서 시간을 보내다가 해가 진 뒤에 돌아오는 것도 방법이다.

04 식중독
여름철에 주의해야 할 것 중 한 가지는 음식물의 보관과 섭취다. 특히 신선식품이 문제가 되는데, 신선도를 유지하려고 아이스박스(쿨러)에 식료품을 보관하다가 오히려 음식물이 상하는 경우가 있다. 신선식품은 오래 보관하지 말고 가능하면 빨리 섭취하는 것이 좋다. 장기간 캠핑할 때에도 그날 먹을 음식만 보관하고 매일 현지에서 새로 구입하는 것이 좋다. 국립공원야영장에서 운영하는 푸드뱅크(식품냉장보관 서비스)는 상당히 유용한 서비스다.

또한 바다와 가까운 자연휴양림을 이용할 때는 회를 비롯한 해산물을 사먹는 경우가 많다. 신선도 유지는 물론이고 비브리오 패혈증도 조심해야 한다. 아무리 바다와 가까워도 회센터에서 숙소까지는 차로 20~30분 이상 걸린다. 포장해 가야 한다면 반드시 얼음 포장을 하는 것이 좋다. 여분의 작은 아이스박스를 차에 준비해두는 것도 좋다.

05 해충·감염
휴양림은 대부분 숲이 우거진 곳에 위치해 있기 때문에 해충에 의한 질병도 조심해야 한다. SFTS(중증열성혈소판감소증후군)와 쯔쯔가무시는 진드기에 물려서 감염되는 질환이며 렙토스피라와 신증후군출혈열은 들쥐의 배설물로 오염된 공기가 물을 통해서 감염되는 질환이다. 모두 오한, 두통, 발진, 발열 등의 증상이 나타난다. 만약 야외 활동을 다녀온 뒤에 감기와 비슷한 발열 증세를 보인다면 즉시 의사의 진료를 받아야 한다.

Tip. SFTS와 쯔쯔가무시증 예방수칙
- 긴팔 옷을 착용하고 장화를 신는다.
- 풀밭에서는 돗자리를 펴고 앉는다.
- 풀숲에 앉아서 용변을 보지 않는다.
- 등산로를 벗어난 산길을 다니지 않는다.
- 야생동물과 접촉하지 않는다.
- 야외 활동 후 옷은 세탁하고 샤워나 목욕을 한다.

06 폭설·도로 결빙
국립자연휴양림의 경우 눈이 내려도 휴양림 내부 도로와 진입로 인근에 제설작업을 하기 때문에 이용에 큰 무리는 없다. 하지만 일부 휴양림들은 포장도로에서 벗어나 좁은 마을길을 한참 따라 들어가야 하는 경우가 있어 주의를 요한다. 경기도 산음자연휴양림이 대표적이다. 경사도가 급한 곳도 있다. 동강자연휴양림이 대표적인데 급경사 오르막길을 2㎞ 이상 올라가야 산정 부근의 휴양림에 도착할 수 있다. 겨울철에는 스노타이어와 체인 등 월동장비를 반드시 갖추고 출발해야 한다.

자연휴양림 예약하기

그림의 떡! 필자가 가장 싫어하는 말 중 하나다. 먹을 수 없는 떡이라니. 차라리 안 보이면 먹고 싶지도 않을 텐데, 보기만 하고 먹을 수 없다면 그건 고문이나 다름없지 않은가. 그런데 요즘엔 자연휴양림을 두고 이 말을 많이 하게 된다. 예전에는 아는 사람들만 소리 소문 없이 이용하던 곳이 불과 몇 년 사이에 전 국민이 즐겨 찾는 휴가철 명소가 되어버린 것이다. 대형 포털사이트 일간 검색어 순위에 올라오는 일도 이젠 낯설지 않다.

"휴양림 좋은 거 알지. 그런데 예약이 안 되는 걸 어떡해?" 맞는 말이다. 휴양림은 예약 경쟁률이 높다. 가고 싶은 사람은 많고 수량은 제한적이라 예약이 쉽지 않은 게 사실. 만약 지금 이 책을 읽다가 '나도 한번 가볼까'라는 마음으로 원하는 날짜에(주로 주말이나 공휴일일 것이다) 숙소를 예약하려고 홈페이지를 방문한다면 예약을 못할 가능성이 거의 100%다. 야속하게도 평일을 제외하고는 주말과 공휴일에 남아 있는 숙소가 거의 없다. 휴양림 관계자 말에 따르면 최근 휴양림 객실가동률이 70%를 넘어섰다고 한다. 객실가동률이 70%를 넘어섰다는 것은 주말에는 거의 방이 없다는 소리다. 외국인 관광객이 넘쳐난다는 서울 시내 호텔의 평균 객실가동률도 60~70% 선이다.

그런데 신기하게도 거의 매주 캠핑을 다니는 캠핑 마니아들은 어렵지 않게 야영장이나 숲속의 집을 예약하는 것 같다. 어떤 노하우가 있기에 그 어렵다는 휴양림 예약을 척척 해내는 것일까? 무슨 꼼수가 있는 건 아닐까? 결론부터 말하자면 꼼수는 없다! 수많은 시행착오 끝에 얻은 나름대로의 노하우가 있는 것이다. 다만 그 노하우대로 행동하기 위해서는 약간의 부지런함과 집요함을 필요로 할 뿐이다.

Point 1
기본적인 예약 방법:
홈페이지를 통한 사전 예약

자연휴양림의 예약은 홈페이지와 전화 등의 방법으로 이뤄진다. 가장 많이 활용되는 예약 방법은 홈페이지를 통한 사전 예약이다. 홈페이지를 통한 예약 방법은 간단하다. 홈페이지에서 회원 가입하고, 예약 현황을 확인하고, 원하는 숙소를 골라 예약하면 된다.

국립자연휴양림과 대부분의 지자체휴양림들은 이제 숲나들e 홈페이지(http://foresttrip.go.kr)를 통해서 예약을 진행할 수 있다. 국립자연휴양림의 예약 정책은 동일하지만 지자체휴양림들은 약간씩 차이가 있다.

숲나들e 홈페이지 http://foresttrip.go.kr
자연휴양림 ARS 서비스 1800-9448
국립자연휴양림의 경우 인터넷 사용이 익숙하지 않은 만 65세 이상 고객을 대상으로 매월 ARS 사전 예약을 받는다. 미리 ARS 회원으로 등록되어 있어야 하며, 매월 4일 오전 9시에서 8일 오후 6시 사이에 객실 예약 신청을 받고, 13일 오전 10시에 추첨 결과를 발표한다. 국립자연휴양림별로 한두 개씩 총 50개의 객실이 ARS 예약용 객실로 지정되어 있다.

Point 2
예약은 부지런하게, 타이밍은 영리하게

그럼 이제부터 어떻게 하면 예약 성공률을 높일 수 있는지 노하우를 풀어보고자 한다. 예약을 잘하기 위해서는 어떤 방법이 가장 좋을까? 원론적으로 말하면, 홈페이지에 미리, 그리고 자주 들어가 보는 것이 좋다.

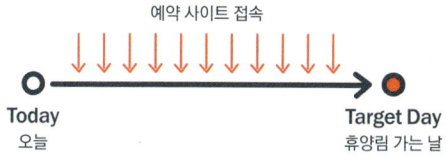

부지런히 확인하고 또 확인해보는 사람이 아무래도 기회를 많이 얻지 않겠는가. 그러나 가뜩이나 다른 일로 바쁜데, 여행 한번 가겠다고 이렇게 시도 때도 없이 휴양림 홈페이지만 들어가서 무작정 기다려야 하나? 사실 이게 가장 확실한 방법이면서 무모한 방법이기도 하다. 예약의 고수들은 이렇게 하지 않는다. 노련한 사냥꾼은 사냥감이 돌아다니는 길목을 지키고 기다리는 법. 예약의 고수들은 '언제' 홈페이지를 확인해 예약 물량을 확보해야 하는지 정확하게 알고 있다. 그 타이밍에 맞춰 일명 '매복'에 들어간다. 그 '길목'에 해당하는 시점은 다음과 같다.

첫 번째 기회는 사전예약 시점이다. 휴양림을 미리 예약할 수 있도록 휴양림별로 날짜가 정해져 있다. 각 해당하는 날에 대부분 시설 예약이 마감된다.

두 번째 기회는 추첨 시기다. 국립자연휴양림과 일부 지자체휴양림의 경우 추첨을 신청하는 시기가 있다. 국립자연휴양림은 비수기 주말과 여름 성수기 때 추첨제로 예약 물량이 배정되고, 일부 지자체휴양림의 경우 매월 추첨을 통해서 예약 물량을 배정한다.

사전예약에는 입금 기한이 있다. 기한이 지나면 예약된 물량 일부가 취소되는데 그 취소 물량이 나오는 시점을 잘 공략해야 한다. 그리고 하루 전날과 당일에도 취소 물량이 나오는 시점이 있다. 또한 국립자연휴양림의 경우 대기 제도가 있어, 선예약자가 입금을 완료하지 않으면 대기자에게 기회가 넘어간다. 이 포인트들을 잘 공략하면 예약 확률을 높일 수 있다.

> **예약을 노려야 하는 6가지 시점**
> ① 사전예약 ② 추첨 시기 ③ 입금 미완료 취소
> ④ 예약 대기 ⑤ 이용일 하루 전 ⑥ 이용 당일

Point 3
사전예약은 정공법!
예약 오픈일 정시에 도전하자

휴양림마다 사전예약 오픈일이 있다. 대부분 홈페이지에서 특정일, 특정 시간부터 예약을 받는데 먼저 클릭하는 사람이 예약할 수 있는 선착순제다. 사전예약이 시작되는 시점이 예약을 노려야 하는 가장 첫 번째 타이밍이자, 예약 성공 확률이 가장 높은 때다. 사전예약을 운영하는 방법은 각 휴양림별로 다르다. 매월, 매주, 매일 특정 시간에 사전예약이 진행된다.

01
특정 요일에 예약하는 경우

국립자연휴양림은 매주 수요일 오전 9시부터 6주 후 일주일 치까지의 비수기 주중 물량 예약이 가능하다. 다시 말하면 2015년 3월 18일(수요일) 오전 9시가 되면 6주 후인 2015년 4월 22일부터 4월 28일까지 숙박시설 예약이 가능해진다. 매주 수요일이 되면 예약 가능일이 한 주 더 늘어나는 방식이다.

2015년 9월부터 국립자연휴양림의 주말(금요일, 토요일, 법정공휴일 전일) 물량은 사전예약이 아닌 주말 추첨제로 진행된다. 내가 원하는 날짜(주중)에 객실을 이용하고 싶다면 필히 사전예약일에 대기하고 있다가 정시에 잡아야 한다. 잘 모르거나 깜빡 잊고 이때를 놓치는 경우가 다반사다(*국립자연휴양림은 매년 7월 15일부터 8월 24일까지 여름 성수기 기간이다. 이 기간에는 주중 물량도 사전예약이 아닌 성수기 추첨으로 배정한다).

국립자연휴양림과 같이 매주 수요일 오전 9시에 6주 치 물량이 오픈되는 지자체휴양림들은 다음과 같다(계명산, 문성, 좌구산, 영인산, 서귀포, 붉은오름, 절물).

02
특정일에 예약하는 경우

지자체휴양림은 대부분 매월 1일 특정 시간에 그다음 달 예약 물량을 한꺼번에 오픈한다. 예를 들어 2015년 3월 1일 오전 9시가 되면 4월 1일부터 4월 31일까지의 숙박을 예약할 수 있다. 매월 1일 오전 9시에 사전예약을 오픈하는 자연휴양림이 가장 많다. 한 달 치 물량이 한 번에 나오기 때문에 이때를 잘 노려야 한다. 휴양림을 잘 찾아다니는 사람들은 매월 1일이 가장 바쁘다. 이 책에 수록된 지자체휴양림의 사전예약 오픈일과 시간은 아래와 같다.

사전예약오픈일	오픈 시간	지자체자연휴양림
매월 1일	09:00	강씨봉·석모도·축령산·강릉임해·봉수산·교래
매월 1일	11:00	동강전망
매월 1일	13:00	운주산승마
매월 6일	09:00	안면도

자연휴양림 예약하기

03
특정 시간에 예약하는 경우

정남진편백숲우드랜드의 경우 하루 단위로 사전예약 가능일이 바뀐다. 매일 오후 10시에 61일 뒤 예약이 오픈된다. 하루가 지날 때마다 특정 시간에 예약일이 하루 단위로 늘어나는 셈이다. 예를 들어 1월 1일 밤 10시가 되면 3월 2일 예약이 가능해진다. 하루가 지난 1월 2일 10시가 되면 예약 가능일은 3월 3일까지 늘어나는 식이다.

이 경우 휴양림을 사용하고자 하는 날짜로부터 예약이 시작되는 날을 역산해서 준비해야 한다. 계산이 어렵다면 해당 웹사이트에서 공지하고 있는 '오늘 예약 가능한 날짜'를 참고해 준비하면 된다.

정남진편백숲우드랜드

3월 17일 오후 10시부터 → 61일 이후 → 5월 18일자 예약 가능

예약의 첫 번째 기회! 사전예약일과 시간을 기억하자

국립자연휴양림
매주 수요일 09:00 6주 후까지 비수기 주중 예약 물량 오픈
(비수기 주말 물량은 월 추첨제에서 미리 배정)

지자체자연휴양림
① 국립자연휴양림과 동일하게 매주 수요일 09:00 6주 후까지 비수기, 성수기(주중, 주말) 예약 물량 모두 오픈(월 추첨이 있는 경우 추첨 이후에 선착순으로 예약 진행)
② 매월 1일, 6일 다음 달 한 달 치 예약 물량 오픈
③ 매일 특정 시간에 특정 날짜의 예약 물량 오픈

Point 4
성수기 추첨은 여우처럼!
경쟁률 보고 여럿이 도전하자

많은 사람들이 휴가지로 떠나는 여름 성수기. 휴양림을 예약하려는 사람들 역시 많이 몰린다. 이런 성수기엔 국립자연휴양림은 사전예약제에서 추첨제로 예약 방법을 전환한다. 국립자연휴양림에서 정한 여름 성수기는 매년 7월 15일에서 8월 24일 사이다. 이 기간에 해당하는 물량은 추첨 신청기간에 신청을 받고, 추첨을 통해서 신청자에게 객실과 야영데크를 배정한다. 2020년을 기준으로 성수기 추첨 예약이 어떻게 진행되는지 살펴보면 아래와 같다.

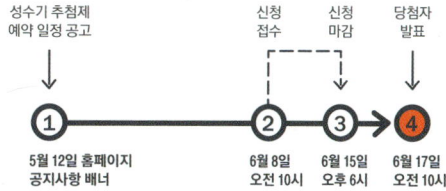

성수기 추첨제 예약 일정 공고 → 신청 접수 → 신청 마감 → 당첨자 발표
① 5월 12일 홈페이지 공지사항 배너
② 6월 8일 오전 10시
③ 6월 15일 오후 6시
④ 6월 17일 오전 10시

01 추첨 일정 공고
대체로 성수기 추첨 신청 기간이 시작되기 1개월 전 신청 기간 공지가 홈페이지에 올라온다.

02 신청 준비
국립자연휴양림 홈페이지 회원으로 가입되어 있어야 신청이 가능하다. 미리 회원가입을 해두자. 중요한 것은 1개의 아이디당 객실 1개, 야영장 1개씩만 예약이 가능하다는 것.

03 신청 접수
보통 성수기 추첨 신청 기간은 6월 중순경 일주일 정도다. 1개의 아이디당 객실 1개와 야영장 1개씩 1박 2일에서 3박 4일까지 자신이 원하는 휴양림의 객실과 데크에 각각 추첨을 신청할 수 있다.

신청 기간 동안은 본인이 신청한 내용을 상황을 봐가며 중간에 변경할 수 있다. 신청 기간이 지나고 며칠 뒤에 당첨자를 발표한다. 이때 당첨된 사람들은 이후 결제를 진행하면 된다.

04 추첨 확률 높이는 방법

① 신청 횟수를 늘려라

우리는 복권을 살 때 당첨 확률을 조금이라도 높이려고 여러 장 구매한다. 추첨에서 확률을 높이려면 당연히 횟수를 늘리는 것이 필요하다. 같은 이치로 휴양림에서 추첨 확률을 높이려면 신청 횟수를 늘려야 한다. 문제는 1개의 아이디 당 야영데크 또는 객실 신청 횟수가 1회로 제한되어 있다는 것. 함께 가는 모든 사람이 참여해야 한다. 본인뿐만 아니라 동행하는 배우자, 친구, 가족의 아이디로도 함께 신청하는 것이 좋다. 단, 이때 주의할 점은 과욕을 부려 여행에 동행하지 않는 사람의 명의로 예약해서는 안 된다는 점이다. 휴양림은 실명제로 운용되고 있어 체크인 할 때 예약자의 신분증을 확인한다. 예약자와 투숙객의 신분이 불일치하면 투숙이 불가능하고 이후 휴양림 이용이 금지되는 페널티를 받을 수 있다.

❶ 휴양림의 지역과 시설, 신청 월 선택
❷ 일자별 숙박시설 신청자 수

② 경쟁률 낮은 시설을 공략하라

성수기 추첨 신청 기간 동안 국립자연휴양림 홈페이지에 추첨용 메뉴가 별도로 오픈된다. 그중 '추첨제 현황' 메뉴에서 휴양림마다 숙박시설과 야영데크별 일별 경쟁률을 확인할 수 있다. 상대적으로 경쟁률이 낮은 곳을 신청하면 추첨 확률이 높아진다. 일자별 경쟁률을 보면 평일보단 주말이, 7·8월 중순보다는 7월 말~8월 초가 경쟁률이 높다. 휴양림별로도 접근성과 인지도에 따라 경쟁률이 다르다. 경쟁률 높은 곳을 피해 신청한다면 당첨 확률을 높일 수 있다. 필자의 경험상 국립자연휴양림은 어느 곳이나 최소 기본 이상이다. 바닷가에 위치한 휴양림보다 첩첩산중으로 들어가는 것도 방법이다. 인기가 좋은 숲속의 집만 고집하지 않는다면 확률은 더 높아진다.

변경된 국립자연휴양림의 주말 예약 제도

기존에 사전예약제로 운영되던 주말 물량 예약이 2015년 9월 사용 물량부터 주말 추첨제로 진행된다. 매월 1일부터 말일까지의 주말(금요일, 토요일, 법정 공휴일 전일) 물량은 전월 4일 오전 9시부터 9일 오후 6시 사이에 추첨 신청을 받는다. 1개 아이디당 숙박시설 또는 야영 시설 1건을 신청할 수 있다. 당첨자는 매월 10일 오후 4시에 발표되며, 결제는 매월 10일 오후 4시부터 14일 오후 6시까지 완료해야 한다. 당첨되지 않거나 미결제 물량은 매월 15일 오전 9시부터 선착순으로 예약할 수 있다.

05 입금 마감 시점과 미입금 취소 물량 노리기

사전예약 시기도 놓치고, 성수기 추첨에도 떨어졌다면 이제 어떻게 해야 할까? 포기하고 다른 숙소를 알아봐야 할까? 예약의 고수들은 여기에서 포기하지 않는다. 다시 기회를 엿본다.

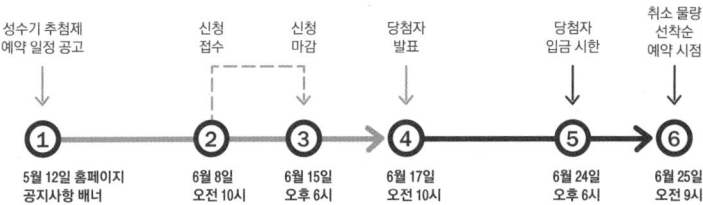

성수기 추첨에 당첨된 사람들은 돈을 입금해야 예약이 완료된다. 정해진 기한 내에 입금하지 않으면 당첨은 취소된다. 추첨에 떨어진 사람에게도 이 입금 기한은 중요하다. 이유는 바로 취소 물량 때문이다. 국립자연휴양림에서 운영하는 야영장 데크 수는 1,000개가 넘고, 객실 수도 수백 개다. 성수기가 40일이면, 성수기 추첨 신청 기간에 모두 4만 건(야영장 1,000개×40일)이 넘는 예약이 이루어지는 셈이다. 이 물량이 모두 예약 완료될까? 휴양림 관계자의 말에 의하면 대략 20~30% 정도 물량이 취소된다고 한다. 정확한 자료에 근거한 확률은 아니지만 10%만 잡는다고 해도 약 4,000건의 물량이 다시 나오는 것이다. 신청에서 떨어진 사람들은 이 물량을 잡기 위한 패자부활전에 임할 수 있다. 생각보다 이 패자부활전에 참여하는 사람이 많지 않다. 취소 물량 예약 시점은 홈페이지에 별도로 공지한다. 보통 당첨자 입금 기한 다음 날에 취소 물량에 대한 선착순 예약이 진행된다.

06 성수기 이후 다시 시작되는 사전예약제

휴양림 예약 고수들의 또 다른 비법 중 하나는 성수기를 약간 벗어난 시기, 살짝 늦은 여름 휴가를 휴양림에서 보내는 것이다. 한여름 성수기 추첨과 휴가로 다들 정신없이 시간을 보내고 있을 때 고수들은 8월 25일 이후 휴양림 예약을 준비한다.

국립자연휴양림의 사전예약은 6주 전에 시작되기 때문에 8월 26일부터 9월 1일 사이의 예약 분은 7월 22일 오전 9시부터 가능해진다. 성수기 추첨제로 중단되었던 사전예약제가 다시 시작되는 시점이다.

> **성수기 추첨에서 성공하려면,**
> 하나, 여러 개 아이디로 신청해 확률을 높여라.
> 둘, 경쟁률을 확인해 상대적으로 경쟁률이 낮은 곳을 노려라.
> 셋, 입금 기한을 넘긴 취소 물량을 놓치지 말고 주시하라.

Point 5
국립자연휴양림의 대기 제도

국립자연휴양림 홈페이지에서 예약할 때 '대기하기' 기능이 있다. 말 그대로 이미 예약이 완료된 객실이나 데크가 취소될 경우를 대비해 미리 대기 순서를 정해주는 기능이다. 1개의 아이디당 3개의 대기를 신청할 수 있다. 3순위까지 신청을 받는다. 이런 까닭에 국립자연휴양림은 운 좋게 취소 물량을 잡을 확률이 매우 낮다. 이미 다른 3명이 내가 노리는 객실을 찜해 두고 있을 확률이 높기 때문이다.

기존 예약자가 예약을 취소하거나 기한 내에 입금하지 않으면 예약은 취소되고 1순위 대기자에게 예약 기회가 주어진다. 이때 예약 가능 문자가 대기자1에게 발송되고 다음 날 자정까지 예약할 수 있게 된다.

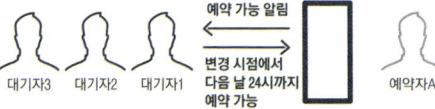

예를 들어 2015년 4월 24일 금요일 산음자연휴양림의 숲속의 집은 이미 예약 가능한 숙소가 없는 상황. 예약 유형 선택에서 대기 가능 상품으로 다시 검색해보면 7개의 결과가 나온다. 이 중에서 순위 빠른 객실 위주로 대기를 신청해놓으면 편리하다. 일부러 웹사이트에 들어가서 취소 물량을 찾아 다녀야 하는 수고를 덜어주는 아주 편리한 기능이다. 물론 대기가 예약까지 이어질지는 알 수 없다. 복불복이다. 매주 수요일 오전 9시 시작되는 사전예약에서 실패했다면 바로 대기 예약이라도 신청해야 한다.

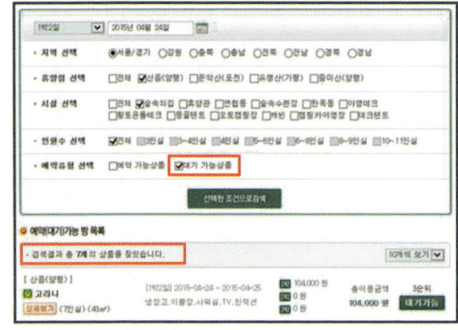

대기 가능 상품 검색 결과

Point 6
이용 하루 전에
마지막으로 빈 숙소를 확인하자

앞서 본 것처럼 국립자연휴양림은 대기제도가 있기 때문에 취소 물량을 잡기가 쉽지 않다. 누군가 취소해도 대기 신청자에게 우선권이 있기 때문이다. 그런데 이 대기제도가 늘 유효한 것은 아니다. 사용일로부터 2일 전이 되면 기존에 신청해놓았던 대기는 모두 무효가 된다. 그리고 3일 전부터는 추가로 대기를 신청할 수 없다. 한 번 더 '이삭'을 주울 수 있는 기회가 보인다.

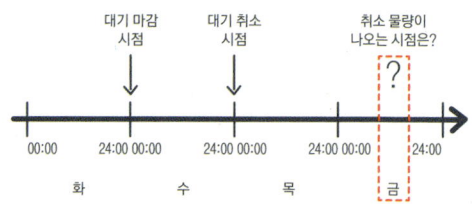

예를 들어 숲속의 집 A의 금요일 이용에 대한 1, 2, 3순위 대기자가 있다고 하자. 이틀 전인 수요일 24시부터 이 대기자들은 모두 없어진다. 그 이전인 화요일 24시 이후부터는 금요일 객실에 대한 신규 대기 신청도 불가해진다. 그러면 수요일 24시 이후부터는 금요일 숙박 취소 물량이 나올까? 이론적으로는 가능한 이야기다. 수요일 자정 이후에 취소되었다면 나올 수 있다. 실제로 수요일 자정 이후에 웹사이트에서 여러 차례 매복해봤지만 결과는 신통치 않았다. 왜 그럴까?

그래서 가정을 하나 세워보았다. 위약금을 추가로 고려해보자. 사전에 예약했던 사람이 예약을 취소하면 위약금을 지불하고 나머지 금액을 환불 받게 된다. 국립자연휴양림의 경우 비수기인 경우 사용일로부터 이틀 전까지 예약을 취소하면 위약금을 내지 않아도 된다. 그렇다면 위약금을 물지 않고 금요일 예약을 취소할 수 있는 데드라인이 수요일 24시가 된다. 가능하다면 자정 전에 취소하려 할 것이다. 그렇다면 대기가 살아 있을 때 취소가 이루어진다. 그렇다면 예약자A는 수요일 자정 이전에 예약을 취소하고 그 예약은 대기자1로 넘어간다. 그러면 대기자1이 다시 이 예약을 결제해야 되는 시점은 목요일 자정까지가 된다. 이때 대기자1이 자정까지 결제하지 않으면 비로소 취소 물량이 나오게 되는 것이다.

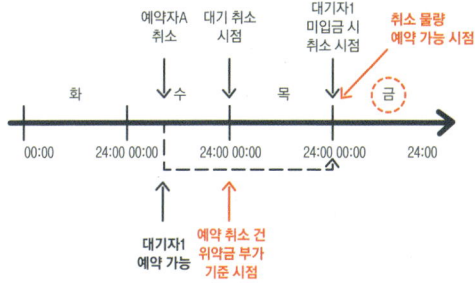

이와 같은 가정하에 목요일 자정 이후 매복 결과는 성과가 있었다. 중요한 것은 오전 0시 12분에서 0시 30분 사이에 금요일 예약 취소 물량이 나오는 것을 확인할 수 있었다. 하루 전(자정이 지났으니 엄밀하게 이야기하면 당일이지만 취침 전이니 하루 전이라고 말한다) 자정 이후에는 당일 취소 물량이 나온다. 물량이 많지 않지만 이 시간대를 알고 있는 사람들도 제법 있다. 괜찮은 물량이 나오면 몇 초 이내로 사라지는 경우가 많았다.

단 이 방법은 주말 추첨, 성수기 추첨 기간보다는 비수기 평일에 효과를 볼 가능성이 있다.

Point 7
오늘 어디 가지?
당일 예약 취소 숙소를 찾아라

휴가 계획을 미리 세워야 하는 경우에는 활용하기 어려운 예약 방법이지만 문득 '오늘 휴양림에 가볼까?' 하는 생각이 든 날에도 휴양림을 즐길 수 있는 방법이 아주 없진 않다. 당일에도 마지막까지 기회는 남아 있다.

예약 취소에 대한 위약금을 살펴보면 국립자연휴양림은 당일 취소 시 비수기 위약금은 결제 금액의 20%다. 위약금이 그렇게 크지 않은 탓에 당일에도 취소 물량은 나온다. 야영장의 경우 주차료를 포함해도 약 15,000원 정도로 이용료가 저렴해서 취소조차 하지 않고 안 오는 데크 이용객도 있다. 어렵게 예약에 성공해서 간 사람들이 보기에는 참으로 맥 빠지는 광경이 아닐 수 없다.

국립자연휴양림의 경우에는 당일 오후 5시 이전 취소 물량은 웹사이트에 반영시킨다. 이용자들은 오후 5시까지 당일 예약이 가능하다. 과거에는 5시 이후 물량은 현장에서 선착순으로 판매했지만 이제 현장 판매는 하지 않는다. 지자체 휴양림의 경우 당일 예약 가능 시간이 각기 다르다. 숲나들e 홈페이지 > 오늘예약 메뉴에서 당일 이용 가능한 시설물을 검색해볼 수 있다.

> **덧붙이며…**
> 설명이 길지만 결론은 단순하다. 예약이 가능한 시기와 취소 물량이 나오는 시기를 잘 알고 그때를 공략하라는 것. 각 시기가 어떻게 결정되는지 쉽게 이해할 수 있도록 길게 설명했다. 이 책에서는 국립자연휴양림 포함, 지자체휴양림의 예약 시스템과 예약 정책에 대해서 다루고 있다. 예약 시스템과 정책은 언제든지 바뀔 수 있고, 언제 어떻게 바뀔지는 필자도 독자도 모른다. 다만 그 원리를 이해한다면 변경되더라도 충분히 대응할 수 있을 것이다.

테마로 즐기는 자연휴양림 | 숲에서의 고요한 휴식

숲 해설
전문 숲해설사와 함께 숲길을 걸으며 숲 구석구석에서 살아가는 모든 것에 대해 듣고 체험해볼 수 있다. 거의 대부분의 휴양림에서 프로그램을 운영한다.

치유의 숲
숲치유사가 진행하는 프로그램. 숲을 통해 도시 생활에 찌든 몸과 마음을 풀어주고 면역력을 높일 수 있도록 돕는다.
산음자연휴양림(p.54)
정남진편백숲우드랜드(p.368)
장성 축령산 치유의 숲(p.374)

나무 데크길 산책
가볍게 산책하며 맑은 공기로 음이온 샤워를 할 수 있도록 숲길 곳곳에 나무 데크길이 조성되어 있다.

트레킹
아름다운 산세를 지닌 명산과 유서 깊은 명승지에 자리해 등산로와는 또 다른 매력의 걷기 좋은 트레킹 코스가 많다.
상당산성자연휴양림(p.262)

계곡 물놀이
오지 느낌 물씬 나는 산속 휴양림에는 물 맑고 시원한 계곡물이 흐른다. 발만 담가도, 혹은 흠뻑 젖더라도 시원한 청량감에 이만한 여름휴가가 없다.

숲 속에서의 독서
살랑살랑 불어오는 바람에 자연 소리를 배경 음악 삼아 책을 읽으면, 마음이 차분하게 정돈되는 느낌이 든다. 숲속 도서관에서 책을 대여해 휴양림 곳곳에 자리 잡고 시간을 보내도 좋다.
삼봉자연휴양림(p.136)
검마산자연휴양림(p.398)

테마로 즐기는 자연휴양림 | 가족과 함께하는 휴양림

목공예 체험
대부분 자연휴양림에서 목공예 체험 교실을 운영해 나무를 이용한 간단한 공예품을 만들어 볼 수 있다. 우드버닝, 나무 목걸이부터 의자나 탁자 같은 DIY 가구까지 직접 만들어볼 수 있다.

숲속 놀이터
어린이를 위해 나무를 이용한 다양한 놀이기구가 마련되어 있다. 까르르 웃는 아이들의 웃음소리만 들어도 미소가 지어진다.
용인자연휴양림(p.82)

나무 위 놀이터
청태산자연휴양림(p.190) 트리 하우스

숲속 어드벤처
어린아이들도 산이 재미있다. 테마파크처럼 조성된 숲 속 모험 시설.
용인자연휴양림(p.82)
영인산자연휴양림(p.308)
방장산자연휴양림(p.362)

승마 체험
숲에 머물면 동물과 친해질 기회도 많다. 특별히 승마 체험이 가능한 휴양림도 있어서 가족과 함께 말에게 먹이를 주거나 말에 올라볼 수도 있다.
운주산승마자연휴양림(p.452)

산악자전거
휴양림에는 좋은 산책길과 등산로는 물론이고, 자전거 타기 좋은 임도가 개설되어 있다. 꼬불꼬불 이어지는 길을 가다 보면 절경이 눈앞에 펼쳐진다.

짚 라인
나무에 와이어를 연결하고 높이 차이를 이용해 빠르게 반대편 나무로 이동하는 체험시설이다.
용인자연휴양림(p.82)
문성자연휴양림(p.302)
영인산자연휴양림(p.308)

별자리 관측
휴양림에서는 별빛이 유독 아름답다. 천문대를 끼고 있는 휴양림에서 깊은 밤하늘을 관찰해보는 시간도 좋다.
좌구산자연휴양림(p.294)
정남진편백숲우드랜드(p.368)

우리나라 자연휴양림
BEST **60**

서울에서 바람 쐬듯 다녀오는
수도권 자연휴양림
10 곳

산 좋고 물 맑기로 전국 최고인
강원도 자연휴양림
14 곳

다양한 즐길 거리로 매력 넘치는
충청도 자연휴양림
13 곳

울창한 숲과 건강한 아웃도어
경상도 자연휴양림
10 곳

남도여행의 깊은 맛을 느끼는
전라도 자연휴양림
9 곳

한라산 야생 자연을 즐기는
제주도 자연휴양림
4 곳

꿈에 그리던 숲 속 오두막집을 만나다
유명산자연휴양림

수도권

유명산 정상 862m
등산로 왕복 6.3km

고도
259m
제1야영장 기준

산림청 직영 국립휴양림 | 1989년 개장 | 경기도 가평군 설악면 유명산길 79-53 | 031-589-5487

기온
-3.1℃
전국 평균 대비
설악면 연평균 기온

강수량
+495㎜
전국 평균 대비
설악면 연평균 강수량

숙박 규모
54실
54실 최대 257명 수용
숲속의집 15
휴양관 30
연립동 9

야영장
102데크
일반야영데크 82
캠핑카야영장 20

제2야영장 인근의 사방댐

처음 세워져 오래도록 사랑 받는 휴양림

○ 유명산자연휴양림은 전국에서 가장 사랑 받는 휴양림 중 한 곳이다. 서울에서 한 시간 거리의 가평군 설악면에 위치하고 있는 까닭에 주말이면 이곳을 찾는 도시인들의 발걸음으로 북한산 등산로 초입만큼이나 붐빈다.

사람들이 많이 찾는 만큼 휴양림의 시설 규모도 타의 추종을 불허한다. 먼저 캠핑장을 살펴보면 모두 102개의 넉넉한 데크를 보유하고 있는데, 제1·제2야영장뿐 아니라 차량을 데크 바로 옆에 주차할 수 있는 캠핑카야영장도 함께 운영하고 있다. 숙박시설의 위치도 좋다. 숙박시설로는 30실 규모의 휴양관과 15동의 통나무집, 9동의 연립동이 있다. 특히 통나무집과 연립동은 계곡을 끼고 휴양림 가장 깊숙한 곳에 자리 잡고 있어 한적할 뿐만 아니라 잘 가꿔진 리조트에 온 것 같은 착각을 불러일으킬 만큼 멋지게 만들어져 있다.

유명산자연휴양림은 숙박과 야영장 외에도 다양한 시설을 제공한다. 휴양림 초입에 있는 숲속교실에는 굳이 캠핑이 아니더라도 당일치기 나들이객이 쉬어가기 좋게 의자와 테이블이 마련되어 있고, 제1야영장 바로 위에는 사방댐으로 만들어진 물놀이장이 있다. 제2야영장 옆에는 넓은 운동장도 있어 자녀를 동반한 가족 단위 방문객이 축구, 야구, 배드민턴 등을 즐기기에도 좋다.

주변에는 유명산(해발 862m)으로 올라가는 등산로가 조성되어 있다. 유명산 정상까지는 계곡을 따라 올라가는 편도 4.3㎞의 등산로와 능선을 따라 올라가는 2㎞의 메인 등산로, 두 가지 길을 이용할 수 있다. 등산이 부담스럽다면 제1·제2야영장에서 통나무집까지 이어지는 데크길을 따라 숲 속을 가볍게 산책할 수도 있다. 휴양림 내부에 순환 임도는 없지만 옥천에서 출발해 이곳까지 오는 37번 국도를 '유명산길'이라고 해서 온로드 라이딩(On Road Riding)을 즐기는 자전거 동호인들이 즐겨 찾는다.

내부 들여다보기

○ 휴양림 매표소로 진입하면 초입에 위치한 주차장을 제일 먼저 마주한다. 주차장과 맞닿은 제1야영장이 초입에 위치해 있어 주변으로 왕래가 많다. 주말에는 특히 더 번잡하다. 숲속의 집과 연립동은 가장 안쪽에 자리 잡고 있다. 특히 숲속의 집 구역을 가로지르며 개울이 흘러 더욱 운치 있는 분위기를 연출한다. 유명산자연휴양림에서 가장 마음에 드는 풍광이라면 이 숙박 구역이다. 단 한 가지 흠이 있다면, 숲속의 집 비둘기동 뒤로 분묘가 인접해 있다는 점이다.

휴양림을 가로질러 제법 수량이 풍부한 계곡이 있지만 계곡 인근에 위치한 데크를 없애버렸기 때문에 야영장 쪽에서는 접근이 불가하며 등산로 입구 쪽의 사방댐에서 발을 담글 정도의 제한적인 물놀이를 즐길 수 있다.

　　숙박시설로는 다른 휴양림과 마찬가지로 산림휴양관보다 독립적인 별채를 사용할 수 있는 숲속의 집이 인기다. 특히 이곳의 숲속의 집은 휴양림 가장 안쪽에 위치해 있는 데다 조용하고 아담한 계곡까지 끼고 있어 입지가 금상첨화라고 할 수 있다. 숲속의 집 중에서도 뻐꾸기동과 종달새동이 계곡에 바로 인접해 있으며, 특히 산까치동은 성수기 추첨에서 최고 경쟁률 277대 1을 기록할 정도로 인기다. 연립동 크낙새, 올빼미와 부엉이, 보라매도 휴양림 가장 끝에 위치해 한갓지다. 숙박시설 상세정보는 p.43 참고

1 잣나무숲이 울창한 제1야영장
2 숲속의 집 꾀꼬리동

야영장에서 하룻밤 보내기

○ 주차장과 맞닿아 있는 제1야영장과 달리 제2야영장은 주차장에 차를 주차하고 손수레를 이용해 한참을 이동해야 하기 때문에 상당히 번거롭다. 후문 쪽에 위치한 데크의 경우 후문 쪽에 주차 후 이동하는 것도 방법이나 손수레가 없고 계단을 통과해야 하는 번거로움이 따른다. 산림휴양관과 캠핑카야영장은 숲속의 집으로 넘어가는 고갯마루에 있다. 캠핑카야영장은 오토캠핑장이기는 하나 평지가 아닌 경사지에 자리 잡고 있기 때문에 차량 운행과 주차 시에 주의가 필요하다.

규 모	총 102개 데크 (야영데크 82개, 캠핑카야영장 20개)
야영장	3곳(일반야영장 2곳, 캠핑카야영장 1곳)
고 도	해발 259m(제1·제2야영장), 313m(캠핑카야영장)
전 기	사용 가능
샤워장	있음(온수 가능)
개수대	있음
화로대	사용 가능(단 봄·가을 산불 방지 기간인 1월 29일~6월 8일, 11월 1일~12월 15일까지 사용 금지) 장작 금지. 숯과 차콜만 사용 가능
데 크 사이즈	대부분 360×370cm, 330×360cm이고, 310×370cm 데크도 섞여 있다. 캠핑카야영장 600×1,000cm
특이점	제1·제2야영장은 잣나무숲에 위치

제1야영장

40개 / 휴양림 입구, 평지 지형, 울창한 잣나무숲

편의 휴양림 입구 주차장과 맞닿아 있고 야영장 폭도 30여m 이내여서 차량에서 짐을 나르기에 수월한 장점이 있다. 반면 위생동이 오른쪽 끝에 위치해 131~140번 데크 쪽에서는 이동거리가 좀 길다.

환경 계곡과는 떨어져 있지만 울창한 잣나무숲에 자리 잡고 있다. 한여름에도 타프가 필요 없을 정도이다.

프라이버시 야영장 바로 오른쪽이 등산객과 차량의 메인 이동 통로. 주말에는 특히 번잡하다. 왼쪽으로 갈수록 등산객의 시선으로부터 멀어지지만 위생동(개수대, 화장실)으로부터 멀어진다는 단점이 있다.

BEST Site 주차장과 데크 사이의 거리가 짧아 조용함보다는 입식모드로도 부담 없이 찾을 법한 야영장. 104·105번 데크는 위생시설과 10m 이내로 매우 가깝다. 101·103번 데크는 메인 통로와 가까워 등산객의 시선에 노출된다. 다른 데크들의 입지환경은 대동소이하며 편의성 측면에서 본다면 위생동과 가까운 106~120번 데크를 추천한다. 편의성보다 프라이버시를 중요시한다면 121~130번 데크가 좀 더 한적하다.

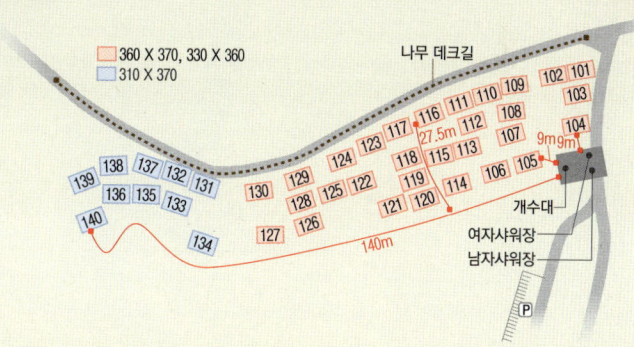

제2야영장

야영데크 42개 / 휴양림 후문과 인접, 평지 지형, 울창한 잣나무숲

편의 제2야영장으로는 차량이 들어올 수 없어서 제1야영장 쪽에 주차하고 카트를 이용해 짐을 옮겨야 한다. 문제는 야영장이 너무 멀리 떨어져 있다는 것. 가장 가까운 데크(246번)까지도 150m 이상 이동(경사도 없음)해야 한다. 화장실과 개수대는 야영장의 중앙에 위치해 있지만 후문 쪽 200번 초반 데크에서 이용하기에는 역시 거리가 멀다.

환경 제1야영장과 마찬가지로 울창한 잣나무숲에 자리 잡고 있다. 일부 데크(246~252번)는 계곡 물소리를 들을 수 있을 만큼 계곡과 인접해 있지만 계곡으로 접근할 수는 없다. 중앙에 운동장이 있어 아이들과 함께 온 가족 단위 방문객은 이곳에서 배드민턴이나 캐치볼 등 운동을 즐기기에 좋다.

프라이버시 캠핑장을 가로질러 후문에서 진입하는 등산객들의 왕래가 잦은 편이다. 특히 화장실과 개수대 부근은 사람들의 왕래가 많아 번잡하다.

BEST Site 주차장에서 데크까지의 거리가 멀기 때문에 입식 오토캠핑모드보다는 짐을 최소화한 좌식모드나 백패킹 스타일로 찾는 것이 좋다. 짐을 옮기기 쉬운 편의성 측면에서 본다면 주차장에서 가까운 246~252번 데크가 좋다. 대신 사람들의 통행으로 조용한 맛은 떨어진다. 240~245번 데크도 편의성은 좋은 반면, 바로 옆에 식당 건물이 있어 오지 분위기와는 거리가 있다. 반면 242번 데크는 화장실과의 거리가 너무 가깝다. 제2야영장 역시 2015년 데크 정비 사업으로 데크 배치가 모두 바뀌었다.

1 제2야영장
2 주차장에 차를 세우고 배치된 카트를 이용해 짐을 옮겨야 한다.

캠핑카야영장

20개(600×1,000㎝) / 오토캠핑형, 경사 지형, 그늘 부족

편의 사이트 바로 옆에 주차할 수 있는 캠핑카야영장. 입식 모드 혹은 좌식모드 모두 부담 없이 장비를 설치할 수 있다는 것이 장점이다. 반면 야영장이 경사지에 있어 캠핑장에서 주행과 주차에 주의가 필요하다. 화장실은 위쪽에 위치해 아래쪽 사이트에서 이용하기에는 불편하다. 모든 사이트에서 전기를 사용할 수 있다.

환경 제1·제2야영장이 울창한 잣나무숲에 자리 잡은 것과 달리 그늘이 없다. 기존 오토캠핑장의 부정형 지형을 계단식 논같이 반듯하게 깎아 놓았다. 주변에 계곡은 없다.

프라이버시 휴양림 입구에서 숲속의 집으로 넘어가는 고갯마루에 위치해 있다. 제1·제2야영장과 달리 등산객들의 동선에서 떨어져 있어 상대적으로 한갓지다.

BEST Site 40개 데크 규모의 오토캠핑장이 없어지고 그 자리에 600×1,000㎝ 사이즈의 널찍한 캠핑카야영장이 생겼다. 공간이 넓어지고 사이트 수도 20개로 줄어 훨씬 한적해졌다. 울퉁불퉁했던 지형도 계단식으로 정비해 차량이 이동하기에도 훨씬 수월해졌다. 반면 드문드문 자라던 관목들이 없어져 이제 그늘은 전혀 찾을 수 없다. 야영장의 지형과 배치는 모두 바뀌었지만 편의시설의 위치는 변동이 없다. 가장 아래쪽 사이트의 경우 화장실까지 여전히 120m 넘는 경사지를 오르내려야 한다. 편의성 측면에서 개수대, 화장실과 가까운 301, 302번 사이트가 좋아 보인다.

1 314번 사이트
2 301, 302번 사이트

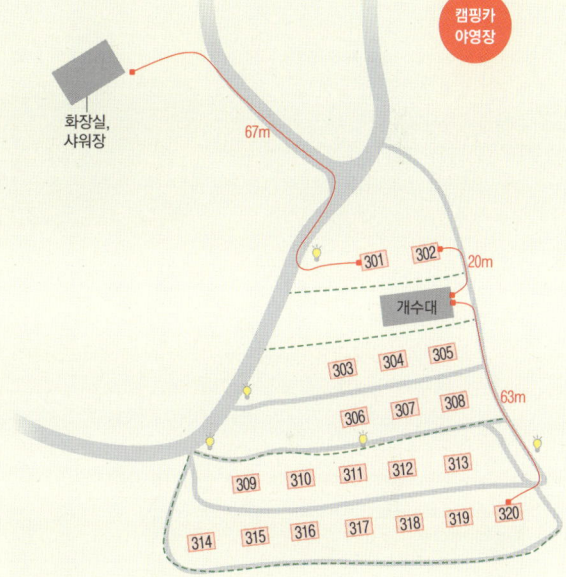

휴양림 백퍼센트 즐기기

Activity 체험 프로그램

4~10월에 방문객을 대상으로 '숲해설사에 의한 무료 숲 해설'과 '목공예교실'을 운영한다. 목공예교실은 나무목걸이, 열쇠고리, 미니장승 등을 만들어볼 수 있다. 체험료(재료비)는 별도로 준비해야 한다. 유명산 정상으로 올라가는 등산로(왕복 6.3km)가 개설됐다. 약 3시간 40분 소요.

숲속교실

Supply 보급

주로 산속 오지에 자리 잡은 다른 휴양림과 달리 편의점과 함께 관광식당가 있다. 심지어 제1야영장과 제2야영장 사이에도 일부 사유지가 있어 이곳에서 식당과 함께 음식점이 운영되고 있다. 보급은 편리한 편이다.

Restaurant 주변 맛집

고속도로 쪽으로 가면 식당이 거의 없다. 옥천냉면이 이 근방에서 가장 유명한 음식이다. 비빔냉면과 함께 주로 고기완자를 곁들여서 먹는데 옥천면에 음식점들이 밀집되어 있다. 그중 **옥천냉면 황해식당**이 터줏대감으로 냉면과 완자가 맛있다. 귀경길에 좀 더 담백한 음식을 찾는다면 **국수리국수집**을 추천한다. 된장칼국수, 녹두빈대떡이 인기 메뉴.

국수리국수

옥천냉면 황해식당
양평군 옥천면 옥천리 760
031-772-9693

국수리국수집
경기도 양평군 양서면 복포리 354-7
031-772-2433

Attraction 주변 볼거리

산세가 험하기로 유명한 가평군 설악면 한가운데 위치해 인근 관광지와는 거리가 있다. 중미산자연휴양림이 자동차로 10분 거리에 있다. 개인이 운영하는 중미산천문대와도 가깝다. 서울 방면으로 이동할 때, 춘천고속도로를 이용하지 않는다면 6번 국도를 타고 내려오다 남한강과 북한강이 만나는 두물머리와 양서체육공원 옆 세미원도 둘러볼 만하다.

중미산자연휴양림
경기도 양평군 옥천면 중미산로 1152
031-771-7166

중미산천문대
양평군 옥천면 신복3리 117-1
070-8826-1955

콕콕 짚어주는 휴양림 정보

Tip 이것만은 알고 가자
- 2015년 데크 정비 사업으로 제1·제2오토캠핑장의 데크 수와 배치가 모두 바뀌었다.
- 제1·제2야영장 이용객은 휴양림 입구 주차장까지 차량 진입이 된다.
- 숲속의 집, 오토캠핑장 이용객은 정문에서 체크인 후 출입카드를 발급받아야 차단기를 통과할 수 있다.
- 후문은 18:00까지 운영한다. 이후에는 정문 쪽에서 체크인 해야 한다.
- 후문 주차장의 소형 승용차 주차요금은 3,000원.

Access 접근성
한남대교를 기준으로 1시간 정도 소요된다. 경춘고속도로를 타고 가다 설악IC로 빠져 나오는 경로가 최단 코스이고, 차량 정체 시 6번이나 37번 국도를 이용할 수도 있다.

Comments 여행작가의 말
캠핑장보다는 통나무집에 점수를 더 주고 싶은 휴양림이다. 접근성과 편의시설은 좋지만 사방댐 주위를 제외하면 계곡에서 직접 물놀이를 즐길 수 없다는 아쉬운 점이 있다.

Reservation 예약
숲나들e(http://foresttrip.go.kr) 공통(p.22 참고).

Accommodation 숙박시설

시설	구분	수량	비수기 요금	성수기 요금	시설명
숲속의 집	3인	2동	35,000	58,000	오두막 A, B
	4인	4동	40,000	73,000	뻐꾸기·종달새·소쩍새·산까치
	6인	7동	67,000	119,000	꾀꼬리·너구리·비둘기·산돼지·산토끼·오소리·원앙새
	8인	2동	87,000	154,000	고라니·반달곰
산림문화휴양관	4인	20실	39,000	68,000	1동 2층: 향나무·단풍나무·산벚나무·박달나무 1동 1층: 초롱꽃·동자꽃·원추리·비비추 2동 2층: 벼락바위·곰지기골·피나무골·배나무골·삼형제바위·서너치고개 2동 1층: 용소·샛터·마당소·박쥐소·붉은봉·감투봉
	5인	4실	50,000	91,000	1동 2층: 층층나무·마가목 1동 1층: 구절초·민들레
	6인	6실	67,000	119,000	1동 2층: 소나무·딱총나무·참나무 1동 1층: 금강초롱·산수국·산작약
연립동	4인	4실	40,000	73,000	연립동 2층: 느티나무·오동나무 연립동 1층: 자작나무·계수나무
	5인	5실	52,000	94,000	부엉이·보라매·올빼미·크낙새·청설모
야영장	일반 11㎡	82개	14,000	15,500	주차료·입장료·전기 사용료 포함
	일반 13㎡		15,000	16,500	
	캠핑카	20개	22,000	35,000	

계곡 옆 조용한 캠핑장과 만나다
중미산자연휴양림

수도권

중미산 정상 834m
등산로 왕복 4.34km
(제2매표소기점)

고도
320m
제1야영장 기준

산림청 직영 국립휴양림 | 1991년 개장 | 경기도 양평군 옥천면 중미산로 1152 | 031-771-7166

기온
-3.4℃
전국 평균 대비
옥천면 연평균 기온

강수량
+588㎜
전국 평균 대비
옥천면 연평균 강수량

숙박규모
15실
15실 최대 108명 수용
숲속의 집 9
연립동 6

야영장
59데크
일반야영데크 59

연립동 참나무 A동

깊은 산자락에 위치한 아담한 휴양림

○ 중미산자연휴양림은 유명산자연휴양림 바로 옆에 이웃한 휴양림이다. 행정구역상으로 유명산은 가평군, 중미산은 양평군에 속해 있지만 두 산은 선어치(峙) 고개를 사이에 두고 서로 마주 보고 있다. 이렇듯 유명산휴양림과 넘어지면 코 닿을 정도로 가까운 거리에 있지만 서로 닮은 듯하면서도 분위기는 사뭇 다르다. 유명산휴양림이 크고 활기차다면 중미산휴양림은 아담하고 조용하다. 마치 남성과 여성, O형과 A형 같다. 중미산자연휴양림은 수도권과 매우 인접한 휴양림 중 한 곳이지만 번잡함이 전혀 느껴지지 않는다. 볼거리가 풍부하거나 휴양림의 시설이 다양한 것은 아니지만 한적한 분위기의 숲 속에서 하룻밤을 보내고 싶은 캠퍼들이 즐겨 찾는 곳이다.

　　이런 두 곳의 서로 다른 매력은 휴양림 내부의 시설 규모와 배치 때문이기도 하다. 중미산자연휴양림의 시설은 매우 간소하다. 숙박시설로는 연립동 2동과 숲속의 집 9동이 전부. 야영장은 계곡을 따라서 3곳의 야영장에 59개의 데크가 설치되어 있다. 102개의 데크를 보유하고 있는 유명산과 비교하면 절반 정도의 규모다. 규모는 작지만 이곳에서는 등산객의 동선과 숙박객의 동선이 거의 겹치지 않도록 길이 나 있어, 독립적인 휴식을 즐길 수 있다. 야영장과 연립동을 이용하는 숙박객은 휴양림 아래쪽 제1매표소로 입장하고 중미산을 등반하는 등산객들은 휴양림 위쪽의 제2매표소로 입장하기 때문이다.

중미산은 등산만 즐기기에도 좋다. 등산 코스는 휴양림 위쪽에 있는 제2매표소 주차장에서 시작하면 된다. 해발 834m의 정상으로 향하는 편도 2.17㎞, 3.55㎞의 등산로와 임도 두 가지 길로 오를 수 있다. 중미산 정상의 매력은 탁 트인 조망이다. 정상에 오르면 서울 시내와 용문산, 그리고 한강까지 두루 조망할 수 있기 때문에 수도권 시민들이 자주 찾는 인기 등산코스다. 단 승용차로 왔다면 오후 6시 이전까지는 주차장으로 돌아와야 한다. 주차장 근무시간 이후에는 근무자가 퇴근하고 매표소와 주차장이 문을 닫는다.

내부 들여다보기

○   중미산자연휴양림의 구조상 가장 큰 특징은 제1매표소가 있는 아래쪽과 제2매표소가 있는 위쪽이 분리되어 있다는 것이다. 등산로는 아래쪽과 위쪽이 연결되어 있지만 임도나 휴양림 내부도로가 개설되어 있지 않기 때문에 차량으로는 이동할 수 없다. 따라서 휴양림을 들어설 때, 등산을 하거나 숲속의 집을 이용하려면 제2매표소로 진입하고, 야영장과 연립동을 이용하려면 제1매표소로 진입해야 된다.

휴양림의 상단과 하단을 오가려면 숲 산책로(등산로)를 이용하면 된다. 그런데 이 숲 산책로가 꽤나 헷갈린다. 산 타기와 길 찾기에 이골이 난 필자도 처음에는 방향을 못 잡고 꽤 헤맸다. 휴양림에서는 오히려 이런 산책로를 활용해 독특한 이벤트를 고안

해냈다. 지도와 나침반만 가지고 지도상의 표시된 지점을 빨리 다녀오는 '오리엔티어링'이라는 이색 프로그램을 운영하고 있다. 단체로만 신청할 수 있어서 단체 숙박객이라면 프로그램에 참여해보는 것도 좋다.

    문호리 쪽에서 올라오면 휴양림 아래쪽에 있는 제1매표소와 만나게 된다. 숲속의 집을 제외한 연립동이나 야영장을 이용한다면 이쪽으로 진입해야 한다. 매표소 앞 다리를 건너 오른쪽은 바로 제1야영장으로 연결되고 왼쪽 길은 제2야영장을 거쳐 제3야영장과 연립동까지 계곡을 따라 길게 연결된다.

    중미산자연휴양림은 제2매표소쪽에 숲속의 집 1동만 운영되었지만 최근 제1매표소 상단에 숲속의 집 9동이 신축되면서 숙박시설이 늘어났다. 통나무 모양의 외관이 독특한 건물이다. 연립동은 단층과 복층 건물이 한 채씩 있다. 휴양림의 가장 안쪽에 자리 잡고 있어 한갓진 분위기다. 산림휴양관은 없다. 숙박시설 상세정보는 p.53 참고

1 제3야영장에서 가장 인기 있는 306, 307번 데크
2 제1야영장 경사지 쪽 데크
3 제2야영장 계곡 건너편 데크

1 제2야영장 220~236번 데크
2 중미산천문대
3 제1야영장에 있는 샤워장

야영장에서 하룻밤 보내기

중미산자연휴양림에는 3곳의 야영장이 있다. 야영장마다 장단점은 명확하다. 제1야영장은 휴양림 초입에 있어 샤워장 등의 편의시설을 이용하기 편리하고 수량이 비교적 풍부한 계곡에 인접해 있지만 주변도로 소음에 노출되어 있다. 제2·제3야영장은 계곡을 따라서 길게 배치되어 있다. 외부 소음은 차단되지만 계곡의 수량이 하절기에 물놀이하기에는 부족한 편이다.

규 모	총 59개 데크
야영장	일반야영장 3곳
고 도	해발 320m(제1야영장)·387m(제3야영장)
전 기	사용 가능
샤워장	있음(제1·제2야영장), 온수 가능
개수대	있음
화로대	사용 가능(단 봄·가을 산불 방지 기간인 1월 29일~6월 8일, 11월 1일~12월 15일까지 사용 금지) 장작 금지. 숯과 차콜만 사용 가능
데 크 사이즈	360×360cm, 300×360cm
특이점	제1야영장 101~104번 데크 잣나무숲 경사지에 위치

제1야영장

13개(360×360cm·300×360cm) / 휴양림 입구, 계곡 인접, 평지 지형+경사 지형의 복합 형태, 잣나무숲

편의 제1매표소 바로 옆에 위치. 샤워장과 휴대폰 충전기도 있어 편의성은 가장 좋다. 그러나 계곡에 접한 평지에 위치한 105~113번 데크와는 달리 101~104번 데크는 경사지를 따라 계단식으로 자리 잡고 있어 짐을 옮길 때 수고가 필요하다.

환경 101~104번 데크는 경사지에 있지만 울창한 잣나무숲이라 그늘이 풍부하고 시야도 좋은 편이다. 반면 105~113번 데크는 계곡을 따라 위치해 여름철에 인기 있다.

프라이버시 이곳까지 올라오는 352번 지방도로는 중미산에서 발원한 문호천을 끼고 나란히 나 있다. 휴양림 초입에 위치한 제1야영장은 이 도로와 계곡을 사이에 두고 맞닿아 있어 차량 소음이 유입된다는 단점이 있다.

BEST Site 계곡과 숲이 좋지만 도로의 소음 때문에 호불호가 갈리는 야영장이다. 차량 통행량이 많은 편은 아니지만, 계곡을 따라 도로가 나 있어서 계곡에 가까운 데크일수록 안타깝게도 도로와 가까워진다. 짐이 많은 오토캠핑모드로 계곡 쪽을 선호한다면 105~113번 데크를 추천하며 짐이 적은 간단모드에 울창한 그늘을 선호한다면 101~104번 데크를 추천한다.

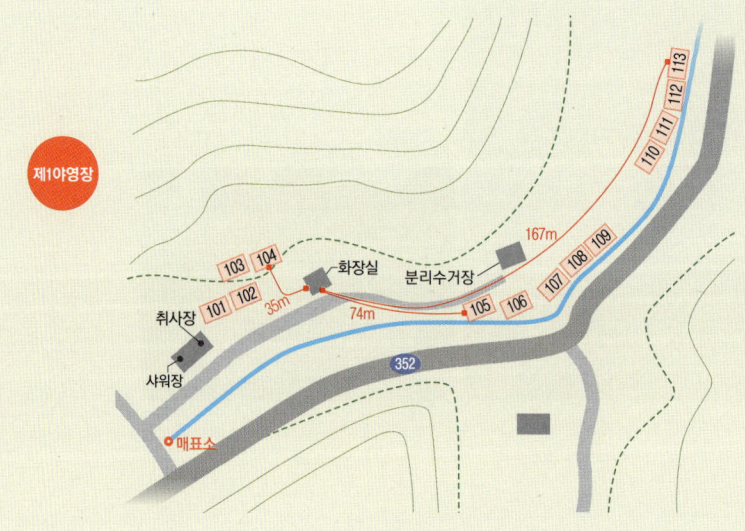

제2야영장

38개 / 계곡 인접, 평지 지형+경사 지형의 복합 형태

편의 계곡을 따라 난 완경사의 휴양림 내부도로 옆으로 길게 배치되어 있다. 주차장으로부터 멀지 않아 짐을 옮기는 부담은 덜하다. 203~210번 데크로 접근하려면 계곡을 건너가야 하기 때문에 주의해야 한다. 215~219번 데크도 상대적으로 높은 곳에 있어 짐 옮기는 수고가 필요하다. 샤워장이 없었지만 복합위생시설이 신축돼 편의성이 더 좋아졌다.

환경 계곡을 따라 길게 배치돼 있기 때문에 계곡 접근성이 좋은 데크도 있지만, 계곡의 수량은 그렇게 풍부한 편은 아니다. 그늘이 부족한 데크들도 있다.

프라이버시 화장실과 취사장도 적당한 거리에 위치해 있다. 211~214번 데크는 내부도로와 인접해 있지만 통행량이 많지 않아 크게 신경 쓰이는 정도는 아니다.

BEST Site 데크별로 장단점이 뚜렷하다. 220~238번 데크가 오토캠핑 스타일로 차량을 바로 옆에 주차시킬 수 있다는 장점이 있지만 편의시설로부터는 너무 멀다. 203~210번 데크는 도로와 떨어져 있고 계곡과 인접해 있다는 장점이 있다. 단 다리 건너편으로 짐을 옮기는 수고는 필요하다. 편의성을 고려한다면 하단 쪽에 자리 잡는 것이 좋겠다.

제3야영장

8개 / 계곡 인접, 평지 지형

편의 8개의 데크가 별도의 개수대, 화장실과 함께 아담하게 자리한 야영장. 따라서 편의시설까지의 거리도 적당하고 307·308번 데크를 제외하면 주차도 바로 옆에 할 수 있어 편리하다. 단, 샤워장이 없기 때문에 제2야영장에 신축된 위생동을 이용해야 한다.

환경 305~308번 데크는 계곡과 인접해 있다. 301~304번 데크는 그늘이 부족한 편이다.

프라이버시 연립동으로 올라가는 도로와도 분리되어 있고 규모도 작아 가장 조용한 분위기다.

BEST Site 301~304번 데크는 편의시설과 가깝고 평평한 노지라서 주차도 용이하지만 그늘이 부족한 편. 307·308번 데크는 사방댐 쪽에 떨어져 있어 한적하지만 짐을 옮길 때 약간의 수고가 필요하다. 많은 사람들이 그늘도 있고 주차도 편리한 306·307번을 명당 데크로 꼽는다.

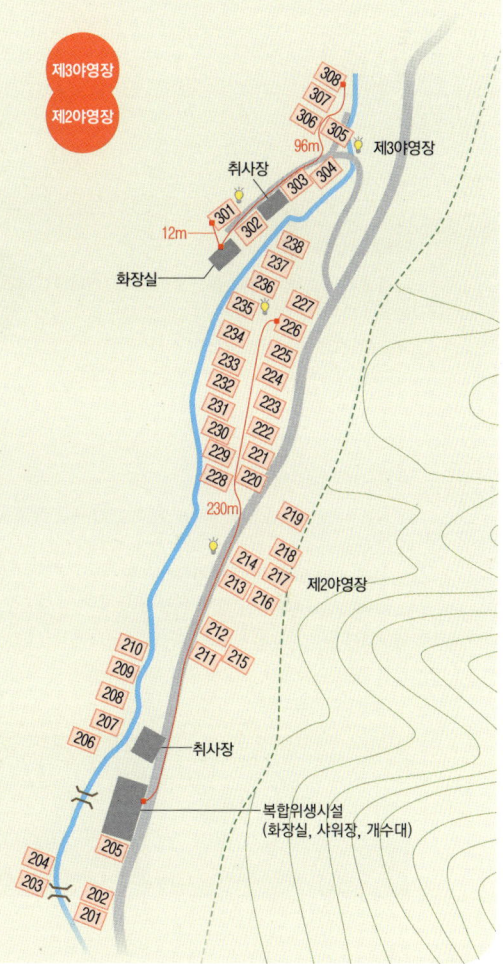

휴양림 백퍼센트 즐기기

Activity 체험 프로그램
- 방문객들을 대상으로 3~11월에 매일 2회(10:00, 14:00)씩 숲해설사에 의한 무료 숲 해설과 목공예 체험 프로그램이 운영된다. 목공예 체험으로는 산 퍼즐 만들기(재료비 별도)가 있다.
- 지도와 나침반을 이용해 목적지를 찾아가는 오리엔티어링 프로그램이 3~11월에 운영된다. 프로그램은 20인 이상 단체로만 신청할 수 있고, 사전예약을 통해서 유료로 운영된다.
- 휴양림 상단 입구 맞은편에서 800m 정도 평탄한 임도를 따라가다 등산로를 만난다. 등산로는 편도 2km 남짓한 짧은 코스지만 중간중간 암릉 구간도 있고 경사가 꽤 가파르다. 초보자나 어린아이를 동반한 가족여행자들에게 적합한 코스는 아니다.

Supply 보급
약 11km 떨어져 있는 서종면 문호리에 농협하나로마트가 있다. 가까운 매점도 약 3km 떨어진 곳에 있어 보급 환경이 썩 좋은 편은 아니다.

농협하나로마트(문호리)
양평군 서종면 문호리 779-1
영업시간 08:00~21:30
031-771-1013

Restaurant 주변 맛집

현지 주민들이 주로 찾는 음식점으로 **옥천함흥냉면 본점**이 있다. 냉면과 함께 편육과 고기완자를 곁들여 먹으면 좋다. 중미산으로 올라가는 도로 초입의 중미산 막국수는 현지인은 물론 관광객들도 많이 찾는다.

옥천함흥냉면 본점
양평군 옥천면 옥천1리 559
031-772-5145

중미산막국수
양평군 옥천면 신복리 835-1
031-773-1834

*더 많은 맛집 정보는 유명산자연휴양림(p.42) 참고.

Attraction 주변 볼거리
중미산자연휴양림 바로 위쪽에는 **중미산천문대**가 자리 잡고 있다. 민간에서 운영하고 있는 사설천문대로 당일 별자리 여행 프로그램이 운영되고 있다. 하절기에는 21:00~22:50까지 약 2시간 동안 천체시뮬레이션 교육과 별자리 체험이 이어진다. 홈페이지를 통해 예약해야 한다.
세미원은 물과 연꽃을 테마로 조성한 정원이다. 정원을 가득 채운 연꽃은 7~8월에 개화한다. 하절기 관람 시간은 09:00~18:00이다. 다리(열수주교)를 통해 두물머리와도 바로 연결된다.

중미산천문대
www.astrocafe.co.kr
070-8826-1955

세미원
경기도 양평군 양서면 용담리 430-6
031-775-1834

콕콕 짚어주는 휴양림 정보

Comments 여행작가의 말
이웃한 유명산자연휴양림과 달리 조용한 분위기의 휴양림이다. 휴양림은 크게 상단과 하단으로 입구가 분리되어 있다. 숙박시설은 15실이 있으며, 3곳의 야영장이 있다. 호젓한 분위기를 좋아하는 캠퍼들이 즐겨 찾는다.

Reservation 예약
숲나들e(http://foresttrip.go.kr) 공통(p.22 참고).

Tip 이것만은 알고 가자
- 2015년 데크 정비 사업으로 제1·제2야영장의 데크 배치가 변경되었다. 총 데크 수는 변동 없지만 데크들의 위치와 번호가 바뀌었다.
- 제2매표소는 담당자가 18:00까지 근무한다. 숲속의 집을 이용해야 하는데 늦게 도착할 경우 제1매표소에서 체크인 하고 올라가야 한다.
- 숲 해설은 제2매표소에서 시작한다. 참여를 희망하는 투숙객은 하루 전 미리 관리사무소에 신청하면 된다.
- 야영장에서는 전기를 사용할 수 없지만, 제1야영장에 있는 샤워장 앞에 유료 휴대폰 충전대가 설치되어 있다.
- 제2야영장에서 샤워장이 있는 제1야영장까지는 약 500m 정도 거리다.

제1야영장 샤워장 앞에 있는 유료 휴대폰 충전대

Access 접근성
한남대교 기준으로 약 1시간이면 도착할 수 있다. 경춘고속도로를 이용해서 서종IC로 빠져 나오는 경로가 최단 코스이며, 경춘고속도로 정체 시 6번이나 37번 국도를 이용해서 갈 수도 있다.

Accommodation 숙박시설

시설	구분	수량	비수기 요금	성수기 요금	시설명
숲속의 집	5인	4동	52,000	94,000	금성·명왕성·수성·화성
	6인	4동	67,000	119,000	목성·천왕성·토성·해왕성
	16인	1동	145,000	214,000	상록수(원룸형 객실 2실, 거실)
연립동	8인	6실	87,000	154,000	참나무A동 2층: 떡갈나무·신갈나무(투룸형+다락방) 1층: 졸참나무·굴참나무(투룸형)
					참나무B동 갈참나무·상수리나무(투룸형+다락방)
야영장	11㎡	59개	14,000	15,500	주차료·입장료·전기 사용료 포함
	13㎡		15,000	16,500	

산그늘 울창한 치유의 숲과 만나다

산음자연휴양림

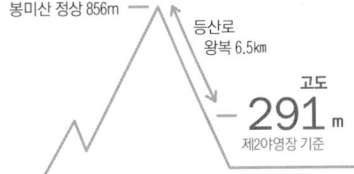

☀️ 기온·℃
-3 전국 평균 대비 단월면 연평균 기온

🌧️ 강수량·㎜
+494 전국 평균 대비 단월면 연평균 강수량

봉미산 정상 856m
등산로 왕복 6.5km
고도 **291**m 제2야영장 기준

🏠 숙박 규모·실
49 49실 최대 200명 수용·숲속의 집 19 휴양관 16·연립동 14 (숲속수련장 제외)

⛺ 야영장·데크
43 일반야영데크 43

산림청 직영 국립휴양림 | 2000년 개장 | 경기도 양평군 단월면 고북길 347 | 031-774-8133

치유의 숲도 함께 위치한 휴양림

○ 대부분의 자연휴양림은 위치한 지역 이름이나 주변 산의 이름을 따서 휴양림의 이름으로 한다. 그런데 산음자연휴양림은 조금 독특한 유래를 갖고 있다. 산음(山陰)이라는 한자어는 '산그늘'이라는 뜻인데, 용화산 천사봉(1,004m), 봉미산(857m), 단월산(778m) 등으로 둘러싸인 첩첩산중에 있다 해서 이렇게 이름지어졌다고 한다. 행정구역상 소속은 경기도지만 강원도 홍천군과 접해 있는 단월면에 위치한 까닭에 강원도의 산중 분위기를 물씬 풍기는 휴양림이다.

일단 휴양림의 자연환경은 깊은 산세만큼이나 휴식과 레저를 위해 이곳을 찾는 이들의 기대에 모자람이 없다. 휴양림을 가로지르는 계곡은 특별히 멋진 폭포나 용소를 만들지는 않지만 연중 풍부한 수량을 자랑하며, 침엽수와 활엽수가 우거진 숲은 산음이라는 말이 무색하지 않을 만큼 풍부한 그늘과 숲 내음을 선사해준다.

산음자연휴양림은 국립휴양림 중에서도 유일하게 치유의 숲이 같이 있다. 대중에게 아직 생소한 '치유의 숲'은 전문교육을 받은 숲치유사가 면역과 스트레스 등을 관리해주는 체험 프로그램이다. 체험형, 당일형, 숙박형 프로그램이 있는데, 체험형의 경우 사전예약 없이 무료로 참여할 수 있다.

또한 등산과 산악자전거와 같은 레포츠를 즐기기에도 적합한 지형을 갖추고 있다. 봉미산으로 올라가는 6.5km의 등산로는 물론이고 수십km에 달하는 임도가 있다. 고가수에서 시작해 비솔 고개까지 연결되는 임도는 휴양림을 크게 감싸며 돌아나가는데 이는 소리산까지 연결되는 총 63km의 단월면 MTB 코스의 일부분이 된다.

산음자연휴양림은 숲속의 집, 연립동 그리고 휴양관뿐 아니라 2곳의 야영장도 있다. 휴양림이 계곡을 따라 자리하고 있어 숙박시설의 가동률도 높고 여름, 겨울 할 것 없이 연중 인기가 좋다.

숲속의 집 비둘기, 종달새동

내부 들여다보기

O 계곡을 끼고 있는 여느 휴양림들과 마찬가지로 산음자연휴양림의 시설들도 골짜기를 따라서 길게 배치되어 있다. 산세는 험하고 계곡은 깊은 편이지만, 초입의 제1야영장에서 숲 치유센터(건강증진센터)가 있는 중반까지는 완만한 경사를 보이며 올라간다. 제2야영장을 지나 숲속의 집이 위치한 휴양림 끝부분으로 올라갈수록 경사는 가팔라진다.

정문을 통과하면 가장 먼저 계곡 옆 야영데크들이 눈에 띈다. 계곡의 폭이 넓거나 깊이가 깊진 않지만 사시사철 꾸준한 수량을 유지해서 계곡을 보는 맛이 있다. 숲 치유센터는 데크길이 시작되는 휴양림의 중간 지점에 위치하고 있다.

잣나무숲 사이 지그재그로 만들어진 나무 데크길을 따라가면 끝나는 지점에 제2야영장 데크들이 계곡을 따라 나란히 배치되어 있다. 숲속수련장은 산음자연휴양림에서 떨어져 있는 단월산 자락에 위치하고 있다. 이곳은 이제 반려견 동반 휴양림으로 운영되고 있다. 반려견 동반 투숙이 가능한 11개 객실과 전용놀이터를 갖추고 있어 반려견을 키우는 사람들에게 인기다.

이곳의 가장 인기 숙소는 독채 건물을 사용하는 숲속의 집이다. 숲속의 집은 휴양림 가장 높은 곳에 있다. 계곡으로부터는 멀리 떨어져 있지만 주변 시야가 탁 트여 있어 전망이 좋다. 3인실에서 8인실까지 다양한 크기의 숙소 19동이 모여 있다. 가장 작은 3인실을 제외하고 모두 다락방이 있어 특히 아이들이 좋아한다. 산림문화휴양관은 2층 건물로, 층별로 8개의 객실이 있다. 1층과 2층 객실의 이름이 같다. 모두 원룸형으로, 구조는 같지만 2층에 위치한 객실에는 다락방이 있다. 숙박시설 상세정보는 p.61 참고

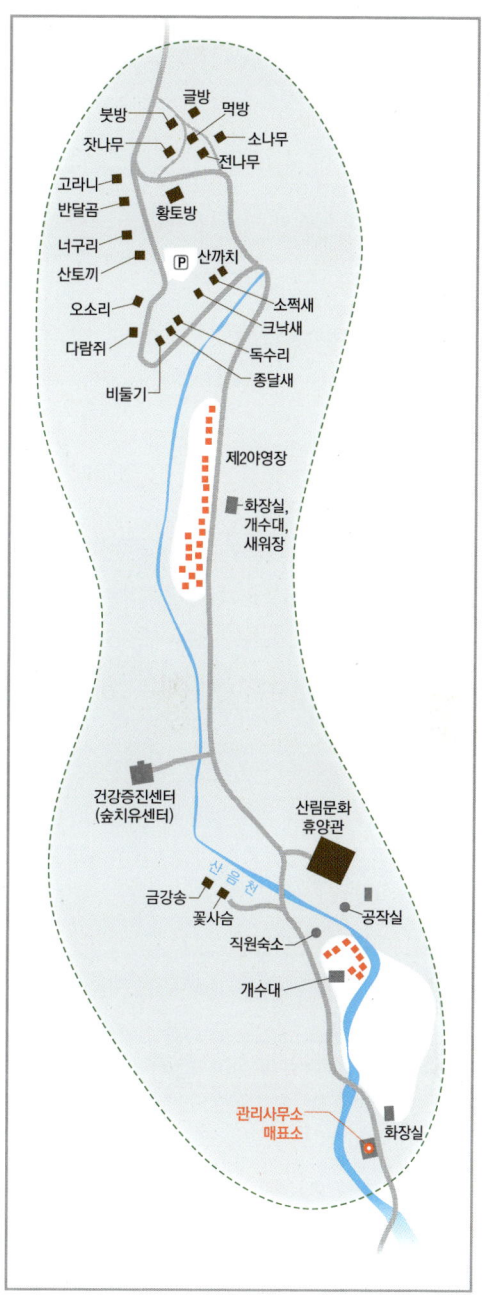

야영장에서 하룻밤 보내기

야영장은 제1야영장보다 제2야영장이 조금 더 인기다. 도로 옆에 주차할 수 있어서 짐 옮기기가 수월하고 계곡과도 가깝기 때문이다. 무엇보다도 울창한 잣나무숲이 일품이다.

규 모	총 43개 데크
야영장	일반야영장 2곳
고 도	해발 291m(제2야영장)
전 기	사용 가능
샤워장	있음(온수 가능)
개수대	있음(온수 불가)
화로대	사용 가능 (단 봄·가을 산불 방지 기간인 1월 29일~6월 8일, 11월 1일~12월 15일까지 사용 금지) 장작 금지. 숯과 차콜만 사용 가능
데크 사이즈	360×360cm, 336×306cm
특이점	계곡과 인접, 그늘 풍부

제1야영장

17개 / 휴양림 입구, 완경사 지형+평지 지형, 계곡 인접

편의 제1야영장은 과거 산음천을 경계로 야영장이 2곳으로 나뉘어 데크가 배치되어 있었다. 리모델링 후 하단 입구 쪽의 데크들은 제거되었고, 상단에 위치한 데크가 10개에서 17개로 늘어났다. 야영장 중앙에 편의시설동(샤워장, 개수대, 화장실)이 신축되면서 편의성이 개선되었다.

환경 휴양림 진입도로와 계곡 중간에 위치하고 있다. 몇몇 데크들은 계곡과 인접해서 배치되어 있고, 제2야영장과 같이 단일 수종의 침엽수림은 아니지만 숲이 울창해서 그늘도 풍부한 편이다.

프라이버시 몇몇 데크들이 도로와 가까워 휴양림을 이동하는 차량 소음에 노출될 수 있다. 상대적으로 계곡과 가까운 데크들의 프라이버시가 우수하다.

BEST Site 편의시설동과 가장 멀리 있는 101번 데크도 이동 거리가 40여m에 불과하다. 평지라 짐을 옮기거나 편의시설을 사용하는 편의성은 어느 곳에 자리를 잡아도 대동소이하다. 이왕이면 다홍치마라고, 계곡 쪽으로 접해 있는 110·112·114·116·117번 데크가 상대적으로 좋은 편이다.

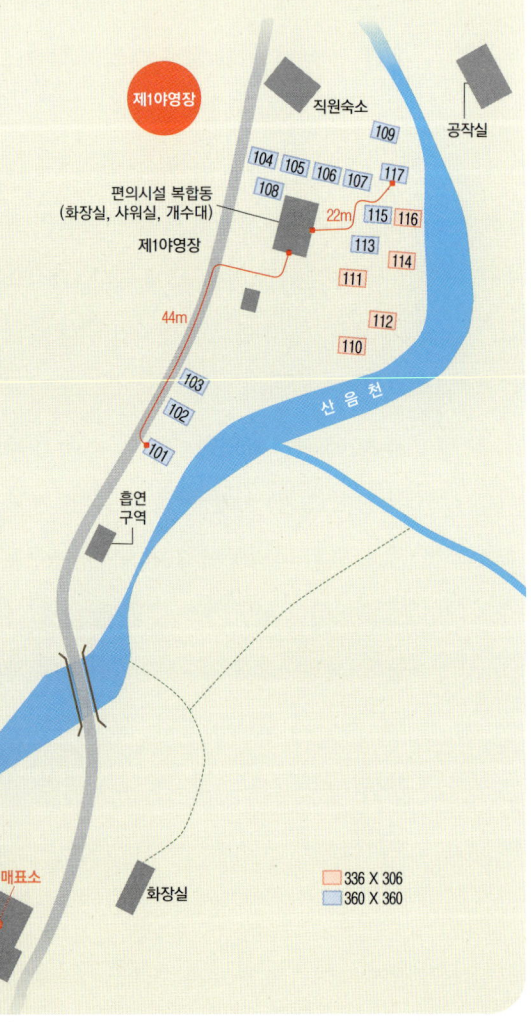

제2야영장

26개 / 완경사 지형, 계곡 인접, 울창한 잣나무숲

편의 야영장의 폭이 좁고 데크가 길게 배치돼 있다. 바로 옆 도로변에 주차할 수 있어 짐을 옮기기에 수월한 편이다. 단 경사지에 주차하기 때문에 사이드브레이크를 잘 채워야 하며 야영장에 비치되어 있는 차량 바퀴 고정목으로 한 번 더 바퀴를 고정해야 한다. 또한 화장실, 개수대 등의 편의시설이 한가운데에 위치해 제일 끝 데크에서도 100m 정도 떨어져 있다. 편의성은 전반적으로 양호한 편이다.

환경 울창한 침엽수림 한가운데 위치해 어느 곳이나 그늘은 풍부한 편이다. 바로 옆으로 계곡과도 인접해 있어서 자연환경도 양호하다. 단 계곡의 수량은 발을 담글 수 있는 정도다.

프라이버시 데크 간격도 여유 있는 편이다. 도로 쪽의 데크 여도 216·217번 데크를 제외하고는 도로와 어느 정도 거리와 고저 차이가 있다.

BEST Site 편의성, 자연환경, 프라이버시라는 3가지 요소들을 고려할 때, 제2야영장은 밸런스가 좋은 곳이다. 어느 데크를 선택하더라도 큰 무리는 없다. 단 216·217번 데크는 화장실, 개수대와 인접해 편의성은 좋지만 다른 캠퍼들의 동선에 노출되는 위치라는 점을 고려해 선택해야 한다. 제1야영장과 마찬가지로 데크 크기가 약간 차이가 있다.

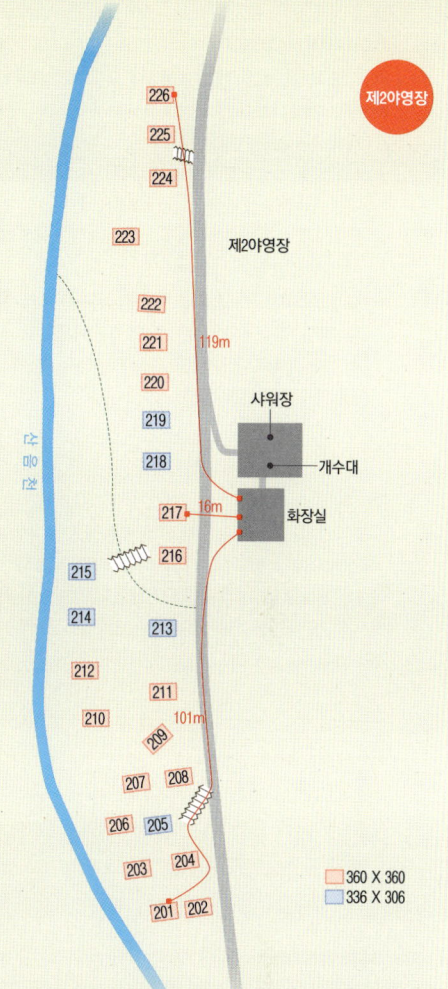

제1야영장 편의시설동

제1야영장의 풍경

울창한 잣나무숲 속의 제2야영장

휴양림 백퍼센트 즐기기

Activity 체험 프로그램
- 방문객들을 대상으로 숲 치유 프로그램이 진행된다(p.65 참고).
- 방문객들을 대상으로 4~10월까지 숲해설사가 진행하는 무료 숲 해설과 목공예교실이 운영된다.
- 1시간가량 소요되는 목공예교실에서는 나무 목걸이, 꽃 부채, 나뭇잎 탁본 손수건 등을 만들 수 있다(재료비 별도).
- 봉미산 정상으로 올라가는 등산로(왕복 6.5km)가 개설되어 있으며 약 3시간이 소요된다.
- 휴양림 매표소에서 임도를 따라 약 2.5km를 올라가면 총 길이 63km의 단월면 MTB 코스와 만나게 된다. 완주 목표가 아니라면 비솔 고개 도착 전에 숲속수련장 방향으로 빠져나오자. 휴양림을 원점 회귀하는 18km의 코스를 즐길 수 있다.

치유의 숲

Supply 보급
주변이 첩첩산중 오지라 장을 볼 만한 곳은 반경 10km 이내에 없다. 서울 기준으로 경춘고속도로를 이용했다면 휴양림에 도착하기 15km 전 모곡리에 **서홍천농협 하나로마트 모곡지점**이 있으며, 6번 국도를 타고 용문 쪽에서 접근한다면 용문에서 장을 보는 것이 좋다. 덕수교차로에 마지막 매점이 있다.

서홍천농협 하나로마트 모곡지점
홍천군 서면 모곡리 171
033-434-9098

Restaurant 주변 맛집
인적이 드물고 보급이 어려운 만큼 주변에 식당가도 드문 편이다. 6번 국도를 이용한다면 용문사 입구에 음식점들이 모여 있다. **고향집의 대통밥·곤드레밥 정식** 메뉴를 추천한다.

고향집
경기도 양평군 용문면 덕촌리 144-3
031-775-9779

Attraction 주변 볼거리
주변 관광지과도 거리가 있는 편이다. 경춘고속도로 쪽으로 진입·귀경한다면 돌아볼 만한 곳으로 팔봉산관광지가 있다. 모곡2교에서 남춘천IC 방향으로 12km 떨어진 곳에 있다. 6번 국도를 이용한다면 단연 **용문산관광지**를 추천한다. 6번 국도에서 5km 벗어난 지점에 있다. 특히 용문사 앞에는 수령 1,100년으로 추정되는 은행나무가 있어, 가을 단풍철에 꼭 한 번 들러볼 만하다. 매년 10월경에는 양평 은행나무축제가 열린다.

팔봉산 관광지

용문산관광지
양평군 용문면 신점리 526-2
031-773-0088

콕콕 짚어주는 휴양림 정보

Tip 이것만은 알고 가자
- 서울에서 거리도 멀고 주변 산세도 험한 오지에 위치하고 있다. 휴양림 주변에 마트가 없으니 장은 미리 봐야 한다.
- 숲속수련장은 일반 숙박객이 이용할 수 없다.
- 국립휴양림 중에서는 치유의 숲이 함께 있는 유일한 휴양림이다. 별도 예약 없이 당일에도 참여 가능한 체험이 있으니 신청해보자.

Comments 여행작가의 말
수량이 풍부한 계곡과 울창한 숲이 잘 어우러져 이상적인 자연환경을 갖춘 휴양림이다. 국립휴양림 중에는 유일하게 숲 해설뿐만 아니라 숲치유사에 의한 치유의 숲 프로그램도 운영되고 있다. 기회가 된다면 꼭 한 번 참여해보자.

Reservation 예약
숲나들e(http://foresttrip.go.kr) 공통(p.22 참고).

Access 접근성
행정구역상 경기도 양평군에 있지만 한남대교 기준으로 거의 2시간이 걸린다. 경춘고속도로를 이용해 설악IC로 빠져 나와 홍천군 서면 모곡리로 올라갔다가 양평군 단월면 석산리를 거쳐 오는 경로가 최단 코스다. 비포장 구간은 없지만 지방도를 벗어나서 휴양림 입구까지 3km 구간은 마을을 지나가는 좁은 도로이므로 특히 야간 안전운행에 주의해야 한다. 동절기에는 미리 제설상황을 문의하는 것이 좋다.

1 산음자연휴양림 반려견 동반 지구
2 반려견 동반 지구의 연립동

Accommodation 숙박시설

시설	구분	수량	비수기 요금	성수기 요금	시설명
숲속의 집	3인	6동	35,000	58,000	독수리·비둘기·산까치·소쩍새·홍달새·크낙새
	4인	7동	40,000	73,000	고라니·꽃사슴·너구리·다람쥐·반달곰·산토끼·오소리
	7인	1동	67,000	119,000	금강송(방 2, 거실)
	8인	5동	87,000	154,000	글방·먹방·붓방·잣나무·전나무(방 2, 거실)
산림문화휴양관	3인	16실	32,000	53,000	2층: 구상나무·굴참나무·단풍나무·박달나무·생강나무·신갈나무·팥배나무·층층나무
					1층: 금낭화·구절초·산마늘·마타리·노루귀·얼레지·제비꽃·둥글레(원룸형)
연립동	4인	13실	40,000	73,000	황토방 1,2(산음자연휴양림) 반려견 객실: 동경이·말티즈·비글·비숑·삽살개·슈나우저·웰시코기·진돗개·치와와·푸들·풍산개
	7인	1실	67,000	119,000	보더콜리
야영장	10㎡	43개	14,000	15,500	주차료·입장료·전기 사용료 포함
	13㎡		15,000	16,500	

Special page

반려견과 함께 즐기는 휴양림

현재 3곳의 국립자연휴양림에서 반려견 동반 입장과 숙박을 허용하고 있다. 검마산과 천관산은 일부 숙소와 야영장을 반려견 동반 구역으로 지정해서 운영하고 있다. 산음휴양림의 경우에는 기존 휴양림과 별도로 3.8㎞ 거리에 떨어져 있는 구 숲속수련장을 반려견 동반 자연휴양림으로 운영한다.

구분	대상시설	운영기간	구분
산음자연휴양림	연립동 4인용 12실	하절기(4~10월)	반려견 놀이터 운영
검마산자연휴양림	휴양관 5인용 7실	상시	반려견 놀이터 운영
	야영장 9개	하절기(5~10월)	
천관산자연휴양림	숲속의 집 1동·연립동 2실	미정	시범운영 중

자연휴양림에 동반 입장 가능한 반려견은?

크기	15kg 이하의 소·중형견
견종	맹견으로 구분된 8종과 잡종을 제외한 나머지 견종
동반 가능한 반려견의 수	객실당 2마리 이하, 입장객 1인당 1마리
입장 자격	반려동물 등록 완료, 광견병 포함 예방접종 완료(1년 이내 서류 지참)
입장 불가	생후 6개월 이하, 질병이 있거나 발정·생리 중인 반려견

*휴양림 안에서는 객실 실내와 반려견 놀이터를 제외하고 항시 목줄을 착용해야 하고, 배변봉투를 지참해야 하며, 배변 시 직접 치워야 한다.

반려견 놀이터

산음 반려견 동반 자연휴양림

반려견 동반 휴양림은 단월산 자락에 숨어 있다. 산음2리 마을을 지나 휴양림 진입 1km 직전 삼거리에서 산음자연휴양림으로 들어가는 고북길로 진입하지 말고 바닥에 있는 표시를 따라서 좌측 윗고북길로 진입한다. 가파른 편도 1차선 넓이의 좁은 진입로를 따라서 임도로 진입하게 된다. 약 3km를 주행해야 반려견 동반 자연휴양림 입구에 도착한다. 계속 2.6km 직진하면 비솔고개에서 서울·양평 방향 345번 지방도와 다시 만나게 된다. 가로등과 같은 조명이 전혀 없는 좁은 임도를 주행하기 때문에 속도를 줄이고 가능한 일몰 이전에 체크인 하는 것이 좋다. 임도 주변은 무인지경이고 매점이나 식당이 전혀 없다. 가장 가까운 마트는 10km 떨어져 있는 하나로마트 용문농협 단월지점이다.

반려견 동반휴양림은 과거 숲속수련원을 2018년 7월 리모델링 해서 만들어졌다. 반려견을 위한 휴양림이 독립적인 장소에서 운영되는 것은 전국에서 산음이 유일하다. 경사지를 따라서 연립동들이 배치되어 있고 가장 아래쪽에 반려견을 위한 놀이터가 만들어져 있다.

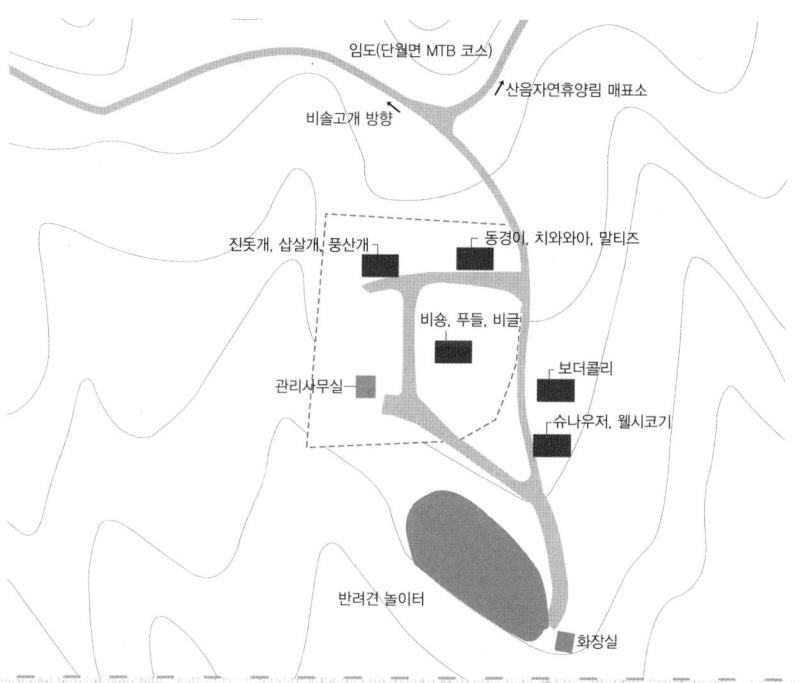

더욱 특별한 숲의 세계

치유의 숲

치유의 숲은 맑은 공기를 마시며 도심에서 찌든 몸을 치유하고자 건강 증진을 목적으로 조성한 산림이다. 일반적으로 숲(hardware)에서 산림 치유 프로그램(software)이 같이 운영되는 곳을 치유의 숲이라고 말한다. 산림 치유 프로그램은 단순히 숲 속을 산책하는 것이 아니다. 건강과 스트레스 관리까지 가능하도록 산책+명상+숲 해설+기체조 등으로 구성된 프로그램이다.

산림청에서 운영하는 치유의 숲은 전국에 세 곳이 있다. 산음 치유의 숲, 청태산 치유의 숲, 장성 축령산 치유의 숲. 이 중에서 산음 치유의 숲이 유일하게 국립휴양림 안에서 같이 운영되고 있다. 청태산 치유의 숲은 청태산자연휴양림 인근에 위치한 숲체원이라는 별도의 공간에서 프로그램을 진행한다.

산림 치유 프로그램을 진행하는 숲치유사들은 개인별로 다양한 배경지식을 바탕으로 특색 있는 치유 프로그램을 진행한다. 예를 들어 산음 치유의 숲에서 근무하는 김선묵 치유사는 자신의 전공인 중의학을 바탕으로 개인의 체질에 맞는 나무들을 소개하고 이를 이용한 숲 체험을 진행한다. 숲의 향기를 맡고 나무를 만져보기도 하고 달짝지근한 구상나무 잎사귀와 쓸개같이 쓴 소태나무의 맛을 직접 느껴 보기도 하면서 오감을 이용해 숲을 돌아본다. 프로그램은 짧지만 굉장히 알차다. 특히 프로그램 전후로 교감과 부교감신경의 수축, 이완을 체크해 스트레스의 변화를 알아볼 수 있는 것도 색다른 경험이다.

치유의 숲은 지자체를 중심으로 계속 증가할 예정이다. 2015년 이후 가평 잣향기푸른 숲, 영동 민주지산 치유의 숲, 순창 용궐산 치유의 숲, 서귀포 치유의 숲이 개장했고, 현재까지 전국에 29곳이 조성되었고, 조성 중인 곳도 29곳이다.

산음자연휴양림의 치유의 숲 프로그램

당일형과 숙박형의 경우 참여자(분류: 청소년, 직장인, 중년 남성, 중년 여성, 노인, 가족)의 특성에 따른 6개의 프로그램이 준비되어 있어 맞춤형 치유 프로그램을 이용할 수 있다. 매년 3월부터 11월까지 약 9개월간 프로그램이 운영된다. 숙박형은 단체가 아니더라도 한 달에 1~2회 개인이 참여할 수 있는 정기 캠프가 진행된다.

구분	예약	인원제한	시간	비용	비고	예약 방법
체험형	없음	없음	10:00~11:30	무료	매주 수~일요일 진행	-
당일형	사전예약	8~12인 그룹 진행	10:00~17:00 (7시간)	무료	5인 이상 개인 신청 가능	인터넷과 전화로 예약 신청 전화: 031-774-7687 네이버 카페: http://cafe.naver.com/saneumhealing
숙박형	사전예약	20~36인 기업, 단체 대상	1박 2일	무료	수련원 숙박비 55,000원(4인 기준)과 일인당 3식 비용 (1식 8,000원) 별도	

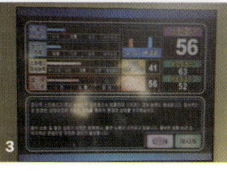

1 건강증진센터의 모습
2 건강증진센터 내부 모습
3 숲 치유를 하기 전 스트레스지수를 측정한다.

고급 펜션 부럽지 않은 숲 속의 집
운악산자연휴양림

- 운악산 정상 935.5m
- 등산로 왕복 4.3km
- 고도 275m 연립동 기준

☀ 기온·℃
-3 전국 평균 대비 화현면 연평균 기온

🌧 강수량·mm
+379 전국 평균 대비 화현면 연평균 강수량

🏠 숙박 규모·실
24 24실 최대 180명 수용 · 숲속의 집 1 연립동 22 · 수련장 1

⛺ 야영장·데크
0 일반야영데크 0

산림청 직영 국립휴양림 | 2007년 개장 | 경기도 포천시 화현면 화동로 184 | 031-534-6330

운악산 초입에 자리 잡은 휴양림

예로부터 산 이름에 '악'자가 들어간 악산(岳山)은 바위가 많은 큰 산을 뜻했다. 운악산 역시 관악산, 치악산, 화악산, 송악산과 함께 경기도 5대 악산으로 꼽히는 곳이다. 운악산의 산세가 험준하고 경사가 가파른 편이라 자연휴양림의 환경도 거칠다. 다른 휴양림들이 산 중턱에 자리 잡은 것과는 달리 운악산자연휴양림은 해발 935.5m의 운악산 서쪽 산자락 끄트머리에 자리 잡고 있다.

휴양림의 시설은 단출한 편이다. 야영장은 없고, 잔디광장이나 데크길 같은 체험시설도 없다. 산 중턱을 따라 휴양림을 돌아볼 수 있는 산책로가 있지만 이 길 역시 숙소를 벗어나면 바로 산자락을 타고 급경사로 올라가야 하기 때문에 산책로라는 이름이 무색하다.

규모가 크지 않은 운악산자연휴양림이지만 이곳의 장점은 비교적 최근에 개장한 까닭에 특색 있는 숙박시설들이 많다는 것이다. 특히 한 동뿐인 숲속의 집은 다른 숙소들과 멀찌감치 떨어져 있고, 한옥으로 지어져 인기가 좋은 편이다. 산림휴양관은 두 동이 있는데, 다른 휴양림의 휴양관과 외관이 조금 다르다. 다른 곳처럼 아파트 같이 생긴 건물이 다닥다닥 붙어 있지 않고, 한 동에 객실 4개가 있는 소규모 건물이다. 어쩌면 휴양관이라기보다 연립동의 느낌이 더 난다. 8실 규모의 연립동은 2014년에 신축한 건물이다. 사이좋게 두 동씩 나란히 붙어 있는 연립동은 모두 다락방이 있고, 천장이 높아 쾌적하다.

또한 운악산자연휴양림은 첩첩산중으로 들어가는 다른 휴양림과 진입로의 환경이 다르다. 휴양림의 입구가 37번 국도와 인접해 있기 때문에 인근의 유명 관광지도 함께 둘러보기 편하다. 좋은 숙박시설뿐만 아니라 도로 접근성도 좋다 보니 등산객은 물론이고 수도권에서 포천으로 여행 온 가족들도 하룻밤 묵어가는 숙소로 삼기에 전혀 부족함이 없다.

내부 들여다보기

○ 운악산 정상까지 올라갈 수 있는 등산로는 휴양림 밖 정문 바로 앞에서 시작된다. 운악산 정상까지는 편도 2.15km의 거리이며, 이곳에서 시작해 정상까지 왕복하는 길을 코스로 짠다면 약 4시간가량 소요된다. 정상까진 오르기 싫고 휴양림 안을 둘러보는 정도의 산책 코스가 좋다면, 1km 남짓한 등산로와 산책로를 이용해도 좋다. 숙박지구를 벗어나자마자 가파른 경사를 타고 산허리까지 올라갈 수 있다. 산책로지만 코스가 쉽지 않아 둘러만 봐도 이곳이 왜 악산으로 불리는지 쉽게 짐작할 수 있다.

휴양림 안쪽에는 다른 곳에서는 볼 수 없는 가마터가 있다. 화현분청사기 요지로 조선 전기의 가마터로 추정되는 곳이다. 조선시대의 사발과 접시 그리고 잔과 병 등이 많이 출토되었다고 한다.

휴양림에서 빼놓을 수 없는 포인트인 계곡은 매표소가 있는 휴양림 초입에 등산로를 따라서 나란히 있다. 이곳의 토질은 배수가 잘 되는 마사토로 이루어져 있어 비가 내린 직후에만 계곡물이 흐르는 편이다. 건기에는 물이 없어서 어느 때고 물놀이하

1 신축 연립동
2 한옥형 숲속의 집 운현정
3 연립동 산벚나무, 오리나무

기 좋은 환경은 아니다.

    휴양림의 숙박시설들은 조금 안쪽으로 들어간 곳에 위치해 있다. 드문드문 2동씩 사이좋게 자리 잡고 있다. 가장 먼저 눈에 들어오는 것은 2014년에 완공된 연립동이다. 두 채씩 나란히 도열해 있는 숙박동 모습이 마치 서울 인근의 타운하우스 단지에 들어온 듯한 느낌이다. 숲속수련장과 산림휴양관도 두 동씩 짝을 이뤄 널찍하게 떨어져 있어 번잡하지 않다. 숲속의 집은 휴양림 가장 안쪽 깊숙한 곳에 떨어져 있다. 독채를 사용할 수 있는 한옥 스타일의 숲속의 집 운현정은 휴양림을 통틀어 단연 인기 최고다. 원룸형 객실과 투룸형 객실이 붙어 있는 것 같은 구조다. 화장실과 출입문이 두 개라 두 가족이 사용하기에 좋다. 2014년에 신축한 연립동도 다락방이 있는 복층 구조에 신축 건물이라 인기가 많다. 휴양관도 한 동에 객실 4개만 들어가는 아담한 건물이라 답답하지 않다. 전반적으로 숙소의 구성이나 배치 그리고 평면이 만족스러운 휴양림이다. 숙박시설 상세정보는 p.71 참고

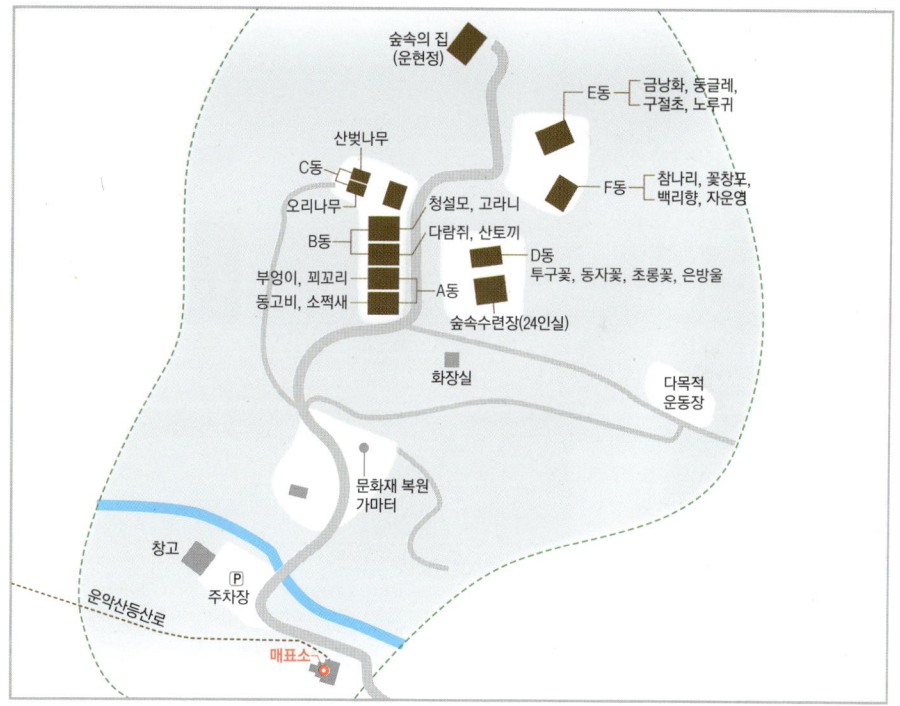

휴양림 백퍼센트 즐기기

Activity 체험 프로그램
- 4~10월에는 방문객들을 대상으로 숲해설사에 의한 무료 숲 해설과 목공예교실이 운영된다. 목공예교실에서는 천연염색, 열쇠고리, 나무 목걸이 만들기 등을 체험할 수 있다(재료비 별도).
- 운악산 정상으로 올라가는 등산로(왕복 6.5㎞)가 휴양림 입구에서 시작된다. 약 3시간 40분 소요된다.

Supply 보급
서울에서 47번 국도를 이용해서 접근한다면 진접에 대형마트들이 있다. **진접하나로마트**와 홈플러스가 있다. 휴양림을 기준으로 보면 10㎞ 떨어져 있는 일동면에도 규모가 큰 **하나로마트**가 있다.

진접하나로마트
남양주시 진접읍 장현리 378-1
031-571-4274

하나로마트(일동면)
포천시 일동면 화대리 797-9
031-533-0870

Restaurant 주변 맛집
서울 귀경길에 간단하게 식사할 곳을 찾는다면 서울 방향으로 5㎞ 떨어진 서파교차로에 쌈밥집들이 모여 있다. 그중에서도 **서파촌원조쌈밥순두부**의 우렁쌈밥이 인기다.

서파촌원조쌈밥순두부
포천시 내촌면 신팔리 82-1
031-533-5498

Attraction 주변 볼거리
일동 방면 4㎞ 지점에는 주류회사에서 운영하는 전통술박물관 **산사원**이 있다. 전통술을 담그는 방법뿐 아니라 이곳에서 생산되는 전통주도 간단한 안주와 함께 맛볼 수 있다. 매월 둘째, 넷째 토요일 14:00에는 가양주를 담그는 체험 프로그램도 있다.

동절기에는 **일동제일유황온천**에서 여행을 마무리하는 것도 좋다. 이곳의 온천수는 지하 800m에서 용출되는데, 유황 성분을 다량 함유하고 있어 성인병과 피부질환을 개선하는 데 효능이 있다고 한다.

포천시청 쪽으로 약 19㎞ 거리에 **포천아트밸리**가 있다. 포천아트밸리는 해발 400m 높이에 있는 화강석 채석장을 문화예술공간으로 꾸며놓은 곳이다. 천문과학관과 조각공원 등이 있지만 인공호수인 천주호의 풍경이 단연 압권이다. 천주호까지 올라가는 420m 길이의 모노레일도 아이들과 함께 즐길 만하다.

포천아트밸리의 인공호수 천주호

산사원
포천시 화현면 화현리 512
031-531-9300

일동제일유황온천
포천시 일동면 화대리 663
031-536-6000

포천아트밸리
포천시 신북면 기지리 282
www.artvalley.or.kr
031-538-3483

콕콕 짚어주는 휴양림 정보

Tip 이것만은 알고 가자
- 운악산으로 올라가는 등산로는 가파르고 휴양림에서도 부담 없이 산책할 만한 곳이 별로 없다. 대신 휴양림이 국도변과 가깝게 있어 포천 주변의 관광지를 돌아보기에 좋은 위치에 있다.
- 계곡이 있지만 비가 오지 않으면 수량이 거의 없다. 물놀이장도 없다.

Comments 여행작가의 말
서울 북부지역에서 접근하기 좋은 휴양림이다. 주변에 볼거리들도 많아 등산은 물론이고 부담 없는 가족 주말여행 숙소로 삼기 좋은 곳이다.

숲속수련장

Access 접근성
한남대교 기준으로 1시간이면 휴양림까지 도착할 수 있다. 올림픽대로, 외곽순환도로를 타고 퇴계원IC로 빠져 나온 다음 47번 국도를 타고 가다 서파교차로에서 37번 국도를 탄다. 휴양림 입구는 국도변에서 불과 500m 정도 떨어진 곳에 있다. 서울 북부지역에서의 접근성이 좋은 휴양림이다.

Reservation 예약
숲나들e(http://foresttrip.go.kr) 공통(p.22 참고).

Accommodation 숙박시설

시설	구분	수량	비수기 요금	성수기 요금	시설명
숲속의 집	12인	1동	145,000	214,000	운현정(한옥형, 방 2, 화장실 2)
연립동	5인	6실	52,000	94,000	A동 꾀꼬리·동고비(원룸형+다락방) B동 다람쥐·청설모(원룸형+다락방) C동 산벚나무·오동나무(원룸형)
	8인	4실	87,000	154,000	A동 부엉이·소쩍새(원룸형+다락방) B동 고라니·산토끼(원룸형+다락방)
	7인	8실	67,000	119,000	D동 투구꽃·동자꽃 1층 　　초롱꽃·은방울 2층 E동 구절초·노루귀 1층 F동 백리향·자운영 1층
	8인	4실	87,000	154,000	E동 금낭화·둥굴레 2층 F동 꽃창포·참나리 2층(투룸형+다락방)
숲속수련장	24인	1실	200,000	260,000	

서울 근교 최대 규모의 잣나무숲
축령산자연휴양림

수도권

축령산 정상 886m
등산로 왕복 6km

고도
366m
야영장 기준

지자체휴양림(경기도산림환경연구소 운영)
1995년 개장 | 경기도 남양주시 수동면 축령산로 299 | 031-592-0681

기온
-3℃
전국 평균 대비
수동면 연평균 기온

강수량
+460㎜
전국 평균 대비
수동면 연평균 강수량

숙박 규모
26실
26실 최대 172명 수용
숲속의 집 8
휴양관 18

야영장
30데크
일반야영데크 30

새롭게 신축된 숙박지구

잣 향기 가득한 숲 속에서의 하룻밤

○ 축령산은 울창한 잣나무숲으로 유명하다. 규모도 전국 최대이면서, 숲이 잘 조성되어 있다. 축령백림(祝靈柏林, 여기서 측백나무 柏은 우리나라에선 잣나무를 가리킴)이라 불리는데, 가평8경 중 하나로 칠 만큼 멋진 숲이다. 축령산은 가평군 상면과 남양주시 수동면에 걸쳐 있고, 휴양림은 그중 남서쪽 남양주시에 속해 있다. 축령산에는 잣나무숲이 고루 퍼져 있지만 휴양림이 있는 남양주 쪽보다 가평 쪽이 조금 더 울창한 숲을 이루고 있다. 가평 쪽에는 경기도에서 운영하는 수목원 '잣향기푸른숲'이 있다.

잣나무는 원래 한랭한 기후의 고산지대에서 잘 자라는 한대성 수종이다. 나무의 모양도 이리저리 구부러지며 자라는 참나무나 소나무와는 달리 곧고 시원스럽게 쭉쭉 뻗으며 자란다. 한겨울에도 푸른 잎을 유지하는 상록수이기에 여름철에는 겨울에 품었던 차가운 느낌을 특유의 짙은 향기와 함께 발산한다. 그렇기에 잣나무는 몸에 열이 많은 사람과 궁합이 잘 맞아 한여름 최고의 피서지를 제공해준다.

축령산자연휴양림은 한남대교 기점으로 약 1시간이면 도착할 수 있어 수도권에서의 접근성이 매우 좋다. 용인자연휴양림과 함께 대도시 근교에 있는 휴양림이지만 분위기는 전혀 다르다. 용인자연휴양림이 잘 꾸며진 공원 같다면 이곳은 거친 오지의 느낌이 물씬 풍긴다. 경사지에 위치한 야영장의 모습만 봐도, 아이들과 함께 오기보다는 어른들끼리 백패킹모드로 짐을 꾸려 와야 할 것 같은 분위기다.

축령산자연휴양림은 지자체에서 운영하는 휴양림이다. 과거에는 국립자연휴양림과 다른 독특한 예약 방식으로 운영됐었다. 당일 취소 물량을 오후 3시부터 선착순으로 판매했다. 주말을 앞둔 금요일에는 데크를 잡기 위해서 엄마와 아이들을 먼저 휴양림으로 보내고 아빠는 휴양림 인근의 대성리역으로 퇴근하는 진풍경도 어렵지 않게 볼 수 있었다. 물론 아빠를 픽업하기 위해서 엄마는 역으로 한 번 더 나갔다 와야 했다. 현재는 국립휴양림 관리사무소에서 운영하는 숲나들e 홈페이지 통합예약이 가능해지면서 이런 모습을 더 이상 볼 수 없다.

축령산은 등산으로도 인기가 있어 주말이면 등산객들이 휴양림을 기점으로 산행을 즐기기 위해 많이 찾는다. 서리산에서 축령산으로 연결되는 능선을 넘어가면 맞은편에 위치한 잣향기푸른숲으로 하산하는 것도 가능하다. 야영장4구역 쪽의 임도를 따라서 절고개를 넘어가는 산악자전거 코스도 동호인들 사이에서 유명했지만 안전을 이유로 휴양림 안쪽으로 산악자전거의 출입은 불가해졌다.

내부 들여다보기

O   휴양림이 위치한 지형은 전반적으로 경사가 가파르다. 숲속의 집과 야영장은 축령산 계곡을 중심으로 봤을 때 오른쪽 지역에 모여 있다.

과거에는 야영장 데크들과 숲속의 집들이 울창한 잣나무숲 경사지에 같이 자리잡고 있었다. 스머프 마을이라도 온 듯한 오묘한 분위기였지만 야영장 리모델링을 통해서 숲속에 있던 숙박시설들은 모두 철거되었다. 덕분에 야영장에서는 보다 야생의 느낌을 살리며 묵어갈 수 있게 되었다. 숲속의 집들은 산림휴양관과 관리사무소 우측에 8동이 신축되었다. 야생의 느낌은 희석되었지만 숙소 바로 옆에 주차가 가능해져서 과거와 같이 짐을 옮겨야 하는 불편함이 없어졌다.

　매표소에서 오른쪽으로 올라가면 야영장으로 진입하고 왼쪽으로 올라가면 물놀이장과 20인 정원의 축령관, 신축 숲속의 집, 산림휴양관이 나온다. 이제 숙박동과 야영장이 완전히 분리된 모양새다. 노후화되었던 휴양관도 리모델링을 통해서 내·외관이 새 옷으로 갈아입었다.

　물놀이장은 여름철에 특히 인기 있는 시설이다. 아쉬운 점은 물놀이장 주변이 좁아 그늘막을 칠 수 없다는 것이다. 돗자리만 깔 수 있는 정도라서 좋은 자리를 차지하려면 서둘러야 한다. 숙박시설 상세정보는 p.81 참고

산림휴양관

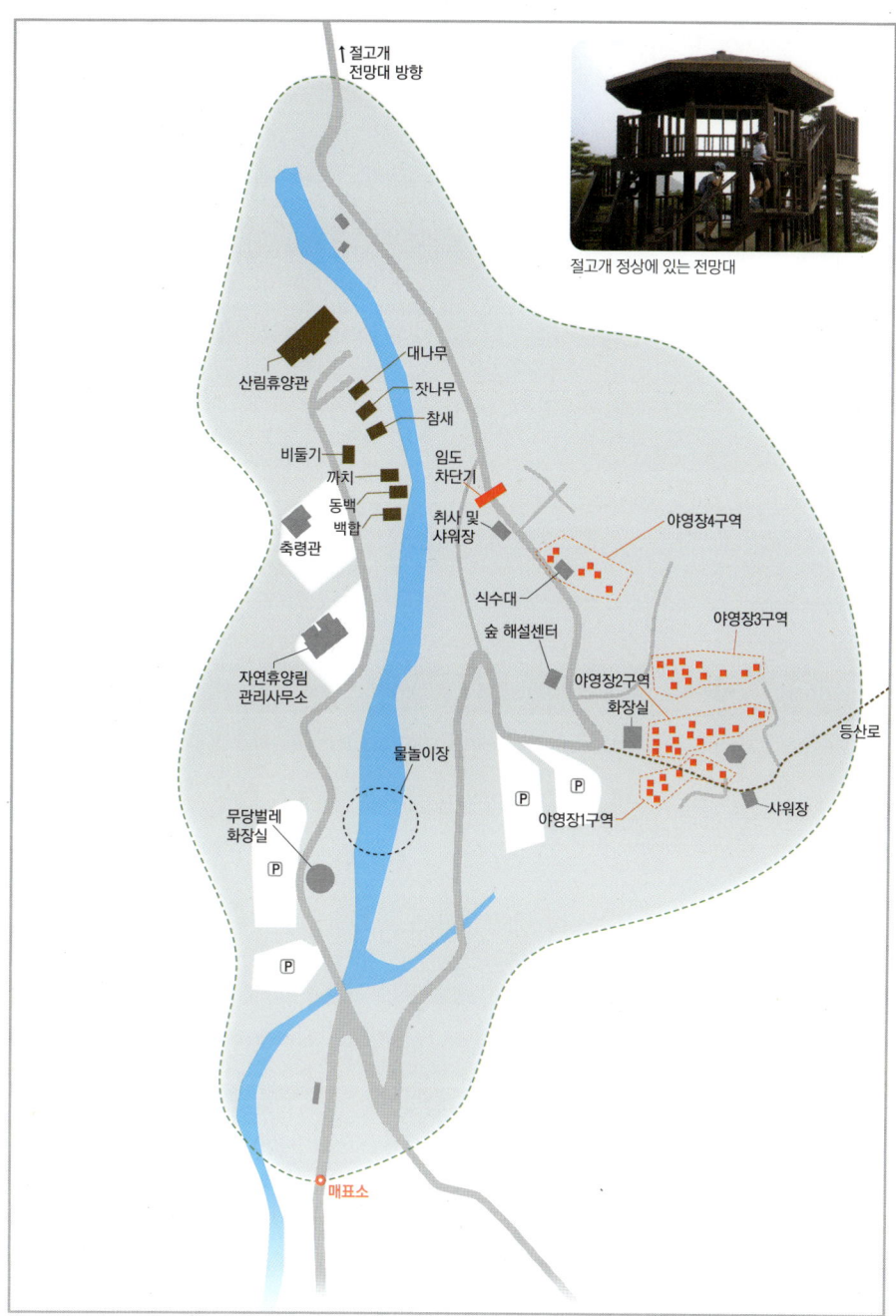

절고개 정상에 있는 전망대

야영장에서 하룻밤 보내기

🔴 오토캠핑보다는 백패킹이 어울리는, 꾸미지 않은 야생의 느낌이 살아 있는 야영장이다. 편안한 오토캠핑 스타일을 기대한다면 추천하지 않는다. 오토캠핑 모드로 접근할 수 있는 곳은 가장 아래쪽의 몇몇 데크뿐이다. 경사진 곳이 많아 어린아이를 동반한 가족 단위 여행객에게도 적합하지 않다.

위쪽 데크로 올라갈수록 짐을 옮기기는 힘들어지지만 위에서 내려다보는 전망은 좋다. 야영장은 크게 4개 구역으로 구분되는데 1구역과 2구역은 가로지르는 물길이 있어 비가 온 뒤라면 더욱 운치 있다. 1·4구역이 도로와 상대적으로 가깝고 3구역이 가장 안쪽에 위치해 있다.

규 모	총 30개 데크
야영장	4개 구역
고 도	해발 366m(2구역)
전 기	사용 불가
샤워장	있음(온수 가능)
개수대	있음(온수 불가)
화로대	사용 불가
데크 사이즈	400×400cm
특이점	계곡(1·2구역 일부), 그늘 풍부, 경사 지형

1 물놀이장
2 간단한 백패킹모드의 데크. 이곳과 가장 잘 어울리는 세팅이다.
3 물놀이장 인근의 무당벌레 화장실

편의 데크들이 계곡과 산자락에 넓게 퍼져 있으며 경사지 형에 배치돼 있다. 자동차로는 접근이 불가능해 주차장에서 짐을 옮기는 것이 가장 큰일이다. 야영장은 크게 4구역으로 구분되는데 양쪽에 각각 샤워장, 화장실, 개수대가 설치되어 있다.

환경 짐을 옮겨야 하는 수고로움은 있지만 거친 자연의 매력이 살아 있는 곳이다. 울창한 잣나무숲에 위치해 그늘이 풍부한 편이다. 2구역 바로 옆으로 계곡이 흐르는데 수량은 강수량에 따라서 편차가 있다. 비 온 직후 바위 사이로 흐르는 물소리가 제법 우렁차다. 경사가 가팔라서 위쪽 데크에서 내려다보는 주변 조망도 제법 시원하다.

프라이버시 1·2 구역을 가로질러 축령산 정상으로 올라가는 등산로가 나 있다. 주말 낮 시간에는 등산객의 통행이 많은 편이다. 과거에는 야영장과 숲속의 집이 혼재되어 있었지만 리모델링을 통해서 숲속의 집들이 모두 철거되었다. 데크 수도 46개에서 30개로 줄어들어서 보다 한적한 분위기에서 캠핑을 즐길 수 있게 되었다.

BEST Site 과거 3가지 크기의 데크가 배치되어 있었지만 400×400cm로 사이즈가 통일되었다. 이제 넓은 데크를 차지하기 위해서 신경 쓸 필요가 없어졌다. 데크 간 간격이 넓어지고 건물들도 없어지면서 야영장 전체의 프라이버시가 좋아졌다. 모든 데크들이 울창한 숲속에 위치하고 있는 것도 장점이다. 결국은 짐을 옮기는 거리와 편의성이 선택을 좌우하게 된다. 오토캠핑모드로 짐이 많다면 하단과 가까운 데크에 자리를 잡는 것이 좋겠다. 백패킹모드로 짐이 단출하다면 상단 쪽에 자리를 잡아서 오지캠핑의 느낌을 즐길 수도 있겠다. 최상단에 자리 잡은 210번 데크에서 주차장까지는 200m 이상 거리가 있다. 동떨어져 있는 4구역의 경우 편의시설이 부족하다는 단점이 있었으나 시설 보강을 통해서 개선되었다. 단 8개의 데크가 자리 잡고 있어서 1·2·3구역보다 한가롭게 캠핑을 즐길 수 있게 되었다.

잣나무숲 경사지의 2구역 데크

휴양림 백퍼센트 즐기기

Activity 체험 프로그램
- 방문객들을 대상으로 매일 2회(10:00~12:00, 14:00~16:00. 화요일·설날·추석 제외) 숲해설사가 진행하는 무료 숲 해설 프로그램이 있다. 홈페이지나 숲 해설센터 사무실에서 신청한다.
- 축령산 정상으로 이어지는 등산로가 있다. 왕복 6.0km에 3시간 30분 정도 소요된다. 서리산 코스는 왕복 7.1km에 4시간 소요된다. 서리산과 축령산을 일주하는 코스는 8.7km에 5시간 소요된다.
- 축령산에는 절고개 정상까지 임도가 개설되어 있어 산악자전거로도 올라갈 수 있었다. 수레고개로 넘어오는 축령산 MTB 일주코스가 있지만 이제 휴양림을 통과해서 산악자전거를 탈 수 없게 되었다. 맞은편 잣향기푸른숲 쪽에서도 자전거 통행을 불허하고 있다.

숲 해설 프로그램 문의
031-592-0682

Supply 보급
휴양림으로 들어가는 초입에 **수동농협하나로마트**가 있다.

수동농협하나로마트
남양주시 수동면 운수리 95-63
031-593-6580

Restaurant 주변 맛집
대통령산장은 수동에서 현리로 넘어가는 길목에 있다. 장닭백숙을 잘한다. 귀경길에 들를 만한 남양주 인근 음식점으로는 곰탕이 맛있는 **천마산곰탕**, 만두를 얼큰한 뚝배기에 내놓는 어랑뚝배기가 유명한 **어랑만두**가 있다.

대통령산장
가평군 상면 상동리 236
031-585-2081

천마산곰탕
남양주시 호평동 92-10
031-591-3657

어랑만두
남양주시 금곡동 14
031-591-1597

Attraction 주변 볼거리
휴양림 가까이에 **몽골문화촌**이 있다. 전시관 관람은 무료이며 매일 3회(성수기에는 4회) 마상공연과 민속예술공연(공연 관람료 별도)이 있다. 몽골 음식도 판매하고 있다.

휴양림에서 절고개를 넘어가면 반대쪽에 수목원 **잣향기푸른숲**이 있다. 이곳에서는 화요일을 제외한 매일 2회(10:00, 14:00) 산림치유 프로그램을 진행한다. 이웃해 있는 아침고요수목원같이 아기자기한 정원 분위기는 아니지만, 입구에서부터 울창한 잣나무숲과, 코끝으로 스며드는 짙은 잣나무향이 일품인 곳이다. 1.13km부터 4.05km까지 4개의 산책로가 개설되어 있다. 잣전시관과 목공방뿐 아니라 화전민마을도 내부에 재현해놓았다.

몽골문화촌
남양주시 수동면 내방리 250
031-559-8018

아침고요수목원
가평군 상면 행현리 산255
1544-6703

잣향기푸른숲
경기도 가평군 상명 행현리 922-1
031-8008-6769
http://farm.gg.go.kr

콕콕 짚어주는 휴양림 정보

Tip 이것만은 알고 가자
- 야영장은 예약 후 현장 결제 방식이기 때문에 당일 취소 물량이 제법 나온다.
- 숲속의 집은 야영장과 같이 있고, 차량이 진입할 수 없다. 데크길을 따라 짐을 옮겨야 한다.

Access 접근성
한남대교 기점에서 휴양림까지 약 1시간 남짓 소요된다. 서울춘천고속도로를 타고 내려오다가 동화도IC로 빠져 나온다. 이후 화도읍과 수동면을 거쳐서 휴양림으로 진입한다. 동화도IC에서 휴양림까지 약 30분 소요된다.

Comments 여행작가의 말
서울에서 차로 1시간 거리에 있는 가까운 휴양림이다. 울창한 잣나무숲에 자리 잡은 야영장과 숲속의 집은 첩첩산중 속 오지의 느낌이 물씬 풍긴다. 경사지 위에 있는 숙소와 데크로 짐을 옮기는 것이 번거롭지만 높이 올라갈수록 내려다보이는 전망이 일품이다.

Reservation 예약
- 숲나들e 홈페이지(http://foresttrip.go.kr)를 통해서 예약이 가능하다.
- 월 추첨제: 매월 1일 09:00부터 4일 24:00까지 다음 달 1일부터 말일까지 추첨 응모기간이다.
- 응모횟수는 1회(최대 2박 3일)이며 매월 5일 10:00가 추첨일이다.
- 추첨 완료 후 잔여 객실은 매월 7일 09:00부터 선착순으로 예약이 가능하다.
- 선착순 예약 시에는 시설물 5개까지, 기간은 3박 4일 이내만 가능하다.

Accommodation 숙박시설

시설	구분	수량	비수기 요금	성수기 요금	시설명
숲속의 집	6인	3동	63,000	90,000	백합·동백·참새
	8인	3동	84,000	120,000	까치·대나무·잣나무
	10인	1동	105,000	150,000	비둘기
	20인	1동	210,000	300,000	축령관(복층, 거실 2, 화장실 3, 방3)
산림문화휴양관	3인	8실	30,000	40,000	2층: 금낭화·초롱꽃·구절초·둥굴레 1층: 소나무·자작나무·삼나무·고로쇠
	5인	8실	42,000	60,000	2층: 제비꽃·엘러지·산수국·참나리 1층: 피나무·상수리·층층나무·박달나무
	18인	2실	84,000	120,000	3층: 산철쭉, 산벚나무(+다락방)
야영장	400×400cm	30개	4,000	4,000	주차료(소형 3,000원), 입장료(성인 1,000원) 별도

이유 있는 전국 최고 인기 휴양림
용인자연휴양림

지자체휴양림(용인시 운영) | 2009년 개장 | 경기도 용인시 처인구 모현면 초부로 220 | 031-336-0040

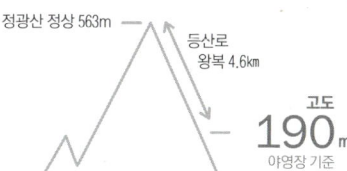

정광산 정상 563m
등산로 왕복 4.6km

고도
190m
야영장 기준

기온
-1.2℃
전국 평균 대비
모현면 연평균 기온

강수량
+274mm
전국 평균 대비
모현면 연평균 강수량

숙박 규모
25실
25실 최대 209명 수용
숲속의 집 14
숲속체험관 7
목조체험주택 3
숲속 캐빈 1

야영장
25데크
일반야영데크 25

숲속의 집 가마골

운이 따라줘야 즐길 수 있는 휴양림

○ 가장 인기 있는 휴양림, 가장 예약하기 어려운 휴양림, 휴양림 검색어 순위 1위. 다양한 수식어를 갖고 있는 곳이 바로 용인자연휴양림이다. 이렇게 인기가 있는 요인은 비단 한 가지뿐만이 아닐 것이다. 여러 요인 중에서도 가장 큰 매력 포인트는 편리한 교통이라고 할 수 있다. 한남대교 기준으로 한 시간 이내에 도착할 수 있어 서울에서 가까운 휴양림 중 하나다. 특히 강남권과 경기 남부에서 접근성이 좋다. 또한 용인자연휴양림은 여행객을 유혹하는 숙박시설이 잘 갖춰져 있다. 전기를 사용할 수 있는 야영장을 비롯해, 숲속의 집과 휴양관 그리고 목조체험주택까지 다양한 형태의 숙박시설을 갖추고 있다. 게다가 모든 시설은 개장한 지 얼마 되지 않아 깨끗한 편이다.

 용인자연휴양림의 또 다른 매력은 휴양림 안에서 즐길 수 있는 체험 시설과 프로그램이 다양하게 마련되어 있다는 것이다. 정광산과 벌덕산을 오르는 등산로는 물론이고, 야영장 인근의 데크길과 어린이 놀이숲에는 다양한 놀이기구들이 갖춰져 있어 특히 어린아이들을 동반한 가족 여행객에게 인기다. 또한 에코어드벤처라는 모험시설에서는 연령대별로 다양한 모험코스를 체험해 볼 수 있다. 좀 더 짜릿한 경험을 원한다면 짚 와이어를 타볼 수 있다. 2015년에는 목재체험관까지 오픈해 숲 속에서 할 수 있는 거의 모든 종류의 체험시설을 갖췄다고 해도 과언이 아니다.

용인자연휴양림은 이런 장점들 때문에 예약이 어렵기로 소문났다. 안타깝게도 일단 물량이 적다. 전체 야영장과 숙박시설의 물량 중 50%는 용인시민에게 우선 배정된다. 다른 지역 사람들은 나머지 50%의 물량만 바라보고 피 터지는 경쟁을 해야 한다. 추첨은 지역주민 우대 추첨제와 월 추첨제 2가지가 있다. 지역주민 우대 추첨제에는 용인시에 주소지를 둔 사람만 신청이 가능하다. 월 추첨제는 타 지역주민은 물론이고 용인 지역주민도 중복해서 추첨에 참여할 수 있기 때문에 실제로 타 지역주민이 당첨될 가능성은 40% 미만으로 보면 된다. '3대가 덕을 쌓아야 용인자연휴양림에서 1박을 할 수 있다'는 우스갯소리가 그냥 나온 말은 아니다. 과거에는 주말과 공휴일의 경우 당일 입장객도 추첨에서 당첨돼야만 입장이 가능했지만 이제는 선착순 입장으로 변경되었다. 단 휴양림의 주차장에서 최대로 용인하는 250대가 가득 차면 입장이 불가할 수 있다.

내부 들여다보기

○ 용인자연휴양림은 정광산 서쪽 산자락에 위치해 있는데, 주변 지형이 나지막하고 평평하다. 입구에 들어서자마자 눈에 들어오는 넓은 중앙 잔디광장 때문에 잘 꾸며져 있는 도심 속 공원에 들어온 느낌이 든다. 오지의 터프한 느낌은 없지만 이곳에 들어선 사람들을 편안하게 해준다. 그런 탓인지 어린이를 동반한 가족여행객들이 특히 선호하며, 초보 캠퍼들도 부담 없이 즐겨 찾는다. 날씨 좋은 날에는 정광산 위에서 내려오는 형형색색의 패러글라이더들이 초록색 잔디광장 주변까지 다가오면서 그림 같은 풍경을 만들어 낸다.

숲속의 집 밤티골

　휴양림 왼쪽으로 숙박시설과 야영장이 모여 있다. 숲속의 집은 주이동로를 따라서 배치되어 있다. 각 숙소에는 별도의 바비큐 시설이 설치되어 있어 숯을 이용한 바비큐를 해먹을 수 있다. 숯과 철망은 휴양림 매점에서 판매한다. 단 장작과 나무를 태우는 것은 금지하고 있다. 야영장은 데크길이 있는 경사지에 배치되어 있다. 야영장 초입에는 어린이 놀이숲이 있어 낮 동안에는 아이들 웃음소리로 가득 찬다. 휴양림 오른쪽으로는 목재문화체험관과 에코어드벤처 등 체험시설이 있다. 숙박시설로는 각 나라의 전통가옥을 재현한 목조체험주택 3동이 있다.

　워낙 예약이 치열하다 보니 어느 곳이 인기랄 것도 없이 모두 예약이 어렵다. 숲속의 집은 8인실·10인실·13인실이 있는데 8인실인 느티골은 주이동로와 떨어진 계곡 건너편에 있어 조용하다. 숲속체험관(집합숙소)은 국립휴양림의 산림휴양관과 비슷한 형태로, 총 7개의 객실이 있고 다락방이 있는 객실과 없는 객실로 나뉜다. 목조체험주택은 한국, 핀란드, 몽골의 전통가옥 3채를 재현해 놓았다. 외관만 흉내 낸 것이 아니라 내부 구조도 신경 써서 만들어 놓았다. 한옥에는 구들장이 있는 방이 1개 있고 핀란드 전통가옥에는 사우나실이 있다. 숙박시설 상세정보는 p.91 참고

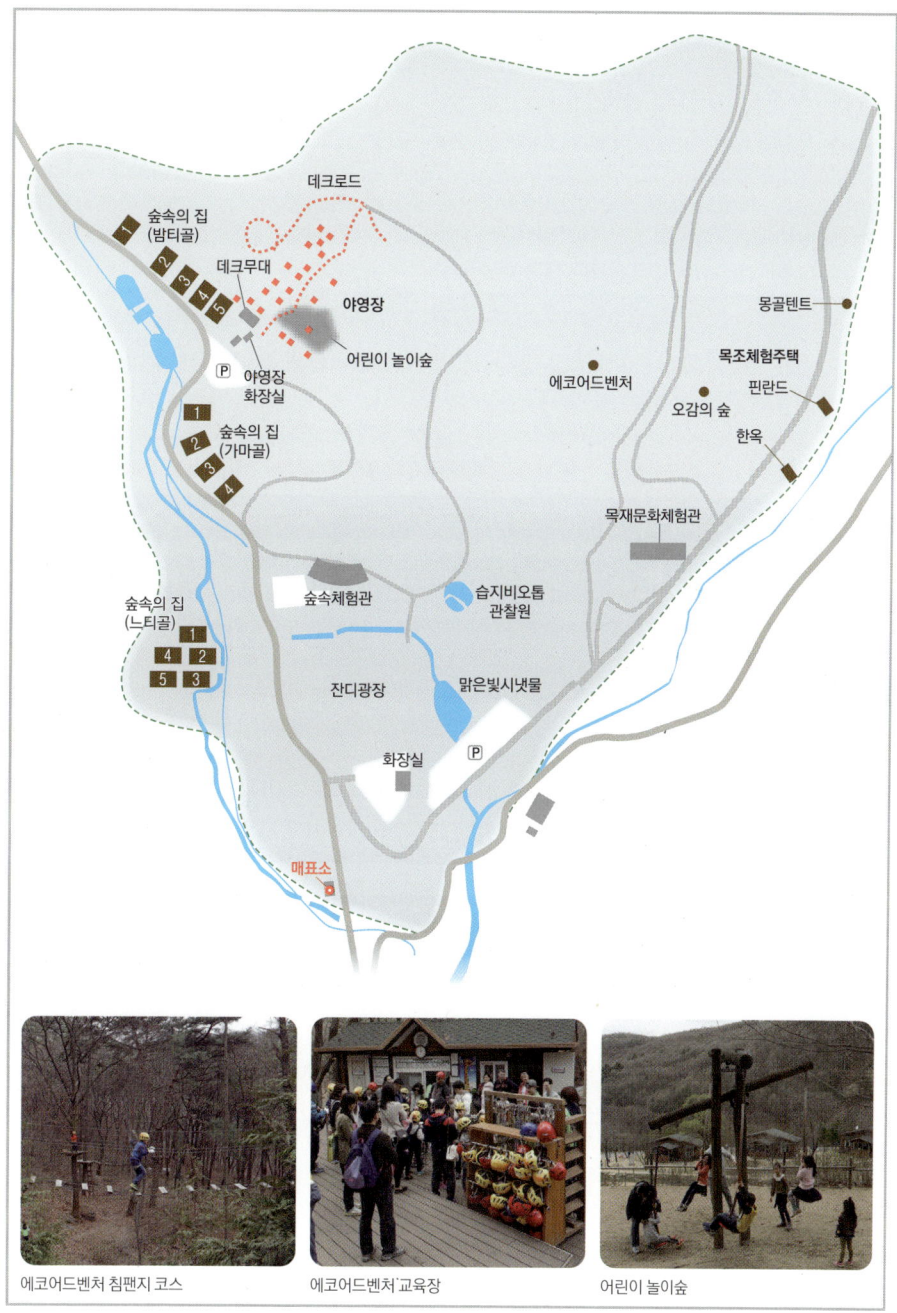

에코어드벤처 침팬지 코스   에코어드벤처 교육장   어린이 놀이숲

야영장에서 하룻밤 보내기

용인자연휴양림에는 일반야영데크가 놓인 야영장 1곳이 있다. 숙박시설이 모여 있는 휴양림 왼쪽 편에 위치해 있으며 경사지를 따라 배치되어 있다. 모든 데크에서 전기를 사용할 수 있고, 동계시즌에도 운영해 일 년 내내 인기 있는 야영장이다. 특히 아이들을 위한 놀이시설이 잘 갖춰져 있어 아이들이 심심할 틈이 없다. 반면 입구 쪽에서 짐을 내리고 경사지를 따라서 짐을 옮기는 일이 만만치 않다.

규 모	총 25개 데크
야영장	일반야영장 1곳
고 도	해발 190m
전 기	사용 가능
샤워장	있음
개수대	있음(온수 불가, 화장실 세면대는 온수 가능)
화로대	사용 가능(장작은 불가)
데크 사이즈	400×400cm, 600×600cm
특이점	완경사 지형, 울창한 숲 속 그늘, 어린이 놀이터

1 야영장 24번 데크
2 데크길을 따라 경사지에 배치된 데크
3 데크길 옆 어린이 놀이숲
4 야영장 초입의 편의시설동

편의 경사면을 따라 데크들이 배치돼 있다. 차량은 진입할 수 없고 차단기 쪽에서 짐을 내리고 야영장을 가로지르는 데크길을 걸어가야 한다. 가장 위쪽에 위치한 14번 데크까지는 100m가 넘는 경사를 올라야 한다. 화장실과 개수대도 입구 쪽에 위치해 위쪽 데크들이 이용하기엔 불편하다. 데크 사이즈도 큰 편이고 모든 데크에서 전기 사용이 가능하다.

환경 울창한 숲 속에 위치해 그늘은 풍부하다. 부정형의 경사지에 있지만 야영장 데크 주변을 흐르는 계곡은 없다.

프라이버시 숲속의 집 이용객이나 당일 방문객들도 통과하는 데크길이 야영장 주변을 감싸고 있다. 초입에 어린이 놀이숲이 있어 주간에는 아이들로 붐빈다. 데크 간격이 여유롭다.

BEST Site 야영장 초입에서 가장 가까운 1번 데크라고 해도 40m 이상 걸어서 짐을 옮겨야 하고, 가장 높은 곳의 14번 데크까지는 거의 150m 거리를 짐을 들고 이동해야 한다. 위쪽 데크를 이용한다면 짐을 최대한 줄인 간단모드나 백패킹모드가 좋겠다. 따라서 짐 옮기기 편한 아래쪽 데크가 상대적으로 인기가 좋다. 놀이터 중간에 있어 아이를 동반한 여행객에게 인기가 있었던 18·19·20번 데크는 야영장이 리모델링되면서 상단으로 이동했다. 데크 사이즈는 400×400㎝로, 국립자연휴양림의 데크보다 큰 편이다. 12·22·23·24번 데크 사이즈는 600×600㎝로 대형 데크다. 대형 데크들의 인기가 더 좋다. 특히 가장 아래쪽에 위치한 23번 데크가 가장 인기가 있다.

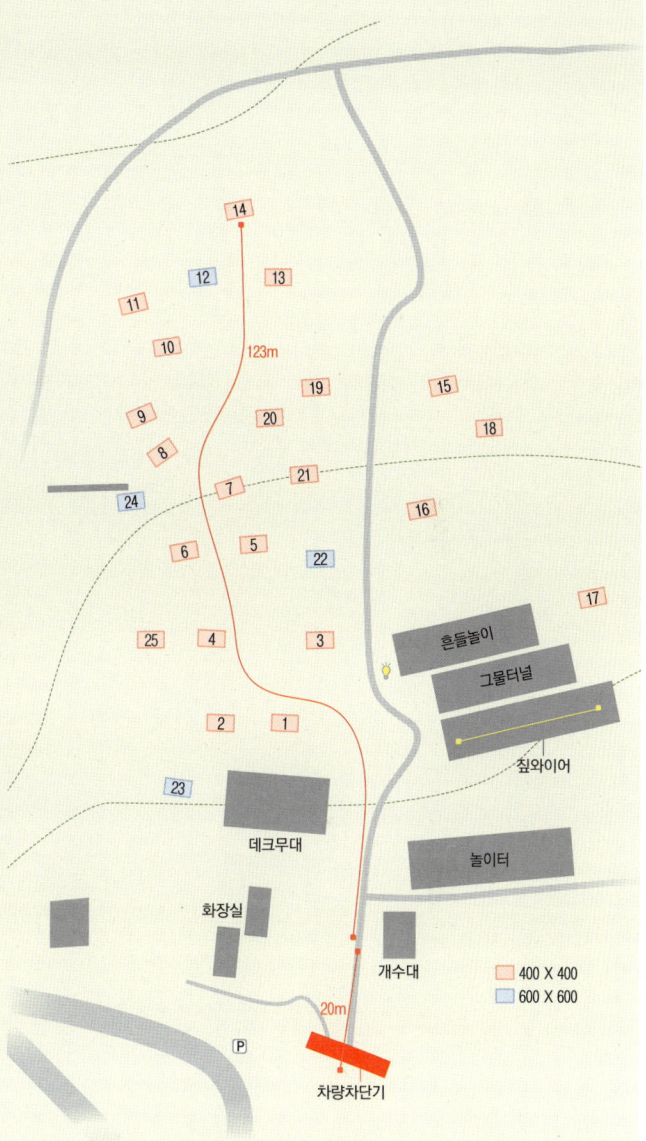

휴양림 백퍼센트 즐기기

Activity 체험 프로그램
- 3~10월에는 매일(일요일 제외) 10:00, 14:00에 무료 숲 해설이 진행된다. 2015년에 개관한 목재문화체험관도 방문해볼 만하다.
- 휴양림에는 에코어드벤처로 불리는 모험놀이시설이 있다. 유아, 어린이, 청소년 수준별로 3가지 코스가 있다. 3~10월 매일 6회(10:00, 11:00, 14:00, 15:00, 16:00, 17:00) 운영한다. 요금은 1회에 5,000원. 사전 안전교육이 30분 동안 진행되고, 코스체험은 1시간이 소요된다. 16세 미만은 보호자를 동반해야 되며 인터넷으로 예약할 수 있다.
- 짚 와이어 체험도 가능하다. 1,246m 길이에 6개 코스로 만들어져 있다. 이용요금은 성인, 소인 구분 없이 1인당 35,000원이다.

무료 숲 해설 예약
031-336-0384

짚 와이어 체험
1588-5219

에코어드벤처 킹콩코스

Supply 보급
도심과 가까워 보급에 어려움은 없다. 휴양림 진입로에 작은 가게들이 있고, 휴양림의 숲체험관 1층에도 매점이 있다. 휴양림에서 5km 거리에 규모가 큰 **모현농협하나로마트**가 있다.

모현농협하나로마트
용인시 처인구 모현면 왕산리 815-2
031-339-4923

Restaurant 주변 맛집
휴양림 인근 용인시내에는 김량장으로 불렸던 용인중앙시장이 있다. 5일과 10일에 오일장이 열리지만 평상시에도 운영되는 상설시장으로, 760개 점포가 있어 규모가 꽤 크다. 이곳은 순대골목과 떡볶이 있어 다양한 먹거리를 제공한다. 순대골목에서는 **평원순대**가 유명하다. **일미분식**은 만두가 대표 메뉴. 시장에서 장본 음식을 먹고 갈 수 있는 커뮤니티 카페도 오픈했다.

용인중앙시장 주차장
용인시 처인구 김량장동 254-3 / 136-7

평원순대
용인중앙시장 내 순대골목
031-332-1014

일미분식
용인중앙시장 내
031-332-1864

Attraction 주변 볼거리
휴양림에서 에버랜드가 지척이다. 아이들과 함께라면 휴양림과 놀이동산, 물놀이장을 연계한 여행계획을 세워도 좋다. 에버랜드 스피드웨이에는 **삼성화재교통박물관**이 있다. 클래식 자동차부터 희귀 차종까지 다양한 자동차가 전시되어 있다. 용인의 또 다른 대표 관광지인 민속촌은 휴양림에서 차로 40분 거리. 한택식물원은 차로 1시간 정도 걸린다.

삼성화재교통박물관
용인시 처인구 포곡읍 유운리 292-4
031-320-9900

콕콕 짚어주는 휴양림 정보

Tip 이것만은 알고 가자
- 4~10월에는 주말과 공휴일 방문객도 홈페이지에서 입장과 주차를 미리 예약해야 입장할 수 있다.
- 야영장과 숙소의 다음 달 예약은 선착순이 아닌 추첨 방식에 의해서 선정된다. 추첨 예약 시 50%는 용인시민에게 우선 배정되고, 나머지 50%는 탈락한 용인시민과 다른 지역 거주자 중에서 선정된다.

Reservation 예약
- 숲나들e 홈페이지(http://foresttrip.go.kr)를 통해서 예약이 가능하다.
- 추첨제는 용인시민을 대상으로 하는 지역주민 우대 추첨제와 용인시민+타 지역 거주자를 대상으로 하는 월 추첨제로 나뉜다. 용인시민은 중복 신청이 가능하다.
- 추첨제: 매월 5일 09:00부터 9일 23:00까지, 다음 달 1일부터 말일까지 응모할 수 있다.
- 추첨일: 매월 10일 10:00가 추첨이고 당첨자는 같은 날 13:00에 발표한다.
- 결제 기간은 당첨 후 다음 날 23:50까지다.
- 추첨 완료 후 잔여 객실은 매월 10일 13:00부터 선착순으로 예약이 가능하다.

Comments 여행작가의 말
가장 인기가 좋은 휴양림이자 가장 예약하기 어려운 곳이다. 야영장과 숲속의 집은 물론이고 다양한 체험을 할 수 있는 시설들도 많이 있다. 다른 휴양림과 달리 매월 추첨을 통해서 객실을 배정한다.

Access 접근성
한남대교 남단에서 휴양림까지 1시간이면 도착할 수 있다. 경부고속도로·영동고속도로를 거쳐 용인IC로 빠져 나온다. 이후 45번 국도를 타고 20분 더 들어가야 한다.

Accommodation 숙박시설

시설	구분	수량	비수기 요금	성수기 요금	시설명
숲속의 집	8인	5동	80,000	110,000	느티골 1·2·3·4·5(투룸형)
	10인	4동	100,000	140,000	가마골 1·2·3·4(쓰리룸형)
	13인	5동	130,000	180,000	밤티골 1·2·3·4·5(쓰리룸형+다락방)
숲속체험관	5인	7실	60,000	80,000	체험골 2·3·4(원룸형) 5·6·7·8(원룸형+다락방)
목조체험주택	한옥	1동	140,000	200,000	7인실, 방 4개, 구들장 1개
	핀란드	1동	150,000	220,000	10인실, 원룸형+다락방, 사우나실 있음
	몽골	1동	120,000	170,000	8인실, 몽골식 텐트형 주택, 원룸형
캐빈	4인	1동	30,000	40,000	캐빈하우스 6×6m
야영장	600×600㎝	4개	14,000	20,000	12·22·23·24번 데크 (입장료 성인 2,000원 주차료 3,000원 별도)
	400×400㎝	21개	11,000	15,000	1~11·13~21·25번 데크

*요금은 용인시민이 아닌 다른 지역주민 이용 요금 기준(용인시민은 20~30% 정도 할인)

차 타고 찾아가는 보물섬에서의 휴식
석모도자연휴양림

수도권

상봉산 정상 316m
등산로 왕복 4km
고도 **72**m
관리실 기준

지자체휴양림(강화군청 운영) | 2011년 개장 | 인천광역시 강화군 삼산면 삼산서로 39-75 | 032-932-1100

기온
-1.1℃
전국 평균 대비
삼산면 연평균 기온

강수량
-18㎜
전국 평균 대비
삼산면 연평균 강수량

숙박 규모
29실
29실 최대 224명 수용
휴양관 16
숲속의 집 13

야영장
0데크
(2020년 이후 오픈 예정)

강화도가 내려다보이는 산림휴양관

바다 건너 찾아가는 섬 속의 섬

○ 　서울에서 차로 한 시간 남짓 떨어진 곳에는 배가 아니면 들어가 볼 수 없는, 마치 오지와 같은 곳들이 숨어 있다. 바로 인천광역시의 섬들이다. 인천국제공항이 있어 잘 알려진 영종도, 서울에서 접근하기 좋은 강화도 그리고 교동도까지, 웬만한 크기의 섬들은 거대한 현수교로 육지와 연결되었다. 강화도의 부속 섬, 석모도 역시 2017년에 석모대교가 개통되면서 육지와 연결되었다.

　　과거 강화도 외포리 선착장에서 석모도까지 차도선이 운항했었다. 배는 엎어지면 코 닿을 거리를 차와 사람들을 태우고 끊임없이 왕복했다. 달려드는 갈매기들에게 새우과자를 던져주던 모습도 이제는 더 이상 볼 수 없게 되었다. 배가 끊어진 섬 안에 남았을 때 슬그머니 엄습하던 고립감은 여행의 설렘을 증폭시켜주는 불쏘시개와 같았다. 이제 석모도에서는 섬 특유의 고립감을 느낄 없게 되었지만 24시간 동안 언제라도 드나들 수 있는 자유를 얻었다.

이런 섬 속의 섬 석모도에 강화도 본섬에도 없는 자연휴양림이 있다. 자연휴양림이라고 하면 으레 떠올리는 첩첩산중 깊은 골짜기의 산장 형태와는 다르다. 석모도 휴양림은 해발 316m의 나지막한 상봉산 자락에 조용히 자리 잡고 있다.

휴양림은 상봉산 북측에 위치해 휴양관 숙소에서는 강화도 본섬이 마주 보인다. 왼쪽으로는 멀리 교동도와 강화도를 연결해주는 교동대교도 한눈에 들어온다. 바다가 내려다보이는 좋은 전망을 지니고 있지만, 휴양림이 동쪽 강화도를 바라보고 있는 탓에 석모도의 멋진 노을은 조망할 수가 없다.

노을을 보기 위해서는 인근 보문사 눈썹바위로 올라가거나 이마저도 번거로우면 민머루해수욕장을 찾아가는 것이 좋다. 또한 온천탕은 물론이고 무료 족욕탕을 이용할 수 있는 석모도 미네랄온천도 보문사 맞은편 바닷가에 자리 잡고 있다. 이렇듯 볼거리 많은 섬 속 휴양림에서 하룻밤을 보내는 것도 조금은 특별한 경험이 될 것이다.

내부 들여다보기

○ 휴양림은 크게 휴양관이 있는 언덕과 숲속의 집이 있는 계곡 쪽으로 나뉜다. 산림문화휴양관은 2층 건물로, 맞은편 강화도가 내려다보이는 탁 트인 전망을 자랑한다. 휴양관 맞은편에 바비큐장도 만들어 놓았지만 쾌적한 휴양림 환경을 위해 지금은 잠정 폐쇄했다. 휴양관에서 시작되는 등산로는 상봉산과 낙가산을 연결하는 능선을 따라서 보문사까지 연결되는데, 편도로 약 두 시간 정도 소요된다.

숲속의 집은 휴양관보다 늦은 2015년 7월부터 운영되기 시작했다. 숲속의 집은 수목원을 올라가는 계곡 중턱을 따라서 나란히 배치되어 있는데, 6인실부터 22인실까지 총 13동의 독채 건물로 이루어져 있다. 마치 잘 꾸며진 전원주택단지에 들어온 것 같은 착각이 들 정도로 잘 만들어졌다. 경사지에 위치해 주차장으로부터 거리가 좀 있는 편이다.

숲속의 집의 위치는 휴양관과 분리되어 조금 떨어진 곳에 있다. 석포 선착장에서 출발했다면 휴양림 도착 전 삼산초등학교에서 좌회전해 수목원 쪽으로 올라가야 한다. 휴양관에서 숲속의 집으로 연결되는 산책로가 만들어져 있는데, 편도 400m 정도 거리다. 숲속의 집도 모든 객실이 인기를 끌고 있다. 단 숲속의 집은 계곡 안쪽에 자리 잡고 있어 탁 트인 바다 조망은 불가하다.

숙소별로 입지가 대동소이해서 별도의 인기 숙소를 추천하진 않는다. 아직 휴양림의 존재가 널리 알려지지 않았음에도 불구하고 객실 가동률은 이미 80%를 넘었다. 이곳을 아는 사람들 사이에서는 이미 소리 소문 없이 예약 경쟁이 치열한 휴양림 중 하나가 되었다. 숙박시설 상세정보는 p.99 참고

1 휴양관 앞 멀리 교통대교의 모습이 보인다.
2 숲속의 집

1 석모도로 들어가는 차도선
2 숲속의 집

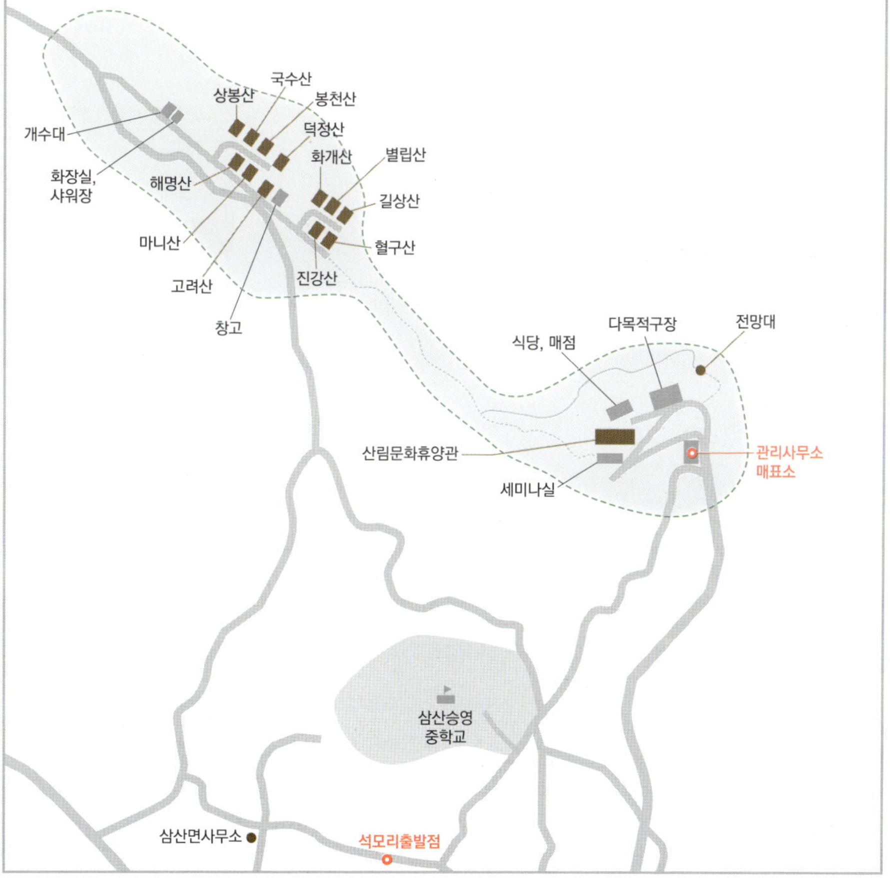

휴양림 백퍼센트 즐기기

Activity 체험 프로그램
- 수목원에서는 휴양림 방문객들을 대상으로 4~11월에 숲해설사가 진행하는 무료 숲 해설과 목공예 체험 프로그램을 운영한다.
- 산림휴양관에서 숲속의 집까지 약 편도 400m의 산책로가 만들어져 있다.
- 산림휴양관 쪽에서 보문사까지 등산로가 만들어져 있다. 보문사까지는 편도로 약 2시간 정도 소요된다.

낙조가 아름다운 보문사에서 내려다본 서해

Supply 보급
섬으로 들어오기 전에 미리 장을 보는 것이 좋다. 강화도에서 장을 본다면 강화군청 인근 알미골 사거리에 **강화농협하나로마트**가 있다. 외포리 선착장에도 마트들이 있다.

또한 인근에 강화풍물시장이 있는데, 제철 생선을 구입하거나 회를 떠갈 수 있다(평일 20:00, 주말 21:00에는 파장한다). 겨울철에는 숭어가 제철이고 초봄에는 주꾸미, 그리고 5~7월 초여름에는 산란기가 시작되기 직전인 밴댕이가 제철이다.

석모도 안에 삼도농협하나로마트가 있지만 평일에는 18:00까지 영업하고 주말에는 문을 닫는다. 고기와 야채류의 신선식품은 판매하지 않는다.

강화농협하나로마트
강화군 강화읍 남산리 283
032-934-0901

숭어회

Restaurant 주변 맛집
섬이라 맛집 선택은 제한적이다. 주로 보문사 초입에 식당들이 모여 있는데 밴댕이정식과 산채비빔밥이 주요 메뉴다. **통나무집**이 무난하다.

통나무집
강화군 삼산면 매음리 645
032-932-3261

Attraction 주변 볼거리
석모도의 대표적인 관광지는 뭐니 뭐니 해도 보문사가 으뜸이다. 보문사는 우리나라 4대 해수관음사로 꼽히는 곳이다. 특히 눈썹바위에서 내려다보이는 서해바다와 일몰이 아름답다. 눈썹바위까지 왕복하는 데 약 1시간 정도 소요된다.

석모도에는 **미네랄온천**이 있다. 2017년에 개장했다. 야외에 무료로 개방된 족욕탕도 있다. 보문사 맞은편에서 서측을 바라보고 있어 석양을 보며 온천을 즐기기에 좋은 곳이다. 무료 온천이었던 용궁온천은 폐쇄되었다.

석모도 미네랄온천
강화군 삼산면 매음리 645-27
032-930-7053

콕콕 짚어주는 휴양림 정보

Tip 이것만은 알고 가자
- 숲속의 집은 휴양관과 진입로가 다르다. 삼산초등학교에서 좌회전해서 수목원 방향으로 진입해야 한다.
- 휴양관 맞은편에 야외 바비큐장이 있었지만 휴양림 내 쾌적한 환경을 유지하기 위해 2015년 4월 잠정 폐쇄했다. 대신 휴양림 식당에서 야외 취사가 가능하다. 화로대를 가져가서 사용하거나 바비큐통, 숯, 그릴을 대여해서 이용할 수 있다(문의 032-934-8068).
- 국립자연휴양림과 동일하게 봄·가을 산불 방지 기간에는 외부 취사가 금지된다. 출발 전 산불 방지 기간을 미리 확인하자.

Access 접근성
한남대교 기점에서 석모도 자연휴양림까지는 약 80㎞ 거리고 차로 1시간 40분 소요된다. 강화도와 석모도를 연결하는 다리는 2017년 6월에 개통되었다. 석모대교로 알려져 있지만 강화도와 삼산면에 속한 석모도를 연결한다 해서 삼산연륙교로 불리기도 한다. 다리의 길이는 1.4㎞이고 차도는 물론이고 보행로도 만들어져 있다. 강화도에서 자전거를 타고 넘어갈 수도 있다. 단 보행로의 폭이 좁아서 서행해야 한다.

Comments 여행작가의 말
이제는 자동차를 타고 도착할 수 있는 섬 속의 섬, 석모도에 있는 자연휴양림이다. 수도권에서 가까운 섬 속 휴양림에서 하룻밤을 보내는 특별한 경험을 할 수 있다.

Reservation 예약
- 숲나들e 홈페이지(http://foresttrip.go.kr)를 통해서 예약이 가능하다.
- 국립자연휴양림과는 달리 월 추첨제는 운영되지 않는다.
- 선착순으로 예약을 받고 있다. 예약신청은 매월 1일 09:00부터 진행이 가능하다.
- 1일부터 다음 달 말일까지 2개월치의 예약이 오픈 된다.

Accommodation 숙박시설

시설	구분	수량	비수기 요금	성수기 요금	시설명
숲속의 집	6인	2동	100,000	125,000	3.봉천산·5.화개산
	8인	7동	120,000	150,000	1.상봉산·2.국수산·4.덕정산·6.별립산·7.길상산·13.수정산·14.봉구산
	18인	2동	240,000	300,000	11.진강산·12.혈구산
	22인	2동	280,000	375,000	8.해명산·9.마니산
산림문화휴양관	4인	14실	52,000	75,000	202호 초롱꽃·203호 수선화·204호 복수초·205호 노루귀·206호 금낭화 101호 구상나무·102호 백서향·103호 잣나무·104호 녹나무·105호 히어리·106호 시로미·107호 만병초·108호 무궁화·109호 산수국
	10인	2실	97,000	150,000	201호 매화마름, 207호 희민들레

깊은 숲 속 경반계곡에서 즐기는 휴식

칼봉산자연휴양림

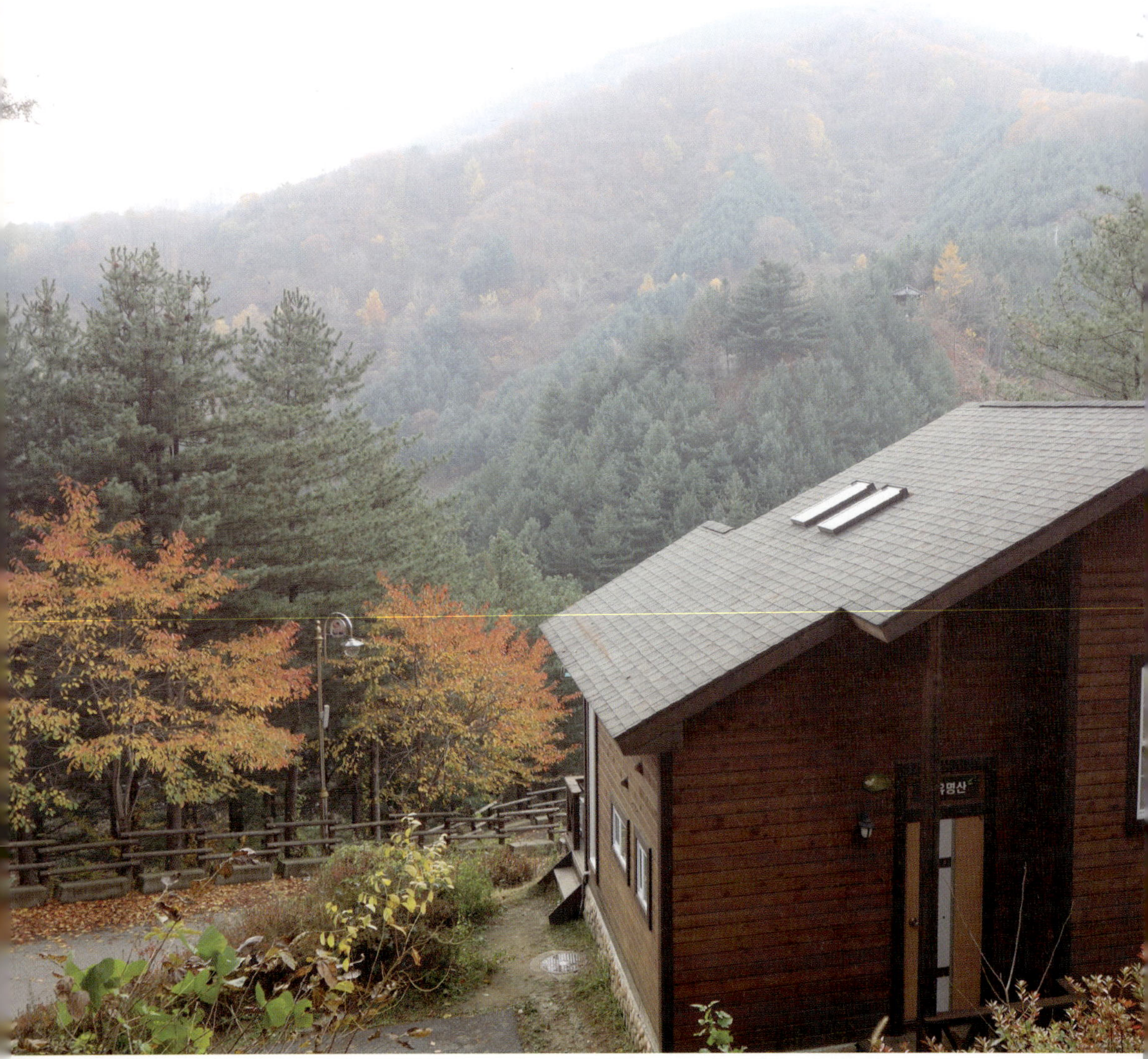

☀ **기온·℃**
-3.2 전국 평균 대비
가평읍 연평균 기온

🌧 **강수량·mm**
+327 전국 평균 대비
가평읍 연평균 강수량

🏠 **숙박 규모·실**
28 28실 최대 165명 수용
숲속의 집 10 · 휴양관 12 · 황토방 6

⛺ **야영장·데크**
0 일반야영데크 0

지자체휴양림(가평군시설관리공단 운영) | 2008년 개장 | 경기도 가평군 가평읍 경반안로 454 | 070-4060-0831

도시 옆 청정 자연을 지켜온 휴양림

○ 가평군은 지리적으로나 지형적으로나 기후적으로나 자연환경을 즐기기에 좋은 조건들을 지니고 있다. 가평은 행정구역상 경기도에 속하지만 북쪽으로는 강원도 화천, 동쪽으로는 춘천과 맞닿아 있는 내륙 산간지대다. 북쪽으로 광주산맥이 지나며 가평 최고봉 화악산(해발 1,468m), 단풍이 유명한 명지산, 산세가 아름다운 운악산을 모두 품고 있다. 한반도 중심부에 위치하기 때문에 기후도 대륙성 기후를 보이며 다른 곳보다 겨울은 더 춥고 여름은 더 덥다. 일교차가 많이 벌어지며 지형적인 강우도 많이 내린다. 이런 이유로 가평군에는 계곡이 깊고 여름철에 수량도 풍부한 유명 계곡이 유독 더 많다.

지자체와 산림청에서는 서울과 가까우면서도 산과 계곡이 좋은 이곳에 캠핑장과 휴양림을 많이 운영하고 있다. 이 책에서 소개하고 있는 휴양림 중에서도 세 곳이 가평군에 위치해 있다. 유명산자연휴양림은 산림청에서 운영하는 국립휴양림이고, 강씨봉자연휴양림과 칼봉산자연휴양림은 지자체휴양림이다. 서울을 기준으로 볼 때 거리상으로는 유명산휴양림이 가장 가깝고 강씨봉휴양림이 가장 멀다. 칼봉산이 1시간 30분 정도 걸려 중간이다. 유명산휴양림이나 강씨봉휴양림에 비해서 칼봉산은 아직 덜 알려진 편이다. 하지만 주변의 자연환경과 시설은 다른 곳에 비해 결코 떨어지지 않는다. 휴양림 주변은 다른 곳과 마찬가지로 울창한 잣나무숲으로 둘러싸여 있다. 칼봉산에서 흘러내리는 경반계곡에 자리 잡고 있는데 그 깊이와 길이가 강씨봉의 논남기계곡 못지않다.

휴양림은 가평읍내에서 가깝지만 주변은 오지 분위기를 물씬 풍긴다. 경반천을 따라 덜컹거리며 비포장도로를 타고 가면 휴양림에 도착하게 된다. 임도는 계속 계곡속으로 이어지고, 더 들어가면 캠퍼들 사이에서 오지 캠핑장으로 널리 알려져 있는 경반분교가 나온다. 휴양림부터는 SUV 차량이 아니면 들어가기 어려울 정도로 중간중간 물길을 건너가야 한다. 휴대폰도 터지지 않고 비라도 내리면 도로조차 끊어지는 진정한 오지가 시작되는 것이다.

내부 들여다보기

가평읍에서 경반계곡을 따라서 4km 정도를 들어가다 보면 휴양림에 도착하게 된다. 휴양림은 중간에 위치한 산림문화휴양관을 기준으로 계곡 주변에 숙박시설들이 자리 잡고 있다. 야영장은 없고 휴양관과 숲속의 집을 포함해 모두 28개의 객실이 있다. 숙소들은 잣나무숲에 위치해 산속 별장 같은 분위기를 물씬 풍긴다. 특히 숲속의 집은 산비탈을 따라 경사지에 계단식으로 배치되어 있어, 베란다에서 내려다보이는 잣나무숲 풍경이 일품이다. 4인실부터 20인실까지 있는데, 20인실 금강초롱동이 가장 높은 곳에 위치하고 있다.

산림문화휴양관은 숲속의 집 아래쪽에 있다. 숲속의 집에서 휴양관까지는 데크 길로 연결되어 있다. 숲속의 집의 선호도가 더 높은 편이지만 입지는 휴양관이 더 좋아 보인다. 옆으로는 사방댐이 있고 이곳에서 흘러내려오는 물길이 휴양관을 휘감고 지나간다. 국립휴양림이라면 야영장이 들어섰을 법한 곳에 휴양관이 위치해 있다. 계곡과 가까운 쪽으로 지붕이 있는 바비큐장이 마련되어 있어 날씨와 상관없이 야외에서 고기를 구워먹을 수 있게 되어 있다.

휴양림으로 들어오는 초입의 언덕 위에는 황토방 객실이 있다. 4·5인실의 원룸형 숙소 6채가 있는데, 숲속의 집과 달리 황토 벽돌과 황토, 편백나무로 지어진 숙소들이다. 강원도 가리왕산자연휴양림의 오토캠핑장과 비슷한 입지다.

유명산이나 강씨봉자연휴양림보다 인지도가 낮다고 해서 예약이 쉬운 것은 아니다. 가평군 관내에서 숙소 예약률이 가장 높은 편에 속한다. 독채 숙소로는 숲속의 집과 황토방이 있는데, 주변에 잣나무가 울창한 숲속의 집에 점수를 더 주고 싶다. 황

토방은 평지에 있지만 주변에 나무가 없는 것이 아쉽다. 숙박시설 상세정보는 p.105 참고

휴양림 앞의 임도를 따라서 계속 올라가면 경반분교를 지나 경반사까지 이어지는 왕복 90분 정도의 산책로가 조성되어 있다. 그 위쪽으로 임도는 계속 연결되어 회목고개에서 칼봉산 정상을 올라가는 등산로를 탈 수도 있고, 계속 임도를 따라 연인산 쪽으로 돌아 용추계곡으로 내려올 수도 있다. 용추계곡으로 내려오는 약 41㎞ 거리의 코스가 연인산 MTB 코스다. 산악자전거 동호인 사이에서는 유명한 코스로, 매년 가을 연인산 전국산악자전거대회가 열린다.

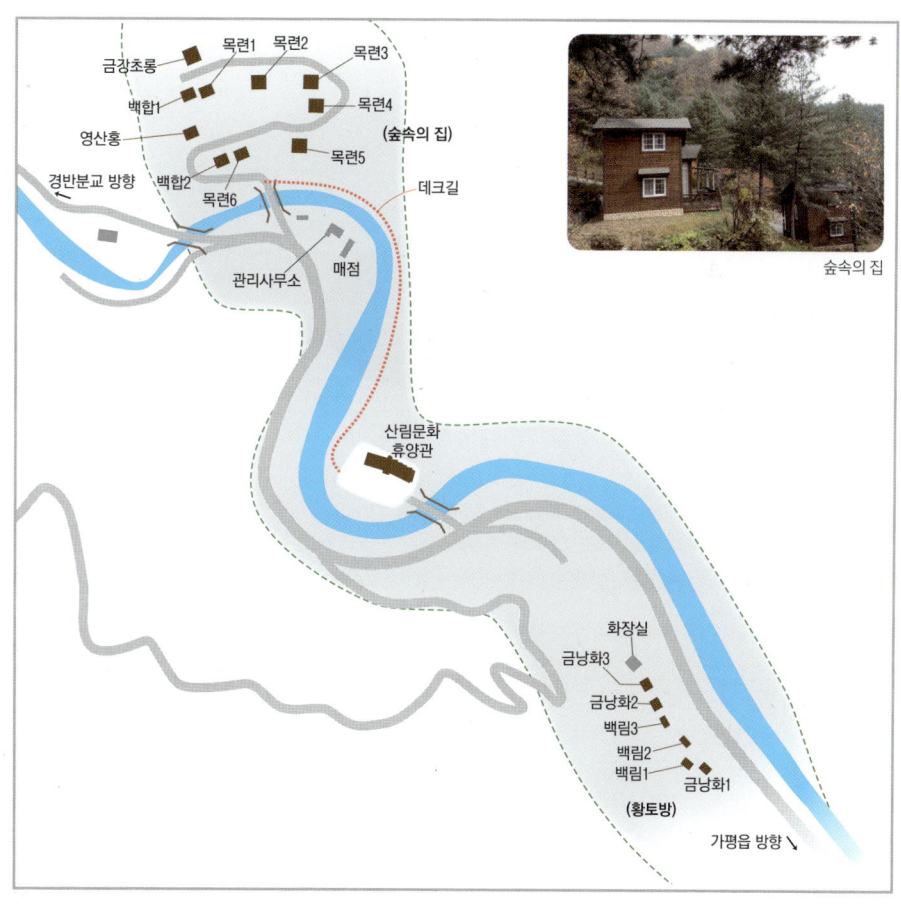

숲속의 집

휴양림 백퍼센트 즐기기

Activity 체험 프로그램
- 2~9월에는 무료 숲 해설과 목공예 체험 프로그램이 운영된다. 숲 해설은 매일 09:30, 14:30 2회 90분씩 진행된다. 목공예 체험(재료비 별도)은 매일 11:00, 15:30 2회 60분씩 진행된다.
- 휴양림에서 경반분교와 경반사, 수락폭포를 거쳐서 회목고개를 올라 칼봉산 정상까지 다녀오는 왕복 7km의 등산코스가 있다. 총 4시간 소요된다.

Supply 보급
가평읍에는 주변에 펜션과 야영장이 많아 마트도 많다. **가평농협하나로마트**가 읍내에 있다. 매월 끝자리가 5·10일인 날에는 가평오일장이 열린다. 규모가 크지는 않지만 소박한 시골 풍경과 장터 먹거리를 맛볼 수 있다. 오일장은 하나로마트 인근에서 열린다.

가평농협하나로마트
가평군 가평읍 읍내리 473-7
031-581-2390

Restaurant 주변 맛집
가평읍내에는 맛있는 막국수집이 몇 곳 있다. 송원막국수가 가장 유명하지만 인근 **지암막국수**도 괜찮다.

지암막국수
가평군 가평읍 읍내리 497-5
031-581-8838

Attraction 주변 볼거리
쁘띠프랑스는 프랑스 분위기를 느낄 수 있게 꾸며진 테마파크다. 생텍쥐페리 기념관을 비롯해 프랑스 주택 전시관과 오르골하우스, 유럽 인형의 집과 같은 전시관과 체험시설이 있고, 인형극과 마술과 같은 각종 공연이 열린다. 연중 무휴로 운영되며, 평일에는 09:00~18:00, 주말에는 20:00까지 연장 운영한다.

호명호수는 물의 낙차를 이용해 전기를 얻는 양수발전을 위해 산정에 만들어진 인공호수다. 한라산 백록담과 같은 넓은 호수가 이색적인 풍경을 자아낸다. 호수의 둘레는 1.7km. 이곳에 가려면 상천역에서 등산로를 이용해서 도보로 올라가거나 산 중턱의 호명호수 주차장까지 차량으로 올라간 다음 정상까지 운행되는 버스를 이용하는 방법이 있다. 버스는 08:35~17:35에 약 30분 간격으로 운영되며 동절기인 11월 24일~3월 13일까지는 도로 결빙으로 공원이 폐쇄된다.

쁘띠프랑스
가평군 청평면 고성리 616-2
031-584-8200

호명호수 주차장
가평군 청평면 상천리 산 370-1
031-580-2068

쁘띠프랑스

콕콕 집어주는 휴양림 정보

Comments 여행작가의 말
잣이 많은 가평의 자연휴양림답게 울창한 잣나무숲에 자리 잡고 있다. 서울에서 가깝지만 주변은 오지 분위기를 물씬 풍긴다. 계곡을 따라 깊게 들어가는 임도에서 트레킹이나 산악자전거를 즐기기에도 좋다.

Tip 이것만은 알고 가자
- 전 객실에서 무료 WI-FI를 사용할 수 있다.
- 야외 바비큐장이 별도로 있으며 바비큐통이 객실마다 구비되어 있다. 연중 이용할 수 있다.

Reservation 예약
- 숲나들e 홈페이지(http://foresttrip.go.kr)를 통해서 예약이 가능하다.
- 국립자연휴양림과는 달리 월 추첨제는 운영되지 않는다.
- 선착순으로 예약을 받고 있다. 예약 신청은 매월 10일 16:00부터 진행이 가능하다.
- 당월 10일부터 다음 달 말일까지 2개월 치의 예약이 오픈된다.

Access 접근성
한남대교 남단에서 휴양림까지 1시간 30분가량 소요된다. 서울춘천고속도로를 타고 서종IC에서 빠져 나온다. 이후 46번 국도를 타고 가평읍에서 휴양림으로 진입한다. 가평읍내에서 휴양림까지는 약 5km 거리지만, 중간에 1km 정도 비포장 구간을 지나가야 한다.

Accommodation 숙박시설

시설	구분	수량	비수기 요금	성수기 요금	시설명
숲속의 집	4인	1동	50,000	70,000	영산홍
	5인	2동	65,000	90,000	백합1·2호
	8인	6동	75,000	110,000	목련1~6호(복층)
	20인	1동	100,000	140,000	금강초롱
산림문화휴양관	4인	11실	45,000	65,000	2층: 능금1~2호, 석류1~5호 1층: 동백1~4호
	12인	1실	90,000	130,000	2층: 개나리
황토방	4인	3동	50,000	70,000	백람1~3호
	5인	3동	65,000	90,000	금낭화1~3호

경기 북부에서 가장 인기 있는 휴양림

강씨봉자연휴양림

강씨봉 정상 830m
등산로 왕복 13.2km (1코스 기준)
고도 **395** m 산림문화휴양관 기준

☀ **기온·℃**
-4.4 전국 평균 대비 북면 연평균 기온

☂ **강수량·mm**
+631 전국 평균 대비 북면 연평균 강수량

🏠 **숙박 규모·실**
16 16실 최대 102명 수용 숲속의 집 7 · 휴양관 9

⛺ **야영장·데크**
0 일반야영데크 0

지자체휴양림(경기도산림환경연구원 운영) | 2011년 개장 | 경기도 가평군 북면 논남기길 520 | 031-8008-6611

독특한 외관의 숙소가 매력적인 휴양림

강씨봉자연휴양림은 주요 포털 사이트에서 제공하는 휴양림 검색어 순위에서 항상 10위권 안에 들어가는 인기 휴양림 중 하나다. 사전예약이 시작되는 매월 3일 오전에는 홈페이지가 마비될 정도로 트래픽이 폭주한다.

강씨봉자연휴양림이 이토록 인기 있는 이유를 한 가지만 꼽아보라면 무엇보다도 경제적이고 쾌적한 숙소일 것이다. 2011년 개장한 휴양림이어서 숙소들이 비교적 깨끗한 건물들이다. 같은 4인실 객실이라도 이곳의 객실은 더 넓다. 예를 들면 국립휴양림인 유명산자연휴양림 4인실 정원의 숙소 면적이 23m^2인 반면, 강씨봉휴양림은 39m^2로 거의 50% 가까이 더 넓다. 그럼에도 성수기를 기준으로 가격은 오히려 더 저렴하다.

숙소가 깨끗하고 넓고 경제적일 뿐만 아니라 럭셔리 펜션이 무색할 만큼 특색 있게 지어졌다. 산림휴양관 하면 흔히 떠올리는 사각형 콘도 형태가 아니다. 경사지를 따라서 계단식으로 배치된 특색 있는 외관과 그에 못지않은 독특한 실내구조를 갖고 있다. 숲속의 집은 넓은 유리창과 높은 천장 때문에 쾌적하다. 마루 앞 넓은 발코니에서 바비큐를 해먹을 수 있게 설계되어 있다. 휴양림 주변의 자연환경도 아웃도어를 즐기기에 부족함이 없다. 해발 830m의 강씨봉으로 올라가는 수직보행 등산로는 물론이고 휴양림의 임도를 따라서 해발 618m 전망대까지 올라가볼 수도 있다. 이런 수직보행이 부담되면 휴양림을 가로지르는 논남기계곡을 따라 난 수평보행 길을 따라 트레킹이나 산악자전거를 즐길 수도 있다.

그런데 왜 휴양림 이름이 강씨봉인 걸까. 예로부터 이 지역이 강씨 성을 가진 사람들이 모여 살았던 곳이어서 이런 이름이 붙여졌다고 한다. 실제로 계곡 길을 따라서 올라가다 보면 강씨 사람들에 대한 전설들을 들을 수 있는데, 어머니가 병들어 눕자 자신의 손가락을 깨물어 그 피로 어머니를 살렸다는 효자 강영천과 궁예의 부인이었던 강씨 부인에 대한 이야기를 확인할 수 있다.

1 가장 높은 곳에 있는 숲속의 집 노을동
2 숲속의 집 해, 달, 별동
3 강씨봉자연휴양림의 산림휴양관

내부 들여다보기

강씨봉자연휴양림의 시설은 단순하지만 특색 있다. 매표소를 지나서 계속 올라가면 경사지를 따라서 계단식으로 배치되어 있는 독특한 외관의 산림휴양관을 만나게 된다. 휴양림 아래쪽에 위치한 주차장에 주차하고 짐을 옮겨야 하는데, 거리는 짧지만 경사가 꽤 가파른 편이라 진땀깨나 흘려야 한다.

산림휴양관 객실 중에서 12인실 객실은 휴양림 위쪽에 있는데, 주목동이 가장 높은 곳에 있다. 휴양관이라기보다 연립동 구조다. 6인실 객실은 휴양림 아래쪽에 위치해 있으며 두 동씩 벽을 맞대고 붙어 있다. 바비큐장은 옆 건물 아래쪽에 있는데 덕분에 눈비가 내리더라도 바비큐를 즐길 수 있지만 환기가 잘 안 된다는 단점이 있다.

숲속의 집은 휴양관 반대편에 있다. 해, 달, 별동은 경사지형을 따라서 계단식으로 배치되어 있고 하늘, 바람, 구름동은 언덕 위에 나란히 위치해 있다. 뒤쪽에 차를 주차하고 들어서면 베란다가 언덕 아래를 내려다보게 되어 있다. 숲속의 집 중 유일한 6인실인 노을동은 4인실과 조금 떨어져 있다.

휴양관과 숲속의 집 양쪽에 모두 물놀이장이 있으며, 휴양관 쪽에서 논남기계곡을 따라 올라가는 트레킹 코스가 시작된다. 코스는 경사가 거의 없는 평지이며, 바로 옆 계곡의 수량은 연중 마르지 않고 풍부한 편이다. 이 휴양림에 머문다면 전망대는 한번 다녀오자. 숲속의 집 옆의 임도를 따라 올라가면 전망대에 도착할 수 있는데, 이곳에 올라서면 민둥산, 화악산, 명지산 등 주변 산세가 한눈에 펼쳐진다.

강씨봉자연휴양림은 인기 숙소를 콕 집어 말하기 어려울 정도로 모든 숙박시설이 인기다. 굳이 비교하면 숲속의 집이 조금 더 인기 있다. 7동 중에서 6동이 4인실인데 그중 유일한 6인용 숙소인 노을동은 가장 넓고 홀로 떨어져 있어 더욱 인기가 좋다. 4인실 중에는 언덕 위에 자리 잡은 하늘, 바람, 구름동이 더 좋아 보인다.

산림휴양관은 모두 9개의 객실이 있으며, 6인실과 12인실이 있는데 12인실은 방 2개에 넓은 다락방도 있어 두 가족 이상 같이 이용하기에 좋다. 6인실은 원룸형 구조지만 다락방이 있고 천장이 높아 쾌적하다. 숙박시설 상세정보는 p.111 참고

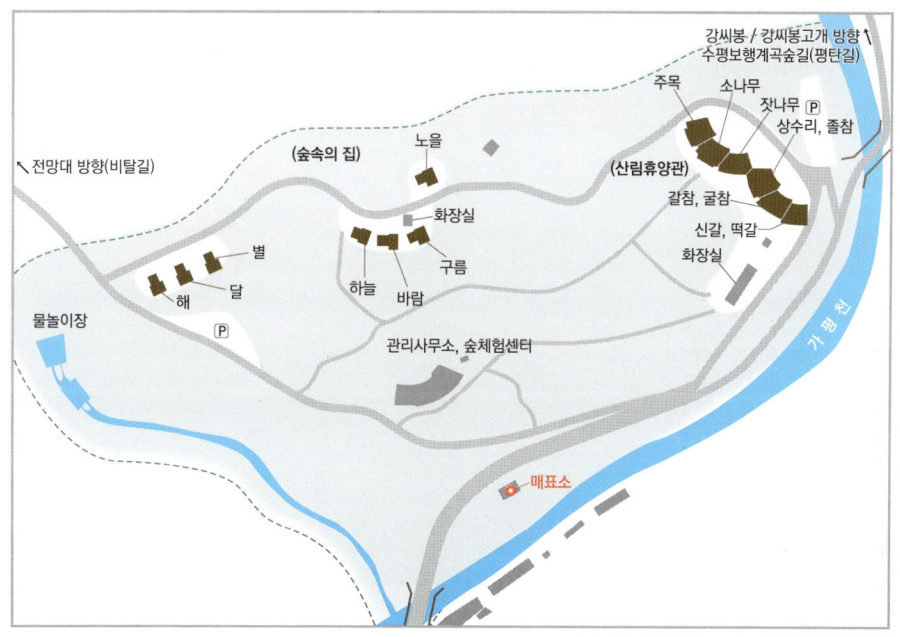

휴양림 백퍼센트 즐기기

Activity 체험 프로그램
- 동절기에도 숲 체험 프로그램이 항시 운영되고 있다. 1일 2회(09:30, 15:00) 2시간 동안 진행되며 나무, 흙공예 등 체험 프로그램을 선택할 수 있다. 프로그램에 따라 별도의 재료비가 필요하다.
- 휴양림에서 연결되는 길이 2.4㎞부터 13.2㎞까지 모두 6개의 숲길 트레킹 코스가 있다.
- 4~10월 매일 15:30에 숲속 모험 놀이 시설을 체험할 수 있다. 만 7세 이상 이용 가능하고, 홈페이지에서 선착순으로 예약을 받는다. 이용료는 무료며, 체험 시간은 약 1시간 30분이 소요된다.

Supply 보급
수도권에서 접근한다면 가평읍에서 장을 보는 것이 좋다. 가평읍내에는 주변에 캠핑장과 펜션들이 많아 대형마트가 늦은 시간까지 영업한다. 가평읍에서 휴양림까지는 약 25㎞ 거리. 이곳을 지나간다면 **가평농협북면 하나로마트**가 길목에 있는 마지막 마트이자 휴양림에서 가장 가까운 마트다. 이곳 역시 휴양림에서 20㎞ 거리다.

가평농협북면하나로마트
가평군 북면 목동리 895-2
031-582-2590

Restaurant 주변 맛집
휴양림까지 오가는 길에 가평천을 따라 음식점들이 많다. 닭백숙 등 거한 음식들이 대부분. 가볍게 먹을 만한 막국수 집이 몇 곳 있는데, 휴양림 바로 앞에 있는 **논남막국수**와 가평읍내의 **송원막국수**가 유명하다. 논남막국수는 17:00에 문을 닫기 때문에 너무 늦지 않게 가야 한다.

논남막국수
경기도 가평군 북면 적목리 424
031-582-0321

송원막국수
가평군 가평읍 읍내리 363-1
031-582-1408

Attraction 주변 볼거리
귀경길에 들러서 해볼 만한 체험거리로 경강역 **강촌레일바이크**가 인기다. 경강역에서 출발해서 가평철교를 돌아오는 왕복 7.2㎞ 코스로, 매시 정각에 출발하며 1시간 15분이 소요된다.
경강역 인근에 **제이드가든 수목원**도 있다. 잘 꾸며진 정원으로 둘러볼 만하다. 16:30까지 입장 가능. 남이섬도 가평에서 가깝다. 07:30~21:40까지 10~30분 간격으로 섬으로 들어가는 배가 운항된다.

강촌레일바이크 예약
www.railpark.co.kr

제이드가든 수목원
춘천시 남산면 서천리 산111
033-260-8300

강촌레일바이크

남이섬 가는 배

콕콕 짚어주는 휴양림 정보

Comments 여행작가의 말
경기 남부지역에 용인자연휴양림이 유명하다면 경기 북부지방에는 강씨봉자연휴양림이 있다. 고급 펜션 부럽지 않은 넓고 깨끗한 숙소와 계곡과 숲이 잘 어우러진 자연환경은 이곳을 명소로 만들어 놓았다.

Tip 이것만은 알고 가자
- 국립휴양림과 동일하게 성수기를 제외한 매주 화요일은 휴무일이다(화·수요일이 공휴일인 경우 예외).
- 행정구역상 경기도지만 거리도 꽤 멀고 주변에 장볼 곳도 마땅히 않은 오지에 있는 휴양림이다.

Access 접근성
한남대교 기점에서 2시간 30분 정도 소요된다. 경춘고속도로를 타고 화도IC에서 빠져 나와 46·75번 국도로 이동한다. 경기도라 가깝게 생각되지만 가평군에서도 강원도 화천군과 맞닿아 있는 북면에 있기 때문에 생각보다 시간이 많이 걸린다.

Reservation 예약
- 숲나들e 홈페이지(http://foresttrip.go.kr)를 통해서 예약이 가능하다.
- 추첨제: 매월 1일 09:00부터 4일 23:00까지, 다음 달 1일부터 말일까지 추첨 응모 할 수 있다.
- 추첨일: 매월 5일 10:00에 당첨자를 발표한다.
- 결제 기간은 당첨 후 다음 날 23:50까지.
- 추첨 완료 후 잔여 객실은 매월 7일 09:00부터 선착순으로 예약이 가능하다.

Accommodation 숙박시설

시설	구분	수량	비수기 요금	성수기 요금	시설명
숲속의 집	4인	6동	42,000	60,000	해·달·별·하늘·바람·구름
	6인	1동	49,000	70,000	노을
산림문화휴양관	6인	6동	49,000	70,000	떡갈나무·신갈나무·굴참나무·갈참나무·졸참나무·상수리나무
	12인	3동	98,000	140,000	잣나무·소나무·주목

캠핑과 등산 전문 휴양림
용화산자연휴양림

용화산 정상 878m
등산로 편도 5.2km
(야영장 기점)

고도
410m
야영장 기준

산림청 직영 국립휴양림 | 2006년 개장 | 강원도 춘천시 사북면 사여골길 294 | 033-243-9261

기온
-3.7℃
전국 평균 대비
사북면 연평균 기온

강수량
+303㎜
전국 평균 대비
사북면 연평균 강수량

숙박 규모
24실
24실 최대 146명 수용
휴양관 20
수련장 4

야영장
30데크
일반야영데크 30

야영장을 가로지르는 계곡

캠핑과 등산으로 인기 만점인 휴양림

○ 용화산은 춘천과 화천의 경계에 있는 화천의 진산이다. 특히 산림청에서 선정한 우리나라 100대 명산에 꼽힐 만큼 산세가 멋지다. 바위가 많은 산이라 등산로에 암릉 구간이 많고 코스가 지루하지 않아 사시사철 등산객들이 즐겨 찾는다.

용화산자연휴양림은 용화산 남측 춘천 쪽 사여령 자락에 자리 잡고 있다. 등산은 휴양림에서도 시작할 수 있다. 휴양림에서 출발해 사여령으로 올라타고 고탄령과 안부를 지나 용화산 정상으로 넘어가는 주능선 종주코스가 잘 다져져 있다. 능선을 따라가며 내리막과 오르막이 반복되는 재미있는 코스지만 난이도는 만만치 않다. 편도 5.2㎞로 거리도 멀고 중간에 로프를 잡고 올라가는 암릉 구간이 있어 어린아이가 있는 가족 단위의 등산객에겐 적합하지 않다. 이 경우에는 야영장에서 사여령으로 올라갔다가 다시 숲속수련장으로 돌아내려오는 순환코스가 적당하다.

　　멋진 산속에 자리 잡은 용화산자연휴양림은 캠핑과 등산 전문 휴양림으로 특화되어 사계절 다양한 아웃도어를 즐기기에 좋은 곳이다. 여름엔 야영장에서 에코힐링 캠핑이 개최되어 가족 단위 여행객이나 청소년들이 캠핑프로그램에 참여할 수 있다. 또한 빙벽 등반과 인공암벽 등반을 체험할 수 있는 시설도 갖춰져 있다. 캠핑이나 등산이 부담스러운 동절기에도 즐길 거리는 끝나지 않는다. 휴양림에서 차로 30분 거리에 우리나라 대표 겨울 축제인 화천산천어축제장이 있다. 매년 150만 명에 달하는 사람들이 찾을 만큼 인기 축제로, 얼음낚시를 즐기는 재미가 있다.

　　국립휴양림 중에서 비교적 최근에 개장해 숙소도 쾌적한 편이다. 숲 속에서 편안한 휴식을 취하기에도 좋지만 등산이나 캠핑을 좋아하는 활동적인 사람에게 더욱 추천하고 싶은 휴양림이다.

내부 들여다보기

○　춘천에서 화천으로 넘어가는 407번 지방도에서 빠져 나와 계곡 길을 따라서 3.8㎞를 더 올라가야 휴양림 매표소에 도착한다. 휴양림은 해발 400m 산허리 부근에 있다. 휴양림의 시설은 단출하다. 숲속의 집과 연립동은 없고 휴양관 건물 4개 동만이 입구 쪽에 모여 있다. 야영장은 계곡 양옆에 자리 잡고 있다. 숲속수련장은 가장 상단에 동떨어져 있다. 암벽체험장도 이곳에 있다.

　　야영장은 예전에 몽골텐트, 오토캠핑, 일반야영장 3곳으로 나뉘어 있었으나 현재는 몽골텐트를 철거하고 야영데크를 설치해 하나의 일반야영장으로 운영하고 있다. 숙소와 야영장은 계곡과 인접해 있는데, 수량이 항시 풍부하진 않고 계절별로 강수량에 따라 변동이 있다. 휴양림 내부의 숲은 참나무와 낙엽송 그리고 침엽수가 뒤섞여 있는 혼요림으로 가을에는 단풍이 아름답다.

숙박시설은 휴양관이 전부다. 숲속의 집이 없어도 크게 아쉽지 않을 만큼 시설은 괜찮다. 휴양관 A·B·C동은 연립주택 같은 박스형 구조가 아니라 객실 5개, 3개가 모여 있는 연립동과 같은 구조다. 주로 2000년대 중반 이후에 신축한 휴양관이다.

A동은 단층으로 객실이 3개 있으며, B동과 C동은 2층짜리 건물에 각각 5개의 객실이 있다. B동의 소나무실과 C동의 노루실은 복층 구조로 다락방이 있다. D동은 8개 객실이 있는 구조다. 그중 A동과 B동은 옆쪽으로 계곡을 끼고 있다. 특히 B동 뒤쪽의 바비큐장은 계곡과 인접하고 다른 테이블과 떨어져 있어 호젓하게 바비큐를 즐기기 좋지만 2015년부터는 국립휴양림의 바비큐대가 없어져 개인 화로대를 별도로 준비해야 하는 번거로움이 있다. 숙박시설 상세정보는 p.119 참고

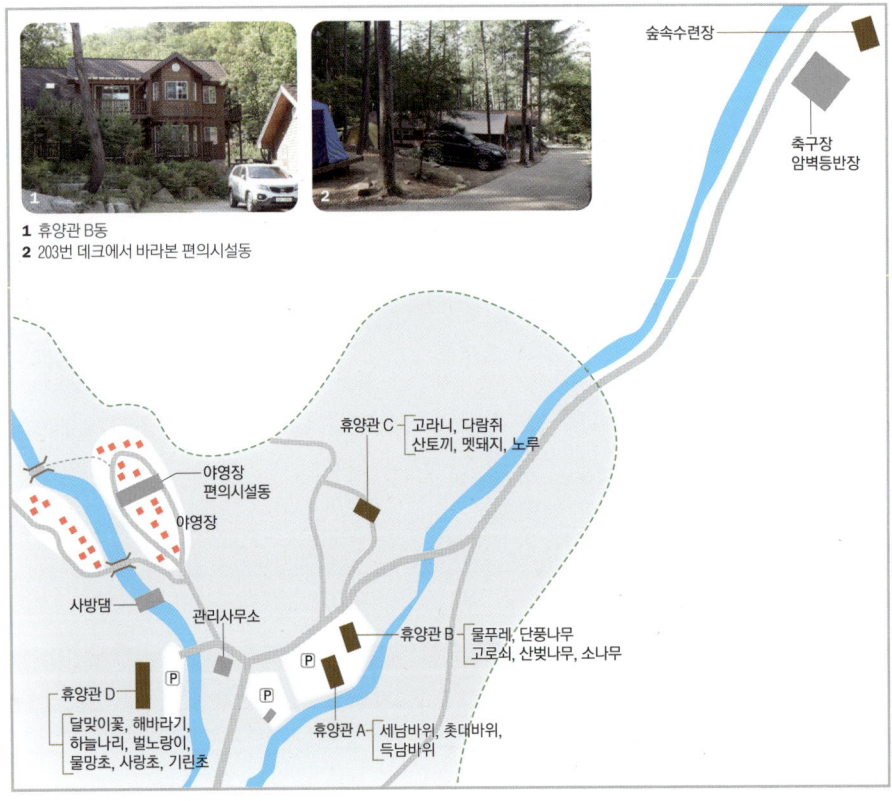

1 휴양관 B동
2 203번 데크에서 바라본 편의시설동

야영장에서 하룻밤 보내기

○ 용화산자연휴양림에는 용화산 자락의 계곡을 따라 30개 데크 규모의 야영장이 있다. 규모는 크지 않지만 데크 옆에 차를 주차할 수 있는 오토캠핑 스타일에 데크별로 전기 사용은 물론이고 온수 샤워장까지 있어 편의성이 좋기로 소문났다.

규 모	총 30개 데크
야영장	일반야영장 1곳
고 도	해발 410m
전 기	사용 가능
샤워장	있음(온수 가능, 운영 06:00~22:00)
개수대	있음
화로대	사용 가능(단 봄·가을 산불 방지 기간인 2월 1일~5월 15일, 11월 1일~12월 15일까지 사용 금지). 숯불만 사용 가능
데크 사이즈	360×375cm
특이점	계곡 인접, 전 데크에서 전기 사용 가능

편의 강원도에 위치한 국립자연휴양림 중에서 최초로 모든 데크에서 전기를 사용할 수 있는 야영장이었다. 온수 샤워도 가능하다. 100번대 데크가 과거 오토캠핑장으로 운영된 데크. 200번대와 300번대 데크도 가까운 곳에 주차할 수 있어 짐을 옮기기에도 부담이 없다. 여러모로 편의성이 좋은 야영장이다.

환경 경사지를 따라 데크들이 계단식으로 배치돼 있고, 계곡을 접하고 있다. 주차 시 주의가 필요하다. 일부 데크를 제외하고 그늘도 풍부한 편이다.

프라이버시 편의시설 주변 데크 간격이 비좁았지만, 100번대 데크는 10개에서 7개로, 200번대 데크는 9개에서 7개로 줄어 간격이 한결 여유로워졌다.

BEST Site 과거 오토캠핑장(100번대), 몽골텐트장(200번대) 그리고 일반야영장(300번대)으로 구분되던 야영장을 구분 없이 일반야영장으로 운영하고 있으며 데크 사이즈도 360×375㎝으로 통일했다.

데크 바로 옆에 주차가 가능하고(300번대 일부 데크들은 데크와 주차장 사이에 조금 거리가 있음) 주변 공간도 활용할 수 있기 때문에 오토캠핑 스타일로 세팅해도 무리가 없다. 모든 데크에서 전기를 사용할 수 있다는 것도 큰 매력이다. 편의시설과 가까운 100번대나 200번대 데크가 편리하지만 106·107번 데크는 편의시설과 너무 가깝게 붙어 있어 프라이버시는 비교적 안 좋다. 300번대 데크는 편의시설이 멀지만 계곡은 가깝다.

휴양림 백퍼센트 즐기기

Activity 체험 프로그램

- 4~11월에는 방문객을 대상으로 숲 해설과 목공예 체험 프로그램을 운영한다. 목공예 체험 프로그램으로 열쇠고리나 손수건을 만들 수 있다(재료비 별도).
- 휴양림에서 용화산 정상까지는 야영장 기점으로 편도 5.2km 거리, 약 3시간이 소요된다. 야영장에서 주능선(사여령)까지는 1.8km, 숲속수련장으로 돌아내려오는 코스는 약 2시간 소요된다.
- 휴양림에는 등산로 외에도 3개의 산책 코스가 있고, 30~45분 정도 소요된다.
- 7×8m 크기의 인공암벽이 있어 암벽 등반 체험을 할 수 있다. 초등학생 이상 참여 가능하다.
- 지도와 나침반을 이용해서 목적지를 찾아가는 '숲속런닝맨' 체험 프로그램도 있다. 15인 이상 단체 체험이 가능하다.

Supply 보급

내비게이션의 최단 경로로 찾아가면 춘천IC에서 빠져 나와 46번 국도를 타고 춘천시내를 외곽으로 지나가게 되는데 중간에 장볼 곳이 마땅치 않다. 장을 보려면 춘천시내로 들어갔다가 나와야 한다. 춘천시내에는 대형마트와 춘천농협하나로마트가 있다.

춘천농협하나로마트
강원도 춘천시 소양3가 110-1
033-253-8030

Restaurant 주변 맛집

춘천과 화천지역은 모두 닭갈비와 막국수가 유명하다. 특히 휴양림으로 들어가는 길목이자 소양댐 입구인 천전교차로 부근에 음식점들이 모여 있다. 닭갈비가 맛있는 식당으로는 **춘천통나무닭갈비**가 유명하다. 포장판매도 하기 때문에 숙소에서 구워먹어도 좋다.
막국수 집으로 전국적인 명성을 날리는 **유포리막국수**도 이 근처에 있다. 화천지역에는 화천읍내에 있는 **천일막국수**가 맛있다.

춘천통나무닭갈비
춘천시 신북읍 천전리 38-26
033-241-5999

유포리막국수
춘천시 신북읍 유포리 62-2
033-242-5168

천일막국수
화천군 화천읍 하리 34-9
033-442-2127

Attraction 주변 볼거리

귀경길에서 멀리 벗어나지 않는 곳에 소양강댐이 있다. 댐 주변만 둘러봐도 좋지만, 소양댐에서 운항하는 유람선을 타고 청평사를 다녀오는 반나절 코스가 인기다. 유람선은 1시간 간격으로 운영되고 동절기에는 운항 횟수가 단축된다. 겨울철 화천읍에서는 산천어축제가 열린다. 입장료는 성인 12,000원, 어린이 8,000원이고 농특산물교환권 5,000원권이 제공된다. 얼음낚시, 맨손낚시, 루어낚시 등의 체험을 할 수 있다.

소양관광개발(소양호 유람선)
033-242-2455

콕콕 짚어주는 휴양림 정보

Tip 이것만은 알고 가자
● 산세를 즐기기엔 좋은 휴양림이지만, 용화산 정상으로 올라가는 등산 코스는 거리도 멀고 중간에 암릉 구간을 통과해야 하기 때문에 가족여행자에게 적합한 코스는 아니다. 화천군 삼화리 쪽에서 올라가는 것이 가장 빠른 코스다.

Access 접근성
한남대교 남단에서 휴양림까지 2시간 넘게 소요된다. 서울춘천고속도로·중앙고속도로를 거쳐서 춘천IC로 빠져 나온다. 이후 46번 국도와 지방도를 타고 50분을 들어가야 한다. 춘천의 북쪽 화천군과 경계지점인 사북면에 위치하고 있어 생각보다 시간이 많이 걸린다.

Comments 여행작가의 말
산림청 선정 100대 명산인 용화산에 위치한 휴양림. 인공암벽과 오토캠핑장이 잘 만들어져 있어 등산과 캠핑에 특화된 휴양림이다. 화천과 춘천의 경계지점에 위치하고 있어 주변 관광지를 둘러보기에도 좋다.

휴양관 D동

Reservation 예약
숲나들e(http://foresttrip.go.kr) 공통(p.22 참고).

Accommodation 숙박시설

시설	구분	수량	비수기 요금	성수기 요금	시설명
산림문화휴양관	4인	2실	39,000	68,000	D동 1층: 물망초·사랑초(원룸형)
	6인	14실	67,000	119,000	A동 1층: 세남바위·촛대바위·득남바위(원룸형) B동 2층: 물푸레·단풍나무 B동 1층: 고로쇠·산벚나무(원룸형) 소나무(원룸형+다락방) C동 2층: 고라니·다람쥐 C동 1층: 산토끼·멧돼지(원룸형) 노루(원룸형+다락방) D동 2층: 하늘나리(원룸형+다락방)
	7인	1실	67,000	119,000	D동 2층: 별노랑이(원룸형)
	8인	2실	85,000	144,000	D동 1층: 구절초(방 1, 거실) D동 2층: 해바라기(원룸형+다락방)
	9인	1실	85,000	144,000	D동 1층: 기린초(방 2, 거실)
숲속수련장	6인	1실	42,000	77,000	원룸형
	7인	1실	53,000	94,000	원룸형
	10인	1실	74,000	121,000	투룸형
	23인	1실	169,000	292,000	전체사용
야영장	13㎡	30개	15,000	16,500	주차료(소형3,000원),입장료(성인 1,000원), 전기 사용료(2,000원) 포함

열목어가 사는 청정 계곡 속으로
용대자연휴양림

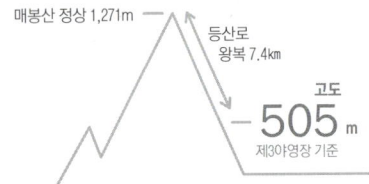
매봉산 정상 1,271m
등산로 왕복 7.4km
고도 **505** m
제3야영장 기준

☀ **기온·℃**
-5.1 전국 평균 대비 북면 연평균 기온

🌧 **강수량·㎜**
+333 전국 평균 대비 북면 연평균 강수량

🏠 **숙박 규모·실**
26 26실 최대 114명 수용 · 휴양관 14 숲속의 집 5 · 연립동 7

⛺ **야영장·데크**
17 일반야영데크 17

산림청 직영 국립휴양림 | 1994년 개장 | 강원도 인제군 북면 연화동길 7 | 033-462-5031

한여름 더위도 몰아내는 산골 휴양림

○ 용대자연휴양림은 차가운 기운이 강하다. 겨울엔 겨울왕국과 같은 설경이 눈앞에 펼쳐지고, 여름엔 서늘한 바람과 차가운 계곡물을 즐기기 좋다. 진부령 정상 부근에 자리 잡은 용대자연휴양림은 우리나라 자연휴양림 중에서도 가장 최북단에 위치한 만큼 겨울은 물론이고 여름에도 서늘한 기온이 감도는 곳이다. 4월까지 눈이 녹지 않아 겨울이 가장 늦게 물러가는 곳이기도 하다.

'용대'라는 이름은 휴양림이 위치한 이곳 용대리에서 따왔다. 용대리는 많은 별명을 가지고 있다. 바람이 많이 불어 풍(風)대리라는 별칭도 있고, 매봉산 정상에서 내려다본 모습이 마치 연꽃과 같다고 해서 연화동으로도 불린다.

용대자연휴양림은 매봉산 자락의 계곡을 따라 길게 자리 잡고 있다. 산이 깊으면 골이 깊다고 했던가. 그 말을 증명이라도 하듯 초입의 매표소부터 가장 안쪽의

용대자연휴양림을 흐르는
차가운 계곡

제4야영장까지는 계곡을 따라 약 3km를 올라가야 한다(현재는 폐쇄되었다). 울퉁불퉁한 비포장도로를 따라서 한참을 올라가다 보면 과연 이곳을 승용차로 들어와도 되는 것인지 하는 의구심이 들 정도로 오지 중의 오지다.

용대계곡의 수량도 일 년 내내 풍부한 데다가 수심은 깊지 않고 경사가 급한 지형이 아닌 까닭에 여름철 물놀이로는 더없이 좋은 장소다. 문제는 차갑다는 것이다. 오뉴월 삼복더위에도 오랜 시간 물속에서 버티기가 힘들 정도. 그 차가움 덕분에 대표 냉수성 어종이자 멸종위기종인 열목어가 서식한다.

청정 자연환경뿐만 아니라 주변 관광지도 풍부하다. 백담사와 십이선녀탕을 중심으로 하는 내설악이 지척에 있으며 백두대간을 관통하는 미시령터널을 통하면 속초로 접근하기에도 좋다. 휴양림에서 설명하듯 '낮에는 동해바다, 저녁에는 숲 속'에서의 연계 관광도 가능하다.

내부 들여다보기

○ 82m 높이의 매바위 인공폭포가 시원스레 쏟아지는 용대삼거리를 지나 휴양림 초입에 도착하면 가장 먼저 연화동 안보전시관이 눈에 들어온다. 노천에 전시된 8인치 자주포가 아이들의 시선을 사로잡는다. 이곳은 1996년 강릉 무장공비가 침투해 전투가 벌어졌던 지역으로, 그 전투에서 전사한 장병들의 희생을 기리기 위한 추모탑이 세워져 있다.

휴양림 안으로 들어서면 용대계곡을 따라 비포장도로가 이어진다. 중간중간 파인 구덩이가 있어 차가 덜컹 흔들리지만 도로의 경사는 가파르지 않고 완만하게 상류로 올라가 초보 운전자도 어렵지 않게 갈 수 있다.

휴양림이 리모델링되면서 숙박시설에 큰 변화가 생겼다. 과거 계곡을 따라서 61개의 데크가 6곳의 야영장에 배치되어 있었지만, 제3야영장을 제외하고 모두 폐쇄되었다. 현재는 제3야영장의 17개 데크에서만 캠핑이 가능하다. 대신 숲속의 집 5동과 연립동 3동이 신축되면서 숙박시설은 늘어났다.

매표소를 지나서 진입로를 따라 올라가면 연화마을을 만나게 된다. 계곡이 긴 탓에 미천골자연휴양림과 같이 휴양림 중간중간에 민가들이 있다. 여기에서 다시 1㎞ 가량 더 위로 올라가면 산림문화휴양관과 제3야영징이 보인다. 매표소 입구에서 산림문화휴양관까지는 약 2.3㎞ 거리다.

신축된 숲속의 집은 휴양관 도착하기 전 연화마을 맞은편에 위치하고 있다. 2020년에 신축된 연립동은 휴양림에서 가장 깊숙한 최상단에 위치한다. 과거 제5야영장이 있던 자리다. 차량 차단기를 넘어서 약 300m를 짐을 날라야 했던 제4야영장도 이제는 운영을 중단했다. 휴양관은 1994년에 개장했지만 중간에 리모델링을 거쳐서 쾌적하다. 숙박시설 상세정보는 p.127 참고

계곡과 가까운
제3야영장 308번 데크

1 휴양림 정문
2 겨울을 맞이한 산림휴양관

야영장에서 하룻밤 보내기

현재는 휴양관 인근 제3야영장만 운영되고 있다. 물놀이하기 좋았던 제2야영장과 오지 느낌을 물씬 풍겼던 제4야영장이 폐쇄된 것은 아쉬움으로 남는다.

규 모	총 17개 데크
야영장	일반야영장 1곳
고 도	해발 505m
전 기	사용 가능
샤워장	있음(온수 가능, 7·8월 성수기에만 운영)
개수대	있음
화로대	사용 불가
데크 사이즈	360×360cm, 360×300cm
특이점	계곡 인접, 완경사 지형+평지 지형, 화장실은 계단 이용

편의 주차장 아래쪽에 있어 계단을 지나 짐을 옮겨야 한다 (야영장으로 내려가는 도로는 차단). 301~303번 데크는 완경사지에 위치해 있다. 개수대는 아래쪽에 있지만 화장실이 위쪽에 있어 계단을 오르내려야 한다.

환경 그늘이 풍부하고 계곡과 가깝다. 여름철 물놀이하기 좋은 환경이다.

프라이버시 도로 아래쪽에 위치해 외부 시선으로부터 벗어나 있다. 데크 간격은 전반적으로 좁은 편. 315번과 316번 데크 사이 간격이 넓다.

BEST Site 계곡에 접한 데크가 인기가 좋다. 308번은 다른 데크와 멀찌감치 떨어져 있고 계곡과도 가까이 있어 물놀이를 즐기기에 좋다. 312·313·317번 데크도 계곡과 접해 있어 좋다. 304번 데크는 다른 데크들과 떨어져 있어 한적한 편. 단 계곡 바로 옆은 아니다. 305~307번 데크는 좌우 간격은 좁지만 대신 앞뒤 공간이 있으며 편의시설과 가깝다.

1 제3야영장 304번 데크
2 물놀이를 즐기는 야영객

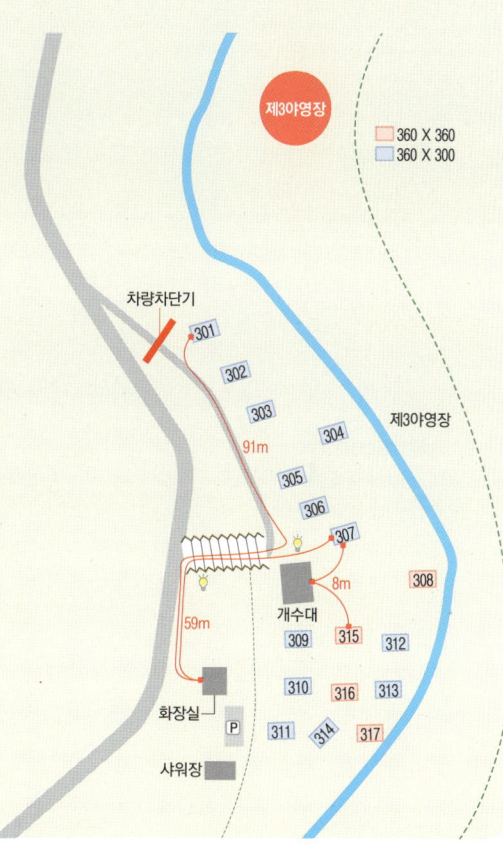

휴양림 백퍼센트 즐기기

Activity 체험 프로그램
- 방문객들을 대상으로 3~10월에 숲해설사에 의한 무료 숲 해설과 목공예프로그램, 양초 만들기 교실(재료비 별도)이 운영된다.
- 산림휴양관 1층의 목공예실에서는 목공예 체험뿐 아니라 마가목 족욕 체험도 할 수 있다. 단체만 참여 가능하고 미리 예약해야 된다.
- 매봉산 정상으로 올라가는 등산로(왕복 7.4km)가 개설되어 있으며, 약 5시간 소요된다. 경사는 가파른 편이다.

Supply 보급
휴양림 인근에는 장볼 곳이 마땅치 않다. 휴양림으로 들어오는 길에 인제읍이나 원통에서 장을 봐야 한다. 두 곳 모두 꽤 큰 규모의 하나로마트인 **인제농협하나로마트 원통지점**과 **인제농협하나로마트**가 있다. 휴양림에서는 원통지점이 더 가깝다. 속초 쪽으로 내려간다면 청초호 주변에 이마트가 있다. 속초중앙시장도 횟감을 비롯해서 각종 주전부리를 구입하기에 좋은 곳이다. 시장 지하에 대형 회 센터가 있으며 만석닭강정, 씨앗호떡, 오징어순대 등 먹거리가 유명하다.

인제농협하나로마트 원통지점
인제군 북면 원통리 710-7
033-461-3280

인제농협하나로마트
인제군 인제읍 상동리 255-3
033-461-2572

Restaurant 주변 맛집
용대리는 우리나라 주요 황태 생산지로, 전국의 70%가 이곳에서 생산된다. 특히 겨울철이면 덕장에 널어놓은 명태들이 장관을 이룬다. 2~3월에는 황태축제가 열린다. 인근에는 황태해장국을 전문으로 하는 음식점들이 많은데 그중에서 **용바위식당**을 추천한다. 황태가 푸짐하게 들어간 해장국이 일품이다. 백담사 입구에는 순두부로 유명한 **백담순두부**가 먹을 만하다. 순두부 정식과 밑반찬으로 나오는 나물들이 맛있다.

용바위식당
인제군 북면 용대리 71-3
033-462-4079

백담순두부
인제군 북면 용대2리 568
033-462-0001

Attraction 주변 볼거리
내설악 대표 관광지인 백담사와 십이선녀탕이 가까운 거리에 있다. 백담사 주차장에서 백담사까지 거리는 약 7km로, 하절기에는 버스가 운행되지만 동절기인 12~4월은 결빙으로 운행이 중지된다. 주차장에서 백담사까지 걸어서 편도 1시간 30분 소요된다. 백담계곡을 따라 트레킹 하기 좋은 길이다. 십이선녀탕계곡은 곳곳에 환상적인 폭포와 소를 만날 수 있는 곳이다. 특히 단풍철에 인기 있는데 일반적으로 남교리지킴터에서 시작해 대승폭포를 지나 장수대로 넘어가는 종주코스를 많이 탄다. 거리는 10km이며 하루 종일 걸리는 코스다. 중간에 대피소가 없기 때문에 아침 일찍 산행을 서둘러야 한다.

백담사행 버스 운행 문의
033-462-3009

백담사의 겨울

콕콕 집어주는 휴양림 정보

Tip 이것만은 알고 가자
- 휴양림 입구부터 비포장도로가 시작된다. 매표소에서 산림휴양관까지는 약 3㎞ 거리다.
- 국내 휴양림 중에서 가장 북쪽에 위치해 있고, 해발고도도 500m 이상이라 연중 추운 지역이다. 특히 봄, 가을 야영객들은 추위에 대한 대비가 필요하다.

Access 접근성
한남대교 기점에서 휴양림까지 약 2시간 40분 소요된다. 서울춘천고속도로를 타고 동홍천IC에서 빠져 나온다. 이후 44·46번 도로를 이용한다. 경춘고속도로 정체 시에는 6번 국도로 우회한다. 휴양림 내부도로는 비포장이지만 경사도는 완만한 편이다.

Reservation 예약
숲나들e(http://foresttrip.go.kr) 공통(p.22 참고).

Comments 여행작가의 말
국립자연휴양림 중에서 가장 최북단에 위치한 휴양림. 휴양림을 가로지르는 계곡물은 한여름에도 얼음장같이 차가워 삼복더위를 피하기에 좋다. 설악산을 지척에 두고 있고 미시령을 통한 동해안 접근성도 좋아 연계 관광하기에도 그만이다.

Accommodation 숙박시설

시설	구분	수량	비수기 요금	성수기 요금	시설명
산림문화휴양관	4인	12실	39,000	68,000	3층: 옥잠화·가칠봉·향로봉·연화봉·가리봉·신선봉 2층: 동자꽃·참나리·제비꽃·원추리·구절초·얼레지 (원룸형)
	5인	2실	50,000	91,000	3층: 옥녀봉 2층: 양지꽃(원룸형)
숲속의 집	4인	4실	40,000	73,000	고광나무·덜꿩나무·박쥐나무·백당나무(투룸형)
	12인	1실	145,000	214,000	까치박달
연립동	4인	7실	40,000	73,000	난초·다래·머루·속새·앵두·앵초·억새(투룸형)
야영장	300×360cm	13개	14,000	15,500	주차료(소형 3,000원), 입장료(성인 1,000원), 전기 사용료(2,000원)별도
	360×360cm	4개	15,000	16,500	308·315·316·317번 데크

원시림 속 아름다운 은둔 계곡으로

방태산자연휴양림

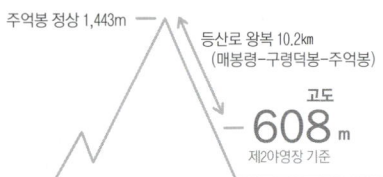

주억봉 정상 1,443m
등산로 왕복 10.2km
(매봉령-구령덕봉-주억봉)
고도 608m 제2야영장 기준

☀️ **기온·℃**
-5 전국 평균 대비 기린면 연평균 기온

🏠 **숙박 규모·실**
10 10실 최대 62명 수용 숲속의 집 1·휴양관 9

🌧️ **강수량·mm**
+179 전국 평균 대비 기린면 연평균 강수량

⛺ **야영장·데크**
27 일반야영데크 27

산림청 직영 국립휴양림 | 1997년 개장 | 강원도 인제군 기린면 방태산길 241 | 033-463-8590

고요한 휴식처이자 피난처가 되는 휴양림

○ 방태산은 해발 1,443m의 주억봉을 주봉으로 삼는다. 높은 봉우리에 깊은 계곡과 폭포가 많고, 원시림이 울창해서 산 주변은 삼둔사가리라고 불린다. '가리'라는 말은 계곡을 뜻한다. 사가리는 네 곳의 계곡인 아침가리, 적가리, 연가리, 명가리를 말한다. 조선시대 예언서인 《정감록》에서는 이 삼둔사가리를 '세상에 아무리 난리가 나도 피해서 살 만한 깊고 깊은 산골'로 소개하고 있다. 방태산자연휴양림은 네 곳의 계곡 중 적가리계곡을 따라서 자리 잡고 있다. 방태산의 계곡 중에서는 아침가리가 오지 트레킹 코스로 알려졌지만 휴양림이 있는 적가리도 이에 못지않은 비경을 간직하고 있다.

방태산자연휴양림은 물이 좋다. 아침가리와 같이 구룡덕봉과 주억봉을 발원지로 하는 계곡물은 전국에서 둘째가라면 서러울 정도로 맑고 투명하다. 물 맑기로는 강원도 정선의 덕산기계곡을 으뜸으로 치는 사람들이 많지만 이곳도 그에 결코 뒤지지

마당바위 위로 흐르는 계곡물

않는다. 물가에는 그 흔한 물이끼조차 보이지 않는다. 계곡물을 바로 마시기 꺼리는 사람조차도 이곳에서는 두 손 모아 담아 올린 물이 저절로 입속으로 들어간다.

적가리는 물만 맑은 것이 아니라 아름다운 폭포도 품고 있다. 휴양림 중간쯤에 있는 마당바위와 이단폭포가 그것인데 주변 경관과 어우러진 모습이 아름답기도 하거니와 그 규모와 수량이 제법 된다. 15m 낙차를 갖는 이단폭포에서는 시원스러운 물줄기가 쏟아져 내린다. 특히 폭포 주변 숲은 활엽수와 침엽수가 섞여 있는 혼요림이라 가을이 되면 붉게 물든 단풍과 깨끗한 폭포수가 어우러져 멋진 풍경을 연출해낸다. 단풍철 행락객과 사진가들이 몰려드는 유명 출사포인트이기도 하다.

휴양림이 있는 적가리골을 지형도를 통해서 내려다보면 마치 어머니 자궁 속에 들어 있듯이 주변 산세에 푹 파묻혀 있다. 옛 예언서의 말대로 이곳이 천지가 개벽할 때 피난처가 될지는 모르겠으나 스트레스와 일상생활에 지친 사람들에게 안식처가 되어주는 것만은 분명해 보인다.

내부 들여다보기

○ 방태산자연휴양림 역시 인근의 미천골자연휴양림, 삼봉자연휴양림과 마찬가지로 계곡의 곡선을 따라 깊숙한 곳에 자리 잡고 있다. 일단 418번 도로에서부터 적가리골을 따라서 2.4km를 들어가야 휴양림 매표소에 도착하게 된다. 여기에서부터 산림문화휴양관까지는 약 1.5km를 더 올라가야 되며, 휴양림 가장 위쪽에 있는 제2야영장까지는 다시 1km 정도를 또 올라가야 한다. 단 휴양림 안쪽은 용대자연휴양림이나 미천골자연휴양림과 달리 민가가 보이지 않아 더욱 오지의 느낌이 난다.

휴양림의 숙박시설은 다른 강원 지역 휴양림에 비해서 단출하다. 숙박시설은 숲속의 집 1동과 9실 규모의 산림휴양관 1동이 전부고, 모두 마당바위 인근에 모여 있다. 마당바위는 계곡에 펼쳐진 듯 놓인 바위가 넓적해서 붙여진 이름이다. 계곡을 흐르는 물은 마당바위를 만나서 바위 위에 매끄러운 물줄기를 내고 폭포를 만들며 흘러내린다. 바위 위에서 시원하게 쏟아져 내리는 폭포를 내려다보고 있노라면 속세의 시름도 모두 씻겨 내리는 느낌이 들 것이다.

구 제1야영장에서 조금 더 올라가다 보면 길에서 조금 벗어나 안쪽에 숨어 있는 이단폭포에 도착한다. 계단식으로 두 번 폭포를 만들며 떨어지는 물줄기는 장관을 이룬다. 휴양림마다 크고 작은 폭포가 있지만 이곳의 폭포는 규모나 풍광에서 단연 압권이다. 가을에는 단풍과 함께 그림 같은 풍경을 만든다. 제2야영장은 휴양림 가장 위쪽에 있다. 야영장 위쪽에는 구령덕봉과 주억봉으로 올라가는 등산로가 시작된다.

숲속의 집은 12인실 단 한 채뿐이다. 대신 방이 4개나 있어 여러 가족이 함께 사용하기에 편리한 구조다. 화장실이 1개뿐인 것은 아쉽다. 산림휴양관도 아담하다. 마당바위 옆에 자리 잡고 있어 주변의 풍광이 좋다. 2층에는 6인실이 배치되어 있는데 모두 다락방이 있다. 숙박시설 상세정보는 p.135 참고

마당바위 앞의 산림휴양관

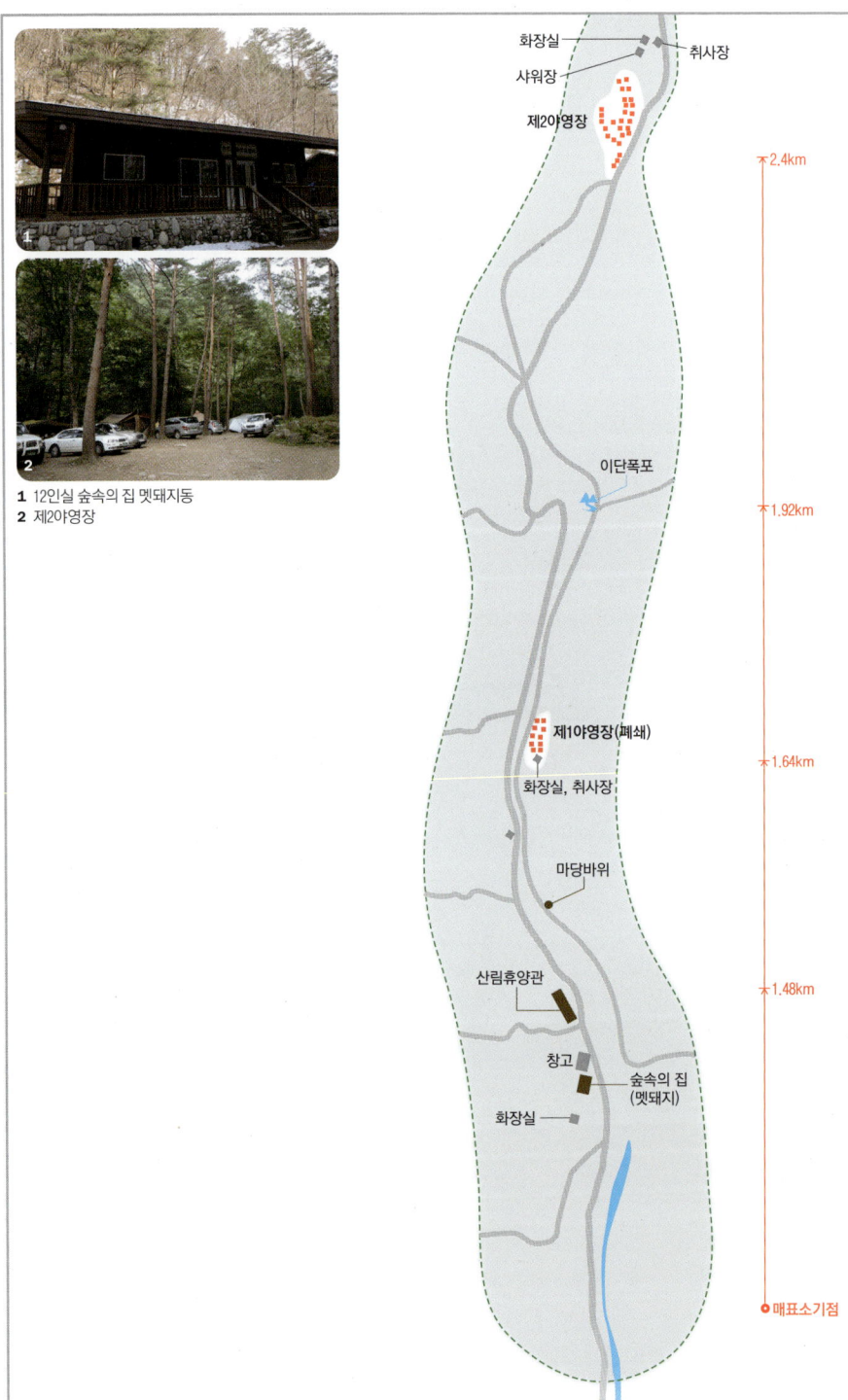

1 12인실 숲속의 집 멧돼지동
2 제2야영장

야영장에서 하룻밤 보내기

○ 방태산자연휴양림의 야영장은 2곳이 있었지만 이단폭포 아래쪽에 위치한 구 제1야영장이 폐쇄되어 상단의 구 제2야영장 1곳만 운영되고 있다. 데크 수도 50개에서 27개로 줄었다.

규 모	총 27개 데크
야영장	일반야영장 2곳
고 도	해발 608m
전 기	사용 가능
샤워장	있음(온수 가능)
개수대	있음(온수 불가)
화로대	연중 사용 불가
데 크 사이즈	360×360cm, 300×360cm
특이점	계곡 인접, 그늘 풍부, 부정형 지형

편의 27개의 데크가 계곡 주변을 따라 길게 배치되어 있다. 야영장의 편의시설들은 위쪽 지역에 위치하고 있다. 101번 데크에서 화장실까지는 약 200m의 경사진 도로를 따라서 올라가야 하며, 106번 데크에서도 100m 이상을 올라가야 한다. 계곡과 떨어져 편의시설 주변에 있던 데크들은 모두 철거 되었다.

환경 계곡과 경사 지형이 섞여 있는 형태다. 그늘도 풍부하고 계곡 쪽의 데크들은 물가로 접근하기 좋다.

프라이버시 계곡과 인접해 있지만 데크 간의 간격은 밀집되어 있는 편이다. 101~105번 데크가 상대적으로 한갓지지만 편의시설과 멀리 떨어져 있는 점이 아쉽다.

BEST Site 물가를 선호하는 사람은 101~118번 데크 중에서 자리를 잡는 것이 좋겠다. 119~127번 데크는 물가에서 조금 떨어져서 위치하고 있다. 계곡에 접해 있으면서 편의시설과 가까운 곳을 찾는다면 116~118번 데크가 좋다.

1 야영장 초입
2 야영장 101번 데크

휴양림 백퍼센트 즐기기

Activity 체험 프로그램
- 방문객들을 대상으로 4~11월에 숲해설사에 의한 무료 숲 해설과 목공예교실 프로그램이 운영된다.
- 휴양림 위쪽에는 매봉령, 구령덕봉, 주억봉을 돌아오는 등산로 코스가 연결되어 있다. 왕복 10.2km 거리에 5시간 이상 소요된다.

Supply 보급
장을 보려면 기린면으로 가야 된다. 이곳에 **기린농협하나로마트**가 있다. 휴양림에서 약 10km 떨어져 있다.

기린농협하나로마트
인제군 기린면 현리 639-3
033-461-5064

Restaurant 주변 맛집

휴양림과 기린면 사이 418번 지방도로 변에는 이 일대에서 가장 유명한 음식점 중 한 곳인 **방동막국수**가 있다. 막국수로 유명한 집이지만 탱글탱글하게 삶아내는 수육도 맛있다. 인근에는 두부요리를 잘하는 **고향집**도 있다. 일행이 많다면 여러 메뉴를 2인분씩 시켜서 다양하게 맛보는 것도 좋다.

방동막국수
인제군 기린면 방동리 760
033-461-0419

고향집
인제군 기린면 현리 196
033-461-7391

Attraction 주변 볼거리
휴양림 입구에서 위쪽으로 약 3km 떨어진 거리에 **방동약수터**가 있다. 탄산과 철분이 함유된 약수로 위장병과 소화에 좋은 것으로 알려져 있다. 마찬가지로 휴양림 인근에 있는 아침가리계곡은 트레킹을 즐기는 사람들로 인기 있는 곳이다. 단 2017년까지 자연휴식년제가 연장되어 차량과 자전거 출입은 통제되고 야영과 취사는 금지된다.
귀경길을 진방삼거리에서 31번 국도를 타고 인제 쪽을 경유하는 것으로 잡는다면 내린천의 레포츠를 즐기는 것을 추천한다. 내린천을 따라 내려오는 래프팅, 와이어에 매달려 모험을 즐기는 짚 와이어 그리고 번지점프까지 내린천변을 따라서 갖가지 레포츠를 즐길 수 있다. 각각의 체험요금은 시즌과 인원, 요일에 따라 변동된다.

방동약수터
인제군 기린면 방동리 34-5
033-460-2065(인제군 환경과)

인제군 레포츠 업체 리스트
http://tour.inje.go.kr

콕콕 집어주는 휴양림 정보

Tip 이것만은 알고 가자
- 지방도로를 빠져나와 휴양림 상단의 제2야영장까지는 약 5km를 올라가야 한다. 한 번 들어가면 나오기 쉽지 않으므로 짐은 미리 봐서 들어가는 것이 좋다.
- 여름은 물론 가을 단풍철에도 붐비는 휴양림이다. 숙박시설의 경우 객실 수가 얼마 되지 않아 예약이 쉽지 않다.

Access 접근성
한남대교 기점에서 휴양림까지 약 3시간 소요된다. 서울춘천고속도로를 타고 내려오다가 동홍천IC로 빠져 나온다. 이후 지방도를 경유해 기린면을 거쳐서 휴양림으로 진입한다. 내린천의 절경을 따라가고 싶다면 인제읍 쪽에서 내린천과 나란히 나 있는 31번 국도를 타고 들어가는 것도 방법이다.

Comments 여행작가의 말
비경이라는 단어가 어색하지 않을 만큼 계곡이 아름다운 곳이다. 휴양림을 가로질러 흘러내리는 물줄기는 이단폭포를 만들고 아래쪽 마당바위에서 다시 한번 폭포를 만들며 떨어진다. 가을에는 폭포 주변의 단풍이 아름답기로도 소문이 난 곳이다.

Reservation 예약
숲나들e(http://foresttrip.go.kr) 공통(p.22 참고).

Accommodation 숙박시설

시설	구분	수량	비수기 요금	성수기 요금	시설명
숲속의 집	12인	1동	145,000	214,000	멧돼지(방 4, 화장실 1)
산림문화휴양관	6인	5실	67,000	119,000	2층: 설악·점봉·방태·대암(+다락방) 1층: 금강초롱(다락방 없음)
	5인	4실	50,000	91,000	1층: 금낭화·만병호·산철쭉·기린초
야영장	300×360cm	15개	14,000	15,500	주차료(소형 3,000원), 입장료(성인 1,000원), 전기 사용료 포함
	360×360cm	12개	15,000	16,500	101~107·110~114번 데크

우리나라 3대 약수를 맛볼 수 있는
삼봉자연휴양림

강원도

산림청 직영 국립자연휴양림 | 1992년 개장 | 강원도 홍천군 내면 삼봉휴양길 276 | 033-435-8536

가칠봉 정상 1,240m
등산로 왕복 5km

고도
677 m
야영장 기준

기온

-6.1 ℃
전국 평균 대비
내면 연평균 기온

강수량

+311 ㎜
전국 평균 대비
내면 연평균 강수량

숙박 규모

25 실
25실 최대 123명 수용
숲속의 집 15
연립동 6
한옥 4

야영장

55 데크
일반야영데크 55

제2야영장앞 옆을 흐르는 계곡

몸과 마음을 건강하게 하는 약수 한 모금

○ 모름지기 물 좋고 산 좋은 백두대간인데, 약수터 있는 휴양림과 산이 어디 한두 곳이겠는가. 하지만 삼봉자연휴양림의 약수터는 그저 물맛 좋은 뒷동산 약수터와는 달리 조금 더 특별하다. 이곳의 약수는 천연기념물 530호로 지정된 약수이자, 양양의 오색약수, 인제의 개인약수와 더불어 우리나라 3대 약수로 꼽힐 만큼 좋은 물이다. 홍천 8경 중 한 곳이기도 한 삼봉약수는 철분을 다량 함유하고 있어 쇠맛이 나는데, 위장병에 특히 좋다고 알려져 있다. 신기하게도 영하 20℃ 이하로 내려가는 홍천의 한겨울에도 삼봉약수는 얼지 않는다.

삼봉이라는 이름은 말 그대로 세 개의 봉우리를 뜻한다. 가칠봉, 응복산, 사상봉 3개의 봉우리가 둘러싸고 있다고 해서 붙여진 이름이다. 어쩌면 이 세 봉우리의 정기를 그대로 받아 이곳의 약수가 더 영험하고 효험이 있는지도 모르겠다.

삼봉자연휴양림도 홍천군 내면의 첩첩산중에 자리 잡고 있다. 따라서 여름에는 시원하고 겨울에는 추운 것으로 유명하다. 휴양림은 명산이 갖춘 좋은 산세와 울창한 숲과 계곡, 맑은 물 등 기본 조건을 누리고 있는 것은 물론이고, 거기에 특색 있는 시설과 숙소로 여행자들을 유혹하고 있다.

이 휴양림의 특이한 점은 경북 영양의 검마산자연휴양림과 함께 TV 없는 자연휴양림으로 운영되고 있다는 것이다. 삼봉자연휴양림의 숲속의 집 어느 곳에도 TV가 설치되어 있지 않다. 대신 그 빈자리를 숲속의 도서관이 채워주고 있다. 목공예실에 마련되어 있는 아담한 숲속의 도서관은 숙박객들이 숙소로 책을 대출해갈 수 있도록 편의를 제공하고 있다.

좋은 물과 자연환경, 그리고 건강한 숙소라는 삼박자를 고루 갖췄기에 국립휴양림 중에서 가장 먼저 장기 체류형 숙소가 운영된 곳이다. 여행객들에게는 하룻밤 묵어가는 것도 즐거운 경험이지만 기회가 된다면 한 달 정도 숲 속에 파묻혀 유유자적한 삶을 살아보고 싶은 휴양림이다.

내부 들여다보기

○ 삼봉자연휴양림의 숙박시설들도 특색 있다. 가장 먼저 눈에 들어오는 것은 휴양림 초입의 한옥 숙소. 이대감·최대감·권대감같이 재미있는 이름의 한옥 숙소들은 주변 경관과 잘 어울리며 운치 있는 풍경을 만들어낸다. 상단에는 최근 지어진 황토방 숙소들도 있다. 물놀이하기 좋은 곳에 배치된 야영장은 TV 예능 프로그램 〈1박 2일〉에 소개되면서 예약이 어려울 정도로 전국적인 유명세를 타기도 했다.

휴양림의 내부 구조는 계곡을 끼고 있는 인근 휴양림과 마찬가지로 계곡을 따라 숙소들이 길게 배치되어 있는 형태다. 휴양림 초입에 있는 매표소는 폐쇄되었다. 따라서 한옥지구와 야영장 투숙객이 체크인 하려면 휴양림 중앙에 위치한 매표소까지 올라왔다가 다시 내려가야 한다. 휴양림 초입에는 매표소 대신 한옥지구가 있다. 다른 휴양림에서는 보기 드문 한옥 숙소가 제법 그럴듯하게 지어져 있어 한옥에서 하룻밤을 지내는 호사를 누릴 수 있다.

조금 올라가면 계곡을 따라 자리한 야영장이 나온다. 야영장은 두 곳으로 나뉘는데, 모두 계곡을 따라서 배치되어 있고, 다리를 건너 짐을 옮기는 수고가 필요하다. 다시 이곳에서 한참을 올라가야 관리사무소가 나온다. 관리사무소 맞은편으로는 목공예실이 있는데, 숲속의 도서관이 함께 운영되고 있다. 공예실 안으로 들어가면 벽면 한쪽을 가득 채운 서재가 있는데 보고 싶은 책을 맘대로 꺼내 읽으면 된다. 날씨가 화창한 날에는 야외에 있는 벤치에서 책을 읽어 보기를 추천한다.

숲속의 도서관 바로 위는 숲속의 집이 모여 있는 햇빛지구다. 이곳을 지나 휴양림 가장 위쪽으로 더 올라가야 비로소 삼봉약수터에 다다를 수 있다. 약수터 부근에는 2012년 신축된 황토지구의 숙소가 계곡과 나란히 자리 잡고 있다.

삼봉자연휴양림의 숙박시설(한옥지구와 황토지구)은 2012년 지어진 건물이라 쾌적하다. 그중에서도 한옥지구가 더 인기다. 휴양림 안 숙소들은 대부분 도로와 어느 정도 떨어져 있어 조용한 편이다. 약수지구와 황토지구의 숙소들이 삼봉약수터와 가깝다.

숙박시설 상세정보는 p.145 참고

한옥지구의 한옥 숙소. 가장 앞쪽부터 이대감, 권대감 연립동

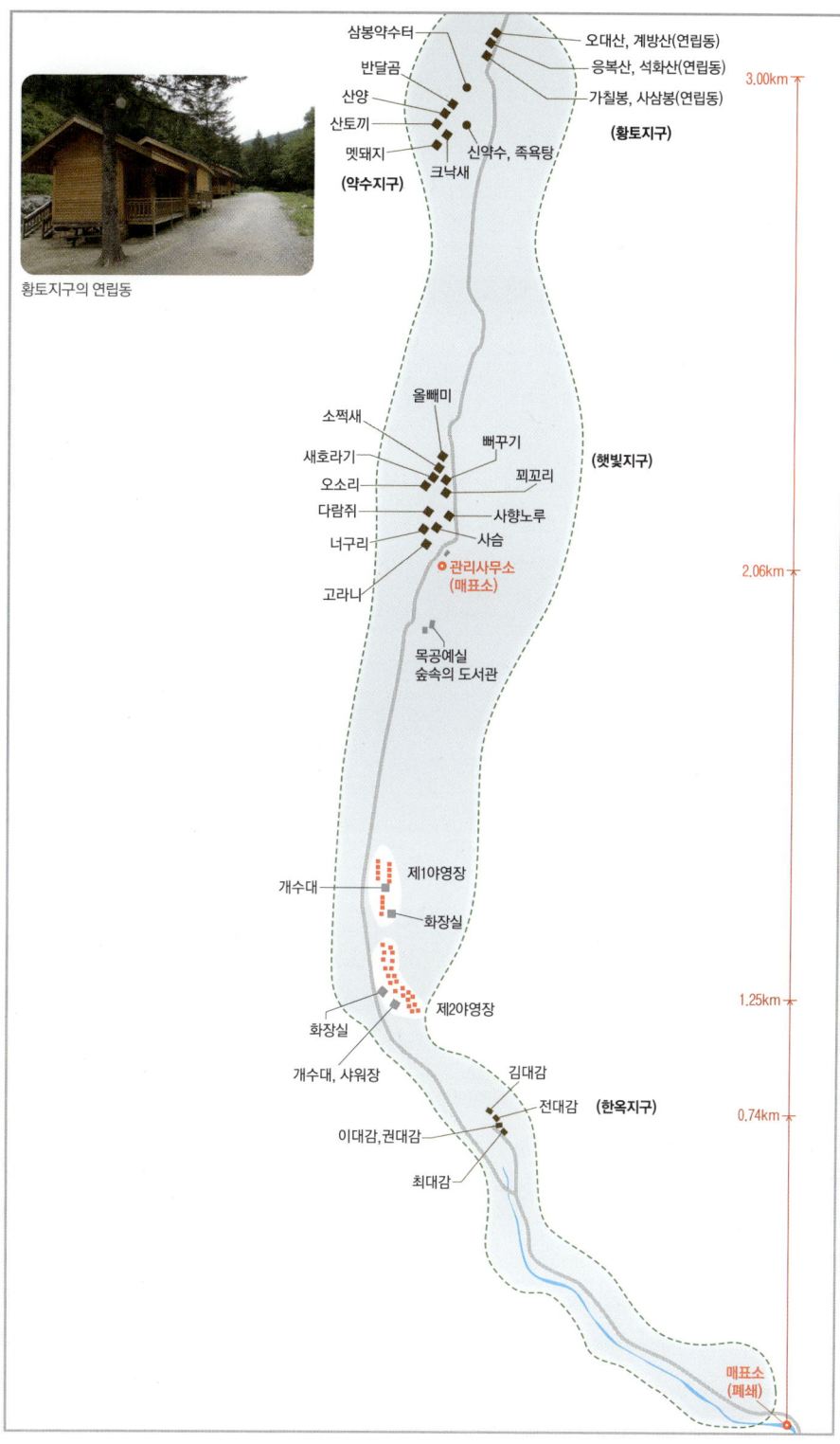

황토지구의 연립동

야영장에서 하룻밤 보내기

○ 제1·제2야영장은 계곡 건너편에 나란히 자리 잡고 있다. 차를 데크 옆에 세울 수 있는 오토캠핑장이 없기 때문에 두 곳 모두 주차장에서 데크까지 짐 옮기는 수고는 감수해야 한다. 야영장은 모두 계곡과 가깝게 있어 물놀이하기 좋다. 야영장별로 일장일단이 있는데, 제2야영장 쪽 계곡이 수심이 더 깊어 물놀이하기에 더 좋고, 제1야영장은 개수대와 화장실이 데크와 가까워 편의성이 좋다.

규 모	총 55개 데크
야영장	일반야영장 2곳
고 도	해발 677m(제1야영장)
전 기	사용 가능
샤워장	있음(온수 가능)
개수대	있음
화로대	사용 불가
데크 사이즈	360×360cm
특이점	계곡 인접, 그늘 풍부

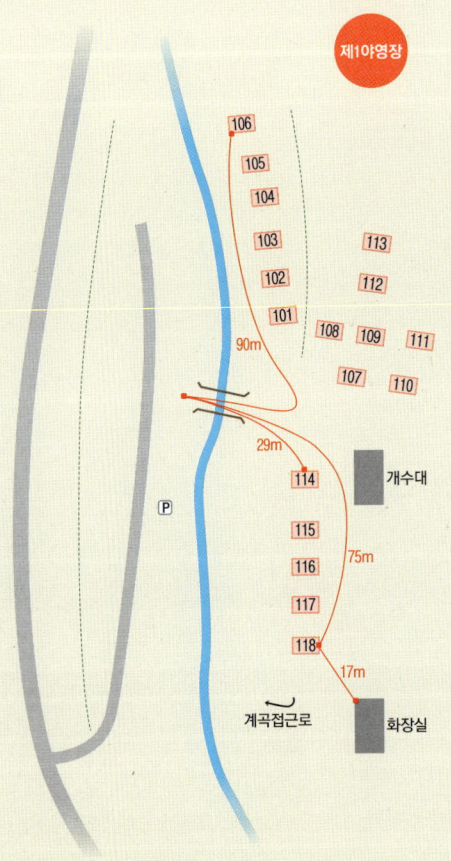

제1야영장
18개(360×360cm) / 계곡 인접, 그늘 풍부, 부정형 지형

편의 주차장 건너편에 데크가 있어 다리를 건너 짐을 옮겨야 한다. 개수대와 화장실은 인접해 있다. 하지만 다리 건너자마자 중앙에 위치한 개수대와는 달리 화장실은 한쪽 끝에 치우쳐져 있다. 반대쪽 데크에서 이용하기에는 거리가 멀어 불편한 감이 있다.

환경 계곡과 인접해 있다. 101~106번 데크가 계곡과 가까운 낮은 곳에 있다. 이곳의 지형은 완경사지에 자리 잡은 부정형 지형이다.

프라이버시 데크 수가 적어 제2야영장에 비해 한적하다. 특히 101~113번 데크는 편의시설과도 멀어 더 조용하다.

BEST Site 전형적인 계곡형 야영장이다. 다리를 건너 짐을 옮겨야 하는 부담이 있으니 간단모드로 가는 것이 좋겠다. 편의성을 중요하게 생각하면 114~118번 데크가 좋겠다. 단 114번은 다리 초입과 29m 거리고 개수대와도 11m 거리여서 다른 이용객의 시선에 노출된다. 101~106번 데크가 계곡과 가장 가깝다. 106번 데크가 더 안쪽에 위치해 프라이버시는 좋지만, 짐을 옮겨야 하는 거리(약 90m)와 화장실과의 거리가 멀기 때문에 편의성이 떨어진다.

제2야영장

37개(360×360㎝) / 계곡 인접, 그늘 풍부, 부정형 지형

편의 주차장 건너편에 있어 다리를 건너 짐을 옮겨야 한다. 화장실과 개수대도 주차장 쪽에 위치해 편의성이 좋지 않다. 201~217번 데크와 218~237번 데크는 서로 떨어져 있어(60m 이상) 입지 면에서 차이가 있다. 앞번호대의 데크가 상단에 위치해 뒷번호대보다 화장실과 주차장이 더 가깝다.

환경 계곡과 인접해 있다. 특히 위쪽 데크는 천연 물놀이장이 만들어져 여름철에 인기. 그늘은 풍부한 편이다. 경사지가 섞여 있는 부정형 지형이다.

프라이버시 도로나 편의시설로부터 거리가 있다. 다리와 가까운 쪽은 캠퍼들의 이동이 많아 번잡하다.

BEST Site 제1야영장과 마찬가지로 계곡에 접한 야영장이다. 이곳 역시 다리를 건너 짐을 옮겨야 하는 부담 때문에 간단모드로 가는 것이 좋다. 편의성과 자연환경을 고려, 201~217번 데크를 더 선호한다. 그중에서도 여름철이라면 계곡과 가까운 213·211·208번 데크가 좋다. 가장 구석에 있는 217번 데크는 주차장에서 100m 정도 떨어져 있다.

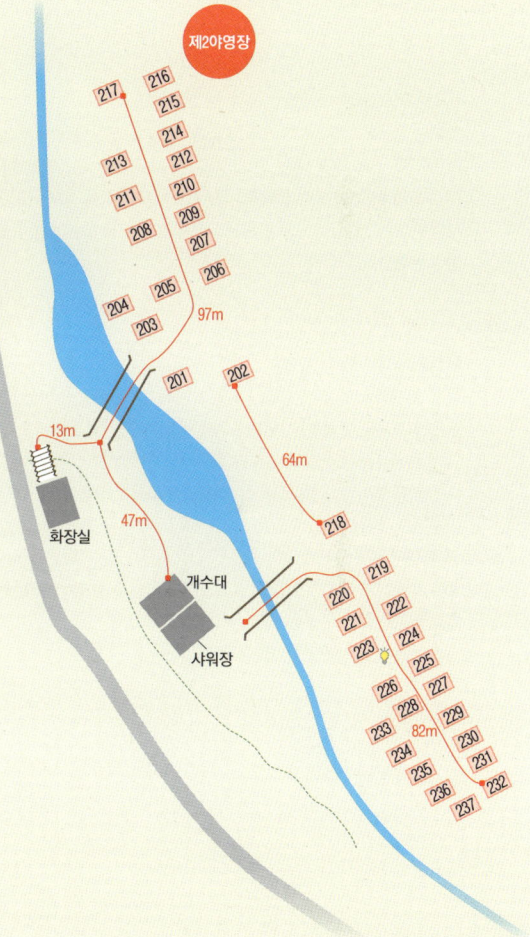

1 제1야영장과 앞 계곡 **2** 제2야영장

휴양림 백퍼센트 즐기기

Activity 체험 프로그램
- 방문객들을 대상으로 5~11월에는 숲해설사에 의한 무료 숲 해설과 목공예교실 프로그램이 운영된다.
- 삼봉약수터에 가칠봉 정상으로 올라가는 등산로가 있다. 등산 코스는 왕복 5km 거리에 3시간 30분이 소요된다.
- 목공예실 앞에서 활쏘기, 투호놀이를 할 수 있다. 바둑, 장기, 윷놀이 등 전통놀이 도구도 준비되어 있다.

Supply 보급
휴양림에서 가장 가까운 읍내는 내면읍이다. 이곳에 **내면농협하나로마트**가 있다. 휴양림에서 약 18km 떨어져 있다.

내면농협하나로마트
홍천군 내면 창촌리 1602-1
033-432-2904

Restaurant 주변 맛집
휴양림 초입에 **삼봉통나무산장**이 있다. 닭백숙, 닭도리탕이나 송어회 등의 음식을 주로 차려 낸다. 앞마당에 뛰어놀고 있는 토종닭을 바로 잡아서 손질해 주기도 한다. 생닭을 사서 숙소에서 요리를 해먹어도 된다. 운두령을 넘어 영동고속도로 쪽으로 나간다면 운두령 초입에 **운두령송어횟집**이 유명하다.

삼봉통나무산장
휴양림 입구에서 1km 거리
033-435-2829

운두령송어횟집
강원도 평창군 용평면 노동리 387-3
033-332-1943

Attraction 주변 볼거리
워낙 오지에 있어 주변 관광지들과 거리가 멀다. 가장 가까운 바다가 있는 양양까지도 구룡령을 넘어서 차로 편도 1시간 이상 걸린다. 휴양림과 함께 오대산을 마주 보고 있지만 월정사나 상원사는 반대편에 있기 때문에 한참을 돌아가야 한다. 1시간 30분 이상 소요.

가을에는 휴양림 인근에 있는 **홍천은행나무숲**을 추천한다. 2,000여 그루의 은행나무가 심어져 있어 가을엔 단풍이 장관을 이루는 곳이다. 개인 소유의 숲이기 때문에 단풍이 절정인 10월에만 일반에게 공개된다. 조금 일찍 단풍이 드는 이곳의 만추 시기를 잘 맞춰 가면 온통 노란빛으로 물든 황홀한 은행나무숲을 만끽할 수 있다.

홍천은행나무숲
홍천군 내면 광원리 686-4

콕콕 짚어주는 휴양림 정보

Tip 이것만은 알고 가자
- 체크인 하려면 휴양림 중간에 있는 관리사무소까지 올라가야 한다. 휴양림 입구 쪽 매표소는 운영하지 않는다.
- 객실에 TV가 없는, TV 없는 휴양림으로 운영되고 있다.
- 숲속의 도서관은 18:00까지 운영한다(점심시간 12:00~13:00). 숙박객은 대출도 가능한데, 18:00 이후에는 대출만 가능하다. 책 이외에도 바둑, 장기, 윷놀이 같은 놀이기구들도 대여해 준다.

Access 접근성
한남대교 기점에서 휴양림까지 약 3시간 10분이 소요된다. 거리는 170km 정도지만 미천골휴양림과 마찬가지로 국도를 경유해야 되기 때문에 시간이 꽤 오래 걸린다. 서울춘천고속도로를 타고 내려오다가 동홍천IC로 빠져 나온다. 이후 56번 국도를 타고 가면 구룡령을 넘어가기 직전에 휴양림에 도착한다.

Comments 여행작가의 말
천연기념물로 지정된 삼봉약수터가 있는 곳이다. TV 없는 휴양림으로, 숲속의 도서관을 운영하고 있다. 몸과 마음을 동시에 치유하는 휴양림으로 안성맞춤인 곳이다.

Reservation 예약
숲나들e(http://foresttrip.go.kr) 공통(p.22 참고).

Accommodation 숙박시설

시설	구분	수량	비수기 요금	성수기 요금	시설명
숲속의 집	4인	11동	40,000	73,000	고라니·꾀꼬리·너구리·다람쥐·뻐꾸기·산양·산토끼·새호라기·오소리·올빼미·큰낙새
	6인	1동	67,000	119,000	소쩍새
	8인	2동	87,000	154,000	멧돼지·사슴
	9인	1동	87,000	154,000	반달곰(+다락방)
연립동	4인	6실	40,000	73,000	가칠봉·계방산 사삼봉·석화산 오대산·응봉산 2012년 신축
한옥동	6인	3실	67,000	119,000	전대감·최대감·김대감
	12인	1실	145,000	214,000	권대감
야영장	360×360cm	55개	15,000	16,500	주차료(소형 3,000원), 입장료(성인 1,000원), 전기 사용료 포함

자연휴양림 중 가장 길게 계곡을 접한
미천골자연휴양림

강원도

조봉 정상 1,180m
등산로 왕복 6.2km

고도
448m
오토캠핑장 기준

산림청 직영 국립자연휴양림 | 1993년 개장 | 강원도 양양군 서면 미천골길 115 | 033-673-1806

기온
-3.9℃
전국 평균 대비
서면 연평균 기온

강수량
+371㎜
전국 평균 대비
서면 연평균 강수량

숙박 규모
25실
25실 최대 195명 수용
숲속의 집 4
휴양관 11
연립동 10

야영장
88데크
일반야영데크 53
오토캠핑장 31
캐빈 4

깊은 계곡 속에 자리 잡은 캠핑 명소

강원도에 위치한 많은 휴양림들이 산세 깊은 백두대간에 자리 잡고 있어 산도 좋고, 물도 좋고, 특히 계곡이 좋다. 미천골자연휴양림도 강원도 청정 계곡 속 깊숙이 자리 잡은 휴양림이다. 하지만 이곳의 스케일은 남다르다. 56번 국도에서 벗어나 계곡을 따라 1km를 올라가야 휴양림 매표소에 도착한다. 이곳에서부터 휴양림 가장 위쪽에 위치한 오토캠핑장까지는 다시 5km 이상 되는 계곡길을 따라 들어가야 한다.

오토캠핑장에 도착해서도 계곡은 끝나지 않는다. 이곳에서부터는 차량도 진입할 수 없는 임도가 계곡을 따라 계속 이어진다. 상직폭포와 멍에정을 지나 불바라기 약수까지 가려면 5.7km를 더 들어가야 한다. 계곡 길이만 놓고 보면 전국 휴양림 중 단연 으뜸이다. 미천골의 계곡은 장마 전 갈수기를 제외하면 연중 풍부한 수량을 자랑하며 겨울철에도 눈이 많이 내린다. 구룡령을 넘어왔기에 미천골은 영동지방으로 분류되지만 고지대인지라 영서와 영동의 중간적인 기후 특징을 보인다. 따라서 양양지역의 기상예보만으로 이곳의 날씨를 예측하기 어렵다.

미천골자연휴양림은 약수로도 유명하다. 불바라기 약수는 청룡폭포의 절벽에서 한 줄기 흘러나오는 진정한 오지의 약수다. 철분을 함유하고 있어 위장병과 피부병에 좋다고 알려져 있다. 불바라기라는 다소 특이한 이름은 물맛이 불과 같이 강해서 붙여졌다는 설과 철분 성분 탓에 폭포 주변이 붉어서 붙여졌다는 설이 있는데 후자가 더 유력해 보인다. 이곳을 다녀오려면 차량 차단기가 있는 오토캠핑장을 기준으로 도보로 왕복 4시간은 잡아야 한다. 산악자전거 코스로도 훌륭한데, 불바라기 약수를 지나 계속 라이딩 하면 법수치 어성전계곡으로 넘어갈 수도 있다.

미천골이란 이름은 그 유래가 계곡과 관련이 있다. 신라시대 미천골계곡에 선림원을 창건했는데, 이곳에서 쌀을 씻은 물이 계곡을 타고 내려가서 미천(米川)이라는 지명이 되었다고 한다. 선림원 옛터는 지금까지 남아 있다.

내부 들여다보기

○ 미천골자연휴양림의 숙박시설들은 계곡을 따라서 길게 흩어져 있다. 휴양림 입구 쪽에는 숲속의 집 제1지구가 있다. 이곳에 숲속의 집 곰취, 누리대동과 산림휴양관이 위치해 있다. 제1지구에서 1㎞를 올라가면 선림원지에 도착하게 된다. 바로 통일신라시대의 절터가 남아 있는 곳이다. 고려시대에 이르러 절은 계곡의 홍수로 완전히 사라져버리고 지금은 석탑과 석등 그리고 부도만이 남아서 옛 모습을 전해주고 있다. 이곳에서 다시 500m 정도 올라가면 숲속의 집 제2지구에 도착한다. 산벗나무동은 길 옆에 바로 있고 목련동과 연립동은 다리 건너 펜션 옆에 나란히 위치해 있다. 휴양림 안쪽으로 개인 주택과 펜션들도 혼재되어 있다. 이곳에서 더 위로 올라가면 인적이 끊어지면서 더 이상 민가도 눈에 띄지 않는다.

　한참을 올라왔지만 아직도 야영장은 보이지 않는다. 중간중간에 다리를 건너고 주변의 경치를 구경하면서 구불구불한 비포장도로를 3㎞ 더 올라가야 비로소 제1야영장에 도착한다. 초행길의 방문자에게는 이곳 계곡의 길이와 휴양림 규모가 실감나기 시작하는 순간이다. 휴양림 가장 꼭대기에 있는 오토캠핑장과 연립동 숙소는 휴양림 입구에서부터 5㎞ 이상 올라가야 도착할 수 있다. 가장 깊숙한 곳에 있음에도 불구하고 계곡 옆 거칠지 않은 평평한 지대에 널찍하게 자리 잡은 야영장이다. 차량은 이곳까지만 통행이 가능하다. 상직폭포를 거쳐서 불바라기 약수까지 갈 사람들은 이곳에서부터 도보나 산악자전거를 이용해 임도를 타고 따라가야 한다.

　깊은 계곡 속으로 들어가는 것이 부담스럽다면 초입에 있는 숲속의 집 제1지구를 이용하는 것이 좋다. 휴양림 중간중간에 민가들이 섞여 있는데 주로 펜션과 카페로 영업 중이다. 제1지구 위쪽에 위치한 숲속의 집 제2지구도 민가들과 함께 있는데 그중 산벗나무동은 원형 돌집 모양으로 외관이 특이하고 길가에 홀로 뚝 떨어져 있어 위치도 조금 생뚱맞다. _{숙박시설 상세정보는 p.155 참고}

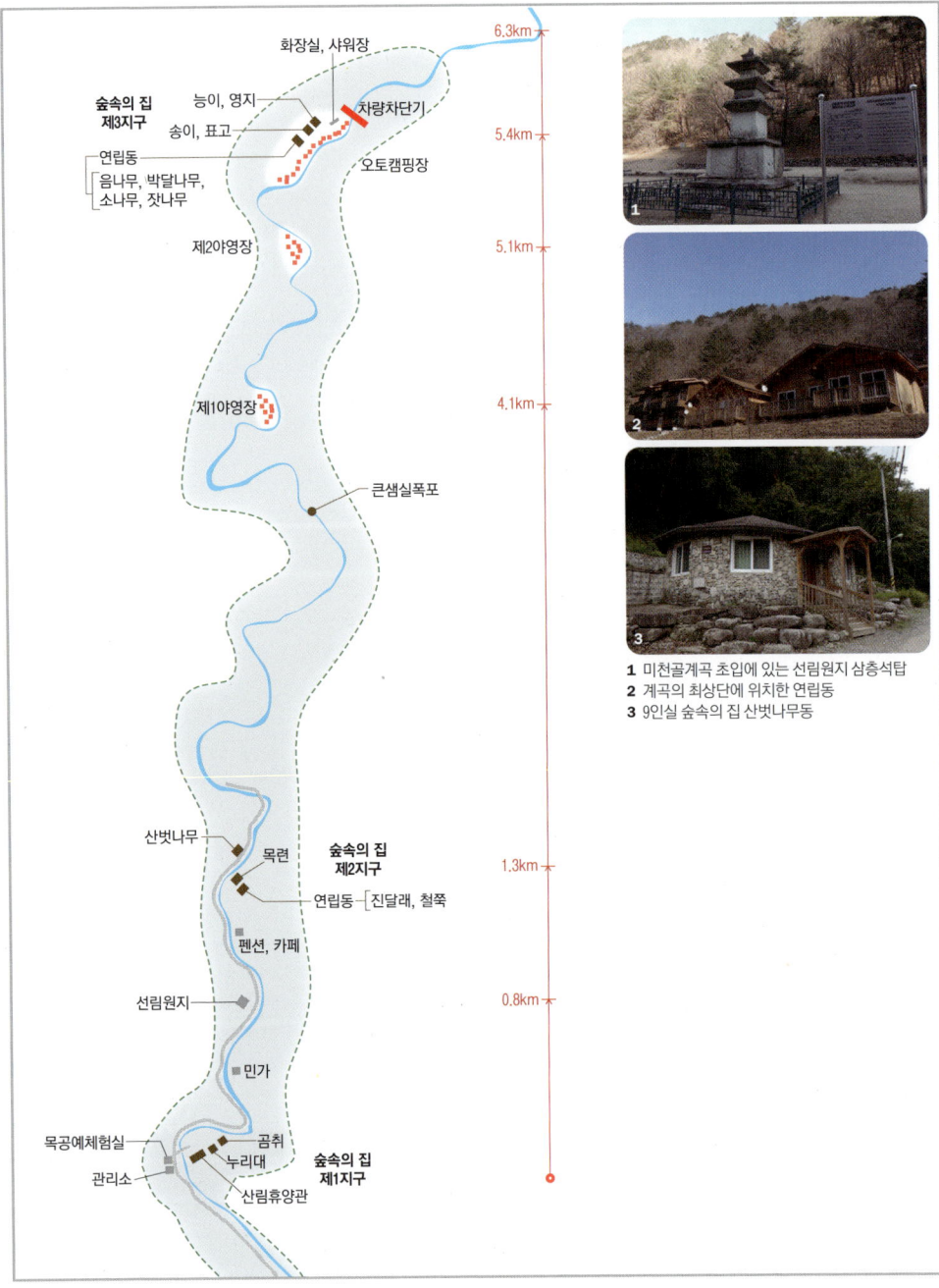

1 미천골계곡 초입에 있는 선림원지 삼층석탑
2 계곡의 최상단에 위치한 연립동
3 9인실 숲속의 집 산벚나무동

야영장에서 하룻밤 보내기

미천골자연휴양림의 제1야영장과 제2야영장은 계곡과 바로 인접한 그림 같은 곳에 위치해 있다. 다리 건너편으로 짐을 옮기려면 발품깨나 팔아야 하는 불편함은 감수해야 한다. 반면 오토캠핑장은 바로 옆에 주차가 가능해서 편리하긴 하지만 계곡과는 다소 거리가 있어 아쉽다.

규 모	총 84개 데크
야영장	3곳(일반야영장 2곳, 오토캠핑장 1곳)
고 도	해발 394m(제1야영장)·437m(제2야영장)·448m(오토캠핑장)
전 기	사용 가능
샤워장	있음(온수 가능)
개수대	있음
화로대	사용 가능(단 봄·가을 산불 방지 기간인 1월 29일~6월 8일, 11월 1일~12월 15일까지 사용 금지). 장작 금지. 숯과 차콜만 사용 가능
데 크 사이즈	일반야영장 360×360cm, 360×300cm 오토캠핑장 360×360cm
특이점	계곡 인접(제1·제2야영장) 그늘 풍부(제1·제2야영장)

제1야영장의 모습

제1야영장
27개 / 계곡 인접, 그늘 풍부

편의 주차 후 다리를 건너가야 하기 때문에 짐을 옮기는 일이 가장 부담된다. 주차장에서 가장 가까운 129번 데크도 60m 이상 거리. 심지어 자연 그대로의 울퉁불퉁한 부정형지 형이라 카트를 이용하기에도 쉽지 않다. 화장실과 취사장 등 편의시설은 중심에 위치해 있어 이용하기엔 무난하다.

환경 계곡이 한 바퀴 휘감아 돌아가는 명당자리에 위치해 있다. 계곡과 가깝고 계곡으로의 접근성도 좋아 여름철에는 환상적인 야영장이 된다. 그늘도 풍부하다.

프라이버시 계곡 건너 도로 맞은편에 있어 차량 통행으로 인한 먼지나 소음으로부터 자유롭다. 단 데크 간격은 여유롭지 않다.

BEST Site 어느 데크이든지 다리를 건너서 만만치 않은 거리를 이동해야 하는 번거로움이 있다. 짐을 줄인 백패킹이나 간단모드로 이용하는 것이 좋다. 일단 짐을 옮기는 고비를 넘기면 자연환경은 더할 나위 없이 훌륭하다. 당연히 계곡 쪽의 데크들이 인기. 이왕 힘들게 올라왔으면 계곡과 가장 가까운 곳에 자리 잡고 싶기 마련이다. 짐 옮기는 거리를 생각한다면 101~113번 데크를 추천한다. 122번 데크 쪽은 상대적으로 한갓지지만 주차장에서 거리가 멀다. 야영장 내 숲속의 집은 현재 운영하지 않는다.

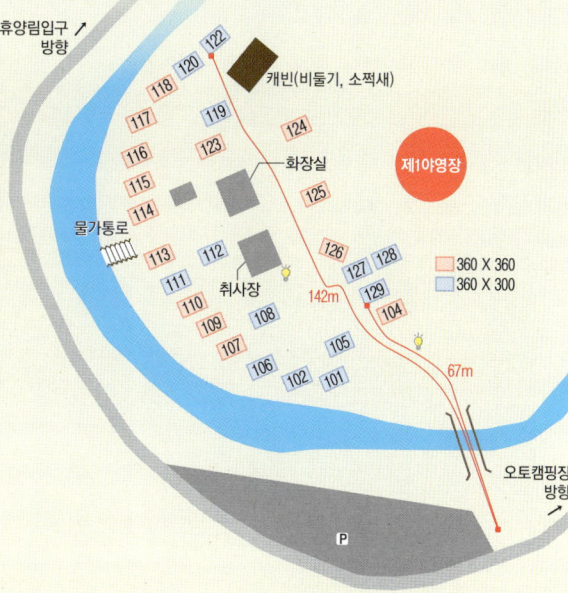

제2야영장

26개 / 계곡 인접, 그늘 풍부

편의 주차 후 다리를 건너가야 한다. 단 이동거리는 제1야영장보다 조금 짧다. 샤워장과 취사장이 중앙에 있고 화장실은 다리 건너 초입에 위치해 있다. 데크 간에 약간의 경사와 고저 차이가 있다.

환경 계곡이 한 바퀴 휘감아 돌아가는 명당자리에 있다. 계곡과 가깝고 계곡으로의 접근성도 좋아 여름철에는 환상적인 야영장이 된다. 그늘도 풍부한 편.

프라이버시 계곡 건너 도로 맞은편에 위치해 있어서 차량 통행으로 인한 먼지나 소음으로부터 자유롭다. 216~225번 데크는 밀집되어 있고, 특히 217번 데크와 220번 데크 사이 간격이 좁다.

BEST Site 제1야영장과 쌍둥이같이 빼어 닮은 야영장이다. 다만 화장실의 위치가 다르고 주차장에서 데크까지 거리가 조금 짧다는 차이점이 있다. 화장실을 데크에서 떨어진 입구 쪽에 배치한 것은 마음에 든다. 이곳 역시 미천골계곡의 매력을 직접적으로 느낄 수 있는 201~210번 데크를 추천한다.

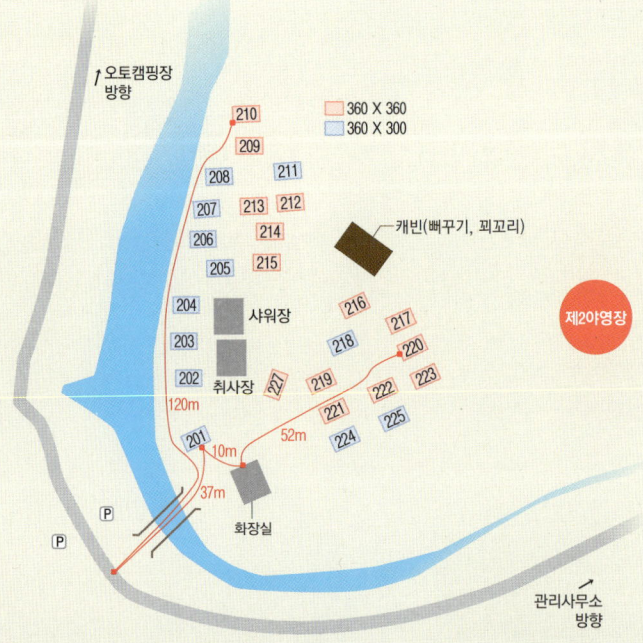

1 제2야영장 앞 계곡
2 제2야영장

오토캠핑장

31개(360×360㎝) / 계곡 인접, 평지 지형, 부분적인 그늘

편의 자동차를 바로 옆에 주차할 수 있는 야영장. 계곡 옆으로 길게 데크가 배치돼 있는데, 1~17번 데크가 높고 18~31번은 낮은 곳에 있다. 샤워장이 위쪽에 있어 상단 쪽 데크가 편의성은 좀 더 좋다. 31번 쪽 데크를 제외하면 화장실까지 거리가 100m 이내로, 편의성은 전반적으로 무난하다.

환경 계곡 쪽으로 나무들이 무성해 시간에 따라 부분적으로 그늘이 생긴다. 계곡과는 고저차와 거리가 있다. 데크들의 자연환경은 대동소이하다.

프라이버시 화장실과 가까운 3번 데크도 18m 정도 거리가 있고 데크 간격도 3~6m로 여유롭다. 낮은 곳에 위치해 주변 지형에 싸여 있는 18~22번 데크는 아늑한 느낌이 있다.

BEST Site 19번 데크의 경우 110대 1의 높은 경쟁률을 보였던 인기 데크(2014년 성수기 추첨 시 7월 28일자 사용분). 18~21번 데크와 함께 개수대와 화장실이 가까워 편의성이 좋은 것은 물론이고, 아늑한 느낌에 프라이버시까지 챙긴 명당자리다.

전체적으로 데크가 길게 배치된 구조지만, 중간중간 편의시설이 있어 전반적으로 밸런스가 좋다. 제1·제2야영장과 비교해서 편의성은 뛰어나지만 그늘 유무나 계곡 접근성 같은 자연환경 면에서는 아쉬움이 있다.

1 최고경쟁률의 19번 데크(왼쪽 두 번째 노란색 텐트 위치)
2 오토캠핑장 1번 데크

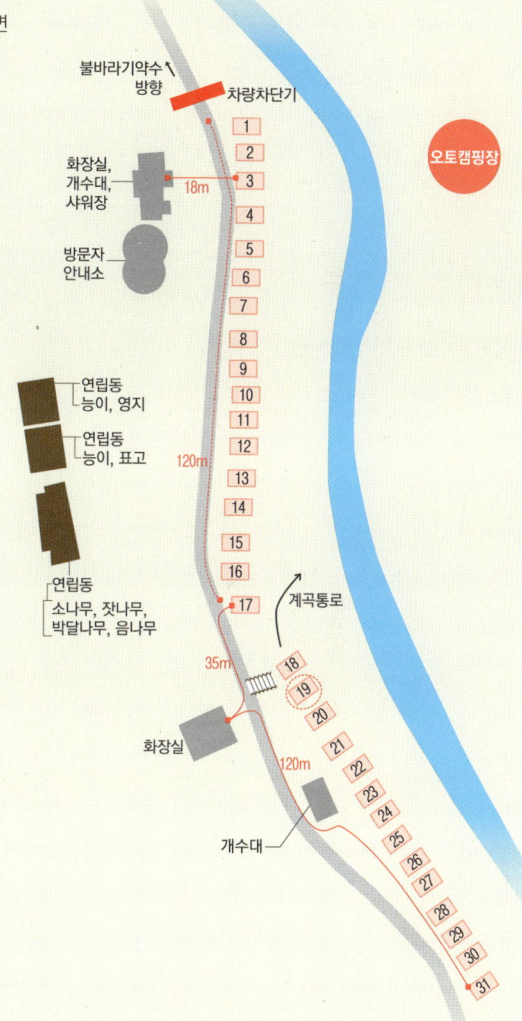

휴양림 백퍼센트 즐기기

Activity 체험 프로그램
- 방문객들을 대상으로 5~11월에는 숲해설사에 의한 무료 숲 해설과 목공예교실 프로그램이 운영된다.
- 휴양림에서 불바라기 약수까지 편도 5.4km의 임도 코스가 있다. 도보와 산악자전거로 탐방이 가능하며 도보 이동 시 최소 4시간은 잡아야 한다.

Supply 보급
휴양림에서 장을 보려면 자동차로 30분 거리인 양양읍내로 나가야 한다. 읍내에 있는 **양양전통시장**에서는 매달 4일과 9일에 오일장이 열리고, **양양농협하나로마트**도 있다. 휴양림 초입의 57번 국도변에도 매점이 몇 곳 있다. 간단한 식자재를 구입할 수 있고 직접 담근 오디주를 판매하기도 한다. 휴양림 중간에 있는 펜션과 카페에서도 간단한 음료와 치킨 등의 먹거리를 판매한다. 싱싱한 횟감이나 해산물을 구입하려면 수산항이나 물치항으로 가면 된다. 휴양림에서 50분 거리. 관광지로 유명한 대포항도 지척에 있다.

양양전통시장 오일장
양양군 양양읍 남문리 57
033-671-2878

양양농협하나로마트
양양군 양양읍 남문리 208-4
033-671-0074

Restaurant 주변 맛집
양양읍내에는 곰치국으로 유명한 **동일식당**이 있다. 양양하나로마트 인근에 위치해 있다. 속초 쪽으로는 **실로암막국수**가 인기다. 오색약수 쪽으로는 산채정식집들이 모여 있는데 그중 **통나무집식당**의 정식이 좋다.

동일식당
양양군 양양읍 남문리 46-1
033-672-1563

실로암막국수
양양군 강현면 장산리 228
033-671-5547

통나무집식당
양양군 서면 오색리 433-5
033-671-3523

Attraction 주변 볼거리
휴양림은 영서와 영동의 중간에 위치해 차로 30분이면 동해바다에 닿을 수 있다. 하조대 해수욕장은 송림과 더불어 한적한 분위기로 사랑 받는 곳이다. 조선시대의 개국공신인 하륜과 조준이 풍류를 즐겼다는 하조대에서 내려다보는 동해바다의 모습도 절경이다. 휴양림에서 양양읍 쪽으로 내려가는 길에는 송천떡마을이 있다. 30여 가구가 모여서 떡을 만들어 파는데 민속떡 체험도 가능하다. 오색약수로 유명한 남설악 오색지구가 휴양림에서 차로 30분 거리다.

송천떡마을
양양군 서면 송천리 178
033-673-7020

콕콕 짚어주는 휴양림 정보

Comments 여행작가의 말
7km에 달하는 미천골계곡 깊숙이 자리 잡은 휴양림. 계곡의 길이로는 국내에서 따라올 곳이 없을 정도로 오지 속에 있다. 계곡을 따라서 배치된 야영장은 여름이 되면 전국적인 인기를 끈다.

Tip 이것만은 알고 가자
- 오토캠핑장이나 숲속의 집 제3지구에 한번 자리 잡았다면 어지간해서는 다시 나오기가 힘들다. 장은 미리 봐서 들어가는 것이 현명하다.
- 휴양림 내부 도로는 비포장도로다. 평소에는 무리 없이 주행이 가능하지만, 동절기에는 월동 준비 없이 진입하지 않는 게 좋다.

Access 접근성
한남대교 기점에서 휴양림까지 약 3시간 10분 소요된다. 거리는 180km 정도지만 지방도와 국도를 경유해야 하기 때문에 시간이 꽤 오래 걸린다. 서울춘천고속도로를 타고 내려오다가 동홍천IC로 빠져 나온다. 이후 지방도와 36번 국도를 타다가 조침령을 넘어와야 한다.

Reservation 예약
숲나들e(http://foresttrip.go.kr) 공통(p.22 참고).

Accommodation 숙박시설

시설	구분	수량	비수기 요금	성수기 요금	시설명
숲속의 집	5인	1동	52,000	94,000	목련(원룸형)
	6인	2동	67,000	119,000	누리대·곰취(투룸형)
	9인	1동	87,000	154,000	산벚나무(방 2, 거실)
산림문화휴양관	4인	10실	50,000	91,000	2층: 창공·행복·희망·소망 1층: 고향·해돋이·만남·약속·사랑·추억(원룸형)
	9인	1실	85,000	144,000	1층: 미래(투룸형)
연립동	5인	2실	52,000	94,000	진달래·철쭉(원룸형)
	6인	2실	67,000	119,000	영지·표고(원룸형)
	8인	6실	87,000	154,000	2층: 음나무·박달나무 1층: 소나무·잣나무·송이·능이
캐빈	4인	4실	32,000	40,000	제1야영장: 비둘기, 소쩍새 제2야영장: 뻐꾸기, 꾀꼬리
야영장	일반	53개	15,000	16,500	주차료(소형 3,000원), 입장료(성인 1,000원), 전기 사용료 포함
	오토	31개	17,000	20,000	

속세의 번뇌를 잊고 신선놀음을 즐기다
두타산자연휴양림

강원도

두타산 정상 1,394m
등산로 왕복 10.2km

고도
559m
야영장 기준

산림청 직영 국립자연휴양림 | 2008년 개장 | 강원도 평창군 진부면 아차골길 132 | 033-334-8815

기온
-6.2℃
전국 평균 대비
진부면 연평균 기온

강수량
+288mm
전국 평균 대비
진부면 연평균 강수량

숙박 규모
21실
21실 최대 108명 수용
숲속의 집 1
휴양관 18
연립동 2

야영장
25데크
일반야영데크 25

휴양관 명물 돌 장기판

재미있는 돌들을 찾아보며 산책하는 휴양림

○ 두타산자연휴양림은 해발 1,394m 높이의 평창 두타산 서쪽 자락 아차골에 자리 잡고 있다. 평창 두타산은 박지산으로도 불린다. 두 개의 이름을 가진 이유는 이곳의 산 이름이 삼척 두타산과 같다는 이유로 일제 강점기에 박지산으로 바꿔 불렀기 때문이다. 후에 산림청이 실시한 우리산이름바로찾기 운동에 따라서 다시 두타산이라는 이름을 되찾을 수 있었다. 두타(頭陀)는 세속에 대한 집착을 버리고 심신을 수련하는 것을 말하는 불교용어다. 시간이 멈춘 듯 우거진 숲 속에 무심한 돌들이 자리 잡고 있고, 이끼가 잔뜩 낀 산의 모습을 잘 설명하는 듯도 하다.

신기리 쪽의 박지골은 계곡을 뒤덮을 정도로 이끼가 많아 등산객과 출사자들 사이에서 이끼계곡으로 널리 알려진 곳이다. 안타깝게도 몇 년 전 수해를 입어 계곡의 이끼는 거의 훼손되었다. 두타산자연휴양림이 위치한 아차골도 돌과 이끼가 많다. 휴양림 진입로에는 선비 모양의 선비바위가 우뚝 서 있으며 등산로 초입의 털보바위에는 이끼들이 잔뜩 끼어 털북숭이를 연상케 한다.

　　돌이 많은 휴양림인지라 입구에서부터 층층이 돌을 쌓아올린 돌탑이 방문객들을 반긴다. 숲과 돌 문화 체험이라는 특색 있는 체험 프로그램도 운영하고 있다. 휴양림의 명물인 돌을 깎아 만든 돌 장기판도 있다. 한여름 이곳에서 시원한 계곡 물소리를 들으며 장기를 한판 두고 있노라면 두타산의 이름처럼 세상의 번뇌를 잊고 마치 신선이 된 것 같은 착각에 빠져든다. 아무것도 하지 않아도 자연이 좋아 며칠을 더 머물고 싶은 그런 곳이다.

　　두타산 정상까지 올라가는 등산로가 있지만 등산을 목적으로 휴양림을 찾은 것이 아니라면 대부분 초입의 털보바위에서 발걸음을 되돌린다. 정상까지 왕복 10㎞가 넘는 거리라 부담스러울 수 있다. 대신 진부에는 산림욕으로 유명한 명소가 있다. 바로 월정사 전나무숲길이다. 근처에 왔다면 누구나 한 번쯤은 둘러볼 만한 관광명소이자 명품 숲길이다.

　　겨울철에는 워낙 추운 곳이라 가족 단위 방문객이 주변을 돌아볼 만한 곳이 마땅치 않았지만 이것도 옛말이 되어버렸다. 휴양림에서 가까운 오대천 인근에 평창송어축제가 열리기 때문이다. 겨울 내내 열리며 전국적인 인기를 얻고 있는 지역축제 덕분에 휴양림도 축제 베이스캠프로 주목받고 있다.

내부 들여다보기

○　두타산자연휴양림은 57번 국도에서 벗어나 1㎞ 정도만 들어가면 바로 휴양림 매표소에 도착할 수 있다. 도로 접근성은 좋은 편이다. 관리소 초입 계곡 건너편에 야영장이 있다. 화장실과 개수대 등 편의시설들은 관리소 옆에 있다. 125번 데크에서는 사방댐으로 연결된다. 우기가 아닌 평상시에는 계곡의 수량이 풍부하지 않다.

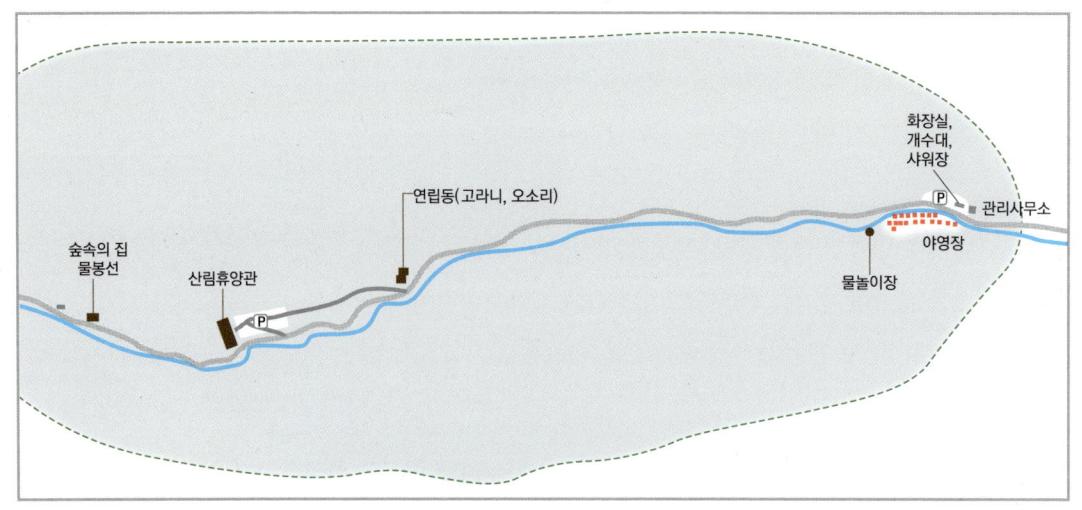

　　돌이 많은 휴양림이라 곳곳에 쌓아놓은 돌탑들이 이색적이다. 휴양관 앞에 비석치기와 투호던지기 놀이터가 있고 관리소 옆에 바위로 만들어진 장기판이 있다. 갓을 쓴 선비를 닮았다는 선비바위는 휴양관으로 올라가는 길가에서 볼 수 있으며 이곳의 명물인 털보바위는 등산로 초입에 있다.

　　휴양림은 모두 21개 객실이 있다. 휴양관과 숲속의 집, 연립동이 각 1동씩 있는 아주 단출한 규모다. 특히 연립동과 숲속의 집은 모여 있는 것이 아니라 서로 멀찌감치 떨어져 있어 독립성이 아주 좋다.

　　숲속의 집과 연립동이 한 동밖에 없기 때문에 예약 경쟁이 치열하다. 특히 단 한 동뿐인 숲속의 집은 휴양림 최상단에 홀로 떨어진 곳에 자리 잡고 있어서 주변의 시선이나 방해 없이 휴식을 즐길 수 있는 최고의 독립성을 자랑한다. 숲속의 집은 방 1개와 거실이 분리되어 있는 구조인데 다락방도 있다. 다락방에도 발코니가 있고 난방이 되기 때문에 6인실이지만 두 집이 사용해도 불편하지 않다. 휴양관은 12인실 동자꽃을 제외하고는 모두 4인실 원룸형 구조다. 숙소들은 비교적 최근에 완공되어 깨끗한 편이다. 숙박시설 상세정보는 p.163 참고

야영장에서 하룻밤 보내기

규 모	총 25개 데크
야영장	일반야영장 1곳
고 도	해발 559m
전 기	사용 가능
샤워장	있음(7·8월 성수기에만 온수 운영. 08:00~10:00, 13:00~15:00, 19:00~21:00에 온수 제한 급수)
개수대	있음
화로대	사용 가능(단 봄·가을 산불 방지 기간인 2월 1일~5월 15일, 11월 1일~12월 15일까지 사용 금지). 화로대를 이용한 숯불만 사용 가능
데 크 사이즈	300×360㎝
특이점	계곡 인접, 그늘 풍부

편의 나무다리를 건너서 짐을 옮겨야 하는 전형적인 계곡형 야영장. 주차장에서 가장 멀리 있는 124번 데크까지는 100여m, 가까운 106번 데크까지는 45m 거리다. 화장실과 샤워장의 편의시설은 주차장 쪽에 있는데, 시설들이 깨끗하다. 뭐니 뭐니 해도 온수 샤워가 가능하다는 점이 가장 큰 장점이다. 성수기인 7·8월에만 한정적으로 운영되는데 온수가 나오는 시간이 따로 있으니 미리 알아두는 것이 좋다.

환경 계곡과 접해 있고 그늘도 풍부하다. 계곡의 폭이 꽤 넓지만 평상시에 흐르는 수량이 의외로 많지 않다. 야영장은 계곡을 따라서 길게 배치되어 있다. 101번 데크에서 125번 데크 쪽으로 올라갈수록 완경사 지형이다.

프라이버시 다리 건너편에 있는 야영장이라서 외부인의 시선이나 차량 통행과는 분리되어 조용한 분위기다. 과거 조밀하게 배치되어 있던 데크들이 리모델링을 통해서 간격이 넓어졌다. 데크 사이즈는 300×360㎝으로 여전히 조금 작다.

BEST Site 주차장에서 다리 건너편으로 짐을 옮기는 수고가 필요한 야영장이다. 101번과 125번 데크는 구석에 위치해 한갓지지만 편의시설과 멀어지는 단점이 있다. 다리 맞은편에 조밀하게 붙어 있던 데크들이 조금 정리되면서 공간이 한결 여유로워졌다. 다리 바로 앞에 위치한 105번과 106번 데크는 편의성은 좋지만 야영객들의 통행으로 인한 시선 노출은 어느 정도 각오해야 한다. 과거 바닥에 바위와 돌이 많아 아이가 있는 야영객의 주의가 필요했지만 리모델링을 통해 평탄화가 이루어져서 많이 개선되었다.

야영장의 모습

휴양림 백퍼센트 즐기기

Activity 체험 프로그램
- 숲과 돌 문화 체험이 운영된다. 돌을 이용한 돌 장기, 돌탑 쌓기 등의 이색 체험을 할 수 있다.
- 4~11월에는 숲 해설과 목공예 체험 프로그램을 운영하고 있다. 목공예 체험 프로그램에서는 솟대, 새피리, 나무실로폰 등을 만들어볼 수 있다(재료비 별도).
- 휴양림에서 두타산 정상까지 이어지는 등산로가 있다. 왕복 10㎞ 거리에 5시간 소요된다.

Supply 보급
진부면 소재지에 **진부농협하나로마트**를 포함한 대형마트들이 있다. 진부면 일대에는 송어 양식장이 많아 곳곳에 송어회를 파는 식당들을 볼 수 있다. 어린이를 동반한 가족여행자라면 회보다는 구이용 송어를 구입해 텐트나 숙소에서 구워먹는 것도 별미다. 진부면 롯데슈퍼 앞 **여울수산**에서 송어를 손질해준다.

진부농협하나로마트
평창군 진부면 하진부리 155-2
033-335-8244

여울수산
평창군 진부면 하진부리 206-26
033-335-6322

Restaurant 주변 맛집
삼거리정육식당은 정육점과 식당을 겸하는 곳이다. 김치찌개와 제육볶음이 맛있다. **부일식당**은 진부에서 가장 유명한 식당 중 한 곳이다. 메뉴는 산채정식 한 가지뿐이다. 휴양림 초입에는 송어횟집 **바우가든**이 있다.

삼거리정육식당
평창군 진부면 간평리 555-15
033-332-8358

부일식당
평창군 진부면 하진부리 75-5
033-335-7232

바우가든
평창군 진부면 마평리 190
033-334-1185

Attraction 주변 볼거리
진부면의 대표적인 관광명소는 월정사와 천 년의 숲길로 불리는 약 1㎞ 길이의 전나무숲길을 꼽을 수가 있다. 휴양림에서 차로 40분 거리에 있으며 산책로를 돌아보는 데 약 40분 정도 걸린다. 오대산국립공원지역으로 공원 입장료는 무료지만 사찰 문화재 관람료가 징수된다(주차료 별도). 월정사는 국보48호 8각9층석탑을 비롯해서 국보급 문화재만 4점을 보유한 곳이다. 템플스테이는 물론 단기출가체험학교도 운영하고 있다.
휴양림이 있는 진부면은 겨울 추위로는 둘째가라면 서운할 만한 곳이지만 매년 겨울 휴양림에서 가까운 진부면 오대천 일대에서 평창송어축제가 열린다. 연간 60만 명이 넘게 다녀갈 만큼 대표적인 겨울 축제가 되었다. 매년 12~2월 사이에 행사가 진행된다. 얼음낚시, 송어맨손잡기 등의 다양한 체험을 할 수 있다.

콕콕 짚어주는 휴양림 정보

Tip 이것만은 알고 가자
- 야영장은 제법 넓은 계곡을 끼고 있지만 평소 계곡에는 기대만큼 수량이 풍부하지 않다. 돌이 많은 곳이기 때문에 물이 밑으로 빠지는 지형이다. 야영장 위쪽에 있는 물놀이장은 다른 곳과 마찬가지로 폐쇄되었다.
- 진부면은 국립자연휴양림이 위치한 지역 중에서 연평균 기온이 가장 낮은 곳이다. 계절에 상관없이 조금 두꺼운 옷을 준비하자.

Comments 여행작가의 말
전나무숲길로 유명한 월정사가 가까운 거리에 있고 겨울에는 인근에서 송어축제도 열려 사계절 볼거리와 체험거리가 풍부하다. 숲속의 집이 단 한 동뿐인 것은 아쉬운 점이다.

숲속의 집

Access 접근성
한남대교 기점에서 휴양림까지 약 2시간 30분 걸린다. 경부고속도로·영동고속도로를 타고 내려오다가 진부IC로 빠져 나온다. 이후 57번 국도를 타고 이동한다. 휴양림 입구는 계곡으로 깊게 들어가지 않고 국도변에서 가까워 접근성은 좋은 편이다.

Reservation 예약
숲나들e(http://foresttrip.go.kr) 공통(p.22 참고).

Accommodation 숙박시설

시설	구분	수량	비수기 요금	성수기 요금	시설명
숲속의 집	7인	1동	67,000	119,000	물봉선(방 1, 거실+다락방)
연립동	7인	2실	67,000	119,000	고라니·오소리(방 1, 거실)
산림문화휴양관	4인	16실	39,000	68,000	2층: 나도풍란·나리난초·낭아초·노랑갈퀴·노랑붓꽃·노루귀·노루오줌·노루발 1층: 가솔송·각시붓꽃·개맥문동·괭이눈꽃·구름국화·구절초·금낭화·기린초(원룸형)
	12인	2실	135,000	210,000	2층: 도라지 1층: 동자꽃(방 1, 거실)
야영장	일반	25개	14,000	15,500	주차료(소형 3,000원), 입장료(성인 1,000원), 전기 사용료 포함

1 휴양림의 털보바위
2 휴양림의 선비바위

금강송숲에 세워진 최초의 자연휴양림
대관령자연휴양림

강원도

도둑재 정상 420m
등산로 편도 1.31km
고도 **355**m 야영장 기준

산림청 직영 국립휴양림 | 1989년 개장 | 강원도 강릉시 성산면 삼포암길 133 | 033-641-9990

기온
-2.6℃
전국 평균 대비
성산면 연평균 기온

강수량
+331㎜
전국 평균 대비
성산면 연평균 강수량

숙박 규모
38실
38실 최대 239명 수용
숲속의 집 6 · 연립동 18
휴양관 14

야영장
33데크
일반야영데크 33

솔고개 인근의 소나무숲

단단한 금강송 기운을 느낄 수 있는 휴양림

○ 종종 사람들이 숲이 아름다운 휴양림이 어디냐고 물어본다. 필자가 주저 없이 추천하는 곳 중 하나가 바로 대관령자연휴양림이다. 휴양림이 있는 성산면 어흘리 일대는 금강소나무숲으로 유명하다. 이곳은 제1회 전국 아름다운 숲 대회에서 우수상을 수상하고, '21세기를 위해 보존되어야 할 아름다운 숲'으로 선정될 만큼 가치를 인정받은 숲이다.

이 숲은 일제 강점기인 1920년대 조림되어 지금까지 잘 보존되었다. 따라서 수령 50년생 이상 된 아름드리 소나무가 주종을 이루며 쭉쭉 뻗어 있다. 자연림이 아닌 인공적으로 조성한 숲이기 때문에 임목축적률(밀도)도 높아 더욱 빼곡하고 울창하게 우거져 있다.

이곳의 소나무를 금강송이라고 부른다. 일반 소나무보다 느리게 자라는 탓에 조직이 치밀하고 단단하다고 해서 붙여진 이름이다. 이런 특징 때문에 휴양림의 일부 지역은 문화재복원생산림으로 지정되어 보호 관리되고 있고 남대문 복원에도 사용될 만큼 귀한 나무로 대우받고 있다. 덕분에 숙박객들은 휴양림 안에서 일체의 숯불이나 장작을 사용하지 못하는 불편을 감수해야 한다.

대관령자연휴양림은 이 아름다운 숲에 1989년 우리나라 최초의 자연휴양림으로 개장했다. 휴양림은 대관령 중턱 지점에 있다. 영서와 영동의 중간에 자리 잡고 있는 셈인데, 지형적인 특성으로 겨울에는 눈이 많이 오고 봄철에는 바람이 많이 분다. 종종 강풍주의보가 발령되기 때문에 특히 야영객들은 기온과 바람에 주의해야 한다. 숲이 좋은 휴양림답게 휴양림에는 숲을 둘러보는 3개 코스가 마련되어 있다. 약 2~4㎞ 정도 되는 거리로, 걷기에 부담 없는 정도다.

휴양림은 강릉과 대관령 중 어느 곳이나 돌아보기에 좋은 위치에 있다. 커피 거리로 유명해진 안목항이나 횟감을 뜨기 좋은 주문진항까지는 차로 40분 거리다. 선자령과 양떼목장으로 올라가는 출발지인 대관령휴게소까지는 차로 20분이면 닿을 수 있다. 숲은 물론이고 산과 바다를 동시에 즐기기에 부족함이 없는 곳이다.

내부 들여다보기

○ 대관령자연휴양림은 솔고개를 사이에 두고 숲속의 집·산림휴양관 구역과 야영장 구역 두 곳으로 나뉜다. 숲속의 집과 산림휴양관은 차가 숙소 앞까지 들어갈 수 없다. 그래서 숙박객들은 매표소를 지나자마자 나오는 주차장에 차를 세워두고 숙소까지 도보로 이동해야 한다. 숲속의 집까지 약 200m를 이동해야 하는데 짐이 많을 경우에는 비치되어 있는 카트를 이용하면 된다. 숲속의 집과 휴양관은 계곡과 접해 있고 울창한 소나무숲에 있어 만족도가 높다. 숲속의 집이라는 이름값을 톡톡히 하는 곳이다.

야영장 이용객들은 주차장에서 왼쪽의 가파른 솔고개를 넘어가야 한다. 길가에서 보이는 울창한 소나무숲이 이곳을 찾아온 이들의 시선을 사로잡는다. 고개 근처에는 황토초가집과 숯가마가 있는데 숯 꺼내기와 숯가마 체험을 할 수 있다.

대관령자연휴양림의 산림휴양관은 7인실 위주로 구성되어 있다. 모두 원룸형 구조에 다락방은 없다. 계곡과 가깝고, 바로 앞에 작은 폭포도 있어 하절기에는 물소리가 우렁차다. 숲속의 집과 연립동은 소나무숲 한복판에 자리 잡고 있어 맑은 공기를 마시며 하룻밤 보내기에 더없이 좋다. 유명산자연휴양림의 숲속의 집 못지않게 주변 환경이 환상적이다. 7인실 이상의 숙소는 거실이 있고, 별도로 방이 한 개 더 있는 구조다. 특이하게 숲속의 집인 곰돌이(1층)와 너구리(2층)는 연립동같이 복층 구조다. 비교적 최근에 지어진 건물이지만 층간 소음이 발생할 수 있다. 숙박시설 상세정보는 p.171 참고

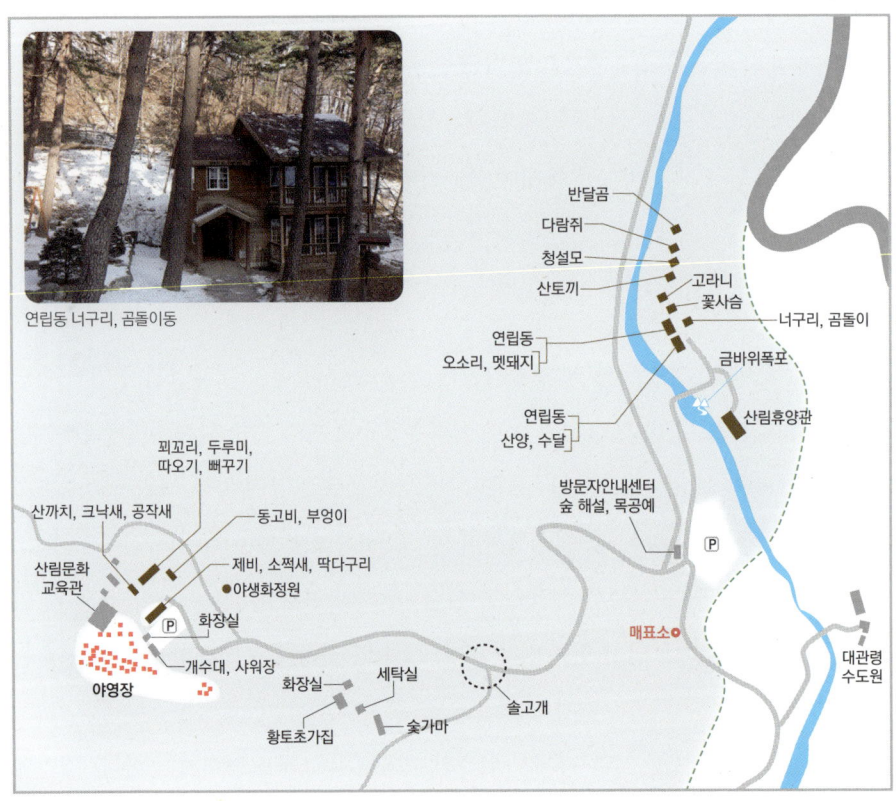

야영장에서 하룻밤 보내기

규모	총 33개 데크
야영장	일반야영장 1곳
고도	해발 355m
전기	사용 가능
샤워장	있음(온수 가능)
개수대	있음
화로대	사용 불가
데크 사이즈	360×360cm
특이점	완경사 지형, 배나무밭

환경 소나무숲이 유명한 휴양림이라 솔숲에서의 캠핑을 기대하겠지만 아쉽게도 야영장은 소나무숲과 떨어져 있다. 야영장이 자리 잡은 곳은 과거 과수원 자리여서 소나무 대신 배나무와 같은 키 작은 과실수가 주종을 이뤄 그늘이 모자란 편이다. 야영장 주변에 계곡은 없다. 대신 곳곳에 핀 야생화가 분위기를 살려주고 있다. 주차장 주변은 평지고 완만한 경사지에 데크가 위치해 있다.

프라이버시 솔고개를 경계로 숲속의 집과 분리되어 있어 야영객을 제외하면 일반인의 출입은 적은 편이다.

BEST Site 주변에 계곡이 없고 데크별로 주변 환경이 큰 차이가 없어 편의성이 좋은 데크 중심으로 선호도가 높다. 과거 주차장에 맞닿아 있어 선호도가 좋았던 201~204번 데크는 모두 철거되었다. 105~107번 데크는 임시주차장에서 데크까지 거리가 얼마 되지 않기 때문에 짐을 옮기기에 편리하다. 넓은 잔디광장과 가깝다는 점도 장점이지만 편의시설과 조금 거리가 있다.

편의 주차장과 야영데크가 분리되어 있는 전형적인 일반 야영장. 데크들이 넓은 지역에 흩어져 있어 카트에 짐을 싣고 이동해야 하는 번거로움이 따른다. 편의시설과 가장 가까운 113번 데크는 25m 거리에 위치하고 있지만 가장 멀리 떨어져 있는 133번 데크까지는 100m 이상 이동해야 한다. 그나마 다행인 것은 무장애 데크길이 깔려 있어 카트 이동이 용이하다는 점이다.

1 야영장 전경
2 최상단에 위치한 124·126번 데크

휴양림 백퍼센트 즐기기

Activity 체험 프로그램
- 대관령자연휴양림에서는 특색 있게 숯을 이용한 체험이 가능하다. 숯 가마에서 숯을 굽는데 1년에 5회 1·2·3·9·10월에 진행된다. 구체적인 행사기간과 내용은 홈페이지에 공지된다. 미니숯부작, 숯매듭, 솔향 비누만들기 등의 이색 체험이 가능하다.
- 휴양림 인근 대관령박물관에서 대관령휴게소까지는 대관령옛길로 불리는 바우길 2구간 2코스다. 인기 있는 트레킹 구간으로 약 10.7㎞의 거리에 5시간 정도 소요된다.

Supply 보급
횡계에 규모가 큰 대관령농협하나로마트가 있다. 휴양림에서는 약 30분 거리에 있다.

대관령농협하나로마트
평창군 대관령면 횡계리 369-1
033-355-5961

Restaurant 주변 맛집
횡계의 유명 음식점으로는 오삼불고기를 대표 메뉴로 내놓는 **도암식당**, 황태해장국과 맛있는 밑반찬으로 유명한 **황태회관**, 평만두국으로 알려진 **남경식당** 등이 있다. 남경식당은 신재생에너지전시관 인근에 있고, 도암식당은 20:00까지만 영업하니 참고하자.

도암식당
대관령면 횡계리 323-6
033-336-5814

황태회관
평창군 대관령면 횡계리 348-4
033-335-5795

남경식당
평창군 대관령면 횡계리 21-5
033-335-5891

Attraction 주변 볼거리
대관령 인근에는 트레킹은 물론 자전거 라이딩을 즐기기에 적합한 코스가 많다. 그중 옛 대관령휴게소에서 시작해 선자령(해발 1,157m)을 다녀오는 바우길 1구간이 가장 인기다. 해발 850m에서 시작되어 코스가 험하지 않고, 정상에서는 영서지역의 백두대간과 영동지방의 동해바다가 한 눈에 내려다보인다. 게다가 풍력발전기의 모습까지 어우러지는 환상적인 풍광을 볼 수 있어 사계절 내내 인기 있는 코스다. 왕복 12㎞에 4시간 소요된다. 트레킹은 물론 산악자전거로도 돌파가 가능한 코스다.
어린아이들이 있어 장거리 트레킹이 부담된다면 주변의 목장을 둘러보는 것을 추천한다. 주변에는 양떼목장, 삼양목장, 하늘목장들이 일반에게 개방되어 있다. 이곳 목장의 정상에서도 동해바다와 풍력발전단지의 모습을 조망할 수 있다. **삼양목장**은 라면 제조회사에서 운영하는 목장으로 무려 600만 평 규모다. 목장 정상의 동해전망대까지 셔틀버스가 운행된다. 산악자전거를 타고 목장에 진입할 수도 있다. **대관령 양떼목장**은 대관령휴게소에서 주차하고 도보로 관람해야 한다. 양에게 먹이 주기 체험을 할 수 있다.

대관령 삼양목장
평창군 대관령면 횡계리 산1-107
033-335-5044

대관령 양떼목장
평창군 대관령면 횡계리 14-111
033-335-1966

*강릉 지역의 맛집과 보급, 관광지 정보는 강릉임해자연휴양림편(p.214) 참고.

콕콕 집어주는 휴양림 정보

Tip 이것만은 알고 가자
- 휴양림은 금강송 생육지여서 야영장은 물론 숲속의 집에서도 화로대를 이용한 숯불, 바비큐를 연중 금지하고 있다.
- 지형적인 특성으로 바람이 강하게 불 때가 종종 있다. 텐트 설치 시 팩 다운도 충분하게 하고 스트링 강도도 신경 써서 텐트를 고정시켜야 한다.
- 산림휴양관과 숲속의 집은 주차장에서 경사지를 200m 정도 올라가야 도착한다.

Comments 여행작가의 말
유명산자연휴양림과 함께 국내에서 가장 먼저 개장한 자연휴양림의 원조. 울창한 금강송으로 이루어진 숲이 매력적이고, 숙소와 야영장 주변에 심어진 야생화들이 운치를 더한다. 강릉과 횡계 중간에 위치해 산과 바다를 동시에 즐기기 좋다.

Access 접근성
한남대교 기점에서 휴양림까지 2시간 30분은 잡아야 한다. 경부고속도로·영동고속도로를 타고 내려오다가 횡계IC로 빠져 나온다. 횡계에서부터는 옛 대관령고속도로인 456번 지방도로를 따라서 대관령을 넘어 강릉 쪽으로 내려간다. 대관령박물관 직전에 휴양림 진입표지가 있다.

Reservation 예약
숲나들e(http://foresttrip.go.kr) 공통(p.22 참고).

Accommodation 숙박시설

시설	구분	수량	비수기 요금	성수기 요금	시설명
숲속의 집	5인	3동	52,000	94,000	다람쥐·산토끼·청설모(원룸형)
	7인	2동	67,000	119,000	고라니·꽃사슴(거실, 방 1)
	10인	1동	110,000	185,000	반달곰(거실, 방 1)
산림문화휴양관	7인	12실	67,000	119,000	3층: 음나무·소나무·산벚나무·잣나무·고로쇠나무·들메나무 2층: 난티나무·참나무·서어나무·박달나무·자작나무·가래나무(원룸형)
	9인	2실	85,000	144,000	1층: 침엽수·활엽수(원룸형)
연립동 (휴양관측)	7인	2실	67,000	119,000	너구리(2층)·곰돌이(1층), 2008년 신축
	8인	2실	87,000	154,000	멧돼지·오소리(거실, 방 1), 2005년 신축
	10인	2실	110,000	185,000	산양·수달(거실, 방 1), 2005년 신축
연립동 (야영장 측)	3인	3실	35,000	58,000	딱따구리·뻐꾸기·산까치
	4인	5실	40,000	73,000	동고비·따오기·소쩍새·제비·크낙새
	5인	1실	52,000	94,000	부엉이
	6인	3실	67,000	119,000	공작새·꾀꼬리·두루미
야영장	일반	33개	14,000	15,500	주차료(소형 3,000원), 입장료(성인 1,000원), 전기 사용료 포함

회동계곡 옆 최고 시설의 오토캠핑장
가리왕산자연휴양림

강원도

가리왕산 정상 1,561m
등산로 왕복 10km

고도
403m
오토캠핑장 기준

산림청 직영 국립휴양림 | 1993년 개장 | 강원도 정선군 정선읍 가리왕산로 707 | 033-562-5833

기온
-4.4℃
전국 평균 대비
정선읍 연평균 기온

강수량
+197㎜
전국 평균 대비
정선읍 연평균 강수량

숙박 규모
24실
24실 최대 140명 수용
숲속의 집 10
휴양관 14

야영장
45데크
일반야영데크 25
오토캠핑장 20

제2야영장 201번 데크

가리왕산 회동계곡 속 자연휴양림

○ 가리왕산은 해발 1,561m의 큰 산으로, 강원도 정선군과 평창군 진부면 사이에 걸쳐 있다. 삼한시대에 맥국(貊國) 갈왕(葛王)이 피난왔던 곳이라 해서 갈왕산이라는 별칭으로도 불린다. 가리왕산은 숲도 계곡도 모두 좋다. 가리왕산의 천연 활엽수림은 주목 등 희귀목과 산약초가 풍성해 산림유전자원보호구역으로 지정되어 있다. 숲길을 거닐다 보면 원시림에 온 듯한 싱그러움을 느낄 수 있다. 회동계곡 또한 가리왕산의 높은 산세만큼이나 깊고 풍부한 수량을 자랑한다.

　　가리왕산자연휴양림은 이 회동계곡에 있다. 숙박시설과 야영장이 계곡 굽이굽이를 따라 배치되어 있다. 특히 휴양림 초입에 20개 규모의 오토캠핑장이 있는데 독립된 공간과 24시간 온수 샤워가 가능해 일명 오성급 캠핑장으로 야영객들 사이에서 인기가 높다.

이 휴양림이 유명한 이유는 또 있다. 오지 속 조용한 휴식은 물론 주변 관광과 다채로운 아웃도어 활동까지, 어떤 목적으로 찾아가도 좋기 때문이다. 휴양림에서 가리왕산 정상으로 향하는 등산로는 물론이고 100㎞가 넘는 임도가 거미줄같이 연결돼 있어 산악자전거를 즐기는 동호인들에게는 일종의 성지와 같다. 봄과 가을 산불 예방 기간에 입산을 통제하는 것을 제외하면 휴양은 물론 트레킹이나 라이딩을 즐기기에도 환상적인 곳이다.

가리왕산자연휴양림의 즐길 거리는 숲에만 있지 않다. 휴양림 앞으로 유유히 흘러가는 동강을 따라 그림 같은 드라이브 코스와 온로드 라이딩 코스가 펼쳐진다. 동강 주변에서 하절기 래프팅을 즐기거나 국내 최대 표고차를 자랑하는 병방치에서 짚와이어를 즐기는 사람들에게 휴양림은 훌륭한 베이스캠프가 된다.

내부 들여다보기

○ 가리왕산자연휴양림은 42번 국도에서 빠져나와 회동계곡을 따라 약 7㎞를 더 들어가야 도착한다. 휴양림 매표소 옆에는 얼음동굴이 있다. 자연절리동굴로, 근처에 서 있기만 하면 한여름에도 4~8℃의 서늘한 바람으로 온몸을 감쌀 수 있는 신기한 곳이다. 휴양림 가장 초입에 오토캠핑장이 먼저 등장한다. 평평한 지대에 키 작은 나무들로 구역을 구분해 놓았다. 사설 오토캠핑장과 비슷한 분위기다. 바로 옆에 주차도 가능하고 공간도 여유가 있어 인기다.

제1·제2야영장은 회동계곡에 인접해 있는 전형적인 일반야영장이다. 그중 계곡과 가까운 제2야영장은 주변 자연환경이 좋은 반면 데크가 5개밖에 되지 않아 예약도 어렵고 방문객들도 잘 모르는 경우가 많다.

숲속의 집과 휴양관은 차량 차단기가 있는 휴양림 가장 위쪽에 위치해 있다. 숲

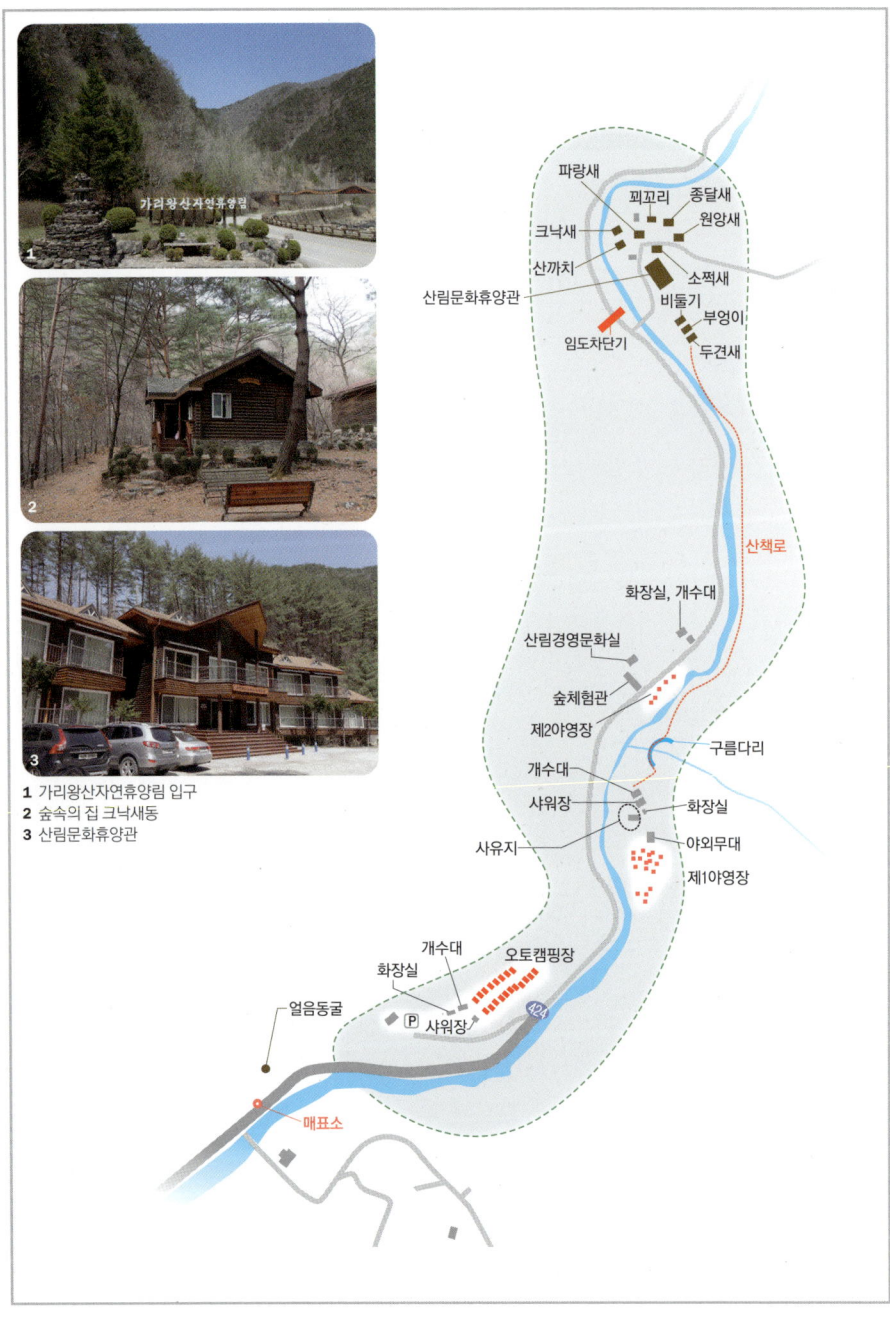

1 가리왕산자연휴양림 입구
2 숲속의 집 크낙새동
3 산림문화휴양관

속의 집까지는 차량 진입이 불가능하기 때문에 휴양관 근처에 차를 세우고 짐을 옮겨야 한다. 주차장으로부터 가장 높이 올라가야 하는 숲속의 집 원앙새동까지는 약 50m 거리다. 숲속의 집 두견새동에서 출렁다리를 건너서 제1야영장까지 연결되는 1km 거리의 산책로가 계곡을 따라서 잘 만들어져 있다.

　이 휴양림의 숙박시설은 총 24실이 있고, 4~8인실이 대부분이다. 숙소의 크기와 상관없이 원룸형 구조로 되어 있다. 분리된 공간이 없어 두 집 이상 같이 사용하기에는 불편하다. 8인실인 숲속의 집(두견새동 제외)과 휴양관에는 다락방이 있어 아이를 동반한 여행객들에게 좋다. 숲속의 집 중에서 계곡과 가까운 숙소를 꼽으라면 비둘기, 부엉이, 두견새와 크낙새, 산까치동 정도다. 휴양관은 지은 지 오래됐지만 벽과 바닥 등 일부를 리모델링해 사용하는 데 불편함은 없다. 숲속의 집 두견새동(8인실)이 2000년대 초반에 지어져 이 휴양림에서는 비교적 최근에 지어진 건물이다. 숙박시설 상세정보는 p.181 참고

1 계곡과 가까운 비둘기·부엉이·두견새동
2 제1야영장 앞 계곡
3 오토캠핑장

야영장에서 하룻밤 보내기

가리왕산자연휴양림은 회동계곡에 자리하고 있어서 야영장의 자연환경이 좋다. 특히 오토캠핑장의 편의시설이 좋아 인기가 높은 편. 가리왕산자연휴양림은 산림유전자원보호구역으로 지정되어 있어 야영장은 물론 숲속의 집에서도 숯불과 장작을 이용한 바비큐는 연중 금지된다.

규 모	총 45개 데크
야영장	3곳(일반야영장 2곳, 오토캠핑장 1곳)
고 도	해발 403m(오토캠핑장)
전 기	사용 가능
샤워장	있음(온수 가능)
개수대	있음
화로대	사용 불가
데 크 사이즈	일반야영장 367×360cm 오토캠핑장 300×360cm, 360×360cm
특이점	계곡 인접(제1·제2야영장), 평지(오토캠핑장)

제1야영장

20개 / 계곡 인접, 야외무대, 민가 인접

편의 다리 건너편에 데크가 있는 야영장. 도로에서 가장 가까운 101번 데크도 50여m 떨어져 있다. 화장실과 개수대 등 편의시설들은 반대로 야영장 가장 안쪽에 위치해 있다. 짐을 옮기거나 편의시설을 이용하는 것이 편리하지는 않다. 그렇지만 계곡에 접한 야영장으로는 드물게 온수가 나오는 샤워장이 있다는 건 매력적이다.

환경 회동계곡에 인접해있다. 다리를 건너 야영장 초입에 위치한 데크를 지나 야외무대와 편의시설이 있는 곳은 평지다. 야외무대 쪽의 데크(113~119번)는 그늘이 부족하다. 그늘진 계곡 쪽은 오토캠핑장과 비교해 한여름에도 체감온도가 10도 이상 차이 날 만큼 서늘하고 시원하다.

프라이버시 도로와 떨어져 있고 데크 수도 많지 않아 한적한 편이다. 그렇지만 일부 데크들은 밀집되어 있어 조금 답답할 수 있다.

BEST Site 다리 초입은 낙석의 위험이 있어, 다리 앞에서 짐을 내린 뒤 300m 전방의 제1주차장이나 100m 후방의 임시주차장에 주차해야 한다. 도로에서 야영장 데크까지 거리가 꽤 되기 때문에 짐을 줄여가는 것이 좋다. 따라서 편의성에 가중치를 준다면 계곡으로 접근하기 쉬우면서 짐을 옮기기에 편한 다리 쪽 데크들을 추천한다.

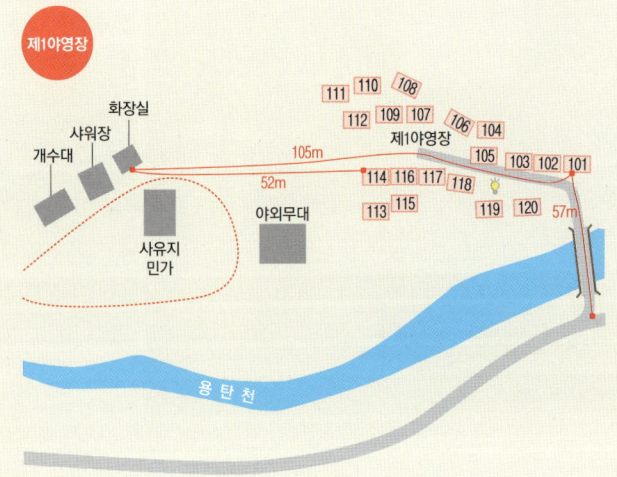

제2야영장

5개 / 계곡 인접, 그늘 풍부

편의 도로에서 데크까지 가까운 편이다. 계곡과 가장 가까운 201번 데크와 도로 사이 거리는 약 16m. 화장실과 개수대는 야영장 위쪽에 있다.

환경 주변 환경이 훌륭하다. 완경사 지형에다가 회동계곡과 접해 있고, 데크 주위에 나무도 울창해 그늘도 풍부하다.

프라이버시 데크가 5개뿐이라 규모가 작다. 모든 데크가 계곡 쪽을 향해 있다. 위쪽으로는 숲속의 집과 휴양관이 있어 투숙객의 차량들이 통과한다.

BEST Site 가리왕산자연휴양림에서 가장 인기 있는 야영장이다. 특히 계곡 쪽으로 깊숙이 들어가는 201번과 202번 데크를 가장 명당으로 친다. 물소리가 너무 시끄러울 수 있어 소리에 예민한 사람에게는 추천하지 않는다. 203·204·205번 데크도 계곡에 가까워 주변환경은 좋지만 201·202번 데크보다 주이동로와 가까워 도로 소음이 유입될 수 있다.

오토캠핑장

20개 / 평지 지형, 그늘 부족

편의 데크 바로 옆에 주차 가능. 데크를 포함한 한 구획의 넓이가 680×690㎝로 여유로운 편이라 타프세팅도 무리 없다. 편의시설도 잘 갖춰져 있다. 샤워장은 24시간 온수 가능.

환경 계곡과 떨어져 있고 그늘이 부족해 하절기에는 계곡 쪽 야영장과 체감온도가 10도 이상 차이가 날 정도다.

프라이버시 모든 자리가 사이사이에 심어진 나무를 경계로 붙어 있다. 나무가 제법 울창해서 옆집의 시야를 차단해준다. 단 소리는 들린다.

BEST Site 자연환경보다 편의성이 좋아서 인기 있는 야영장. 차량을 바로 옆에 주차할 수 있고 공간도 널찍한 편이라 원룸텐트와 타프 조합으로 세팅한 캠퍼들이 많이 보인다. 데크마다 주변 환경은 동일하다. 조용한 것을 좋아하는 사람은 편의시설에서 멀리 떨어진 자리를 선택하면 되겠다. 단 가장 조용할 것 같은 상단의 312번 데크도 위쪽으로 가면 계곡으로 통하는 오솔길이 나 있어 야영객들의 통행이 있다.

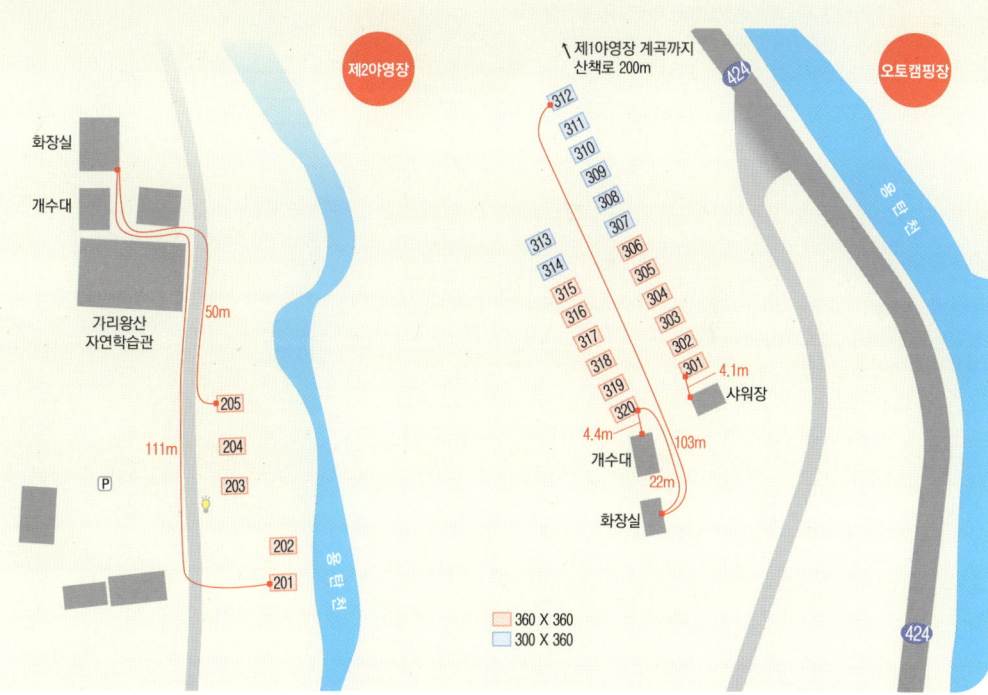

휴양림 백퍼센트 즐기기

Activity 체험 프로그램
- 생태미술(8,000원), 야생화분(3,000원), 양초공예(2,500원) 등의 공예 체험 프로그램을 운영하고 있다.
- 휴양림에서 가리왕산 정상까지의 등산로는 편도 5km 거리다. 왕복하는 데 7시간이 소요된다. 봄·가을 산불 조심 기간에는 입산이 통제되므로 미리 알아두자.

Supply 보급
수도권에서 42번 국도를 타고 간다면 중간에 평창읍과 미탄면소재지에서 장을 볼 수 있다. **평창농협하나로마트**와 **하나로마트평창농협 미탄지소**가 있다. 정선오일장은 휴양림에서 차로 20분 거리인 정선읍내에서 열린다. 매월 2·7·12·17·22·27일 오일장이 선다. 장이 열리지 않는 날도 오픈하는 상설시장이다.

평창농협하나로마트
평창군 평창읍 하리 137-57
033-332-2533

하나로마트평창농협 미탄지소
평창군 미탄면 창리 703-1
033-333-1398

Restaurant 주변 맛집
정선오일장에는 맛있는 먹거리가 많다. 메밀전병, 수수부꾸미, 곤드레밥을 파는 식당 수십 곳이 모여 있다. 식당마다 가격은 비슷하다. 그중에서는 대박집의 곤드레밥과 모듬전을 추천한다. **동광식당** 정선에서 유명한 음식점 중 한 곳. 황기족발로 유명하지만 온면으로 끓여내는 콧등치기국수도 일품이다.

대박집
정선오일장 내
033-563-8240

동광식당
정선군 정선읍 봉양리 49-3
033-563-3100

Attraction 주변 볼거리
정선군 일대에는 각종 볼거리와 체험거리가 많다. 그중에서도 폐철로를 이용한 레일바이크가 단연 인기. 구절역에서 아우라지역 사이 7.2km 구간을 주행한다. 1일 5회(동절기는 4회) 운영한다. 홈페이지에서 사전예약을 받으며, 현장에서도 당일 취소분을 판매한다. 단 휴양림에서는 차로 1시간 정도 거리로 멀리 떨어져 있다.
휴양림에서 가까운 곳에는 동강이 만들어낸 한반도 모양의 감입곡류 지형(밤섬)을 한눈에 내려다볼 수 있는 병방치가 있다. 이곳에는 바닥을 유리로 만든 전망대인 스카이워크가 있어 유료로 주변 풍경을 관람할 수 있다. 조금 더 다이내믹한 체험을 원한다면 이곳에서 표고차 325m의 짚 와이어도 체험할 수 있다.
화암동굴도 둘러볼 만하다 금광산과 석회석 동굴이 어우러진 곳으로 둘러보는 데 1시간 30분 소요된다. 동굴 입구까지는 모노레일을 타고 올라갈 수도 있다(입장료와 모노레일 탑승료는 별도).

정선 레일바이크
www.railbik.co.kr

아리힐스(짚 와이어)
www.arilhills.co.kr

콕콕 짚어주는 휴양림 정보

Tip 이것만은 알고 가자
- 휴양림은 산림유전자원보호구역으로, 야영장은 물론 숲속의 집에서도 화로대를 이용한 숯불이나 바비큐가 일 년 내내 불가하다.
- 가리왕산에 건설된 중봉알파인스키장은 휴양림이 위치한 가리왕산 남사면이 아닌 북사면이다. 휴양림 이용에는 전혀 지장이 없다.

Comments 여행작가의 말
해발 1,561m의 가리왕산 회동계곡에 있는 자연휴양림이다. 숙박시설과 야영장은 계곡과 가깝고 임도와 등산로도 잘 갖춰져 있다. 정선읍이 차로 20분 거리라 정선오일장은 물론 정선의 주요 관광지들을 둘러보기에도 좋은 위치다.

Access 접근성
한남대교 기점에서 휴양림까지 3시간 30분 이상 걸린다. 경부고속도로·영동고속도로를 타고 가다가 새말IC로 빠져 나온다. 이후 42번 국도를 타고 안흥과 평창을 거쳐서 들어가기 때문에 제법 시간이 많이 걸린다.

Reservation 예약
숲나들e(http://foresttrip.go.kr) 공통(p.22 참고).

Accommodation 숙박시설

시설	구분	수량	비수기 요금	성수기 요금	시설명
숲속의 집	4인	4동	40,000	73,000	산까치·소쩍새·원앙새·파랑새(원룸형)
	5인	2동	52,000	94,000	꾀꼬리·종달새(원룸형)
	8인	4동	87,000	154,000	두견새·부엉이·비둘기·크낙새(원룸형) 두견새를 제외하고 다락방 있음
산림문화휴양관	5인	8실	50,000	91,000	2층: 오미자·산딸기·다래·보리수 1층: 철쭉꽃·달맞이꽃·초롱꽃·들국화(원룸형)
	6인	3실	67,000	119,000	1층: 방울꽃·금낭화·진달래(원룸형) 방울꽃을 제외하고 다락방 있음
	8인	3실	85,000	144,000	2층: 산수유·구기자·꽈리(원룸형+다락방)
야영장	오토	20개	15,000	16,500	주차료, 입장료, 전기 사용료 포함
	일반	25개	17,000	20,000	

해수욕과 삼림욕을 동시에 즐기는
검봉산자연휴양림

강원도

검봉산 정상 682m | 등산로 왕복 6km

고도
203m
제2야영장 기준

산림청 직영 국립휴양림 | 2008년 개장 | 강원도 삼척시 원덕읍 임원안길 525-145 | 033-574-2553

기온
-1.5℃
전국 평균 대비
원덕읍 연평균 기온

강수량
+252㎜
전국 평균 대비
원덕읍 연평균 강수량

숙박 규모
16실
16실 최대 132명 수용
휴양관 16

야영장
22데크
일반야영데크 7
오토캠핑장 15

휴양림 인근의 장호해변

바다를 즐길 수 있는 검봉산 자락의 휴양림

○ 휴양림이라고 해서 모두 첩첩산중 오지에만 있으란 법 있는가. 몇몇 휴양림은 바다와 아주 가까운 곳에 있다(서해 변산자연휴양림, 경북 칠보산자연휴양림이 그렇다). 삼척의 검봉산자연휴양림도 그중 한 곳이다. 임원항에서 불과 4㎞밖에 떨어져 있지 않다. 바다와 가깝다는 장점 때문에 특히 여름철에 인기가 있다. 한국의 나폴리라 불리는 아름다운 장호항과 해변이 지척에 있으며, 주변에는 해안선을 따라 수많은 해수욕장이 있다. 낮에는 해수욕을 즐기고 저녁에는 휴양림에서 휴식을 즐기는 환상적인 휴가를 보낼 수 있는 곳이다. 바닷가에 왔다면 휴양림 주변 임원항, 초곡항, 삼척항 등의 회 센터에서 싱싱한 횟감을 맛보는 것도 여행에서 빼놓을 수 없는 재미다.

　　산과 바다를 아우르는 곳에 자리 잡은 휴양림이지만 한 가지 단점이 있다면 수도권에서 멀리 떨어져 있다는 점이다. 삼척에서도 경북 울진군의 경계 지점에 있어 동해고속도로가 끝나는 동해시에서도 족히 한 시간은 더 달려야 도착할 수 있다.

　　검봉산자연휴양림은 2008년에 개장했다. 숙박시설도 깔끔한 편이다. 특히 제2야영장에 있는 화장실과 개별 부스가 마련된 샤워장 등 편의시설은 전국 최고 수준이라고 할 만큼 잘 되어 있다.

위쪽 주차장에서 검봉산 정상으로 올라가는 편도 3㎞의 등산로와 휴양림을 한 바퀴 도는 약 20㎞의 임도가 시작된다. 등산로는 해발 682m의 검봉산 정상까지 이어지는데, 정상에 오르고 나면 흐른 땀을 시원하게 날려 줄 조망이 펼쳐진다. 동해바다는 물론이고 시야가 깨끗한 날에는 멀리 울릉도까지 보인다고 한다.

검봉산 주변은 2000년 동해안 대화재로 피해를 입은 지역이다. 따라서 휴양림에서는 화로대를 이용한 바비큐와 장작 사용이 연중 금지되며 봄과 가을 산불 방지 기간에는 등산로와 임도 출입이 통제된다.

1 제2야영장 **2** 제1야영장 101번 데크

내부 들여다보기

○ 7번 국도에서 벗어나 임원천을 따라서 3㎞ 정도 마을길을 따라 들어가면 휴양림에 도착한다. 매표소를 지나 조금 올라가면 산림휴양관이 있다. 검봉산자연휴양림은 산림휴양관 4동과 22개 데크 규모의 야영장 2곳이 전부다. 검봉산 자락 중에서도 해발 200m 내외의 낮은 곳에 위치해 있지만 휴양림 내부의 경사는 꽤나 가파르다. 휴양관 위쪽으로는 제1·제2야영장이 위치해 있다.

산림휴양관은 비교적 최근에 지어진 만큼 신형 평면의 숙소다. 기존 휴양관들은 연립주택과 같이 10여 개 이상의 객실 모여 있는 구조였지만 이곳 휴양관은 2층 건물 한 곳에 객실이 4개씩 배치되어 있다. 휴양관보다 연립동에 더 가까운 분위기다. 4인실 규모의 작은 객실이 없고, 7인실·8인실·10인실만 있다. 그중 가장 작은 규모인 7인실도 C동 1층에 두 개만 있어 작은 방이 귀한 편이다. 모두 방 1개에 거실이 따로 있는 구조며, D동을 제외한 나머지 동의 2층 객실에는 다락방이 있다. C·D동은 계곡과 가깝게 붙어 있고 A·B동은 계곡과 조금 거리가 있다. 숙박시설 상세정보는 p.189 참고

야영장에서 하룻밤 보내기

규 모	총 22개 데크
야영장	2곳(일반야영장 1곳, 오토캠핑장 1곳)
고 도	해발 203m(제2야영장)
전 기	사용 가능
샤워장	있음(온수 가능)
개수대	있음
화로대	사용 불가
데 크 사이즈	360×360cm, 270×540cm *사이즈에 따라 요금 차이 있음
특이점	계곡 인접, 평지 지형, 그늘 부족

제1야영장

7개(360×360cm, 270×540cm) / 평지 지형, 계곡 인접

편의 101·102번 데크는 다리를 건너서 짐을 옮겨야 하지만 103~107번 데크는 도로변에 인접해 있어 짐 옮기는 부담이 덜하고 화장실을 이용하기에도 편리하다.

환경 계곡과 인접하면서도 평지에 위치해 있다. 그늘이 부족한 편이지만 제2야영장보다는 사정이 좀 나은 편이다.

프라이버시 101·102번 데크가 도로와 떨어진 다리 건너편에 있어 한적하다. 최근 데크 정비가 진행돼 10개 데크가 7개로 줄어들면서 데크 간격이 여유로워졌다.

BEST Site 다리 건너 101·102번 데크는 270×270cm짜리 두 개를 붙여놓았다. 데크 넓이도 두 배로 커졌고, 4팀이 사용하던 공간을 2팀만 사용하게 되어 거주성은 훨씬 좋아졌다. 103~107번 데크는 예전에 270×270cm짜리 데크를 두 개 붙여놓은 길쭉한 직사각형 모양이었지만 이제는 제2야영장처럼 360×360cm 데크로 바뀌었다. 이제는 기다란 투룸텐트를 가져와 데크를 덮어서 사용하기 어려워졌다. 주차와 편의시설이 가까워 여전히 오캠모드로 사용하기 좋다.

제2야영장

오토캠핑 15개(360×360cm) / 평지 지형, 그늘 부족

편의 자동차를 데크 바로 옆에 주차시킬 수 있는 오토캠핑장. 데크로 짐을 옮기기에도 편리하고 편의시설동이 중앙에 위치하고 있어 어느 곳에 자리를 잡아도 이용하기 좋아 편의성은 매우 좋다. 특히 편의시설은 전국 최고 수준.

환경 일부 데크를 제외하면 거의 그늘이 없다. 배치상 계곡에 접해 있지만 수량이 별로 없고 지형의 고저 차이가 있어 접근하기도 어렵다.

프라이버시 휴양림의 가장 높은 곳에 있다. 야영객을 제외한 외부인의 동선에서 벗어나 자유롭다. 예전엔 30개의 데크가 비좁게 배치되어 있었지만 데크를 정비하면서 15개로 줄여 데크 간격이 여유로워졌다.

BEST Site 편의시설은 훌륭하지만 그늘이 모자란 것이 최대 단점인 야영장이다. 햇살이 강한 한여름에는 아예 텐트에서 떠나 인근 바닷가에서 시간을 보내다가 해가 진 다음에 야영장으로 돌아오는 것도 방법이다. 시간대에 따라서 그늘이 생기는 203~208번 데크를 명당으로 친다. 편의시설과 매우 가까웠던 225번 데크는 철거되었다.

한낮에도 그늘이 지는 208, 205, 207번 데크

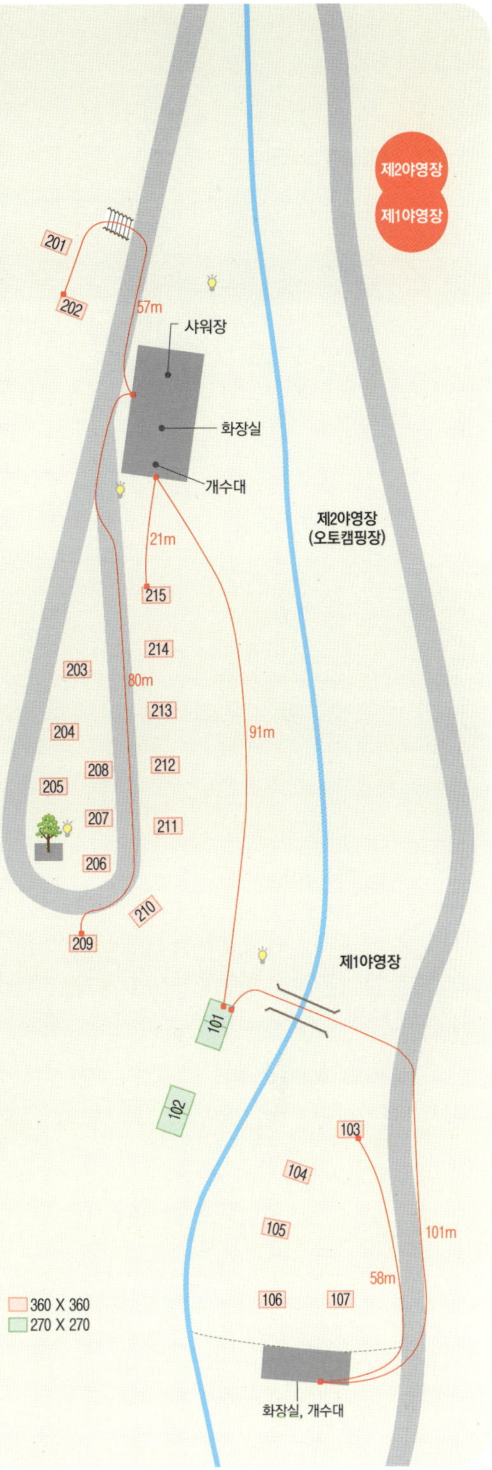

187

휴양림 백퍼센트 즐기기

Activity 체험 프로그램
- 목걸이와 열쇠고리 등을 만들 수 있는 목공예 체험이 가능하다(동절기 제외, 재료비 별도).
- 제2야영장 주차장에서 출발해 검봉산 정상까지 이어지는 등산로가 있다. 왕복 6km 거리에 4시간 소요된다.
- 검봉산 전망대까지 이어지는 등산로는 휴양관 A동을 기점으로 편도 40분 정도 소요된다.
- 봄·가을 산불 방지 기간(2월 15일~5월 15일, 11월 1일~12월 15일)에는 입산이 통제된다.

Supply 보급
임원항에 마트가 몇 곳 있다. **하나로마트원덕농협 임원지소**는 주말엔 문을 닫는다. 호산항에 있는 **원덕농협하나로마트**는 임원항보다 규모가 크고 주말에도 영업한다.
휴양림 인근에 회를 떠 먹을 만한 곳으로 임원항과 삼척항, 초곡항 등이 있다. 임원항 입구에 횟집들이 모여 있고 항구 안쪽 대게직판장에 소규모 난전이 형성되어 있다. **삼척항 활어회센터**가 규모도 더 크고 횟감의 종류도 다양하지만 차로 50분 걸리는 거리라 멀다. 초곡항에는 어촌계에서 운영하는 회 센터가 있다. 그중 **옥수2호**가 소문난 곳이다.

하나로마트원덕농협 임원지소
삼척시 원덕읍 임원리 342-8번지
033-572-6855

원덕농협하나로마트
삼척시 원덕읍 호산리 237
033-572-6853

삼척항 활어회센터
삼척시 정하동 41-179

옥수2호(회 센터)
삼척시 근덕면 초곡리20-38
033-573-1821

Restaurant 주변 맛집
삼척항 인근에는 곰치국으로 전국적으로 유명세를 타고 있는 **바다횟집**이 있다. 동해시 천곡동에 **할매찜섭국집**은 섭국(홍합국)을 전문으로 한다. 곰치국과 섭국 모두 해장에 좋다.

바다횟집
삼척시 정하동 41-9
033-574-3543

할매찜섭국집
동해시 천곡동 961-22
033-533-2345

Attraction 주변 볼거리
동양의 나폴리로 불리는 장호항이 휴양림에서 30분 거리에 있다. 해수욕장에서 물놀이는 물론 스노클링, 이곳 명물인 투명카약도 즐길 수 있다. 휴양림에서 10분 거리에 남근조각공원으로 알려진 **해신당공원**이 있다. 바다를 배경으로 한 이색적인 조각품들을 볼 수 있는 곳이다. 성인 전용은 아니지만 자녀와 함께라면 민망할 수도 있겠다.
삼척해양레일바이크를 이용할 수 있는 궁촌역과 용화역도 휴양림과 가깝다. 약 5km 길이의 레일을 타고 한 시간 정도 달린다. 바닷가 옆 해송이 우거진 숲 속을 달려 제법 운치가 있다. 중간중간 루미나리에 장식과 조명으로 꾸며놓은 터널도 통과한다. 여름에는 18:00에 출발하는 야간타임도 운영된다. 아이들과 함께하는 액티비티로 추천한다.

해신당공원
삼척시 원덕읍 삼척로 1852-6
033-572-4429

삼척해양레일바이크
www.oceanrailbike.com

콕콕 짚어주는 휴양림 정보

Tip 이것만은 알고 가자
- 동해안이 불과 4~5km밖에 떨어져 있지 않지만, 야영장이나 숙소에서는 바다가 보이지 않는다. 등산로를 따라 전망대까지 올라가야 동해 바다를 조망할 수 있다.
- 휴양림을 가로지르는 계곡이 있지만 물놀이장도 없고 물가로 접근하기가 쉽지 않다. 휴양림에서 물놀이하기에는 좋은 환경이 아니니, 물놀이를 하고 싶다면 가까운 해수욕장을 가는 것이 낫다.

Comments 여행작가의 말
바닷가와 가까운 휴양림. 여름에는 해수욕과 산림욕을 동시에 즐기기 적합한 곳에 있다. 최근에 개장해 시설도 좋은 편이지만 수도권에서는 거리가 꽤 멀다. 여름휴가에 2박 이상 일정으로 바캉스를 즐기고 싶은 곳이다.

휴양관 C동

Access 접근성
한남대교 기점에서 휴양림까지 4시간 이상 걸린다. 경부고속도로·영동고속도로를 타고 내려오다가 동해IC로 빠져 나온다. 동해IC부터는 7번 국도를 타고 이동한다. 임원항에서 약 4km 정도 산속으로 들어가야 휴양림에 도착한다. 강원도에 있는 국립휴양림 중에서 수도권으로부터 거리가 가장 멀다.

Reservation 예약
숲나들e(http://foresttrip.go.kr) 공통(p.22 참고).

Accommodation 숙박시설

시설	구분	수량	비수기 요금	성수기 요금	시설명
산림문화휴양관	7인	2실	67,000	119,000	C동 1층: 진달래·산철쭉(방 1, 거실)
	8인	10실	87,000	154,000	A동 1층: 소나무·잣나무(방 1, 거실) B동 1층: 고라니·산토끼(방 1, 거실) C동 2층: 산목련·산수유(방 1, 거실+다락방) D동 2층: 송이·영지(방 1, 거실) D동 1층: 능이·표고(방 1, 거실)
	10인	4실	110,000	185,000	A동 2층: 참나무·고로쇠(방 1, 거실+다락방) B동 2층: 너구리·다람쥐(방 1, 거실+다락방)
야영장	오토	15개	17,000	20,000	주차료, 입장료, 전기 사용료 포함
	일반	7개	15,000	16,500	

청태산 7부 능선에 자리한
청태산자연휴양림

강원도

청태산 정상 1,200m
등산로 왕복 4.4km

고도
820m
야영장 기준

산림청 직영 국립휴양림 | 1993년 개장 | 강원도 횡성군 둔내면 청태산로 610 | 033-343-9707

기온
-5.3℃
전국 평균 대비
둔내면 연평균 기온

강수량
+361㎜
전국 평균 대비
둔내면 연평균 강수량

숙박 규모
44실
44실 최대 269명 수용
숲속의 집 12
휴양관 30
수련장 2

야영장
30데크
일반야영데크 30

숲속의 집 소나무동

빼곡한 잣나무숲에 자리 잡은 휴양림

○ 휴양림을 다니다 보면 가까울 줄 알았던 곳이 의외로 시간이 많이 걸리는 경우가 종종 있다. 반면 청태산자연휴양림은 강원도에 있는 휴양림이지만 서울에서 두 시간이면 도착할 수 있을 정도로 접근성이 좋다. 그래서인지 금요일 저녁만 되면 퇴근하고 이곳으로 곧장 달려온 사람들로 인해 북적이기 시작한다.

휴양림으로 들어서면 가장 먼저 눈에 들어오는 것은 울창한 잣나무숲이다. 곳곳에 아름드리 크기의 잣나무들이 하늘이 안 보일 정도로 빽빽하게 숲을 이루고 있다. 특히 야영장은 잣나무숲에서 캠핑을 할 수 있어 더욱 인기다. 데크에 자리 잡고 난 다음 한숨 돌리면 가슴속으로 깊게 들어오는 맑은 공기와 코끝으로 느껴지는 짙은 잣나무 향이 더할 나위 없이 상쾌하다. 잣나무 덕분에 청설모와 다람쥐들도 많이 보인다. 겁 없이 사람들 주위를 맴돌며 먹을 것을 받아가는 모습도 인상적이다.

이곳의 또 다른 특징은 해발 700m 이상의 고지대에 자리 잡고 있다는 것이다. 야영장은 무려 800m 높이에 있다. 청태산 정상이 해발 1,200m인 것을 감안하면 거의 7부 능선 언저리에 숙박시설들이 있는 것이다. 고도 차이 때문에 도시와는 달리 일교차도 크게 벌어지고, 해가 지면 한여름 삼복더위에도 서늘함이 감돈다.

산꼭대기와 가까운 곳에 있기 때문에 1,000m가 넘는 청태산 정상으로 오르는 것도 그리 힘든 일이 아니다. 왕복 두 시간 정도면 정상을 다녀올 수 있다. 길이 5㎞의 순환 임도도 있는데 이 길은 걷기에도 좋을 뿐만 아니라 노면 상태도 좋아서 산악자전거 입문자가 즐기기에도 안성맞춤이다. 또한 가까운 곳에 스키장이 있어 한겨울에도 아웃도어를 즐기기에 좋다. 편리한 접근성과 울창한 잣나무숲으로 인해 사계절 내내 인기 있는 자연휴양림이다.

내부 들여다보기

○ 청태산자연휴양림은 크게 세 구역으로 나눌 수 있다. 매표소가 있는 중앙에는 숲속의 집과 제1산림문화휴양관이 있으며, 넓은 잔디광장과 트리하우스 등의 체험시설들이 있다. 휴양관 뒤쪽으로는 임도와 연결되는 1㎞ 숲 체험 데크로드가 잣나무숲 사이로 지그재그를 그리며 만들어져 있다. 계단이 없는 경사길이기 때문에 노약자와 어린이도 부담 없이 산책할 수 있는 휴양림의 명소다.

매표소에서 오른쪽 임도를 따라가면 둔내자연휴양림과 연결되는 임도 삼거리를 지나게 되고, 바로 야영장 구역이 나온다. 울창한 숲 속에 30개의 데크가 경사지를 따라서 배치되어 있다. 차량은 이곳까지만 들어갈 수 있다. 매표소에서 왼쪽으로 한참을 들어가면 동쪽으로 제2산림문화휴양관과 인도네시아전통전시관이 나타난다. 독특한 외관의 전시관은 2003년 인도네시아와 자매결연 사업으로 건축되었고 2014년부터 전시관으로 사용되고 있다.

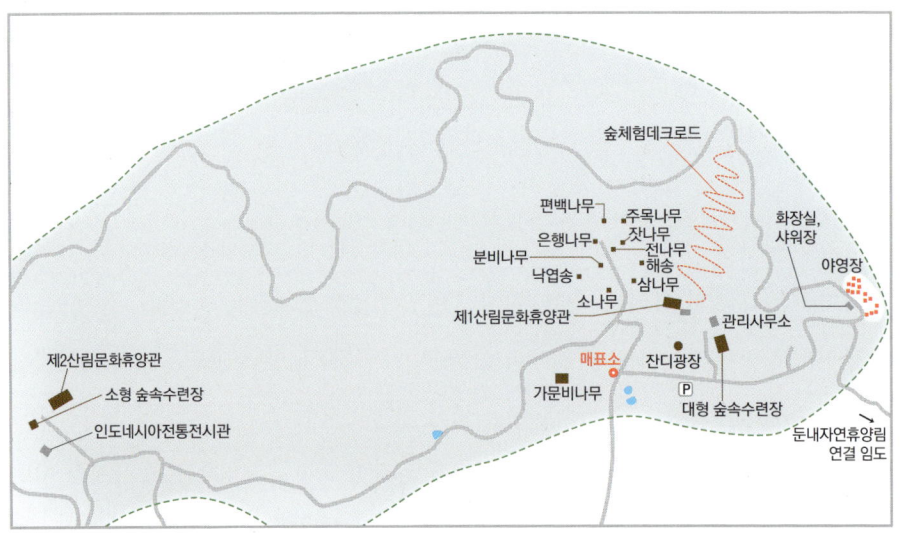

　　청태산자연휴양림의 숙박시설을 보면 숲속의 집 12동, 휴양관 2동, 수련관 2동으로 규모가 꽤 큰 편이다. 휴양관은 1관과 2관이 있는데 1관이 2000년대 초반에, 2관은 1995년도에 지어졌다. 1관 2층 객실에는 다락방이 있다. 숲속의 집은 4~11인실 규모인데, 특이하게도 원룸형인 4인실 낙엽송을 제외하고 나머지 객실들은 모두 방이 따로 있는 구조다. 11인실은 방이 2개다. 경사지를 따라서 계단식으로 배치되었고 은행나무, 편백나무, 주목나무동이 가장 상단에 있다. 가문비나무동은 제2산림휴양관을 넘어가는 길에 홀로 동떨어져 있다. 숙박시설 상세정보는 p.197 참고

1 청태산자연휴양림의 명물 1km의 데크로드
2 잣나무가 많아 자주 보이는 청설모

야영장에서 하룻밤 보내기

○ 청태산자연휴양림의 야영장은 숲은 좋은 편이지만 아쉽게도 야영장 주변에 이렇다 할 계곡이 보이지 않는다. 그나마 매표소 앞에 있던 물놀이장도 더 이상 운영되지 않아 안타까움을 더한다.

규 모	총 30개 데크
야영장	일반야영장 1곳
고 도	해발 820m
전 기	사용 가능
샤워장	있음(온수 가능)
개수대	있음
화로대	사용 불가
데 크 사이즈	360×420cm
특이점	울창한 잣나무숲, 완경사 지형

편의 비탈진 경사면을 따라서 데크들이 배치돼 있다. 주차장에서부터 데크까지 짐을 옮겨야 하는데, 주차장부터 가장 위쪽의 121·130번 데크까지는 약 80m 거리다. 취사장은 데크와 가깝지만 화장실과 샤워장은 주차장 쪽에 있어 오르내리는 것이 번거롭다.

환경 울창한 잣나무숲에 위치해 비만 내리지 않는다면 타프 설치는 필요 없을 정도다. 데크에서는 짙은 잣나무 향을 맡을 수 있다. 야영장 왼쪽으로 물이 흐르는데 수량이 적어 간신히 발만 담글 수 있을 정도다.

프라이버시 데크 간격은 여유로운 편. 데크 사이사이에 부정형의 공간들이 있어 잘만 활용하면 훨씬 여유롭게 공간을 넓게 쓸 수 있다. 주차장에 가까운 데크도 주차장보다 높은 지형에 있고 야영객을 제외한 차량의 통행이 없기 때문에 차량 통행으로 인한 스트레스는 없다.

BEST Site 잣나무숲의 매력을 충분하게 느낄 수 있는 야영장이다. 취사장 옆의 구거를 따라서 사실상 2개 구역으로 분리된다. 123~130번 쪽이 좀 더 외지고 조용한 편이다. 편의성에 중심을 둔다면 주차장과 가까운 쪽의 데크를 추천한다. 105번 데크는 취사장과 너무 가깝게 붙어 있다. 위쪽으로 올라갈수록 짐 옮기기도 힘들고 편의시설을 이용하기도 번거로워지지만 데크에서 내려다보이는 울창한 잣나무숲이 이런 수고를 충분히 보상해준다. 위쪽 데크를 잡았다면 짐을 줄이는 것이 좋겠다. 데크 사이의 공간은 여유로운 편이지만 간단모드로 가는 것을 추천한다.

1 잣나무숲이 울창한 야영장
2 128번 데크

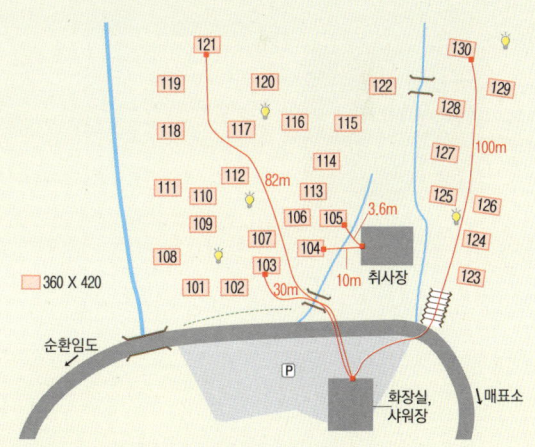

휴양림 백퍼센트 즐기기

Activity 체험 프로그램

- 청태산자연휴양림 잔디광장에는 트리하우스로 불리는 일명 보름달 체험장이 있다. 나무 위에 매달린 집을 일컫는 말인데 어린아이들이 입장해서 놀 수 있는 공간이다.
- 휴양림을 한 바퀴 도는 5km의 순환임도가 있어 산책이나 산악자전거를 타기에 좋다. 이 코스는 대한걷기연맹에서 건강숲길 제2호로 공인한 곳이다.

Supply 보급

둔내IC에서 빠져 나와 휴양림으로 들어오는 길가에 **둔내농협하나로마트**가 있다. 정육코너에서 횡성한우를 판매한다.

둔내농협하나로마트
횡성군 둔내면 자포곡리 414-27
033-343-8128

Restaurant 주변 맛집

횡성은 한우로 유명한 지역이다. 이 지역에서 생산되는 횡성한우는 질 좋기로 유명하다. 고기는 농협하나로마트나 축협에서 구입하는 것이 좋다. 둔내IC 입구 바로 앞의 축협에서 운영하는 **횡성축협한우프라자**가 있다. 고기를 구입해서 상차림비를 따로 내고 먹는 식이다.
한우가 부담스럽다면 막국수를 추천한다. 주로 서울 귀경길에 이용하게 되는 곳인데 둔내IC에서 고속도로로 진입하지 말고 6번 국도를 타고 횡성 쪽으로 가다 보면 마주 보고 있는 막국수 집이 두 곳 나온다. **광암막국수**와 용둔막국수집이 바로 그곳인데 모두 주말에는 대기 줄이 생길 정도로 인기다. 줄은 광암막국수 쪽이 조금 더 길다.

횡성축협한우프라자
횡성군 둔내면 둔방내리 315-5
033-345-8888

광암막국수
횡성군 우천면 산전리 445
033-342-2693

Attraction 주변 볼거리

휴양림에서 **웰리힐리파크**가 차로 20분 거리에 있다. 겨울철 스키여행의 숙소로 삼기에 좋은 위치에 있다. 둔내휴양림과도 맞닿아 있는데 야영장 쪽의 임도로 연결되어 있다. 역시 인근에는 한국산림복지문화재단에서 운영하는 숲체원이 있다. 이곳에서는 숙박도 가능하고 치유의 숲 프로그램도 진행된다.

웰리힐리파크
강원도 횡성군 둔내면 두원리 204
www.wellihillipark.com

숲체원
강원도 횡성군 둔내면 삽교리 1767-10
033-340-6300

콕콕 짚어주는 휴양림 정보

Tip 이것만은 알고 가자
- 휴양림의 숙소와 야영장은 해발 800m의 고지대에 위치하고 있다. 따라서 저녁에는 한여름에도 한기가 도는 곳이다. 특히 야영객들은 보온에 신경 써야 한다.
- 잣나무숲이 멋진 곳이지만 휴양림에는 큰 계곡이 없다. 물놀이하기에 좋은 환경은 아니다.

Comments 여행작가의 말
생각보다 서울과 가까운 곳에 있는 자연휴양림이다. 울창한 잣나무숲은 좋지만 물놀이할 만한 큰 계곡은 없다. 높은 곳에 위치하고 있어 한여름에도 무척 서늘하다.

Access 접근성
한남대교 기점에서 휴양림까지 약 2시간이면 도착할 수 있다. 경부, 영동고속도로를 타고 내려오다가 둔내IC로 빠져 나온다. 둔내IC에서 10km 거리에 있다. 휴양림 입구는 영동고속도로와 가까워 접근성은 좋다.

Reservation 예약
숲나들e(http://foresttrip.go.kr) 공통(p.22 참고).

Accommodation 숙박시설

시설	구분	수량	비수기 요금	성수기 요금	시설명
숲속의 집	4인	4동	40,000	73,000	낙엽송(원룸형)·분비나무·삼나무·소나무(방 1, 거실)
	5인	3동	52,000	94,000	은행나무·잣나무·전나무(방 1, 거실+다락방)
	8인	1동	87,000	154,000	가문비나무(방 1, 거실)
	11인	4동	110,000	185,000	주목나무·편백나무·해송·향나무(방 2, 거실+다락방)
산림문화휴양관	4인	17실	39,000	68,000	1관 1층: 돌단풍·둥글레·제비꽃·참나리·자운영·매발톱·투구꽃(원룸형)
					2관 2층: 층층나무·호도나무(원룸형) 2관 1층: 가래나무·느티나무·단풍나무·물푸레나무·박달나무·오리나무·자작나무·참나무(원룸형)
	5인	1실	50,000	91,000	1관 1층: 동자꽃(방 1, 거실)
	6인	10실	67,000	119,000	1관 2층: 구절초·금낭화·노루귀·꽃창포·백리향·수선화·양지꽃(원룸형, 다락방)
					1관 1층: 은방울(방 1, 거실)
					2관 2층: 진달래·산철쭉(원룸형)
	8인	2실	85,000	144,000	1관 2층: 기린초·초롱꽃(방 1, 거실+다락방)
숲속수련장	20인	1동	200,000	250,000	방 3, 화장실 2·거실·주방
	25인	1동	200,000	250,000	방 1, 화장실 2·거실·주방
야영장	일반	30개	15,000	16,500	주차료(소형 3,000원), 입장료(성인 1,000원), 전기 사용료 포함

서울에서 가까운 강원도의 휴양림

백운산자연휴양림

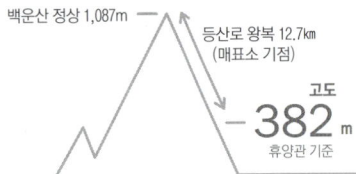

기온·℃		강수량·mm	
-3.6	전국 평균 대비 판부면 연평균 기온	**+161**	전국 평균 대비 판부면 연평균 강수량
숙박 규모·실		야영장·데크	
22	22실 최대 124명 수용 연립동 15·수련장 2(개별 예약 시 5)	**0**	일반야영데크 0

산림청 직영 국립휴양림 | 2006년 개장 | 강원도 원주시 판부면 백운산길 81 | 033-766-1063

멋진 건강숲길을 조성한 휴양림

O   백운산자연휴양림은 백운산의 북측 용수골계곡 깊숙한 곳에 자리 잡고 있다. 백운산은 강원도 원주시와 충북 제천시의 경계지점에 있는데, 백운산자연휴양림은 한반도의 중심 지역인 원주에 있어 사통팔달 교통이 편리하다. 영동고속도로 문막IC나 중앙고속도로 남원주IC에서 빠져나오면 휴양림과 가깝다. 한남대교 기점으로 1시간 40분 정도면 도착할 수 있어 수도권을 기준으로 볼 때 강원도의 국립자연휴양림 중에서 가장 가깝다.

이렇게 접근성이 좋은 자연휴양림이지만 강원도에 위치한 다른 휴양림에 비해 비교적 최근에 개장했기 때문에 상대적으로 인지도는 낮은 편이다. 인터넷이나 내비게이션을 검색해보면 광양의 백운산자연휴양림과 같이 검색된다. 백운산이라는 동일 지명을 사용하는 휴양림이 광양에도 있기 때문이다. 헷갈리지 않으려면 앞에 국립이나 원주를 붙여서 검색해야 한다.

휴양림에는 백운산 정상으로 올라가는 등산로는 물론이고 산허리를 감아 돌아가는 임도가 개설되어 있다. 이 임도와 휴양림 내부도로를 연결하면 길이 11㎞의 산책길이 만들어진다. 이 코스를 웰빙숲 걷기 코스라고 부른다. 2007년 재단법인 대한걷기연맹에서 건강숲길 1호로 지정한 곳이다. 등산로가 아닌 차량도 다닐 수 있게 만들어진 임도이기 때문에 폭도 넓고 경사도 완만하다. 초보자도 무리 없이 걸을 수 있다. 산악자전거를 타고 라이딩을 즐기는 동호인들도 이곳을 즐겨 찾는다. 계곡 길을 따라 산 중턱에 올라서면 탁 트인 주변의 경관을 볼 수 있다. 중간중간 만들어진 전망대에서는 원주시가 한눈에 내려다보인다.

백운산자연휴양림이 위치한 원주 지역의 명승지에는 유난히 용(龍)과 관련된 지명이 눈에 들어온다. 인근에 있는 치악산의 천년 사찰 구룡사도 아홉 마리 용에 대한 전설에서 이름이 유래되었고, 원주8경 중 한 곳인 용소막성당이 있는 용소막 마을도 지형이 용의 머리 모양을 닮았다 해서 붙여진 이름이다. 휴양림이 있는 곳도 용수골이라고 불린다. 용(龍)자가 붙은 이유는 숲속수련관 인근에 있는 용소폭포 때문이다. 시원한 물줄기가 쏟아져 내리는 이곳에는 용이 되지 못한 이무기의 전설이 서려 있다. 용의 기운이 서린 시원한 계곡과 건강숲길을 걸어보고, 마지막으로 용을 닮은 미꾸라지로 만든 원주추어탕으로 마무리 한다면 백운산의 정기를 제대로 받아올 수 있겠다.

내부 들여다보기

○ 백운산자연휴양림은 매표소를 지나 약 2km를 계곡을 따라 만들어진 길을 타고 한참을 올라가야 숙소에 도착한다. 숙소로 올라가는 길은 겨울철에는 황량하지만 봄이면 병꽃나무와 선벚나무가 꽃을 피워 아름다운 풍경을 만들어 낸다. 계곡이 깊기 때문에 해가 일찍 넘어간다. 계곡을 따라 흐르는 물길은 숲속수련장 인근에서 용소폭포를 만들어낸다. 수련장에서 용소폭포를 조망할 수 있는 포토존까지는 데크로드가 만들어져 있다.

숙소는 휴양림 가장 위쪽에 있다. 휴양관 중간에는 지붕과 바람막이 시설이 갖춰진 바비큐장이 마련되어 있다. 추위와 비바람을 피해 바비큐를 해먹을 수 있지만 이곳 역시 2015년부터 바비큐대를 치워버렸기 때문에 개인 화로대를 별도로 준비해 와야 한다.

차량은 휴양관까지만 올라갈 수 있다. 그 위쪽으로는 차량 차단기가 설치되어 있어 진입할 수 없다. 이곳부터 본격적으로 11km의 웰빙숲걷기 코스가 시작된다. 산허리에 나 있는 길을 걷다가 중계소 갈림길에서 용소폭포가 있는 계곡 길을 따라 내려오면 다시 휴양림 입구와 만나게 되는 순환코스다.

휴양림의 시설은 무척이나 단출한 편이다. 숲속의 집, 연립동은 없고 같은 모양의 휴양관 3동과 숲속수련장 1동을 포함해서 총 4개 건물이 이곳 숙박시설의 전부다.

휴양림의 숙소들은 용수골계곡 깊숙한 곳에 자리 잡고 있다. 춘천의 용화산휴양림과 같은 해에 개장해서인지 휴양관의 외관과 평면이 거의 비슷하다. 한 동에 객실 5개가 배치되는 구조로, 한 건물에 원룸형 2개, 투룸형 2개, 원룸형에 다락방이 있는 복층형 1개 객실이 있다. 같은 건물이지만 객실 평면은 제각각이다.

객실은 모두 6인실이다. 객실의 시설이나 관리 상태는 좋은 편이다. 추운 겨울에도 외풍이 거의 들어오지 않는다. 숙소 간의 입지조건은 대동소이하다. 평면에 따라서 적합한 숙소를 결정하면 되겠다.

숙박시설 상세정보는 p.203 참고

웰빙숲 걷기 코스

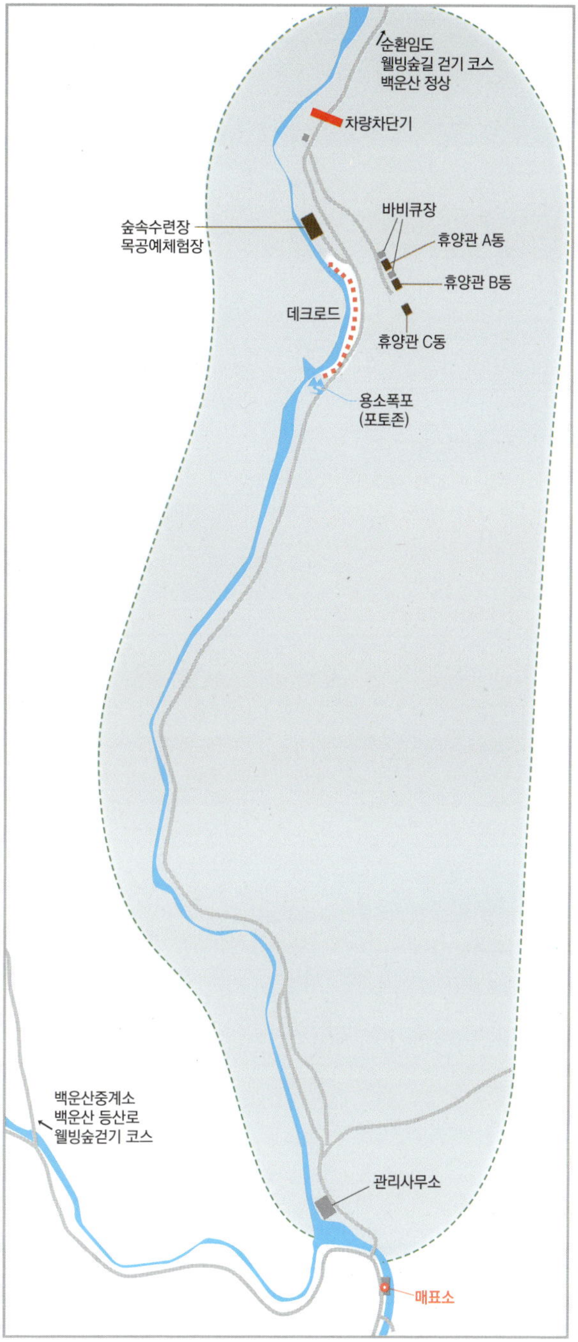

휴양림 백퍼센트 즐기기

Activity 체험 프로그램
- 3~11월에는 숲 해설과 목공예 체험 프로그램을 운영하고 있다. 목공예 체험장은 숲속수련장 2층에 있다. 나무목걸이나 열쇠고리를 만들어볼 수 있다(재료비 별도).
- 휴양림에서는 걷기 코스와 등산로를 이용해 백운산 정상을 다녀올 수 있다. 왕복 12.7km 정도 거리다.
- 임도를 따라 휴양림을 크게 한 바퀴 도는 11km의 웰빙숲걷기 코스가 있다. (재)대한걷기연맹에서 2007년 건강숲길 1호로 지정했다.

Supply 보급
흥업면에 남원주농협하나로마트가 있다. 휴양림에서 약 5km 거리. 좀 더 큰 마트는 흥업면에서 약 3km 떨어진 남원주IC 인근에 원주 이마트가 있다.

남원주농협하나로마트
원주시 흥업면 흥업리 590-2
033-737-8888

이마트(원주점)
원주시 무실동 1062-1
033-749-1234

Restaurant 주변 맛집
원주는 추어탕이 유명하다. 추어탕은 크게 서울식과 강원식 그리고 남원으로 대표되는 전라도식으로 나뉘는데 그중 원주를 중심으로 강원식 추어탕이 발달했다. 대부분 유명 음식점들이 원주시내에 위치하고 있지만 고속도로에서 가까운 문막IC 인근 문막시장 옆에도 추어탕으로 유명한 장터추어탕이 있다. 된장국물에 걸쭉하게 끓여 나온다.

장터추어탕
원주시 문막읍 문막리 238-11
033-735-2025

Attraction 주변 볼거리
휴양림이 위치한 원주의 대표적인 관광지는 국립공원으로 지정된 **치악산**이다. 국립공원답게 여러 곳의 탐방로와 계곡을 품고 있는데 가장 사람들의 발길로 붐비는 곳은 구룡사 지구다. 구룡사로 올라가는 숲길이 특히 일품이다. 특히 계곡 초입의 학곡리에는 조선시대 것으로 보이는 '황장금표' 표석이 있는데 황장목(금강송)이 있는 숲이니 함부로 나무를 베지 말라는 표시다. 이 표시만으로도 이곳의 숲이 어느 정도인지 짐작할 수 있다. 휴양림에서 구룡사까지는 약 1시간 거리다.

제천 방향으로 약 40분 거리에는 원주8경 중 한 곳인 **용소막성당**이 있다. 1915년에 로마네스크 방식으로 건립된 성당은 주변의 경치와 어우러져 이국적인 풍경을 만들어낸다. 주변에 대단한 볼거리가 있는 것은 아니지만 조용한 풍경을 배경 삼아 잠시 둘러볼 만한 곳이다. 성당의 유물관은 10:00~11:00와 14:00~15:00에 관람할 수 있다(월요일은 휴무).

귀경길을 별로 벗어나지 않는 곳에 **간현국민관광지**가 있다. 간현협곡에 자리 잡고 있는데 백사장이 넓고 수심이 얕아서 여름철에 물놀이를 즐기기 좋은 곳이다. 하절기에는 야영장도 운영된다.

치악산국립공원
원주시 소초면 학곡리 900
033-732-5231

용소막성당
원주시 신림면 용암리 719-2
033-763-2341

간현국민관광지
강원도 원주시 지정면 간현리 1056-5
033-737-4765

콕콕 짚어주는 휴양림 정보

Tip 이것만은 알고 가자
- 휴양림 입구까지 접근성은 좋지만 매표소에서 휴양관까지는 경사도가 있는 1.7㎞ 내부도로를 타고 올라가야 한다. 두 지점의 표고차는 120m가량 된다. 특히 동절기에는 스노타이어와 체인 같은 월동장비를 갖춰야 한다.

Comments 여행작가의 말
강원지역의 국립휴양림 중 수도권에서 가장 가까운 곳이다. 시설은 휴양관 건물 3동뿐이지만 계곡과 임도를 연결해서 만든 11㎞ 거리의 건강숲길이 좋은 곳이다.

Access 접근성
한남대교 남단에서 휴양림까지 1시간 40분이면 도착할 수 있다. 서울경부고속도로·영동고속도로를 거쳐서 문막IC로 빠져 나온다. 이후 42번 국도와 지방도를 타고 30분을 더 들어가야 한다. 매표소를 통과해서 약 1.7㎞를 더 올라가야 숙소에 도착한다.

Reservation 예약
숲나들e(http://foresttrip.go.kr) 공통(p.22 참고).

Accommodation 숙박시설

시설	구분	수량	비수기 요금	성수기 요금	시설명
연립동	6인	15실	67,000	119,000	A동 2층: 쪽동백(원룸형)·고로쇠(투룸형) A동 1층: 산수유(원룸형)·수양버들(투룸형)·벽오동(원룸형+다락방)
					B동 2층: 말굽버섯(원룸형)·메기생버섯(투룸형) B동 1층: 싸리버섯(원룸형)·능이버섯(투룸형)·영지버섯(원룸형+다락방)
					C동 2층: 물봉선(원룸형)·풀송대(투룸형) C동 1층: 하늘나리(원룸형)·오이풀(투룸형)·바위솔(원룸+다락방)
숲속수련장	16인	1실	106,000	188,000	숲속수련장 2층: 숲속수련장 1 (8인용 원룸형 객실 2개 포함)
	8인	2실	53,000	94,000	금불초·설앵초(개별 예약 시)
	18인	1실	129,000	231,000	숲속수련장 2층: 숲속수련장 2 (8인·6인·4인용 원룸형 객실 3개 포함)
	4인	1실	34,000	60,000	현호색(개별 예약 시)
	6인	1실	42,000	77,000	바람꽃(개별 예약 시)
	8인	1실	53,000	94,000	꽃마리(개별 예약 시)

조용한 자작나무숲에서의 하룻밤
복주산자연휴양림

복주산 정상 1,152m
등산로 왕복 12km
고도 493m 숲속의 집 기준

☀️ **기온·℃**
-4.5 전국 평균 대비 근남면 연평균 기온

🌧️ **강수량·mm**
+264 전국 평균 대비 근남면 연평균 강수량

🏠 **숙박 규모·실**
25 25실 최대 129명 수용 · 숲속의 집 3 연립동 3 · 휴양관 19

⛺ **야영장·데크**
0 일반야영데크 0

산림청 직영 국립휴양림 | 2003년 개장 | 강원도 철원군 근남면 하오재로 818 | 033-458-9426

아담한 규모와 차분한 분위기의 휴양림

○ 조용한 휴식이 필요할 때 찾아 가면 좋은 휴양림을 꼽으라면 가장 먼저 생각나는 곳이다. 이곳은 백두대간과 영동고속도로를 중심으로 자리 잡고 있는 다른 휴양림들과 달리 강원도 철원에 위치하고 있어 다른 휴양객들의 동선에서 조금 벗어난 곳이다. 상대적으로 인지도 역시 낮은 편이다. 사실 강원도라는 단어가 주는 심리적인 거리 역시 무시 못 하는 요인이다. 그러나 알고 보면 서울에서 약 두 시간이면 도착할 수 있을 정도로 접근성이 좋은 곳이다. 한남대교를 기준으로 가평의 강씨봉자연휴양림에 가는 것과 비슷한 시간이 걸린다.

복주산자연휴양림은 복주산을 비롯해 광덕산까지 해발 1,000m가 넘는 산봉우리들로 둘러싸여 있다. 계곡은 수량도 풍부해서 사철 맑은 물이 끊이지 않고 흐른다. 계곡 상단에는 용탕폭포가 있는데 올라가는 길은 마치 설악산국립공원의 비룡폭포에 올라가는 분위기와 비슷하다. 주변 바위들을 녹색으로 뒤덮은 푸른 이끼들과 계곡의 깊이는 범상치 않은 분위기를 자아낸다. 현지 주민들에게는 폭포의 물을 떠 마시거나 몸을 담그면 소원이 이루어지는 소원폭포로도 알려진 곳이다. 이곳을 찾아 마음속에 담아놓은 바람을 빌어보는 것도 좋겠다.

휴양림의 숲은 참나무와 소나무가 주종을 이루는 천연 혼요림이다. 덕분에 가을에는 멋들어진 단풍을 볼 수 있다. 숙소 주변에는 자작나무들을 심어 놓았다. 특히 낙엽이 질 무렵이면 하얗게 드러난 자작나무 줄기와 노랗게 물든 나뭇잎이 마치 북유럽의 숲 속에 들어온 듯한 이국적인 풍경을 만들어낸다. 바람이라도 불어오면 나뭇잎들이 흔들리며 마치 수백 마리의 나비 떼가 동시에 날갯짓을 하는 듯한 착각을 불러일으킨다. 이런 분위기 탓인지 복주산휴양림은 재방문율이 높은 곳이다. 한번 와 본 사람들은 다시 찾는 매력적인 곳이다.

주변의 볼거리들도 기대 이상으로 풍부한 곳이 철원지역이다. 철원 하면 학창

시절 단체로 다녀왔던 땅굴 견학과 함께 휴전선 일대를 볼 수 있는 안보관광지로서의 기억이 생생하지만 사실 이 지역은 제주도와 마찬가지로 용암 분출로 만들어진 우리나라 유일의 내륙 현무암지대다. 따라서 독특한 모습의 풍광을 볼 수 있는 관광지들이 휴양림과 가까운 거리에 있다.

내부 들여다보기

○ 잠곡저수지를 지나서 철원과 화천의 경계지점인 하오재를 넘어가기 전에 복주산자연휴양림이 나온다. 휴양림은 443번 지방도 옆에 바로 인접해 있어 접근성이 좋다. 휴양관 2동과 숲속의 집 3동 그리고 연립동 2동을 합쳐 총 객실은 25개 규모로 아담한 휴양림이다. 야영장은 없다. 숙소들은 다리 건너 계곡 반대쪽에 모여 있다. 특히 숲속의 집과 연립동 주변에는 자작나무들이 식재되어 있어 운치를 더한다.

용탕폭포까지는 데크로드가 잘 만들어져 있다. 계단이 있기 때문에 휠체어나 유모차로 올라가기 어렵다. 숙소에서 천천히 걸어도 왕복 한 시간 이내로 다녀올 수 있다. 계곡을 산책할 때 종종 쓰이는 음이온 샤워라는 단어가 어울리는 코스다.

2층 건물인 산림휴양관에는 17개의 객실이 있는데 모두 원룸형 4인실이다. 숲속의 집과 연립동 이용객은 휴양관 앞 주차장에 차를 세우고 조금 걸어야 한다. 8인실 객실은 방 1개에 거실이 분리되어 있는 구조다. 연립동이 최근에 신축되어 인기가 좋다. 4인실과 8인실이 서로 붙어 있는데 4인실은 원룸형이다.

숲속의 집은 특이하게 경사지에 계단식으로 배치되어 있고 서로 벽을 맞대고 있는 구조다. 별채 스타일의 통나무집을 생각했다면 조금 아쉬울 수도 있다. 대신 창밖으로 보이는 자작나무숲이 일품이니 너무 실망할 필요는 없겠다. 숙박시설 상세정보는 p.209 참고

1 산림휴양관
2 단풍나무옆으로 보이는 숲속수련장
3 용탕폭포

휴양림 백퍼센트 즐기기

Activity 체험 프로그램
- 3~11월 사이 숲 해설(매일 10:00, 15:00)과 목걸이 만들기, 열쇠고리 만들기, 솟대 만들기, 나무곤충 만들기 등 목공예 체험(매일 10:00, 13:30)이 가능하다(체험 재료비 별도).
- 휴양림에서는 복주산 정상으로 올라가는 등산로가 개설되어 있다. 편도 6km 거리에 2시간 30분 소요된다. 하오터널 쪽에서 올라가는 코스도 많이 이용된다.

Supply 보급
47번 국도를 타고 들어가면 중간에 일동면을 지나가는데 이곳에 규모가 큰 **일동농협본점 하나로마트**가 있다. 휴양림 인근에는 약 8km 거리에 철원군 서면 면 소재지에 마트가 있다. 좀 더 큰 곳에서 장을 보려면 30분 거리에 있는 신철원 쪽 **갈말농협하나로마트**로 가야 한다.

일동농협본점 하나로마트
포천시 일동면 화대리 797-9
031-533-0870

갈말농협하나로마트
철원군 갈말읍 신철원리 678-2
033-452-6222

Restaurant 주변 맛집

휴양림 바로 앞에 있는 잠곡저수지에는 송어양식장과 횟집을 운영하는 **생수양어장**이 있다. 고석정관광지 인근에는 막국수를 잘하는 **내대막국수**가 있다.

생수양어장
철원군 근남면 잠곡리 727
033-458-1205

내대막국수
철원군 갈말읍 내대리 675-7
033-452-5820

Attraction 주변 볼거리
철원 일대는 내륙에서는 유일한 현무암지대다. 따라서 신생대 화산활동의 결과로 만들어진 독특한 지형과 지질 명소들을 볼 수 있다. 가장 유명한 철원의 관광명소로는 고석정(입장료 없음, 주차료 별도)을 꼽을 수 있다. 휴양림에서 30분 거리에 있는데 한탄강과 주변의 기암괴석이 어울리며 장관을 이룬다. 임꺽정의 활동무대로도 알려져 있다. 작은 유람선을 타고 주변을 둘러보는 재미도 제법 쏠쏠하다. 20분 정도 소요된다. 고석정 부근에는 한국의 나이아가라 폭포라 불리는 직탕폭포가 있다. 좁고 깊은 바위 사이를 흘러내리는 일반적인 폭포와 달리 높이는 3m지만 80m의 넓은 현무암층을 타고 흘러내리는 모습이 매우 독특하다.
철원지역은 휴전선과 가깝기 때문에 안보관광지로도 유명한 곳이다. 민간인 통제선 안쪽에 있는 제2땅굴, 철원평화전망대, 월정역사를 둘러볼 수 있다. 평일에는 각자 자가용을 이용해서 이동하되 인솔자의 인솔을 받아서 단체로 움직여야 한다. 주말에는 자가용을 이용한 개별 이동은 불가하며 셔틀버스를 탑승하고 단체로 이동해야 한다. 차량은 고석정 주차장에 주차하고 주차장에 있는 철원관광안내소에서 안보견학을 접수한다.

철원관광안내소
033-450-5558

콕콕 집어주는 휴양림 정보

Tip 이것만은 알고 가자
- 숲속의 집 3곳은 모두 독립적으로 떨어져 있는 구조가 아니고 연립동 같이 서로 벽을 맞대고 붙어 있는 구조다.
- 등산로 초입에 있는 용탕폭포가 볼 만하다. 숙소에서도 가깝고 데크길도 잘 만들어져 있다. 등산로는 봄·가을 산불 조심 기간에 탐방을 제한한다.

Comments 여행작가의 말
아담한 규모, 차분한 분위기의 휴양림이다. 산과 계곡 그리고 자작나무가 잘 어우러진 곳으로 주변 볼거리도 풍부하다. 행정구역상 강원도 철원에 있지만 서울에서 2시간 거리로 생각보다 접근성이 좋다.

용탕폭포로 올라가는 데크길

Access 접근성
한남대교 기점에서 휴양림까지 2시간 이상 걸린다. 47번 국도를 타고 계속 올라가는데 중간에 운악산자연휴양림을 지나간다. 운악산자연휴양림에서부터 1시간을 더 올라가야 한다.

Reservation 예약
숲나들e(http://foresttrip.go.kr) 공통(p.22 참고).

Accommodation 숙박시설

시설	구분	수량	비수기 요금	성수기 요금	시설명
숲속의 집	8인	3동	87,000	154,000	소나무·잣나무·참나무(방1, 거실)
연립동	4인	2실	39,000	68,000	금낭화·들국화(원룸형)
	8인	1실	85,000	144,000	제비꽃(방1, 거실)
산림문화휴양관	4인	17실	34,000	60,000	1관 2층: 비둘기·꾀꼬리·두루미·두견새·파랑새·종달새 1관 1층: 소쩍새·올빼미·부엉이·크낙새·공작새·원앙새 2관 2층: 산토끼·다람쥐 2관 1층: 반달곰·족제비·너구리(원룸형)
	5인	1실	50,000	91,000	2관 1층: 오소리(원룸형)
	8인	1실	85,000	144,000	2관 2층: 고라니(원룸형)

1 계단식으로 3동이 붙어 있는 숲속의 집
2 숲속의 집 맞은편에 있는 연립동

객실에서 일출을 바라볼 수 있는

강릉임해자연휴양림

괘방산 정상 339m
등산로 편도 1.4km
(삼우봉까지)
고도 **130** m
하늘동 기준

☀ 기온·℃
-1.8 전국 평균 대비 강동면 연평균 기온

🌧 강수량·mm
+240 전국 평균 대비 강동면 연평균 강수량

🏠 숙박 규모·실
24 24실 최대 105명 수용 휴양관 24

⛺ 야영장·데크
0 일반야영데크 0

지자체휴양림(강릉시 운영) | 2009년 개장 | 강원도 강릉시 강동면 율곡로 1715-85 | 033-644-9483

객실에서 바다 조망이 가능한 휴양림

○ 바닷가에서 방을 잡을 때 빠지지 않고 물어보는 말이 있다. "객실에서 바다가 보이나요?" 사람들이 산속으로 들어가면 계곡 옆에 자리를 잡으려고 하듯, 강이나 바다로 가면 물이 보이는 곳에 자리를 잡으려 한다. 특히 바닷가에 오면 그 바람이 더욱 커지는데 숙소에서 노을이나 일출까지 볼 수 있다면 금상첨화다.

강릉임해자연휴양림은 그런 바람을 풀어줄 수 있는 자연휴양림이다. 모든 객실에서 바다 조망이 가능하기 때문이다. 바닷가에 위치한 휴양림이 이곳만 있는 것은 아니다. 국립자연휴양림 중에서는 칠보산자연휴양림과 검봉산자연휴양림이 동해와 가깝다. 검봉산휴양림에서는 객실에서 바다 조망이 불가능하고, 칠보산휴양림에서만 일부 객실에서 바다 조망이 가능한 정도다. 제대로 동해바다를 보려면 휴양림에 있는 전망대나 산정으로 올라가야 한다. 하지만 이곳은 다르다. 보일 듯 말 듯 감질나게 보이는 것이 아니라 작정한 듯 정말 화끈하게 바다 조망을 보여준다.

이 휴양림은 강릉시 안인진리에 있는 강릉통일공원에 자리 잡고 있다. 정동진에서 해안도로를 따라 강릉 방향으로 올라오다 보면 해변에 올라와 있는 함정과 잠수함을 볼 수 있다. 이곳이 바로 강릉통일공원이다. 바다가 시원하게 내려다보이는 한없이 아름다운 곳이지만, 1996년 9월 앞바다에서 좌초된 북한의 잠수함이 발견된 곳이기도 하다. 통일공원은 바로 그 자리에 세워진 안보공원이다. 야외에 전시되어 있는 잠수함도 실제 좌초되었던 북한 잠수함이다. 인적이 드문 오지에 위치한 휴양림에서는 그 지정학적 특성 때문에 아름다운 경관과는 달리 역사의 상처를 품고 있는 경우가 종종 있다.

이런 아픈 역사가 있는 곳이지만 휴양림에서 내려다보이는 바다는 평화롭다. 안인진에서 시작해 휴양림 앞을 지나가는 해안도로는 정동진을 거쳐 헌화로를 따라 옥계까지 연결된다. 동해안의 해안도로 중에서도 손에 꼽을 만큼 아름다운 경관을 품고 있는 드라이브 구간이다.

내부 들여다보기

○ 휴양림은 강릉통일공원 안보전시관 쪽에 자리 잡고 있다. 율곡로를 따라가다 통일공원으로 들어서면 가장 먼저 비행기들이 전시되어 있는 주차장이 눈에 들어온다. 이곳을 지나 300m가량 더 올라가다 보면 통일안보전시관 건물과 만나게 된다. 휴양림의 관리사무소는 이 건물 안에 있다. 이곳에서 체크인 하고 다시 경사로를 따라 올라가면 숙소에 도착한다. 강릉임해자연휴양림의 숙박시설은 연립동 스타일의 건물 4동이 전부다. 가장 아래쪽에 숲속동이 있고 중간에 바다동과 구름동, 그리고 가장 위쪽에 하늘동이 있다. 건물들은 모두 급경사 지형에 자리 잡고 있다. 휴양림이라기보다는 펜션 단지에 들어온 듯한 느낌이다.

휴양림 위쪽으로 계속 올라가면 바우길 8구간 '산 우에 바닷길'과 만나게 된다. 이 길은 안보등산로라는 이름도 갖고 있다. 바우길 8구간은 안인진 버스정류장에서

1 하늘동에서 바라본 동해바다
2 가장 높은 곳에 위치한 하늘동
3 휴양림에서 내려다본 통일안보전시관

시작해서 활공전망대와 괘방산을 지나 정동진역까지 이어지는 둘레길이다. 특히 동해 바다를 내려다보며 걷는 환상적인 코스다. 코스 길이는 9.3km, 5시간 정도 걸린다. 휴양림에서는 삼우봉으로 올라서면 바우길과 만나게 된다. 휴양림에서 바우길까지는 약 40분 걸린다.

휴양림 아래쪽에 위치한 바다동은 1층 건물로, 4인실·6인실 객실 3개가 나란히 붙어 있는 연립동 구조다. 2인 기준의 침구류가 1세트씩 지급되는 다른 동과 달리 개인별로 침구류가 비치되어 있어 편리하다. 휴양림 중간에 위치한 구름동은 2013년 신축된 건물이다. 밝고 깨끗한 느낌의 3층 높이 건물로, 고급 펜션을 연상시키는 외관을 갖고 있다. 한 층에 4인실 원룸형 객실과 5인실 투룸형 객실이 2개씩 배치되어 있는 구조다. 보통 2·3층을 더 선호한다. 휴양림 가장 위쪽에 있는 하늘동에는 모두 8개의 객실이 있는데, 그중 2층에 있는 5인실(201·202호)은 복층 구조에 다락방도 있고, 가장 높은 곳에 위치하고 있어 시야가 가장 넓게 나온다. 숙박시설 상세정보는 p.215 참고

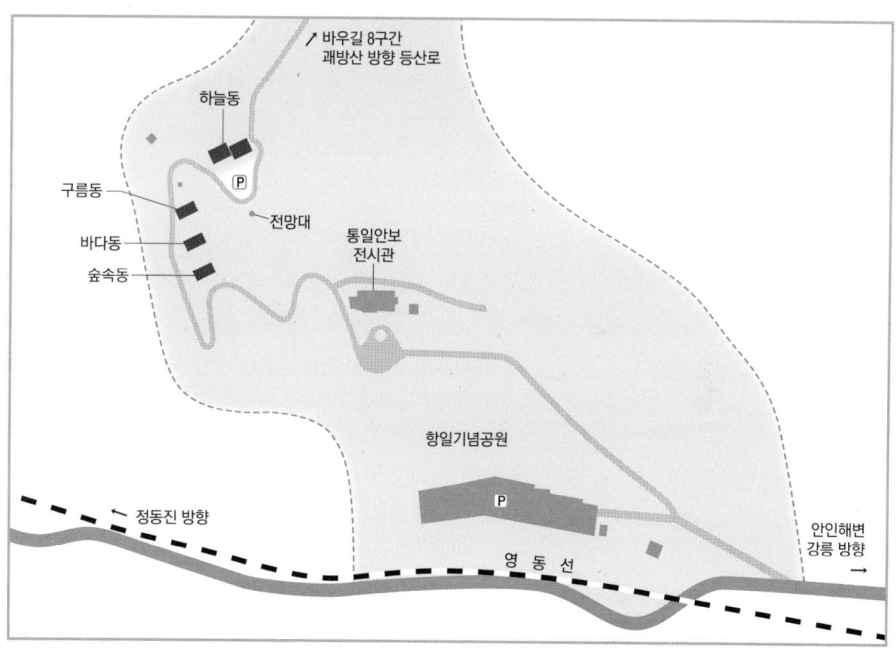

휴양림 백퍼센트 즐기기

Activity 체험 프로그램
- 숲 해설과 목공예 체험 프로그램을 따로 운영하지 않는다.
- 자연휴양림에서 삼우봉 정상까지는 편도 1.4㎞ 거리에 40분 소요된다. 정동진까지 가는 경우, 안인진에서 출발하는 것보다 40분 정도 시간을 단축할 수 있다.

Supply 보급
장은 들어오는 길에 강릉시내에서 봐야 한다. 강릉시에는 **강릉농협하나로마트** 등의 대형마트들이 있어 장보기 편리하다.
강릉에는 영동 지방 최대의 시장이었던 **강릉중앙시장**이 있다. 300여 개의 상설점포가 있는 대형시장으로, 특히 시장 지하 1층에는 수산시장이 있어 문어를 비롯한 강릉지역의 해산물들을 저렴한 가격에 구입할 수 있다(시장 주차료 있음).

강릉농협하나로마트
강릉시 성남동 26-1
033-643-3859

강릉중앙시장
강릉시 성남동 50
033-648-2285

Restaurant 주변 맛집
강릉중앙시장은 닭강정이 유명하다. 그중 금성닭집이 유명하다. 시장 2층에는 식당들이 몇 곳 있는데 해성횟집은 삼숙이탕을 잘한다. 상호는 횟집이지만 메뉴는 삼숙이탕과 알탕 두 가지뿐이다. 옛 스타일의 '고로케, 사라다 빵'을 만들어 파는 **싸전**도 강릉에서는 유명한 빵집이다.
강릉은 영동 지역의 대표 여행지답게 맛집들이 많다. 추천할 만한 곳으로는 고 정주영 회장이 즐겨 찾았다는 막국수 집인 **송정해변막국수**, 점심 한정 메뉴로 짬뽕순두부가 인기인 초당두부마을의 **동화가든**, 짬뽕으로 전국적인 유명세를 타는 **교동반점**이 있다. 교동반점의 짬뽕 맛은 호불호가 갈리는데 매운맛을 좋아한다면 추천한다.

금성닭집
강릉중앙시장 내 / 033-643-9038

해성횟집
강릉중앙시장 2층 / 033-648-4313

싸전
033-642-9056

송정해변막국수
강릉시 송정동 창해로 95-4
033-652-2611

동화가든
강릉시 초당동 309-1 / 033-652-9885

교동반점
강릉시 교동 162-126 / 033-646-3833

Attraction 주변 볼거리

오죽헌은 신사임당과 율곡 이이가 태어난 곳이다. 오죽헌에는 박물관도 있다. 오죽헌 입장료는 성인 3,000원, 어린이 1,000원. 강릉항 옆에 있는 안목해변도 들러볼 만하다. 횟집 일색이던 해변의 상가들이 커피향 가득한 카페 거리로 변신했다.

오죽헌
강릉시 죽헌동 201
033-660-3301

콕콕 짚어주는 휴양림 정보

Tip 이것만은 알고 가자
- 휴양림에서는 야외에서 바비큐를 해먹을 수 없다. 개인 화로대를 이용한 바비큐도 금지된다.
- 통일공원에서 휴양림 숙소로 올라가는 진입로의 경사가 가파르다. 동절기에는 월동 장비를 준비해야 한다.
- 19:00 이전까지는 안보전시관 사무실에서 체크인을 하고, 이후에는 바다동에 있는 당직실에서 열쇠를 받아야 한다.

Reservation 예약
- 숲나들e 홈페이지(http://foresttrip.go.kr)를 통해서 예약이 가능하다.
- 국립자연휴양림과는 달리 월 추첨제는 운영되지 않는다.
- 선착순으로 예약을 받고 있다. 예약 신청은 매월 1일 09:00부터 진행이 가능하다.
- 당월 1일부터 다음 달 말일까지 2개월 치의 예약이 오픈된다.

Comments 여행작가의 말
객실에서 바다 조망은 물론이고 하절기인 6~8월에는 동해 일출도 볼 수 있다. 보고 또 봐도 질리지 않는 동해 바다를 내려다보며 걷는 바우길 8구간이 휴양림 위 괘방산 능선을 따라 지나간다. 강릉과 정동진 사이에 위치해 주변을 관광하기에도 좋다.

Access 접근성
한남대교 남단에서 휴양림까지 3시간 소요된다. 경부고속도로·영동고속도로를 타고 강릉IC에서 빠져 나온다. 강릉IC에서 휴양림까지는 약 18㎞, 30분 가량 소요된다.

Accommodation 숙박시설

시설	구분	수량	비수기 요금	성수기 요금	시설명
산림문화휴양관 (하늘동)	4인	4실	50,000	100,000	2층: 203호·204호 1층: 103호·104호(원룸형)
	5인	2실	65,000	110,000	1층: 101호·102호(투룸형)
	5인	2실	65,000	110,000	2층: 201호·202호(투룸형+다락방)
산림문화휴양관 (구름동)	4인	4실	50,000	100,000	3층: 332호 2층: 322호 1층: 312호·313호 (원룸형)
	5인	3실	65,000	130,000	3층: 331호 2층: 321호 1층: 311호(투룸형)
산림문화휴양관 (바다동)	4인	2실	50,000	100,000	1층: 111호·112호(원룸형)
	6인	1실	70,000	140,000	1층: 113호(투룸형)
산림문화휴양관 (숲속동)	4인	6실	50,000	100,000	2층: 521호·522호·523호 1층: 511호·512호·513호

파노라마같이 펼쳐진 동강의 비경
동강전망자연휴양림

뒷덕산 정상 720m — 등산로 없음
고도 -543m 야영장 기준

☀ 기온·℃
-3.8 전국 평균 대비 신동읍 연평균 기온

🌧 강수량·㎜
+140 전국 평균 대비 신동읍 연평균 강수량

🏠 숙박 규모·실
0 0실 최대 0명 수용

⛺ 야영장·데크
67 오토캠핑장 67

지자체휴양림(정선군시설관리공단 운영) | 2012년 개장 | 강원도 정선군 신동읍 동강로 916-212 | 070-4225-2336

탁 트인 전망을 선사하는 휴양림

동강은 수많은 비경과 전설을 품고 흐르는 강이다. 동강은 융기된 지형을 하천이 깊게 침식해 들어간 감입곡류하천이다. 구불구불 흐르면서 오랜 세월 침식작용을 일으켰고, 그 물길을 따라 깎아지른 듯한 깊은 계곡도 만들고 한반도 모양의 독특한 지형도 만들어 놓았다.

동강의 시작은 멀리 태백의 검룡소다. 검룡소에서 시작해 골지천으로 흐르고, 정선의 나전에 이르러 오대천과 합류해서 조양강이 된다. 이후 정선읍을 돌아나온 뒤 가수리에서 지장천과 만나서 동강으로 이름이 바뀐다. 동강은 정선에서 영월까지 약 50km를 흘러내려가 다시 서강과 만나며 이곳에서 마침내 남한강으로 이름을 바꾸고 양수리 두물머리까지 흘러간다.

정선에서 영월까지 흐르는 동강 주변은 자동차가 다닐 수 있는 길이 중간중간 끊어져 있는 오지 속의 오지다. 정선읍에서 휴양림 초입까지 동강 옆을 따라 나 있는 도로는 동강길이라고 불린다. 이 길은 한반도 모양 지형, 귤암리의 할미꽃 자생지, 그리고 오송정과 나리소까지 수많은 절경과 명승지를 지나간다.

동강전망자연휴양림은 정선에서 시작된 동강길이 끝나고 강과 멀어지면서 영월의 예미역으로 넘어가는 초입에 자리 잡고 있다. 원래 영월과 정선의 동강변은 야영과 취사가 금지된 생태계보존지역이다. 이곳에 합법적으로 야영이 가능한 오토캠핑 전문 휴양림이 개장한 것이다.

동강전망자연휴양림은 이름 그대로 동강이 훤히 내려다보이는 아주 높은 곳에 자리 잡고 있다. 동강길을 따라가다 휴양림 표시판을 만나면 이곳에서 다시 구절양장 같은 2.5km의 급경사 길을 따라서 한참을 올라가야 휴양림에 도착할 수 있다. 휴양림에 도착하면 주변의 봉우리들과 동강의 풍경이 한눈에 들어온다. 해발 500m가 넘는 휴양림에서 바라보는 주변의 모습은 가슴이 탁 트일 정도로 장쾌하다.

이곳은 애초부터 오토캠핑 전문 휴양림으로 기획되고 만들어진 곳이다. 따라서 숲속의 집과 같은 숙박시설이나 체험시설은 없지만 유명 오토캠핑장 부럽지 않은 훌륭한 편의시설을 갖추고 있다. 상세정보는 p.221 참고

내부 들여다보기

○ 산길을 따라 한참을 올라가야 다다를 수 있는 동강전망자연휴양림은 다른 휴양림과는 확연히 다른 모습이다. 가파른 진입로를 올라왔지만 휴양림이 있는 7부 능선 언저리는 편평하게 다져져 있다. 그리고 오토캠핑장과 편의시설만이 단출하게 자리 잡고 있다.

관리사무소 건물 옆에 있는 전망대에 올라서면 맞은편 백운산(해발 883m)이 손에 잡힐 듯 코앞으로 내다보이며 아래쪽으로는 동강 자락의 제장마을과 백운마을도 멀리 내려다보인다. '동강전망'이라는 휴양림 이름을 다시금 실감하는 순간이다.

자연휴양림의 전경.
맞은편의 백운산

야영장에서 하룻밤 보내기

규 모	총 67개 데크
야영장	오토캠핑장 1곳
고 도	해발 543m
전 기	사용 가능
샤워장	있음(온수 가능)
개수대	있음(온수 가능)
화로대	사용 가능, 장작 불가(숯불만 가능)
데 크 사이즈	400×560cm(1~26번·41~50번 데크), 400×600cm(28~39번 데크), 400×500cm(27·40번 데크), 400×600cm(51~67번 데크)
특이점	평지 지형, 그늘 부족

편의 데크 바로 옆에 주차할 수 있는 오토캠핑장. 데크들은 중앙에 취사장과 화장실, 샤워장을 중심으로 배치되어 있는데 가장 바깥쪽 데크에서 편의시설까지의 거리는 100m 이내로 데크들이 균형 있게 배치되어 있다.

환경 다른 오토캠핑장들과 마찬가지로 그늘이 부족하기 때문에 한여름 타프는 필수다. 캠핑장 안쪽에 계곡은 없다.

프라이버시 등산객들과 동선이 겹치지 않고 67개 데크만 운영되어 한갓진 분위기. 데크 사이의 간격도 여유 있는 편.

BEST Site 데크 바로 옆에 주차할 수 있고 편의시설과의 거리도 멀지 않기 때문에 편의성은 대동소이하다. 무엇보다도 동강이 잘 보이는 전망 좋은 곳이 명당으로 추천되는데 1~10·18·19번 데크가 동강 쪽으로 가장 앞에 배치되어 있어 조망이 좋다. 그중에서도 1~4번 데크가 전망이 가장 좋다. 대신 1번은 전망대와 인접해 있어 계단을 오르내리는 소음으로 시끄러울 수 있다. 23~26번 데크도 동강 쪽을 향해 있지만 나무 때문에 시야가 가린다.

전망대에서 내려다본 3~6번 데크

휴양림 백퍼센트 즐기기

Activity 체험 프로그램
- 휴양림이라기보다 오토캠핑장에 가까운 곳이라 별도의 체험 시설과 프로그램은 없다.

Supply 보급
오지 속에 자리 잡고 있어서 장볼 곳이 마땅치 않다. 가장 가까운 곳은 **예미농협 하나로마트**다. 유명한 정선오일장은 휴양림에서 거리가 꽤 된다. 동강로를 따라서 약 30㎞ 떨어진 곳에 있다. 차로 편도 1시간 이상은 걸린다. 휴양림 안에 간단하게 물품(특히 장작)을 구입할 수 있는 매점이 있다. 장작은 한 다발에 10,000원.

예미농협 하나로마트
정선군 신동읍 예미리 691-4
033-378-0083

Restaurant 주변 맛집
영월시외버스터미널 인근 영월서부시장에 먹거리가 많다. 닭강정이 유명한데 그중 일미, **가나닭강정**이 인기다. 또한 시장 안에는 메밀전병 골목이 있는데 그중 **미탄집**이 가장 유명하다(정선 지역의 맛집은 가리왕산 자연휴양림편 p.180 참고).

가나닭강정
영월군 영월읍 하송리 5-10
033-374-3929

미탄집
영월서부시장 내
033-374-4090

Attraction 주변 볼거리

감입곡류하천이 흐르며 한반도 모양의 지형을 만들어 놓은 곳이 전국에 몇 곳 있는데 그중 영월 **선암마을의 한반도 지형**이 가장 또렷한 모습을 지니고 있다. 영월의 관문 소나기재 인근에는 **선돌**이 있다. 선돌은 하나의 바위가 마치 둘로 쪼개진 것 같은 모습을 하고 있는 기암괴석으로, 인근 서강과 어울려 절경을 이루고 있다.
천연기념물 제219호로 지정된 **고씨동굴**도 둘러볼 만하다. 석회암 지형이 빗물이나 지하수에 녹으면서 만들어진 석회동굴로 전체 길이는 6.3km에 달한다. 그중 관광객들에게 500m 구간이 개방되어 있다. 임진왜란 때 고씨 성을 가진 가족이 피신해 있었다고 해서 고씨동굴이라는 이름으로 불린다. 운영 시간은 09:00~18:00까지다.

선암마을 한반도 지형 주차장
영월군 한반도면 옹정리

선돌 전망대 주차장
영원군 영월읍 방절리 373-1

고씨동굴
영월군 김삿갓면 영월동로 1117
033-370-2621

콕콕 짚어주는 휴양림 정보

Tip 이것만은 알고 가자
- 평지인 동강길과 달리 휴양림까지 들어가는 길은 좁은 급경사 급커브 길이다. 이 도로를 타고 2.5km를 올라가야 한다. 특히 야간주행과 차량 교행 시 주의가 필요하며 동절기에는 반드시 월동 장비를 갖춰야 한다.
- 고지대에 있고 사방이 탁 트여 있는 관계로 바람의 영향을 많이 받는다. 팩다운도 충분하게 하고 스트링 강도도 신경 써서 텐트를 고정시켜야 한다.
- 의외로 초겨울까지도 운영하는 휴양림이다. 매년 4월 1일~12월 31일 운영한다.
- 샤워장은 시간제로 운영된다. 운영시간은 09:00~12:00, 18:00~21:00 이다.

Reservation 예약
- 정선군시설관리공단 홈페이지(http://www.jsimc.or.kr)에서 예약 신청.
- 사전예약: 매월 1일 11:00에 다음 달 예약을 개시한다(예: 10월 1일 11:00부터 11월 1~30일 예약 가능).
- 결제: 신용카드, 무통장 입금
- 입금시한: 신용카드 결제 시 20분 이내, 무통장 입금 시 3일 이내(예: 1일 예약물량은 3일 23:59까지 입금해야 함).
- 취소 시 실시간으로 시스템에 반영돼서 최소 물량을 확인할 수 있음.

Accommodation 숙박시설

시설	구분	수량	비수기 요금	성수기 요금	시설명
야영장	오토	67개	20,000	30,000	1~26·41~50번: 400×560cm 28~39번: 400×600cm 27·40번: 400×500cm 51~67번: 400×600cm (*전기 사용료 포함, 입장료와 주차료 없음)

Comments 여행작가의 말
구불구불 굽이진 동강 줄기 한가운데 위치한 휴양림이다. 해발 720m 높이의 7부 능선에 자리 잡고 있어서, 나리소 주변의 비경이 파노라마처럼 발아래 펼쳐진다. 마치 산정에서 비박하는 느낌으로 오토캠핑을 즐길 수 있는 곳이다.

Access 접근성
한남대교 기점에서 목적지까지 약 3시간 소요된다. 영동고속도로와 중앙고속도로를 거쳐서 제천IC에서 빠져 나온다. 38번 국도를 타고 가다 예미역 인근에서 동강로를 따라 내려간다. 중간에 편도 1차선의 좁고 어두운 터널을 만나게 되는데 사실 이 터널은 상수도 유지·보수를 위한 도로로 동절기에만 일시 개방된다. 터널 진입 전 맞은편 차량 유무를 반드시 확인하고 낮에도 전조등을 켜고 진입해야 한다. 부담스럽다면 바로 옆 터널을 우회하는 도로를 이용하면 된다.

1 휴양림의 최고 명당 2번 데크
2 애벌레같이 매달려 있는 휴양림의 해먹

백제 불교를 꽃피웠던 심산유곡 속으로
용현자연휴양림

충청도

석문봉 정상 653m | 등산로 왕복 10km

고도 **173**m
야영장 기준

산림청 직영 국립휴양림 | 2005년 개장 | 충청남도 서산시 운산면 마애삼존불길 339 | 041-664-1978

기온

-1.1℃

전국 평균 대비
운산면 연평균 기온

강수량

+47㎜

전국 평균 대비
운산면 연평균 강수량

숙박규모

23실

23실 최대 242명 수용
숲속의 집 7
휴양관 13
연립동 3

야영장

20데크

일반야영데크 20

부처의 미소를 닮아 따뜻한 느낌의 휴양림

○ 용현자연휴양림은 금북정맥의 줄기인 석문봉과 옥양봉 사이에서 갈라져 나온 용현계곡 깊숙한 곳에 자리 잡고 있다. 휴양림은 계곡 한가운데 위치해 있지만 주변의 산세는 백두대간의 그것과 달리 깊거나 거칠지 않고 완만하고 부드럽다.

이런 지형 탓인지 용현계곡 주변에는 예로부터 백제시대의 불교문화 유적지가 많다. 보현사의 옛 절터인 보현사지와 개심사, 그리고 마애삼존불상 등이 그것이다. 그중에서도 국보 84호 서산마애삼존불상의 온화하고 소박한 미소는 마치 이곳의 자연을 그대로 미소에 담아낸 것같이 부드럽게 다가온다.

휴양림은 용현계곡 초입에서 약 3km를 들어가야 비로소 입구에 도착할 수 있다. 계곡 깊이 들어가야 하지만, 진입로는 경사가 가파르지도 험하지도 않다. 강원도의 험준한 계곡에 위치한 휴양림과는 다른 느낌이다. 휴양림에 도착했어도 길은 끝나지 않는다. 휴양림 내부의 갈림길에서 오른쪽으로 방향을 틀면 고갯마루를 넘게 되고, 일락사를 거쳐서 해미읍성까지 연결되는 약 10km의 임도가 시작된다. 왼쪽으로 가면 남연군묘로 넘어가는 5.5km의 임도와 만나게 된다. 이렇듯 이 계곡의 상류는 길이 끝나는 지점이 아니라 다른 곳으로 연결되는 시발점이다. 조용한 곳에서 휴양을 즐기려는 사람은 물론이고 등산이나 트레킹 그리고 산악자전거를 이용해 주변을 탐험해보고 싶은 활동적인 사람에게도 적합한 곳이다.

휴양림의 시설들은 용현계곡을 중심으로 배치되어 있다. 규모가 큰 편은 아니지만 야영장부터 숲속의 집, 휴양관까지 숙박시설을 종류별로 갖추었다. 과거 이곳에는 주목할 만한 특이한 시설이 하나 있었는데, 바로 황토온열데크다. 쉽게 말해 바닥에 난방이 들어오는 야영데크였다. 야영장 리모델링에 따라 지금은 철거되어 자취를 찾을 수가 없다.

휴양림마다 저마다의 특징을 살린 방문 스탬프가 있는데, 용현자연휴양림의 스탬프에는 박쥐 문양이 들어가 있다. 이곳에서 발견된 천연기념물 452호 황금박쥐를 상징하는 것이다. 용현자연휴양림은 겉으로 봤을 때 화려한 건 아니지만 보고 또 볼수록 숨겨진 매력들을 발견할 수 있는 멋진 곳이다.

내부 들여다보기

○ 휴양림에 들어서면 가장 먼저 만나게 되는 시설이 넓은 주차장과 붙어 있는 야영장이다. 직사각형의 주차장을 따라서 나란히 붙어 있는 야영장의 모습은 마치 유명산자연휴양림의 제1야영장과 흡사하다. 단 이곳의 야영장은 잣나무 단일 수종으로 우거진 유명산휴양림의 야영장과는 다르게 참나무와 침엽수들이 혼재되어 있는 혼요림으로, 그늘이 울창한 편이다.

야영장은 계곡에 바로 접해 있지는 않지만 계곡으로의 접근성은 좋은 편이다. 계곡은 수심이 깊지 않고 폭이 넓고 바닥이 평평해 물놀이장이 없어도 아이들이 물놀이를 즐기기에 적당하다. 개수대가 3곳 있어 이용하기 편리하지만 샤워장이 없는 것은 아쉬운 점이다.

숲속의 집은 총 7동이 모여 있다. 건물 간격이 다른 곳에 비해서 여유로운 편이다. 거실의 넓은 유리창도 주변 경관을 감상하기에 시원스럽다. 숲속의 집 위쪽으로는 어린이 숲학교가 있는데, 로프와 나무를 이용해서 만든 놀이시설이 있다. 휴양림 입구까지 산 중턱을 따라서 연결되는 약 600m의 데크길이 시작된다.

휴양관과 연립동은 모두 계곡을 바라보고 있다. 연립동은 2층 건물이다. 1층에 숙소 2개가 있고 2층에 309호 떡갈나무실이 있다. 산림휴양관과 연립동 사이에는 작은 구거(溝渠)가 흐른다. 계곡을 따라 나 있는 휴양관 앞의 임도는 고개를 넘어 해미읍성까지 이어진다. 중간에 등산로를 따라가면 서해바다가 조망되는 전망대를 지나 건너편의 개심사로 넘어갈 수도 있다.

숲속의 집은 동 간 간격도 여유롭고 한적한 곳에 있어 조용한 분위기다. 4인실·5인실과 같은 작은 규모의 시설이 없다는 게 아쉬운 점이다. 숙박시설 상세정보는 p.229 참고

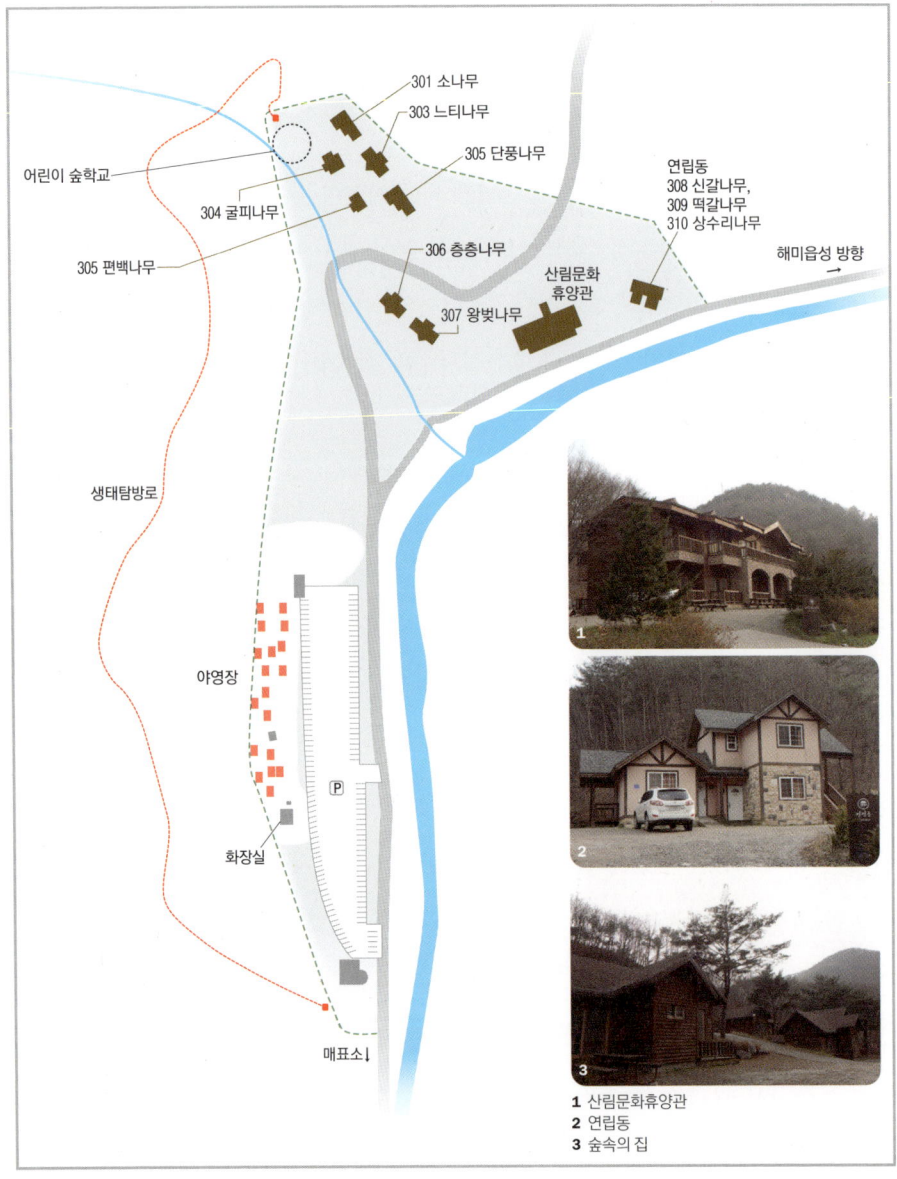

1 산림문화휴양관
2 연립동
3 숲속의 집

야영장에서 하룻밤 보내기

용현자연휴양림에는 20개 데크 규모의 야영장이 1곳 있다. 과거 바닥 난방이 들어왔던 황토온열데크는 야영장을 리모델링하면서 없어졌다. 데크 간의 간격도 여유로운 편이고 샤워장도 신축되면서 편의성도 개선되었다. 그늘도 풍부한 야영장이다.

규 모	총 20개 데크
야영장	1곳(일반야영장)
고 도	해발 173m
전 기	사용 가능
샤워장	있음(온수 가능)
개수대	있음
화로대	사용 가능(단 봄, 가을 산불 방지 기간인 1월 29일~6월 8일, 11월 1일~12월 15일까지 사용 금지)
데 크 사이즈	360×360cm
특이점	주차장 인접, 그늘 풍부

편의 휴양림 초입의 주차장과 길게 맞닿아 있다. 야영장의 폭이 좁고 완경사지에 위치해 짐을 옮기기가 수월하다. 반면 화장실과 샤워장 등 편의 시설이 야영장의 왼쪽에 있어 우측에 위치한 데크에서 이용하기에는 거리가 있다. 샤워장과 전기 시설이 설치되어 편의성이 좋아졌다.

환경 울창한 숲 속에 자리 잡고 있어 어느 곳이나 그늘이 풍부하다. 계곡과는 바로 접해 있지 않지만 접근이 용이하다. 계곡이 깊지 않고, 경사가 없는 데다 폭도 어느 정도 있어 아이들이 물놀이하기 좋은 편. 수량은 발을 담글 정도의 깊이다.

프라이버시 야영장 규모가 작아 한가한 분위기다. 주차장과 접해 있지만 일반 등산객의 동선에서 벗어나 있어 한적한 편이다.

BEST Site 어느 사이트나 환경은 비슷하고 편의성과 프라이버시에 약간 차이가 있다. 편의성에 방점을 둔다면 중앙 개수대 인근의 사이트에 자리를 잡는 것이 좋다. 프라이버시에 방점을 둔다면 상단 쪽이나 우측 116·120번 데크에 자리 잡는 것이 좋겠다.

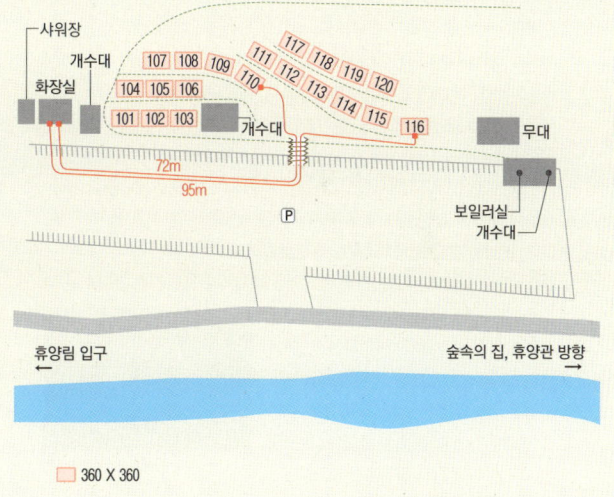

1 화장실과 개수대가 가까운 101번 데크
2 119번 데크에서 본 야영장 풍경

휴양림 백퍼센트 즐기기

Activity 체험 프로그램
- 방문객들을 대상으로 3~11월에는 숲해설사에 의한 무료 숲 해설과 목공예교실이 운영된다. 목공예교실에서는 목걸이, 열쇠고리, 솟대, 독서대, 솔향문패, 원목탁자 등을 만들 수 있다(재료비 별도).
- 석문봉으로 올라가는 편도 5㎞ 등산로가 개설되어 있다. 임도를 따라 일락사 방향으로 가면 고개를 넘어 해미읍성 쪽으로 내려가게 된다.

Supply 보급
서산IC를 빠져나오면 운산면을 지나가게 되는데 운산초등학교 앞에 운산농협하나로마트가 있다. 평소 19:30까지 영업하고, 동절기(12~2월)에는 19:00까지 단축영업하니 미리 시간을 체크해야 한다.

운산농협하나로마트
서산시 운산면 용장리 363-4
041-669-3191

Restaurant 주변 맛집
휴양림 초입에 용현계곡을 따라 식당들이 모여 있다. 그중에서 어죽이 맛있는 용현집을 추천한다. 헤미읍성 쪽에는 짬뽕이 유명한 영성각과 소머리 곰탕을 잘하는 읍성뚝배기가 있다. 읍성뚝배기의 곰탕 국물은 한우 머리를 통째로 넣고 고아낸다.

용현집
마애삼존불상 바로 앞
041-663-4090

Attraction 주변 볼거리
휴양림 주변으로 문화재가 풍부하다. 그중 용현계곡에 초입에 있는 국보 제84호 마애여래삼존상이 으뜸이다. 마애불상은 바위에 새겨 놓은 불상인데, 가운데 부처의 온화한 미소는 백제의 미소로 유명하다.
이곳까지 왔다면 해미읍성도 둘러볼 것을 추천한다. 조선시대 축조된 성으로 이순신 장군이 근무했던 곳이기도 하다. 낙안읍성같이 실제 주민이 거주하는 곳은 아니지만 읍성의 풍경은 주변과 조화롭고 평화롭다. 또한 이곳은 주변의 찬란했던 불교 유적지와는 대비되는 천주교 성지이기도 하다. 2014년 프란치스코 교황도 방문했었다.
휴양림으로 들어가는 용현계곡 중간에는 백제시대에 창건된 것으로 전해지는 보원사의 옛터(서산보현사지 사적 제316호)가 남아 있다. 보원사는 1,000여 명의 승려가 기거했던 대사찰이었지만 지금은 절터와 석탑, 당간지주 등이 남아 옛 영화를 가늠할 수 있을 뿐이다. 휴양림을 오가는 길에 잠시 들러볼 만하다.

해미읍성

영성각
서산시 해미면 읍내리 169-1
041-688-2047

읍성뚝배기
서산시 해미면 읍내리 327-1
041-688-2101

*더 많은 서산 지역의 맛집 정보는 안면도자연휴양림(p.292)을 참고한다.

해미읍성
서산시 해미면 읍내리 16
041-660-2540

콕콕 짚어주는 휴양림 정보

Tip 이것만은 알고 가자
- 백제 불교를 꽃피웠던 고장답게 주변에 불교문화 유적지를 비롯해 관광명소들이 즐비하다. 휴양림에서만 머물다가 돌아가기에는 아쉽다.
- 야영장은 국립자연휴양림 중 드물게 겨울철에도 운영한다.

Access 접근성

한남대교 기점에서 휴양림까지 약 2시간 소요된다. 서해안고속도로를 타고 내려오다가 서산IC로 빠져 나온다. 휴양림 초입에서부터는 3㎞ 정도 용현계곡을 따라 올라가게 되는데 이 길은 내포문화길의 일부분이다. 휴양림에 도착하기 직전 약 1㎞ 구간은 비포장 구간이다. 야간 운전 시 주의해야 한다.

Comments 여행작가의 말

계곡은 깊지만 산세는 험하지 않고 포근하며 주변에 백제불교문화 유적지가 풍부하다. 자연환경과 접근성 그리고 볼거리까지 삼박자가 잘 어우러진 곳이다.

야영장 전경

Reservation 예약

숲나들e(http://foresttrip.go.kr) 공통(p.22 참고).

Accommodation 숙박시설

시설	구분	수량	비수기 요금	성수기 요금	시설명
숲속의 집	6인	1동	67,000	119,000	304호 굴피나무(+다락방)
	8인	3동	87,000	154,000	301호 소나무·303호 단풍나무·305호 편백나무(+다락방)
	10인	3동	110,000	185,000	302호 느티나무·306호 층층나무·307호 왕벚나무
산림문화휴양관	4인	4실	39,000	68,000	101호 노루귀·106호 붓꽃·201호 구절초·207호 세신
	5인	4실	50,000	91,000	102호 고비·105호 코스모스·202호 진달래·206호 창출
	6인	5실	67,000	119,000	103호 잔대·104호 참취·203호 산도라지·204호 민들레·205호 나팔꽃
연립동	5인	3실	52,000	94,000	2층: 309호 떡갈나무 / 1층: 308호 신갈나무·310호 상수리나무
야영장	일반	20개	15,000	16,500	주차료(소형 3,000원), 입장료(성인 1,000원) 별도, 전기 사용료 포함

서해안 억새 산행의 베이스캠프
오서산자연휴양림

충청도

오서산 정상 791m
등산로 왕복 4.8km
고도 **334**m
야영장 기준

산림청 직영 국립휴양림 | 2001년 개장 | 충청남도 보령시 청라면 오서산길 531 | 041-936-5465

기온
-1.3℃
전국 평균 대비
청라면 연평균 기온

강수량
+108㎜
전국 평균 대비
청라면 연평균 강수량

숙박 규모
26실
26실 최대 129명 수용
숲속의 집 8 · 휴양관 10
연립동 6 · 수련장 2

야영장
8데크
일반야영데크 8

야영장

억새가 만발하는 서해안 최고봉의 휴양림

● 백두대간에서 갈라져 나온 지맥들은 서해바다와 가까워지면서 그 힘을 다하고 완만해지면서 동고서저(東高西低)의 지형을 완성시킨다. 서해안은 해발 600m가 넘는 산을 찾기 어려울 정도로 평야지대를 이루고 있다. 그중 해발 791m의 오서산은 서해안에서 가장 높이 솟은 산이다. 해발 700m급이라고 해서 작은 산이라 생각하면 오산이다. 해발 600~700m에서 시작되는 고지대의 산과 달리 이곳은 거의 해발 0m부터 올라가기 때문에 고저차가 크다. 주변에 높은 산이 없다 보니 정상에서 내려다보이는 주변의 풍광은 첩첩산중 백두대간의 그것과는 사뭇 다르다. 동쪽으로는 홍성과 청양의 들판이 시원스레 내려다보이고, 고개를 돌려 서쪽을 바라보면 탁 트인 서해바다가 한눈에 들어온다.

　이런 특별한 매력 때문에 오서산은 국립공원의 여느 명산 못지않게 사시사철 붐빈다. 오서산의 여러 풍경 중에서도 클라이맥스는 가을철에 펼쳐진다. 산정에 펼쳐진 억새밭은 짙은 가을 향기를 뿜어내며 어느 곳도 따라올 수 없는 그윽한 매력을 발산한다. 매년 10월 열리는 억새축제에는 항상 많은 등산객들이 찾아와 산등성이를 가득 메운다. 오서산은 충청남도 홍성군 광천군과 보령시 청라면에 걸쳐 있다. 오서산자연휴양림은 남동쪽 청라면의 명대계곡을 끼고 자리 잡고 있다. 휴양림에는 오서산 정상까지 왕복하는 4.8㎞의 등산로가 개설되어 있다. 오서산 산행의 베이스캠프로 삼기에 휴양림이 안성맞춤이다. 이 코스를 통해 산행을 즐기는 사람들로 인해 특히 가을 억새철 주말이 되면 이른 아침부터 붐비기 시작한다. 또한 정상까지 임도가 개설되어 있어 등산뿐 아니라 산악자전거를 즐기는 사람들에게도 도전해보고 싶은 코스를 제공한다. 단, 임도는 휴양림이 있는 청라면 쪽이 아닌 산 건너편의 광천면 상단마을에서 올라가는 코스가 일반적이다.

내부 들여다보기

오서산자연휴양림의 시설들은 명대계곡을 따라서 길게 배치되어 있다. 주로 매표소가 있는 초입과 계곡 윗부분에 시설들이 모여 있다. 야영장과 숲속의 집은 오서산 등산로가 시작되는 휴양림 초입에 위치하고 있다. 매표소를 통과하면 바로 나오는 갈림길에서 왼쪽으로 진입한다. 경사지를 따라서 야영장과 숲속의 집이 계단식으로 배치되어 있다.

연립동과 숲속수련장 그리고 휴양관은 명대계곡을 따라 조금 더 올라가면 나온다. 상대적으로 한갓진 편이다. 가장 위쪽에 연립동이 모여 있고 연립동 바로 옆으로는 대나무숲이 있다. 이른 아침 대나무숲을 스치는 바람소리를 들으면서 숲 속을 산책하는 기분도 제법 운치 있다. 억새로 유명한 오서산이지만 정작 휴양림 안에서는 억새 구경이 쉽지 않다. 휴양림 안을 흐르는 명대계곡의 수량은 그리 풍부한 편이 아니다. 돌이 많은 지형이라 비가 오더라도 금방 물이 지하로 빠지기 때문이다. 야영장 옆 계곡도 마찬가지다. 명대계곡 주변으로 숙소들이 자리 잡고 있지만 계곡 옆에 바로 붙어 있는 것이 아니라 어느 정도 거리가 떨어져 있다.

숙박시설 중에서 좋은 위치를 꼽으라면 숲속의 집 중 401호 진달래동이 홀로 떨어져 있어 독립성이 가장 좋은 편이다. 다락방이 있는 원룸형 객실이 거실을 사이에 두고 마주 보며 붙어 있는 구조로 두 가족이 사용하기에 좋다. 나머지 숲속의 집은 매표소 주변에 모여 있는데 3인실·4인실은 모두 원룸형 구조다. 그중 패랭이동과 개나리동이 가깝게 붙어 있다. 나머지 동들은 계단식으로 진입로를 사이에 두고 두 동씩 나란히 배치되어 있다. 도라지동이 가장 아래쪽에 떨어져 있어 조용한 것을 선호하는 사람들에게 적당하다. 연립동인 봉숭아, 살구꽃, 찔레꽃, 잔디꽃동은 높은 곳에 위치해 한갓지다. 바로 옆으로 대나무숲이 있어 산책을 즐기기에도 좋다. 숙박시설 상세정보는 p.237 참고

1 연립동 찔레꽃, 잔디꽃의 모습
2 오서산휴양림 안 대나무숲의 모습

야영장에서 하룻밤 보내기

오서산자연휴양림의 야영장은 국립자연휴양림 중에서 가장 작은 규모의 아담한 야영장이다. 오서산 정상으로 올라가는 등산로 옆 계곡을 따라 데크들이 나란히 계단식으로 배치되어 있다. 계곡과 인접해 있지만 수량은 많지 않고 접근성도 좋은 편이 아니라 물놀이를 하기에 좋은 환경은 아니다.

규 모	총 8개 데크
야영장	일반야영장 1곳
고 도	해발 334m
전 기	사용 가능
샤워장	있음(온수 가능)
개수대	있음
화로대	사용 가능(단 봄·가을 산불 방지 기간인 1월 29일~6월 8일, 11월 1일~12월 15일까지 사용 금지). 장작 금지. 숯과 차콜만 사용 가능
데 크 사이즈	370×310cm
특이점	계곡 인접, 계단식 배치, 그늘 풍부

편의 계곡 옆 경사지를 따라 계단식으로 일렬로 배치돼 있다. 바로 옆에 주차할 수 있기 때문에 짐을 옮기기에는 편리하다(단 도로와 데크 사이에 약간의 고저 차이가 있다). 108번 데크를 제외하고 나머지 데크들은 화장실과의 거리도 100m 이내여서 불편하지 않다. 샤워장은 화장실 안에 있다.

환경 바로 옆에 계곡을 끼고 있지만 계곡의 수량이 풍부하지 않고 지형의 고저 차이가 있어 접근하기도 어렵다. 그늘은 풍부한 편이다.

프라이버시 원래 10개의 데크가 있었지만 2개의 데크를 제거해 데크 간격을 넓혔다. 데크와 등산로 사이에는 고저차도 있고 거리도 좀 있는 편이다. 주말에는 바로 옆 등산로를 이용하는 등산객들의 동선에 노출된다.

BEST Site 데크들이 길게 배치되어 있는데 배치도를 보면 101번 데크가 화장실과 너무 가깝지 않나 걱정될 수도 있다. 101번 데크와 화장실 간의 직선 거리는 약 30m 정도 되고 101번 데크가 높은 곳에 있어 신경 쓰지 않아도 된다. 108번 데크가 홀로 떨어져 있어 호젓한 분위기를 좋아하는 캠퍼에게 인기다. 화장실과는 100m 이상 떨어져 있어 약간의 불편은 감수해야 한다. 이웃과 동떨어져 있어 캠핑이 익숙하지 않은 캠퍼에게는 오히려 밤에 무서울 수도 있겠다.

편의성을 중요시한다면 주차가 편리하고 개수대와 화장실이 가까운 101~103번 데크를 추천한다. 104·107번 데크는 독립적인 공간을 확보하고 있어 가장 좋아 보인다. 105·106번 데크 사이에 공간이 있는데 서로 마주 보고 사용해야 될 것 같은 분위기다. 특히 억새 시즌에는 야영장 옆으로 많은 등산객들이 지나다니는 점은 미리 감안해야 한다.

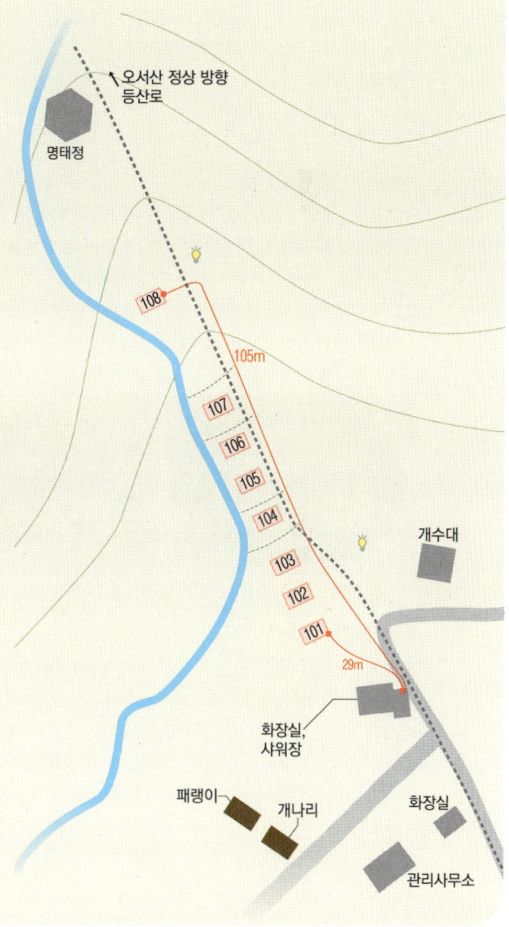

휴양림 백퍼센트 즐기기

Activity 체험 프로그램
- 방문객들을 대상으로 3~10월에는 숲해설사에 의한 무료 숲 해설과 목공예교실 프로그램이 운영된다. 목공예교실에서는 나무목걸이, 대나무피리, 휴대폰 줄 등을 만들 수 있다(재료비 별도).
- 휴양림에서 오서산 정상으로 이어지는 등산로가 개설되어 있으며 왕복 4.8km, 약 2시간 30분 소요된다.

Supply 보급
광천IC를 빠져나오면 광천면과 청소면을 지나가게 되는데 두 곳 모두 하나로마트가 있다. **광천하나로마트**나 **청소하나로마트**에 들러 장을 보면 된다. 청소면을 지나면 장볼 만한 곳이 없다. 대천에서 장을 보려면 차로 20분 정도 나가야 한다. 해산물을 구입하려면 **대천항 수산시장**으로 가야 한다. 90여 개의 점포가 영업 중이며 서해안에서 잡히는 제철 해산물을 구입할 수 있다.

광천하나로마트
홍성군 광천읍 광천리 171-2
041-641-4200

청소하나로마트
보령시 청소면 진죽리 353-2
041-932-9755

대천항 수산시장 주차장
보령시 신흑동 2240-10

Restaurant 주변 맛집
서해안고속도로 초입에 위치한 광천면에 먹거리가 많다. 광천면은 특히 광천젓갈로 유명하다. 시외버스터미널 인근에 광천젓갈시장이 있으며 이곳의 주요 메뉴는 젓갈정식이다. 그중 **한일식당**의 음식 맛이 좋다. 그리고 광천터미널 바로 옆에 착한 갈비탕으로 유명한 **유진식당**이 있다. 이곳에서는 하루 한정 수량의 갈비탕을 판매하는데 주말에는 점심시간 전에 준비된 수량이 모두 다 팔린다. 갈비탕이 떨어졌다면 설렁탕도 좋다.

한일식당
홍성군 광천읍 광천리 244-6
041-641-2421

유진식당
홍성군 광천읍 광천리 391-11
041-641-2305

Attraction 주변 볼거리
휴양림에서 보령 방면으로 멀지 않은 곳에 **청라은행마을**이 있다. 청라은행마을은 3,000여 그루의 은행나무가 심어져 있는 국내 최대 은행나무 군락지 중 하나다. 특히 심경섭 고택의 정취가 뛰어나다. 10월 말부터 11월 초까지 단풍이 절정에 이르는데 오서산의 억새 절정기와는 조금 시차가 있어 오서산의 억새와 은행나무의 단풍을 한 번에 보기는 어렵다.

청라은행마을
충남 보령시 청라면 장현리 840-1

콕콕 집어주는 휴양림 정보

Tip 이것만은 알고 가자
- 오서산에 억새가 절정인 시기는 매년 10월 중순경이다. 이때를 전후로 오서산 억새축제가 열린다. 축제 일정을 확인하면 억새 피는 시기를 대략 가늠할 수 있다.
- 가을 억새철이면 오서산은 전국에서 모여든 등산객들로 붐빈다. 호젓한 분위기를 원한다면 이때는 오히려 피하는 것이 좋다.

Comments 여행작가의 말
가을 억새 산행이 유명한 곳이지만 산정 부근이 아닌 휴양림 안에서 억새를 구경하기는 어렵다. 휴양림 안에는 원시의 대나무숲이 있다.

Access 접근성
한남대교 기점에서 휴양림까지 약 2시간 40분 소요된다. 서해안고속도로를 타고 내려오다가 광천IC로 빠져 나온다. 청소면에서부터는 오서산 끝자락을 크게 돌아서 15km 들어가야 한다.

Reservation 예약
숲나들e(http://foresttrip.go.kr) 공통(p.22 참고).

Accommodation 숙박시설

시설	구분	수량	비수기 요금	성수기 요금	시설명
숲속의 집	3인	4동	35,000	58,000	409호 개나리꽃·410호 패랭이꽃 411호 채송화꽃·415호 도라지꽃(원룸형)
	4인	2동	40,000	73,000	412호 물봉선·413호 초롱꽃(원룸형)
	5인	1동	52,000	94,000	416호 구절초
	8인	1동	87,000	154,000	401호 진달래(방 2, 다락방 2, 화장실 2)
산림문화휴양관	3인	4실	39,000	68,000	2층: 209호 문주란꽃·210호 제비꽃(원룸형) 1층: 105호 금강초롱·106호 동자꽃
	4인	2실	39,000	68,000	1층: 103호 들국화꽃·104호 달맞이꽃
	5인	2실	50,000	91,000	2층: 207호 함박꽃·208호 은방울꽃(투룸형)
	6인	2실	67,000	119,000	101호 금낭화꽃·102호 민들레꽃(투룸형)
연립동	4인	4실	40,000	73,000	402호 복숭아꽃·403호 살구꽃(원룸형) 405호 찔레꽃·406호 잔디꽃(투룸형)
	6인	2실	67,000	119,000	407호 모란꽃·408호 안개꽃(투룸형)
숲속수련장	8인	2실	74,000	121,000	302호 목련실·303호 백합실
야영장	일반	8개	14,000	15,500	주차료(소형 3,000원), 입장료(성인 1,000원), 전기 사용료 포함

사시사철 푸른 해송숲에서의 오토캠핑
희리산해송자연휴양림

충청도

희리산 정상 329m
등산로 순환왕복 5.4km

고도
68m
야영장 기준

산림청 직영 국립휴양림 | 1999년 개장 | 충청남도 서천군 종천면 희리산길 206 | 041-953-2230

기온
-0.3℃
전국 평균 대비
종천면 연평균 기온

강수량
-41㎜
전국 평균 대비
종천면 연평균 강수량

숙박 규모
34실
34실 최대 220명 수용
숲속의 집 9 · 연립동 14
휴양관 10 · 수련장 1

야영장
79데크
일반야영데크 57
캠핑카야영장 22

바다내음과 솔향기 가득한 휴양림

O 휴양림의 느낌을 한껏 살려주는 것은 뭐니 뭐니 해도 나무, 숲일 것이다. 보통 휴양림의 이름을 지명이나 산 이름을 따서 짓는 경우가 많은데, 전국 국립자연휴양림 중에 특정 나무 이름을 따 지은 휴양림이 두 곳 있다. 바로 희리산해송자연휴양림과 남해편백자연휴양림이다. 이름처럼 희리산해송자연휴양림은 휴양림이 온통 해송으로 덮여 있다. 휴양림을 구성하는 수종의 95%가 해송으로 이뤄졌다고 하니 해송휴양림이라는 명칭이 전혀 무색하지 않다.

　　서해안과 인접한 충청남도의 휴양림들이 그러하듯 이곳의 지형과 산세도 완만하고 포근하다. 희리산 또한 정상의 높이가 해발 329m 남짓이고, 휴양림은 해발 100m가 되지 않는 낮고 평탄한 지형에 자리 잡고 있다. 휴양림 입구는 산천저수지와 맞닿아 있어 저수지에 잔잔하게 투영된 주변의 산세와 해송이 더욱 편안한 분위기를 만들고 있다.

　　행정구역상으로는 충청도지만 전라북도 군산과 마주한 까닭에 서울에서는 2시

휴양림 입구에 있는
산천저수지

간 30분은 넘게 운전을 해야 도착할 수 있다. 이렇듯 휴양림까지 도착하는 데 꽤 오랜 시간이 걸리지만, 찾아가는 길은 편안하다. 큰길을 나와서도 구불구불한 산길을 한참 달려가야 하는 오지의 휴양림과 달리 이곳은 서해안고속도로 IC의 인근에 위치해 있다. 또한 흙먼지 풀풀 날리던 진입도로도 이제는 깨끗하게 포장되어 방문객들을 맞이한다.

최근 휴양림에는 작지 않은 변화가 생겼다. 야영장 맞은편에 있던 숲속의 집 8동이 노후화돼 철거되고 캠핑카야영장이 생긴 것이다. 이렇게 해서 희리산해송휴양림의 야영장 규모는 캠핑카사이트 22개를 포함해서 총 79개로 늘어나게 되었다. 야영장 규모로는 충남지역 국립휴양림 중 단연 최대 규모다. 규모뿐 아니라 온수 샤워시설은 물론 캠핑카사이트에서 전기도 사용할 수 있으며, 11월이면 폐장하는 다른 휴양림과는 달리 동절기를 포함해 일 년 내내 운영하기 때문에 명실상부한 충청지역 오토캠핑의 명소로 거듭나게 되었다.

내부 들여다보기

○ 휴양림 초입이 가까워지면 가장 먼저 눈에 들어오는 것은 바로 휴양림에 맞닿아 있는 산천저수지다. 도시를 벗어나 농촌지역으로 들어보면 어렵지 않게 만나게 되는 것이 농업용수를 저장해둔 저수지이긴만 특히 해송으로 둘러싸여 있어 한결 더 운치 있어 보인다.

조금 건조한 이 지역 기후와 낮은 산세 탓에 휴양림을 가로지르는 계곡은 아쉽게도 수량이 풍부하지 않다. 갈수기에는 물이 흐르지 않는 건천이다. 이런 아쉬움을 달래주기 위해서 여느 수영장 못지않은 물놀이장이 있지만 이마저도 안전문제로 운영되고 있지 않아 아쉽다. 대신 휴양림을 가득 채워주는 것은 울창한 해송이다. 어느 곳을 가더라도 하늘을 가릴 정도로 높게 자란 해송들이 그늘을 만들어 준다.

야영장과 숙박시설들은 계곡을 따라서 길게 배치되어 있다. 희리산해송휴양림 초입에는 저수지가 바로 조망되는 연립동 건물이 3채 들어서 있다. 숲속의 집 일부가 철거되면서 10동만 남게 되었고 그 빈자리를 캠핑카야영장이 대신하고 있다. 또한 60명 정원의 숲속수련장은 5개의 객실은 물론이고 별도의 식당과 강당도 갖추고 있어 단체 여행객을 맞이하거나 MT를 진행하기에도 좋다. 숲속의 집은 모두 4인실 통나무집이라 인기가 좋으며 609호는 가장 안쪽에 있어 독립성이 좋다. _{숙박시설 상세정보는 p.247 참고}

1 제2야영장 옆 계곡
2 돌로 만들어진 휴양림 입구

야영장에서 하룻밤 보내기

제1야영장과 제4야영장이 캠핑카야영장으로 조성되어 있는데 가로, 세로 각각 10m에 육박하는 넓은 공간을 제공한다. 그늘이 좀 더 풍부하고 해송에 둘러싸여 있는 제4야영장이 조금 더 인기 있지만 햇볕이 그리워지는 동절기에는 제1야영장의 선호도가 높아진다. 동절기에 제3야영장은 운영되지 않는다. 제2야영장은 계곡을 따라서 아주 길게 배치되어 있다. 제3야영장은 숲속수련장 위쪽으로 휴양림 가장 상단의 한적한 곳에 자리 잡고 있다.

규 모	총 79개 데크
야영장	4곳(일반야영장 2곳, 캠핑카야영장 2곳)
고 도	해발 68m
전 기	사용 가능
샤워장	있음(제1·제2야영장, 온수 가능)
개수대	있음
화로대	사용 가능(단 봄·가을 산불 방지 기간인 1월 29일~6월 8일, 11월 1일~12월 15일까지 사용 금지). 장작 금지. 숯과 차콜만 사용 가능
데 크 사이즈	일반야영장 360×360cm 캠핑카야영장 1,000×800cm, 1,000×1,000cm, 1,000×1,200cm
특이점	계곡 인접(제2·제3야영장), 평지, 그늘 풍부(제2·제3·제4야영장)

제1야영장(캠핑카야영장)

캠핑카야영장 12개 / 평지 지형, 그늘 없음

편의 데크 옆으로 바로 주차할 수 있는 오토캠핑 스타일 야영장. 중앙에 위치한 캠핑카야영센터에는 개수대, 화장실, 샤워장이 한 건물 안에 있어 동절기에 사용하기 편리하고 개수대 역시 싱크대 형태라 편리하다. 전기는 각 사이트마다 배전함이 설치되어 있다. 가장 먼 사이트에서 편의시설까지 30m가 넘지 않아 편의성은 매우 훌륭하다.

환경 평지 지형에 나무가 없고 그늘이 부족하다. 계곡 옆에 위치해 있지만 수량도 부족하고 거리도 조금 떨어져 있다.

프라이버시 제1야영장은 휴양림 주차장과 숲속의 집 사이에 있다. 따라서 타 시설 이용객들의 동선에 노출되지만 스트레스를 받을 정도로 통행량이 많은 편은 아니다.

BEST Site 12개 사이트로 구성된 아담한 야영장이다. 자연환경이나 편의성 그리고 프라이버시 측면에서 각 사이트들의 조건은 대동소이하다. 단 사이트별로 조금씩 면적 차이가 있다. 101~106번은 1,000×800cm이고 107~109번은 1,000×1,000cm 그리고 110~112번이 1,000×1,200cm로 가장 넓다. 그렇지만 실제 이용 시 넓이 차이는 잘 와 닿지 않는다. 캠핑카야영장이지만 캠핑카나 캠핑 트레일러보다 일반차량에 오토캠핑모드로 와서 거실텐트에 타프까지 풀 세팅을 하는 야영객들이 더 많이 보인다.

제1야영장 캠핑카 사이트

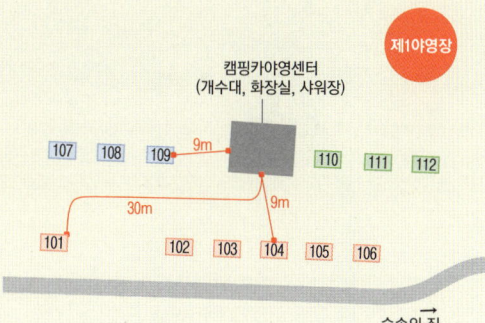

제2야영장

제2야영장

37개 / 계곡 인접, 평지 지형, 울창한 해송숲

편의 평지 지형에 계곡을 따라 데크들이 배치돼 있다. 오토캠핑장은 아니지만 도로에 인접해 있어 짐을 옮기기에 수월하다. 반면 야영장이 길게 배치되어 있어 상류지역 가장 끝 데크에서 편의시설까지의 거리가 멀고, 가장 위쪽의 236번 데크에서 화장실까지는 160m가 넘는 거리를 오가야 한다.

환경 바로 옆에 계곡을 끼고 있지만 수량이 풍부하지 않다. 울창한 해송 덕에 어느 곳이나 그늘은 풍부하다.

프라이버시 계곡이 아닌 도로 쪽 데크들도 어느 정도 도로와 거리가 있다. 도로의 통행량이 많지 않다.

BEST Site 자연환경은 대동소이하다. 짐 옮기기에는 도로 쪽이 좋지만 프라이버시는 계곡 쪽 데크들이 좋아서 각각 장단점이 있다. 편의성에 중점을 둔다면 212~225번 데크가 좋겠다. 200번대 초반의 데크들은 물놀이장의 화장실을 이용하는 것이 더 가깝다. 그렇지만 개수대까지 거리는 멀다.

제4야영장(캠핑카야영장)

캠핑카야영장 10개(1,000×800cm) / 평지 지형, 일부 그늘

편의 원래 숲속의 집이 있던 자리에 생긴 야영장. 평지이며 편의시설까지의 거리도 멀지 않다. 사이트별로 전기배전함이 있다. 401~406번 사이트는 물놀이장 쪽 화장실이 가까우며 407~410번 사이트는 제2야영장 편의시설이 가깝다. 제1야영장보다는 편의시설과 거리가 떨어져 있다. 사이트마다 나무테이블이 있다.

환경 해송으로 둘러싸여 있어 나무가 없는 제1야영장보다 아늑한 분위기다. 부분적으로 그늘이 지는 곳이 있다. 야영장 중간에 잔디광장이 있다.

프라이버시 사이트 4개, 6개가 사이좋게 모여 있어 고즈넉한 분위기다. 내부도로와 어느 정도 거리가 있고 약간 높은 곳에 있어 주변의 시선에서 벗어나 있다.

BEST Site 제1야영장보다 좀 더 아늑한 분위기다. 자연환경은 모두 비슷하지만 편의성에 차이가 있다. 401~406번 사이트는 화장실과 가깝지만 개수대와는 거리가 좀 있는 편이다. 프라이버시를 중요하게 여긴다면 가장 안쪽에 있는 405·406·409·410번 사이트가 좋겠다.

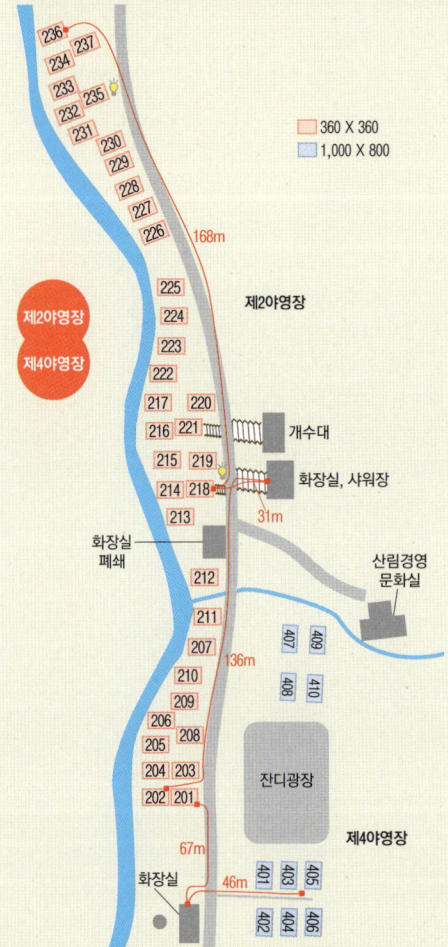

제3야영장

20개(360×360cm) / 계곡 인접, 그늘 풍부

편의 계곡을 따라서 좌우 양옆으로 데크가 배치돼 있다. 화장실과 개수대는 중앙에 있어 이용하기 편리하다. 제1야영장의 캠핑센터와 제2야영장의 편의시설보다 단출해도 이용하는 데 전혀 무리 없다. 샤워장은 화장실 안에 있는 간이 샤워장을 이용해야 한다.

환경 사방댐 바로 아래쪽에 계곡을 끼고 있지만 아래쪽 야영장과 마찬가지로 수량이 풍부하지 않다. 나무가 많아 그늘은 풍부한 편이다. 동절기에는 운영하지 않는다.

프라이버시 휴양림에서 가장 위쪽에 위치한 야영장이다. 정상으로 올라가는 주이동로인 순환 임도에서 벗어난 곳에 있기 때문에 야영장 중에서 가장 조용하다.

BEST Site 주이동로에서 벗어나 있고 데크 수도 20개로 적은 편. 한적한 분위기를 좋아하는 야영객에게 추천한다. 데크 간격도 여유 있는 편이다. 프라이버시가 좋고 주변 환경도 다른 곳과 비교해서 차이가 없다. 데크들이 편의시설을 중심으로 배치되어 있어 어느 곳에 자리를 잡아도 이용에 무리가 없다. 가장 멀리 있는 데크에서 화장실까지 80m 내외 거리다. 이곳 역시 가능하면 계곡과 가까운 곳 데크가 더 좋겠다.

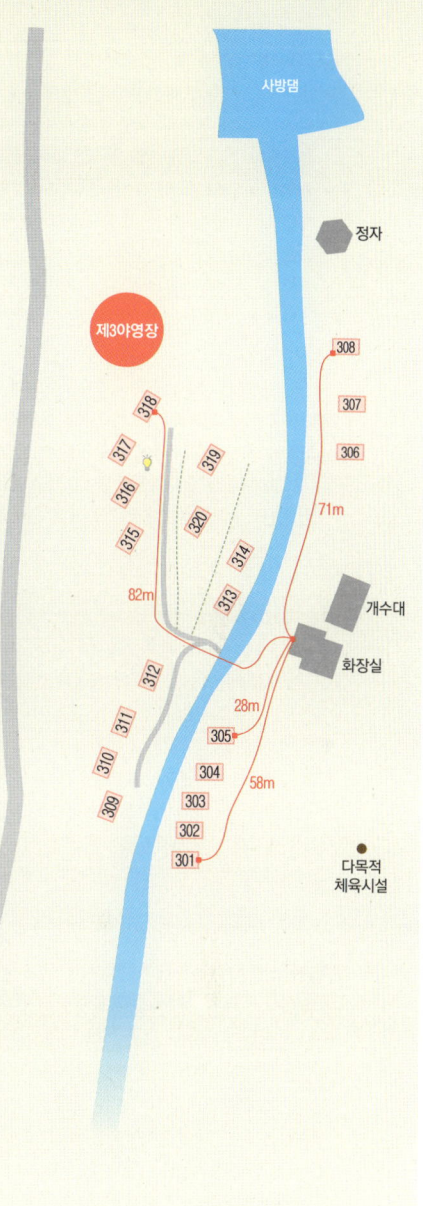

1 제3야영장 309~311번 사이트
2 제4야영장 캠핑카 사이트

휴양림 백퍼센트 즐기기

Activity 체험 프로그램
- 방문객들을 대상으로 3~10월에는 숲해설사에 의한 무료 숲 해설과 목공예교실이 운영된다. 목공예교실에서는 솔방울공예, 장승 만들기, 대나무활 만들기 등을 체험할 수 있으며 체험료는 별도다.
- 희리산 정상으로 올라가는 등산로 5.4km와 휴양림을 한 바퀴 도는 순환 임도 3.4km가 있다. 산이 낮고 경사가 완만해서 초보자에게도 무리 없는 코스다.

서천수산물특화시장
서천군 서천읍 군사리 686-1
041-951-1445

Supply 보급
휴양림 인근에서 장을 보려면 서천읍으로 가야 한다. 특히 수산물을 구입하려면 **서천수산물특화시장**으로 가는 것이 좋다. 소매 위주로 영업하는 곳이며 서해안의 제철 수산물을 구입할 수 있다. 06:00~21:00까지 영업한다. 약 20km 떨어진 곳의 홍원항에서는 매년 9~10월에 꽃게전어축제가 열린다. 서천시장과 달리 도매 위주로 거래하며 일찍 파장한다.

Restaurant 주변 맛집

금강대교 인근에는 6,000원짜리 백반으로 유명한 **금강식당**이 있다. 특히 가을철에 서천을 찾았다면 이곳의 명주 한산소곡주도 맛볼 만하다. 달큰한 맛이 전어회와 기가 막힌 궁합을 만들어낸다. 초봄에는 주꾸미가 제철이다. 홍원항과 가까운 서천마량포구에는 이때를 맞춰 동백축제와 주꾸미축제가 열린다. 서산회관이 쭈꾸미 음식으로 소문났다. 주꾸미 샤부샤부와 볶음밥이 맛있다.

금강식당
서천군 화양면 옥포리 201
041-951-1152

서산회관
서천군 서면 마량리 306-5
041-951-7677

Attraction 주변 볼거리

드넓은 춘장대 해변

홍원항 바로 인근에 춘장대해수욕장이 있다. 약 2km의 해변이 드넓게 펼쳐진 곳으로, 조개잡이 체험과 멋진 노을을 감상하기에 좋다. 그리고 남쪽으로 더 내려가면 차로 20분 거리에 **국립생태원**이 있다. 그중 본관 건물 격인 에코리움이 압권인데 21,000m²가 넘는 공간에 열대관, 사막관, 지중해관 같은 기후별 동식물들을 전시하고 있다. 특히 지중해관에는 소설 《어린 왕자》에 등장하는 바오밥나무를 실제로 볼 수 있다. 아이들과 같이 둘러볼 만하다. 운영 시간은 10:00~18:00이며 동절기에는 한 시간씩 단축 운영한다.

춘장대해수욕장
서천군 서면 도둔리 400
041-952-2695

국립생태원
서천군 마서면 송내리 84-1
041-950-5300

콕콕 짚어주는 휴양림 정보

Tip 이것만은 알고 가자
- 국립휴양림 중 드물게 동계 시즌에도 야영장을 운영한다(제3야영장은 제외).
- 경상북도 청옥산자연휴양림과 함께 오토캠핑 전문 휴양림으로 각광받는 곳이다. 300번, 400번대 숲속의 집이 철거되어 숲속의 집은 이제 10동만 남았다.

Comments 여행작가의 말
경사가 없는 평평한 지형과 고속도로에서 바로 연결되는 접근성, 보강된 야영장 시설 덕분에 청옥산자연휴양림과 함께 오토캠핑 전문 휴양림으로 거듭나고 있는 곳이다.

Access 접근성
한남대교 기점에서 휴양림까지 약 2시간 40분 소요된다. 서해안고속도로를 타고 내려오다가 서천IC로 빠져 나온다.

Reservation 예약
숲나들e(http://foresttrip.go.kr) 공통(p.22 참고).

Accommodation 숙박시설

시설	구분	수량	비수기 요금	성수기 요금	시설명
숲속의 집	4인	8동	40,000	73,000	601호 금낭화·602호 민들레·603호 문주란 605호 방울꽃·606호 봉선화·607호 수선화 608호 옥잠화·609호 접시꽃
	10인	1동	110,000	185,000	진달래(거실, 방 1)
산림문화휴양관	4인	6실	39,000	68,000	1동 2층: 부엉이·뻐꾸기 2동 1층: 원앙새·파랑새 3동 2층: 두루미·소쩍새(원룸형)
	5인	4실	50,000	91,000	1동 1층: 박새·참새 3동 1층: 까치·제비(거실, 방 1)
연립동	5인	6실	52,000	94,000	1동 2층: 잣나무·참나무 1동 1층: 소나무·해송 3동 1층: 멧돼지 3동 2층: 너구리(거실, 방 1)
	6인	4실	67,000	119,000	2동 2층: 애기풀·괭이밥 2동 1층: 꽃무릇·매미꽃(거실, 방 1)
	8인	2실	87,000	154,000	701호 개나리·702호 산수유
	10인	2실	110,000	185,000	3동 2층: 산토끼 3동 1층: 고라니(거실, 방 2)
숲속수련장	60인	1실	402,000	550,000	객실 5, 화장실, 샤워장, 식당, 강당
야영장	일반	57개	15,000	16,500	주차료(3,000원), 입장료(성인 1,000원), 전기 사용료 포함
캠핑카야영장	80m²	16개	22,000	35,000	제1야영장: 101~106번 사이트 제4야영장: 401~410번 사이트
	100m²	3개	23,000	38,000	제1야영장: 107·108·109번 사이트
	120m²	3개	27,000	42,000	제1야영장: 110·111·112번 사이트

매혹적인 단양팔경의 비경 속으로
황정산자연휴양림

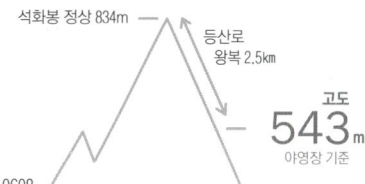

석화봉 정상 834m | 등산로 왕복 2.5km

고도 **543**m 야영장 기준

산림청 직영 국립휴양림 | 2007년 개장 | 충청북도 단양군 대강면 황정산로 239-11 | 043-421-0608

충청도

기온

-3.1℃

전국 평균 대비
대강면 연평균 기온

강수량

+341mm

전국 평균 대비
대강면 연평균 강수량

숙박 규모

21실

21실 최대 127명 수용
숲속의 집 3
연립동 8
휴양관 10

야영장

23데크

일반야영데크 15
오토캠핑장 8

물 맑고 공기 좋은 단양팔경 옆 휴양림

○ 청풍명월(淸風明月), 맑은 바람과 밝은 달. 자연이 맑고 아름다운 곳을 지칭할 때 자주 쓰이는 말이다. 충주호에 접해 있는 제천과 단양은 산세가 기이하고 물이 좋은 탓에 예로부터 청풍명월의 고장이라 불려왔다. 특히 단양은 단양팔경이라는 8곳의 아름다운 풍광을 품고 있다. 각 지역마다 대표 관광지를 이야기할 때 '팔경'을 내세우지만 단양팔경이 그 원조 격이다. 단양팔경으로는 주로 기이한 모양의 봉우리와 바위들을 꼽는다. 구담봉과 옥순봉 그리고 도담삼봉은 남한강 줄기와 어우러져 깊은 아름다움을 발산한다. 상선암, 중선암, 하선암과 사인암은 선암계곡을 비롯해 인근 남한강 지류에 있다.

황정산자연휴양림은 사인암을 흐르는 계곡의 상류지역인 황정산 중턱에 자리 잡고 있다. 휴양림이 있는 곳에서 반경 10㎞ 이내에 단양팔경 중 4곳이 있다. 그만큼 휴양림 주변 산세가 수려하고, 기암괴석들이 만들어내는 아름다운 풍경을 어렵지 않게 볼 수 있는 지리적 이점을 갖췄다. 특히 휴양림으로 들어오는 초입에 위치한 사인암은 단양팔경 중에서도 최고로 치는 사람들이 많다. 푸른 계곡 옆에 우뚝 솟은 기암절벽은 한 폭의 동양화를 보듯 감탄을 자아낸다. 단순히 깊은 계곡이라는 표현보다 절경이라는 단어가 더 어울린다.

1 나무테이블이 제공되는 일반야영장 112번 데크
2 오토캠핑장
3 연립동 B동

단양팔경 중 휴양림과 가까운 4곳을 제외한 나머지 4곳은 휴양림에서 거리가 꽤 있다. 도담삼봉과 석문은 단양읍내 쪽으로 올라가야 하며 옥순봉과 구담봉은 제천 방향으로 가야 한다. 특히 이 두 봉우리들은 산정으로 올라가는 방법도 있지만 유람선을 타고 호수에서 바라보는 모습이 더욱 절경이다.

주변에 절경이 너무 많은 탓일까. 휴양림 안의 풍경은 주변에 비해서 상대적으로 평범해 보인다. 그렇다고 해서 다른 휴양림에 비해 결코 빠지는 것은 아니다. 휴양림을 가로지르는 계곡은 사인암에서 봤던 것보다 더 높은 곳에서 흘러내리는 깨끗한 물이다.

휴양림이 있는 황정산은 백두대간에서 갈라져 나와 영남지방의 경계를 이루는 소백산맥 줄기에 위치하고 있다. 인근에 소백산맥을 넘어서 영남으로 넘어가는 관문 역할을 했던 죽령고개가 있다. 죽령고개는 같은 소백산맥에 있는 문경새재, 추풍령과 함께 영남으로 넘어가는 3대 관문 중 한 곳이었다.

내부 들여다보기

○ 휴양림은 깊은 산속에 있지만 그 안의 숙박시설들은 잘 꾸며져 있다. 객실 21개에 23개의 야영데크가 있는 아담한 규모다. 휴양림을 가로질러 흐르는 계곡의 물은 맑고 투명하지만 계절에 따라서 수량의 변화가 크다. 휴양림에는 주로 참나무가 많다. 여름에는 울창한 그늘을 만들어주고 가을에는 멋진 단풍을 보여준다.

숲속의 집과 연립동은 야영장과 달리 급경사지에 계단식으로 한 동씩 배치되어 있다. 경사가 급해 오르기 힘들지만 높은 곳에 위치한 탓에 주변 시야가 트여서 전망이 좋다.

2층 건물에 객실 4개를 보유한 연립동이 2동 있다. A동은 관리사무실 뒤쪽에 있고 B동은 숲속의 집으로 올라가는 경사지 초입에 있다. 1층은 6인실, 2층은 다락방이 있는 8인실이 배치되어 있는 구조다. 특히 B동 2층 객실들은 주변에 가리는 것이 없이 시야가 탁 트여서 전망이 좋다.

　　연립동 위쪽으로는 숲속의 집 3동이 있다. 숲속의 집들은 건물 간격이 넓어서 한결 여유 있고 가장 높은 곳에 위치해 조용한 분위기다. 지대가 높아 전망도 좋은 편이다. 그 위로 휴양림에서 가장 높은 곳에 최근에 휴양관이 신축되었다. 3층 건물로, 4인실과 6인실로 이루어져 있다. 4인실인 온달, 평강실이 최상층에 위치한다. 고로쇠동 옆으로 석화봉 정상으로 올라가는 등산로가 시작된다. 이곳에서 정상까지는 편도 1.3km 거리다. 숙박시설 상세정보는 p.255 참고

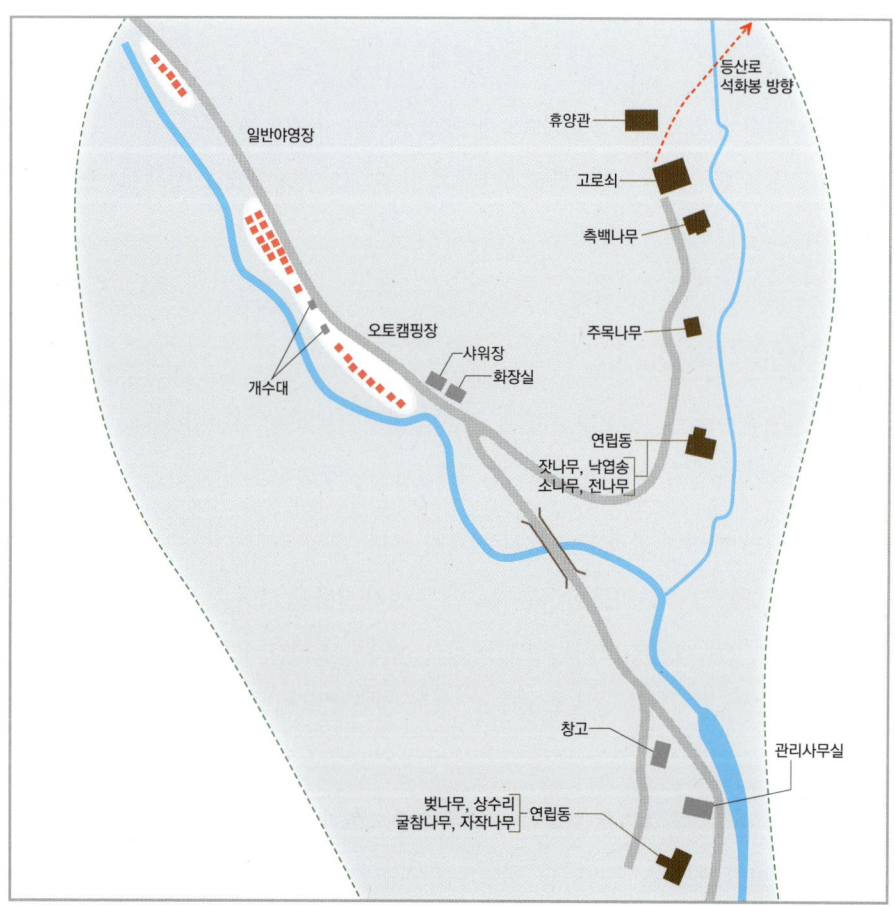

야영장에서 하룻밤 보내기

황정산자연휴양림의 야영장은 데크 옆에 주차가 가능하고, 모든 데크에서 전기 사용이 가능하기 때문에 인기가 좋다. 캠핑장은 일반야영장과 오토캠핑장으로 구분되는데, 계곡을 따라서 길게 배치되어 있다. 야영장 끝나는 상류 지점에 사방댐을 막아서 만든 물놀이장이 있다.

규 모	총 23개 데크
야영장	2곳(일반야영장 1곳, 오토캠핑장 1곳)
고 도	해발 543m(야영장)
전 기	사용 가능
샤워장	있음(온수 가능)
개수대	있음
화로대	사용 가능(단 봄·가을 산불 방지 기간인 1월 29일~6월 8일, 11월 1일~12월 15일까지 사용 금지). 장작 금지. 숯과 차콜만 사용 가능
데크 사이즈	360×360cm
특이점	계곡 인접, 전기 사용 가능, 데크 옆 주차

편의 계곡을 따라서 데크들이 길게 배치돼 있다. 오토캠핑장과 일반야영장으로 나뉘어 있지만 모두 도로 옆에 주차 후 짐을 옮기기 편리하다. 데크 사이즈도 동일하고 모든 데크에서 전기 사용이 가능해 일반야영장과 오토캠핑장의 구분이 무의미하다.

환경 계곡에 인접한 야영장이지만 계곡으로 접근하기가 쉽지 않다. 계곡의 수량도 계절과 강수량에 따라서 변동이 있는 편이다. 데크들은 완경사지를 따라서 배치되어 있다. 전반적으로 그늘이 부족한데, 200번대 데크가 있는 오토캠핑장 쪽이 가장 그늘이 없다.

프라이버시 야영장 위쪽으로 숙박시설이 없지만 데크들이 주이동로와 가깝기 때문에 통행하는 차량에 노출되어 있다. 특히 106~109·114번 데크들은 유일하게 2열로 배치되어 있고 데크 간격도 좁아서 상대적으로 답답한 느낌이 든다.

BEST Site 국립자연휴양림 중에서도 모든 데크에서 전기 사용이 가능한 몇 안 되는 야영장이다. 데크 바로 옆에 주차할 수 있는 오토캠핑 스타일의 야영장이라 짐 옮기기에도 좋다. 계곡 옆에 위치해 데크에서 물 흐르는 소리가 들리며 주변 자연환경과 입지조건도 양호한 편이다.
다만 그늘이 부족하다는 것이 단점이다. 오토캠핑장이 있는 아래쪽보다는 일반야영장이 있는 위쪽이 그늘 사정은 조금 더 나은 편이다.
개수대는 중간에 위치해 있지만 화장실이 야영장 초입에 있어 데크별로 거리 차이가 많이 난다. 가장 입구 쪽에 있는 208번 데크에서 화장실까지는 21m지만 가장 위쪽에 있는 101번 데크에서 화장실까지는 200m가 넘는다.
화장실과 개수대 사이에 위치한 오토캠핑장은 편의성은 좋지만 그늘이 부족하고 이동하는 사람과 차량에 노출돼 상대적으로 번잡하다. 위쪽의 일반야영장은 그늘도 있고 조용하지만 편의시설과 멀어진다.

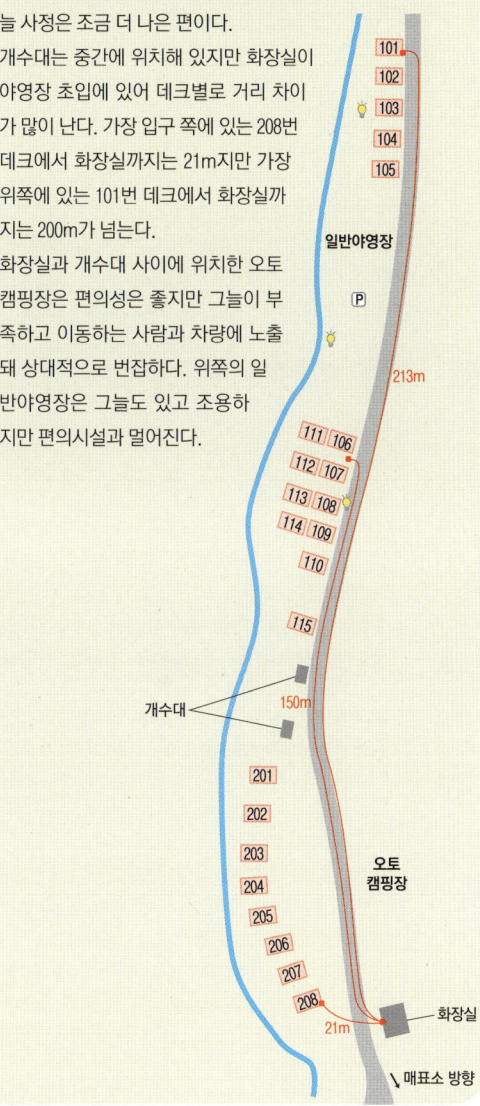

휴양림 백퍼센트 즐기기

Activity 체험 프로그램
- 3~11월에는 무료 숲 해설과 목공예 체험 프로그램을 운영한다. 목공예 체험 프로그램에서는 나무피리, 열쇠고리 등을 만들어볼 수 있다 (재료비 별도).
- 휴양림에는 참나무가 많기 때문에 도토리가 많이 난다. 도토리 철에는 도토리묵 만들기 체험도 진행된다.
- 휴양림에서 석화봉까지 올라가는 2.5㎞의 등산로가 개설되어 있다. 숲속의 집 쪽에서 시작된다.

열쇠고리 만들기 목공예체험 중인 아이

Supply 보급
단양IC에서 빠져 나오자마자 대강면 소재지가 나오는데 이곳에 단양농협 대강지점 하나로마트가 있다. 마트 바로 옆에는 충북지역의 대표 양조장으로 꼽히는 대강양조장이 있다. 청와대 만찬주로도 사용되었던 대강막걸리(소백산막걸리)를 판매한다. 지역 술을 좋아하는 주당이라면 빼먹지 말고 챙겨가자. 검은콩막걸리와 오곡막걸리도 있다. 양조장 투어도 신청받지만 15인 이상의 단체만 가능하다. 휴양림에서 단양까지는 약 40분 걸린다. 단양구경시장은 끝이 1일·6일 되는 날에 오일장이 열리고 오일장이 서지 않는 날에도 운영되는 상설시장이다.

단양농협대강지점 하나로마트
단양군 대강면 장림리 178
043-422-0121

대강양조장
단양군 대강면 장림리 111-13
043-422-0077

단양구경시장
충북 단양군 단양읍 도전리 613

Restaurant 주변 맛집
단양구경시장에도 이곳만의 특색 있는 먹거리가 가득하다. 빠질 수 없는 것이 바로 마늘순대다. 마늘 향이 강하게 나지 않고, 오히려 식감을 좋게 하고 잡냄새를 잡는 역할을 한다. 달동네순대가 맛있다. 순대국이 맛있고, 커플을 위한 세트메뉴도 있다. 흑마늘을 넣어 만든 닭강정도 인기다. 단양흑마늘닭강정은 주문하고 나서 30분을 기다려야 한다. 시장에 도착하면 미리 주문하고 나머지 장을 보는 것이 좋다. 마늘을 넣은 만두도 빠질 수 없다. 단양마늘만두본점의 새우만두와 고기만두가 맛있다. 마늘 음식을 코스로 즐기고 싶으면 마늘정식을 잘하는 집을 찾으면 된다. 장다리식당이 유명하다. 1인 코스로 나오는 온달정식 상차림이 괜찮다.

달동네순대
단양구경시장 내 / 043-423-0644

단양흑마늘닭강정
단양구경시장 내 / 043-422-2758

단양마늘만두본점
단양구경시장 내 / 043-423-0955

장다리식당
단양군 단양읍 별곡리 28-1
043-423-3960

Attraction 주변 볼거리
단양의 대표적인 볼거리로 단양팔경을 꼽는다. 휴양림 인근에 선암계곡을 따라서 나란히 자리 잡고 있는 상선암, 중선암, 하선암을 볼 수 있고 휴양림으로 들어오는 초입에 사인암이 있다. 단양1경으로 꼽는 도담삼봉은 대강면이 아닌 단양읍내 쪽에 있다. 야간에도 조명을 비춰서 관람이 가능하다. 옥순봉과 구담봉은 제천으로 넘어가는 경계지점에 있다.

도담삼봉

콕콕 짚어주는 휴양림 정보

Tip 이것만은 알고 가자
- 야영장은 데크 가까운 곳에 주차할 수 있고 전기 사용도 가능해서 편리하지만 샤워장이 없다. 전기배전함이 데크에 붙어 있어 30m짜리 릴 선도 필요 없다. 3m짜리 멀티탭 한 개면 충분하다.
- 행정구역상 단양군에 위치하고 있지만 단양읍내와는 20㎞ 이상 떨어져 있다.

Comments 여행작가의 말
휴양림 주변에는 사인암을 비롯해서 기암괴석이 즐비하고 특히 계곡이 좋다. 주변 경관이 아름답기로 둘째가라면 서러운 곳이다. 야영장에서 전기를 사용할 수 있는 것은 좋지만 샤워장이 없는 것은 옥에 티다.

숲속의 집 주목나무

Access 접근성
한남대교 남단에서 휴양림까지 2시간 40분가량 소요된다. 영동고속도로·중앙고속도로를 거쳐서 단양IC로 빠져 나온다. 이후 대강면을 거쳐서 휴양림까지 25분 정도 더 올라가야 한다.

Reservation 예약
숲나들e(http://foresttrip.go.kr) 공통(p.22 참고).

Accommodation 숙박시설

시설	구분	수량	비수기 요금	성수기 요금	시설명
숲속의 집	7인	1동	67,000	119,000	고로쇠(거실, 방 1)
	8인	2동	87,000	154,000	주목나무·측백나무(원룸형+다락방)
산림문화휴양관	4인	6실	39,000	68,000	3층: 온달·평강 2층: 구담봉·옥순봉 1층: 중선암·하선암(원룸형)
	6인	4실	67,000	119,000	2층: 도담삼봉·석문 1층: 상선암·사인암(거실, 방 1)
연립동	6인	4실	67,,000	119,000	A동 1층: 벚나무·상수리나무 B동 1층: 소나무·전나무(투룸형)
	8인	4실	87,000	154,000	A동 2층: 굴참나무·자작나무 B동 2층: 잣나무·낙엽송(투룸형+다락방)
야영장	일반	15개	15,000	16,500	주차료(3,000원) 입장료(성인 1,000원), 전기 사용료(2,000원) 포함

최적의 속리산 여행 베이스캠프

속리산말티재자연휴양림

말티재 정상 430m 등산로 편도 1.6km 고도 **-350m** 숲속의 집 200동 기준	☀ 기온·℃ **-2** 전국 평균 대비 장안면 연평균 기온 🏠 숙박 규모·실 **26** 26실 최대 142명 수용 숲속의 집 16·휴양관 10	🌧 강수량·mm **+97** 전국 평균 대비 장안면 연평균 강수량 ⛺ 야영장·데크 **0** 일반야영데크 0

산림청 직영 국립휴양림 | 2002년 개장 | 충청북도 보은군 장안면 속리산로 256 | 043-543-6282

속리산으로 향하는 열두 굽이 고개와 휴양림

○ 자연휴양림의 이름은 주로 휴양림이 위치한 산 이름을 붙이는 것이 일반적이다. 가끔 폭포가 좋은 곳은 신불산폭포휴양림같이 폭포 이름을 따서 붙이기도 하고, 숲이 특색 있는 휴양림은 남해편백자연휴양림같이 나무 이름을 붙이기도 한다. 특이하게도 속리산말티재자연휴양림은 휴양림 이름에 산 이름 말고도 말티재라는 이름이 덧붙여졌다. '재'는 고개를 의미하는 글자로, 같은 의미의 한자어로는 령(嶺)이 있다. 말티재. 어떤 사연이 있는 고개이기에 휴양림 이름에 붙여놓은 것일까?

해발 430m의 말티재는 고려의 태조 왕건이 속리산 쪽으로 행차를 나올 때 포장했다는 기록이 있고, 조선시대에 세조가 어가에서 내려 말로 갈아탔다고 하여 말티재라는 지명이 붙었다는 설이 있다. 즉 왕이 다녔던 어도였던 것이다. 이곳은 삼국시대 신라가 삼년산성을 쌓고 방어했을 만큼 주요한 교통의 요지였다.

이런 역사적인 배경이 아니더라도 말티재 풍광 자체만으로 매력이 있다. 휴양림에서 말티재 정상까지는 구절양장같이 꼬불꼬불 휘어진 열두 굽이 길을 따라 올라간다. 드라이브하기 좋은 코스일 뿐만 아니라 자전거 라이딩을 즐기기에도 좋은 구간이다. 속리산국립공원으로 들어가는 관문 역할을 하는 셈이다.

속리산말티재휴양림은 고갯길의 열두 굽이가 시작되는 초입에 자리 잡고 있다. 바로 앞에는 장재저수지가 있다. 인근 마을에 농업용수를 공급하는데, 박석지라고도 불린다. 물이 맑고 주변의 숲과 어우러져서 경관이 아름답다. 입구가 저수지와 맞닿아 있는 모습이 충청남도의 희리산자연휴양림과도 닮아 있다. 숲은 참나무를 비롯해서 침엽수와 낙엽송이 혼재되어 있는 혼효림이다. 또한 정이품 벼슬을 받은 '정이품소나무'를 모시는 고장답게 기품 있는 멋진 소나무들이 저마다 독특한 수형을 자랑하며 곳곳에 서 있다.

휴양림은 크지 않지만 주중에도 만실일 정도로 인기다. 주중에는 주로 어르신들이 속리산 등산을 위해서 많이 찾으며 주말에는 젊은 부부들이 가족 여행 숙소로 즐겨 찾는다고 한다.

내부 들여다보기

○   과거 숲속의 집 16동이 숙소의 전부였지만 10실 규모의 휴양관이 신축되면서 객실 규모가 26개로 늘어났다. 신축된 휴양관은 3인실부터 11인실까지 다양한 평면으로 구성되어 있다. 야영장은 없다.

대부분의 휴양림과 마찬가지로 계곡을 따라서 숙소들이 길게 흩어져 있는데 수량은 일 년 내내 풍부한 편은 아니고 계절과 강수량에 따라 변한다. 휴양림 중간 지점에 물놀이장이 있지만 이곳 역시 폐쇄되어 사용하지 않는다.

휴양림으로 들어서면 가장 먼저 7인실 숲속의 집인 600번대 숙소들이 눈에 들어온다. 하얀색 외관의 건물은 마치 펜션단지에 들어온 듯한 느낌이다. 조금 아쉬운 것은 인근에 분묘가 있다는 점이다. 때로는 모르고 하룻밤을 보내는 것이 더 나을 수도 있겠다. 중간 지점에는 소나무 이름을 딴 정부인송과 정이품송동이 있다. 두 동이 나란히 있는데 11인실·15인실의 대형 객실이다. 2010년에 리모델링해 시설이 비교적 깨끗하고, 방이 별도로 있는 투룸형에 다락방도 있다. 원룸형인 4인실 숙소는 11동으로 가장 많은데 휴양림 가장 안쪽의 높은 지역에 자리 잡고 있다.

이 중에서 가장 인기 있는 숙박시설을 꼽으라면 하얀색 외관이 인상적인 7인실 숲속의 집(600번대)이다. 원룸형 구조지만 복층 다락방이 있어 아이들을 동반한 가족여행자들에게도 인기가 좋다. 휴양림 위쪽에 위치한 200번대(201~207번) 객실들의 동 간 간격은 상대적으로 좁은 편이다. 300번대 숲속의 집 3동은 주차장에서 경사지에 위치해 짐을 옮기는 번거로움이 있지만 높은 곳에 있는 만큼 주변 전망이 탁 트여 시원하다는 장점이 있다. 숙박시설 상세정보는 p.261 참고

1 가장 인기 있는 600번대 숲속의 집. 가장 가까운 건물이 소쩍새동
2 4인실 숲속의 집
3 법주사 탐방로 초입에 있는 정이품송
4 휴양림 앞에 있는 저수지(박석지)의 모습

휴양림 백퍼센트 즐기기

Activity 체험 프로그램
- 3~11월에는 숲 해설과 목공예 체험 프로그램을 운영한다. 나무목걸이, 열쇠고리 만들기뿐만 아니라 궁중예복 입어보기 체험도 가능하다 (공예 재료비 별도).
- 말티재 정상으로 올라가는 편도 1.6㎞의 등산로가 개설되어 있다. 휴양림 주변을 돌아보는 2.5㎞의 산책로도 있다.

Supply 보급
장을 보려면 보은 읍내로 나가야 한다. 휴양림에서 6㎞ 거리로 멀지 않다. **보은농협하나로마트**가 있다. 인근 **보은재래시장**에서 장을 볼 수도 있다. 시장 안 **보은순대집**의 순대와 **마로정육점**의 고기가 괜찮다.

보은은 대추산지로 유명하다. 대추를 이용한 가공식품도 있는데 관광지에서는 대추막걸리가 가장 눈에 띈다. 매년 10월에는 대추 수확철을 맞아 보은대추축제가 열린다. 속리산 단풍시즌과 겹치기 때문에 이 무렵 보은을 찾으면 추석상에 놓을 질 좋은 대추를 싼값에 구입할 수 있다.

보은농협하나로마트
보은군 보은읍 교사리 54-4
043-544-0777

보은재래시장
보은군 보은읍 삼산리 137-1

보은순대집
보은재래시장 내 / 043-542-2308

마로정육점
보은재래시장 내 남측 입구에 있음
043-544-4121

Restaurant 주변 맛집
순대국밥과 불맛 나는 오징어볶음이 맛있는 **용궁식당**이 부담 없이 한 끼 식사하기에 좋다. 속리산 입구에는 한 TV 프로그램에서 착한 식당으로 선정된 **경희식당**이 있다. 한정식 전문이다.

용궁식당
보은군 수한면 발산리 99-4
043-542-9288

경희식당
보은군 속리산면 사내리 282
043-543-3736

Attraction 주변 볼거리
휴양림에서 나와 말티재를 넘어가자마자 바로 우측에 솔향공원과 둘리공원이 나온다. 보은군에서 조성해 놓은 공원인데 특히 둘리공원은 이름처럼 공원 곳곳을 아기공룡 둘리 캐릭터로 꾸며 놓았다. 특히 어린아이가 있는 집이라면 가볼 만하다. 공중의 레일을 따라서 공원을 둘러보는 스카이바이크도 타볼 수 있다. 직접 페달을 밟아 움직이며, 한 바퀴 돌아보는 데 20분 정도 소요된다. 속리산자연휴양림 숙박객은 할인해준다.

이곳을 지나 10분 정도 들어가면 속리산 법주사 지구에 도착한다. 초입에서 **정이품 소나무**를 볼 수 있는데 안타깝게도 한쪽 가지가 부러져서 예전의 모습은 볼 수 없게 되었다. **법주사**는 국보 5호 쌍사자 석등을 비롯해 국보 55호 팔상전과 국보 64호 석련지까지 국보급 문화재만 3점을 보유하고 있는 유서 깊은 고찰이다. 특히 탐방로 입구에서 법주사까지 이어지는 숲을 오리숲이라고 하는데 1㎞ 거리에 경사가 없는 수평 산책로라 유모차를 끌고 탐방할 수 있다.

둘리공원
보은군 속리산면 갈목리 79
043-540-3372

정이품 소나무
보은군 속리산면 상판리 17-3

법주사
보은군 속리산면 사내리 209
043-543-3615

콕콕 짚어주는 휴양림 정보

Tip 이것만은 알고 가자

- 휴양림에서 속리산 정상이나 문장대로 연결되는 등산로는 없다. 말티재로 올라가는 등산로만 있으며 휴양림에서 법주사 탐방안내소까지는 약 8km 거리다.

Access 접근성

한남대교 남단에서 휴양림까지 2시간 정도 걸린다. 경부고속도로·당진영덕고속도로를 거쳐서 속리산IC로 빠져 나온다. 이후 휴양림까지 10분 정도면 도착할 수 있다. 휴양림은 말티재의 열두 굽이가 시작되는 초입에 위치하고 있다.

Comments 여행작가의 말

박석저수지와 어우러진 주변 경관이 평화롭다. 야영장이나 산림휴양관 없이 숲속의 집 16동만 있어 더욱 조용한 분위기를 풍기는 휴양림이다.

Reservation 예약

숲나들e(http://foresttrip.go.kr) 공통(p.22 참고).

Accommodation 숙박시설

시설	구분	수량	비수기 요금	성수기 요금	시설명
숲속의 집	4인	11동	40,000	73,000	201호 금낭화·202호 설앵초·203호 자란 (원룸형, 2010년 리모델링) 205호 잣나무·206호 낙엽송·207호 삼나무 208호 소나무·209호 전나무(원룸형) 301호 솔나리·302호 복주머니·303호 댕강나무 (원룸형, 2010년 리모델링)
	7인	3동	67,000	119,000	601호 부엉이·602호 뻐꾸기·603호 소쩍새 (원룸형+다락방)
	11인	1동	110,000	185,000	501호 정이품송(투룸형+다락방)
	14인	1동	145,000	214,000	501호 정부인송(투룸형+다락방)
산림문화휴양관	3인	3실	32,000	53,000	101호 상학봉·102호 묘봉·202호 수정봉
	4인	3실	39,000	68,000	103호 관음봉·104호 비로봉·201호 형제봉
	5인	1실	50,000	91,000	105호 천왕봉
	6인	1실	67,000	119,000	204호 경업대
	9인	1실	85,000	144,000	203호 신선대
	11인	1실	105,000	175,000	205호 입석대

1 법주사 금동미륵대불
2 법주사 팔상전 국보 55호

성곽을 따라 거닐며 트레킹을 즐기는
상당산성자연휴양림

상당산성 성벽 491m
등산로 편도 2km
(상당산성 성벽까지)
고도 −181m
휴양관 기준

☀ 기온·℃
−1.3 전국 평균 대비 내수읍 연평균 기온

🌧 강수량·mm
+52 전국 평균 대비 내수읍 연평균 강수량

🏠 숙박 규모·실
34 34실 최대 179명 수용 숲속의 집 8 · 휴양관 26

⛰ 야영장·데크
0 일반야영데크 0

산림청 직영 국립휴양림 | 2012년 개장 | 충청북도 청주시 청원군 내수읍 덕암2길 162 | 043-216-0052

휴양림 백퍼센트 즐기기

Activity 체험 프로그램
- 3~11월에 숲 해설과 목걸이·열쇠고리·나무문패 만들기 등 목공예 체험 프로그램이 진행된다(재료비 별도).
- 휴양림에서 상당산성 성벽 둘레길로 올라갔다가 되돌아오는 등산로 4km가 개설되어 있다.

Supply 보급
휴양림에서 가장 가까운 마트로는 내수농협하나로마트가 있다. 증평IC에서 휴양림으로 들어오는 중간 지점에 있다. 휴양림에서 청주시내도 30분 거리로 그리 멀지 않다. 육거리시장은 충북지역의 최대 시장이다.

내수농협하나로마트
청주시 청원군 내수읍 학평리 150-7
043-214-0400

육거리시장
청주시 상당구 석교동 63-1
043-222-6696

Restaurant 주변 맛집
상당산성 안쪽에는 등산객들을 대상으로 하는 음식점이 성업 중이다. 그중 **상당집**이 가장 붐빈다. 청국장이 맛있고 두부비지를 무료로 나눠준다. 수암골은 청주시 상당구 수동 81-12번지 일대를 일컫는 지명이다. 드라마 〈영광의 재인〉 촬영 장소였던 수암골 **서문우동**은 일명 '영광이네 국수'로도 불린다. 본점은 서문동에 있고 이곳은 지점이다. 빵을 비롯해서 여러 가지 메뉴가 있지만 단연 우동이 일품이다. 드라마 〈제빵왕 김탁구〉의 배경이 되었던 **팔봉제과점**도 수암골에 있다. 빵 가격은 종류 불문하고 모두 동일하다. 육거리시장에도 먹거리가 많다. 새가덕순대의 순대국밥과 순자네전통죽집의 팥죽과 녹두부침이 유명하다.

상당집
청주시 상당구 산성동 159
043-252-3291

서문우동
청주시 상당구 수동 88-2
043-224-2332

팔봉제과점
청주시 상당구 수동 81-35
043-223-7838

새가덕순대
청주시 상당구 남문로1가 142
043-254-2739

순자네전통죽집
청주시 상당구 남문로1가 154
043-257-4226

Attraction 주변 볼거리
휴양림에서 차로 5분 거리에 **운보의집**(운보미술관)이 있다. 운보 김기창은 만원권 지폐의 세종대왕 초상을 그린 한국화 화가다. 운보의 집은 그의 자택을 미술관으로 꾸며 놓은 곳이다. 화가의 자택을 비롯해서 미술관, 수석공원, 도자기공방과 연못 등이 아름답게 꾸며져 있다. 고인의 묘소도 이곳에 있다. 매주 월요일은 휴관한다.

초정약수터가 가까운 곳에 있다. 세계 3대 광천수로 꼽히는 초정약수는 조선시대 세종대왕이 피부병을 고쳤다는 기록이 있다. 일반적으로 탄산이 함유된 약수들은 쇳맛이 나는 경우가 많은데 이곳의 약수는 사이다 같은 단맛이 난다. **초정문화공원** 안에 약수를 떠갈 수 있는 약수터가 있다. 주변에는 초정약수 온천탕과 초정사이다를 만드는 일화의 공장이 있다. 식수로 사용할 뿐만 아니라 특히 동치미 담글 때 사용하면 좋다고 해서 약수를 뜨러 온 사람들이 길게 줄 서 있다.

운보미술관(운보미술관)
청주시 청원구 내수읍 형동리 428-2
043-213-0570

초정문화공원
청주시 청원구 내수읍 초정리 64-2

휴양림의 숙박시설은 단출해 어느 곳을 명당이라고 콕 집어 말하기엔 애매하다. 휴양관에는 4인실 4개, 5인실 18개, 8인실 4개가 있는데 4, 5인실은 원룸형이고 8인실은 방이 하나 딸려 있는 투룸형이다. 숲속의 집은 4인실과 7인실로 구성되어 있다. 전체적으로 시설은 깨끗한 편이다. 휴양관 앞으로는 넓은 잔디광장이 있다. 잔디광장에는 플라이디스크와 미니 짚와이어 같은 체험시설이 있는데 특히 미니 짚와이어는 아이들에게 인기다. 숙박시설 상세정보는 p.267 참고

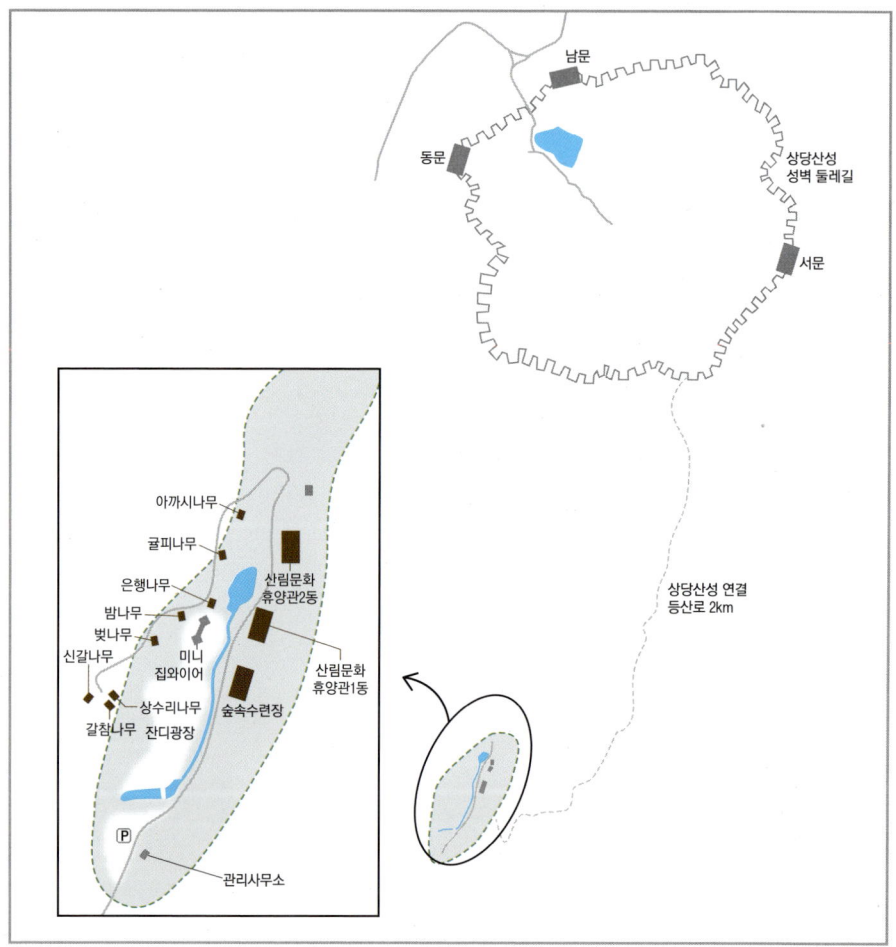

상당산성은 성곽길이 원형으로 둘러져 있어, 걷다 보면 어느새 출발지로 되돌아오는 환상 코스다. 길이도 4.4km로 어린이나 노약자도 한두 시간 정도 부담 없이 둘러보기에 좋다.

일반적으로 자연휴양림들은 오지 속 산골에 위치해 있고 행정구역상 읍면리에 속해 있다. 하지만 이곳은 다르다. 산성의 북측에 위치하고 있지만 청주시 상당구(上黨區)가 행정소재지로 청주시 도심과도 가깝다.

내부 들여다보기

○ 개장 초기 휴양림의 규모는 아주 단순했다. 휴양관 1동이 숙박시설의 전부였지만 2015년 제2휴양관이 오픈 되면서 객실이 26개로 늘어났고, 이어서 숲속의 집 8동이 추가로 들어서면서 이제는 산림휴양지로서의 모습을 갖춰가고 있다. 야영장이 없는 탓에 연수원 같은 단정한 분위기가 풍긴다.

숲속수련장에서 등산로를 따라 올라가면 상당산성 북측 성벽과 만나게 된다. 성벽의 높이가 해발 400m이고 휴양관이 해발 180m 정도로, 등산로의 고도차가 그렇게 크지 않다. 성벽에 도착하면 이제부터 편한 대로 코스를 잡으면 된다. 대부분은 시계 방향으로 성벽을 한 바퀴 돌아본다. 식사를 안 했다면 서문이나 동문을 통해 성안으로 들어가 보자. 산성 안에는 약 50가구의 주민이 거주하고 있고 식당가도 있다. 간단한 요기와 함께 막걸리 한 잔으로 목을 축여 갈 만한 곳이 많다.

휴양림의 안내도에는 동문 쪽으로 올라가다가 잔디광장 쪽으로 내려오는 등산로가 보이지만 성벽길에서는 눈에 잘 뜨이지 않는다. 등산을 생략하고 성벽길 트레킹만 하기를 원한다면 차를 타고 남문 쪽으로 올라올 수 있다. 실질적인 정문 역할을 하는 것은 남문이다. 넓은 잔디광장이 있는데 겨울철에는 이곳에서 눈썰매를 즐기기도 한다.

오랜 세월 버텨 온 성벽 위를 걷다

성(城)은 예로부터 대표적인 방어 시설이었다. 왕이 살고 있는 도성 외에도 전국 곳곳에 수많은 읍성과 산성을 세워 외부 침략을 방어했다. 읍성은 주로 마을을 둘러싸는 평지에 세운 성이고, 산성은 산 위에 세운 성이다. 유사시 외부로부터 침입을 받아 읍성이 위태로워지면 산성으로 대피해서 장기 항전을 벌였다.

국립자연휴양림 중에서 성 주변에 자리 잡은 휴양림으로는 두 곳이 있다. 한 곳은 전라남도 낙안읍성 옆 낙안민속자연휴양림이고, 다른 한 곳이 바로 청주 상당산성 옆 상당산성자연휴양림이다. 상당산성은 보은에 있는 삼년산성과 함께 충청북도 대표 산성으로 꼽힌다. 삼국시대부터 토성이 있던 자리에 조선시대 숙종 때 다시 돌을 쌓고 이후 증·개축을 계속했다고 한다. 성벽의 길이는 4.4km, 높이는 3~4m에 이르는데, 성벽은 해발 400m 지대에 세워져 있다.

지금의 성들은 본연의 기능에서 벗어나 현대인들에게 좋은 관광명소이자 트레킹 코스로 각광받고 있다. 산성의 특성상 적이 올라오는 것을 감시하기 위해 높이 성벽을 올렸기 때문에 주변 조망이 좋은 것은 물론 산성길을 따라 걷기에도 좋다. 특히

1 산림휴양관
2 잔디광장의 놀이기구
3 성벽길 트레킹

콕콕 짚어주는 휴양림 정보

Tip 이것만은 알고 가자
- 휴양림에서 상당산성의 성벽까지 올라가기 위해서는 약 2km 등산로를 타고 올라가야 한다. 이마저도 부담스럽다면 자동차를 이용해서 산성까지 올라갈 수 있다. 산성 남문 쪽으로 올라오는 도로를 이용하면 된다. 청주시내에서 산성까지 버스도 운행된다.
- 2015년 4월 제2휴양관이 오픈했다.

Comments 여행작가의 말
청주 도심에서 가까운 자연휴양림이다. 인근 상당산성과 가까워 성벽길을 트레킹 하기 좋다.

제1휴양관

Access 접근성
한남대교 남단에서 휴양림까지 2시간 안에 도착할 수 있다. 중부고속도로를 거쳐서 증평IC로 빠져 나온다. 이후 내수읍을 거쳐서 약 30분을 더 들어가야 한다. 청주시내에서 30분 거리다. 대전에서 1시간 20분 거리다.

Reservation 예약
숲나들e(http://foresttrip.go.kr) 공통(p.22 참고).

Accommodation 숙박시설

시설	구분	수량	비수기 요금	성수기 요금	시설명
숲속의 집	4인	5동	40,000	73,000	아까시나무·굴피나무·은행나무·밤나무·벚나무 (원룸형)
	7인	3동	67,000	119,000	상수리나무·갈참나무·신갈나무 (투룸형)
산림문화휴양관	4인	4실	39,000	68,000	제1휴양관 2층: 203호 백리향·205호 구절초 / 제1휴양관 1층: 103호 둥글레·105호 꽃창포 (원룸형)
	5인	18실	50,000	91,000	1휴양관 2층: 201호 투구꽃·202호 동자꽃·206호 자운영·207호 금낭화 / 제1휴양관 1층: 101호 은방울·102호 초롱꽃·106호 노루귀·107호 참나리 (투룸형) / 제2휴양관 2층: 502호 꽃사슴·503호 너구리·505호 다람쥐·506호 멧돼지·507호 반달곰 / 제2휴양관 1층: 302호 부엉이·303호 뻐꾸기·305호 소쩍새·306호 올빼미·307호 종달새 (원룸형)
	8인	4실	85,000	144,000	제2휴양관 2층: 501호 고라니·508호 오소리 / 제2휴양관 1층: 301호 꾀꼬리·308호 크낙새 (투룸형)

예당호 조망이 아름다운 휴양림

봉수산자연휴양림

봉수산 정상 484m
등산로 왕복 3.7km
고도 150m 휴양관 기준

☀ 기온·℃
-0.8 전국 평균 대비 대흥면 연평균 기온

🏠 숙박 규모·실
27 27실 최대 201명 수용 숲속의 집 18 · 휴양관 9

🌧 강수량·mm
+7 전국 평균 대비 대흥면 연평균 강수량

⛺ 야영장·데크
0 일반야영데크 0

지자체휴양림(예산군 운영) | 2007년 개장 | 충청남도 예산군 대흥면 임존성길 153 | 041-339-8936~8

여유로운 삶의 속도를 회복하는 휴양림

○ 삶의 속도는 예전과 다르게 점점 빨라지고 있다. 공장에서 찍어내듯 똑같은 형태의 문화와 생활이 등장했다가 사라지고, 또 다른 형태의 유행이 등장한다. 그런 세태에 반기를 들고 슬로시티(Slow City)가 등장하고 있다. 이탈리아에서 시작된 슬로푸드(Slow Food) 운동이 확대된 개념으로, 느림의 여유를 추구하는 삶의 방식을 의미한다. 슬로시티는 조금 느리고 불편하더라도 전통과 자연을 보존하는 삶의 방식을 추구한다. 국제슬로시티연맹에서는 인구 5만 명 이하의 도시에 대해서 환경정책과 유기농식품, 전통문화 보존 등의 항목을 고려해 슬로시티를 인증해주고 있다. 봉수산자연휴양림이 위치한 충남 예산군 대흥면은 2009년도에 우리나라에서 6번째로, 세계에서는 121번째로 슬로시티 인증을 받았다.

대흥면은 면적이 330만 평에 달하는 우리나라 최대 저수지 예당호를 품고 있다. 예산과 당진 일대의 농경지에 물을 공급하기 위해서 만들어진 저수지로, 그 둘레가 40km에 달한다. 예산의 '예'와 당진의 '당'자를 합쳐서 예당저수지로 불린다. 강태공들에게는 성지로 불릴 만큼 민물낚시로 유명한 곳이기도 하다. 슬로시티와 저수지는 환상적인 궁합을 이룬다. 천천히 천천히 삶의 속도를 회복하는 곳에 맑은 물도 멈춰 있다. 흐르는 계곡의 물줄기는 이리저리 휘어지고 부딪치며 폭포와 소를 만들지만 저수지의 물은 멈춰 있는 듯 고요하다. 낚시터 좌대에 앉아 있는 강태공들의 모습에서도 바쁜 삶의 속도는 느낄 수 없다. 도시에서 수십km의 속도로 달려왔던 사람들도 이곳에 들어서면 브레이크를 잡으며 이곳 분위기에 서서히 동화되어간다.

봉수산자연휴양림은 예당호 서쪽 봉수산 자락에 위치하고 있다. 산 정상의 해발고도가 484m고, 휴양림이 위치한 곳의 높이도 해발 200m가 되지 않지만 주변 지대가 낮고 높은 산이 없어 예당호와 대흥면이 한눈에 내려다보인다. 봉수산자연휴양림 숙소에서 예당호까지의 직선거리는 약 1km 정도로 매우 가깝다. 휴양림의 상당수 객실에서 예당호를 직접 조망할 수 있다. 산정 부근에 자리 잡은 자연휴양림이기에 가능한 조망이다.

봉수산 정상으로 올라가는 능선 주변에는 백제시대의 산성인 임존성이 있다. 백제 멸망 직후 흑치상지 장군의 지휘 아래 나당 연합군에 끝까지 저항하며 백제 부흥운동을 펼쳤던 장소다. 평화로워 보이는 이곳에서 3년간 처절한 전투가 벌어진 것이다. 휴양림에는 산성으로 올라가는 등산로가 개설되어 있다. 산행이 부담스럽지 않은 등산로로, 정상에서는 예당호는 물론 오서산과 내포평야 일대가 조망된다.

내부 들여다보기

○ 봉수산자연휴양림은 숲속의 집 18동과 산림휴양관 1동이 있다. 진입로 옆으로 계곡이 흐르는데 산이 낮고 비가 많이 오지 않는 기후 탓에 수량이 별로 없다. 대신 이곳에 사방댐을 세워 만든 물놀이장이 있는데 7·8월에만 개장한다. 단 하절기에도 수량이 부족한 경우에는 물놀이장을 이용하지 못할 수도 있다.

봉수산자연휴양림에는 소나무가 많이 보이는데, 여기에 편백나무숲을 추가로 조성해서 치유의 숲으로 꾸밀 예정이라고 한다. 숙소 주변에는 데크길이 만들어져 있어 산책하면서 나무 향기를 맡을 수 있고, 입구 쪽에는 아담한 수목원도 있다. 봉수산 정상으로 올라갈 수 있도록 등산로 코스도 4개 개설되어 있다. 대흥 슬로시티의 산책로 중 1코스가 휴양림을 지나간다.

휴양림에서 가장 인기 좋은 객실은 당연히 조망이 탁 트인 곳과 숲속의 집이다. 하지만 이곳에서는 조금 사정이 다르다. 산림휴양관 객실들의 조망이 더 좋기 때문이다. 특히 휴양관 2층에 있는 6인실·10인실 객실들은 다락방도 있어 더욱 인기다. 숲속의 집 중에서는 6인실인 떡갈나무, 때죽나무, 단풍나무동이 조망이 좋다. 경사지에 계단식으로 한 동씩 배치되어 있어 조망뿐만 아니라 프라이버시도 좋은 위치다. 가장 아래에 있는 떡갈나무동 옆에는 작은 놀이터가 설치되어 있다. 둥굴레, 노루귀, 은방울, 소나무, 예당호반동에서도 예당호가 부분적으로 조망된다. 숙박시설 상세정보는 p.273 참고

1 숲속의 집 단풍나무동과 떼죽나무동
2 숲속의 집 예당호반동
3 휴양림을 통과하는 꼬부랑길 1코스

휴양림 백퍼센트 즐기기

Activity 체험 프로그램
- 숲 체험 프로그램을 운영한다. 동절기에도 진행되며 신청은 봉수산자연휴양림 홈페이지 '숲 체험 Q&A' 게시판을 이용하면 된다.
- 휴양림에서 봉수산 정상으로 올라가는 4개의 등산코스가 있다. 시간은 2~3시간가량 소요된다.
- 숙소 주변으로 450m 길이의 데크길이 조성되어 있으며 7·8월에는 물놀이장을 운영한다. 수목원도 조성 중이다.

Supply 보급
장을 보려면 광시면이나 예산읍내로 나가야 한다. **예산농협하나로마트**와 **광시농협하나로마트**가 있다.

예산농협하나로마트
예산군 예산읍 산성리 653
041-335-1100

광시농협하나로마트
예산군 광시면 광시리 79-2
041-331-1084

Restaurant 주변 맛집
광시면에는 한우타운이 있다. 현지에서 기른 한우 암소고기를 저렴한 가격에 구입할 수도 있다. 구입한 곳이나 자리값을 받는 식당에서 구워먹을 수도 있다. **양지한우타운**이 유명하다. 예당호 주변에는 매운탕과 어죽집들이 많이 있다. **대흥식당**은 어죽을 잘한다. 예산수덕사IC 인근의 삽교는 곱창으로 유명한 곳이다. **신창집**이 원조 격이다. 포장도 가능하다.

양지한우타운
예산군 광시면사무소 앞
041-333-6040

대흥식당
예산군 대흥면 노동리 140-2
041-335-6034

신창집
예산군 삽교읍 두리 568-51
041-338-2357

Attraction 주변 볼거리
휴양림 앞의 대흥면은 슬로시티로 지정되어 최근 많은 사람들이 찾는다. 또한 의좋은 형제 민담의 무대가 되는 곳으로 마을에는 의좋은 형제 공원이 조성되어 있다. 매달 둘째 토요일 이곳에서 시골장터가 열린다. 또한 이곳을 출발점으로 하는 걷기 코스도 조성되어 있다. 대흥면을 중심으로 느린꼬부랑길이라는 걷기 코스인데, 5.1km, 4.6km, 3.3km 세 가지 코스가 있다.
예당호를 둘러보는 드라이브 코스도 빼놓을 수 없다. 이때 목적지는 응봉면 후사리에 있는 예당호조각공원으로 잡는 것이 좋다. 예당호를 배경으로 야외 조각작품들이 전시되어 있다. 조각공원 주변은 예당관광지로, 이곳에는 국민여가캠핑장이 조성되어 있어 캠퍼들도 즐겨 찾는다. 조각공원 안 카페에서 마시는 커피도 좋다.
예산 여행에서 빼놓을 수 없는 곳이 수덕사다. 휴양림에서 약 40분 거리에 있는데 조금 돌아가더라도 귀경길에 들러볼 만한 곳이다. 이곳을 처음 찾는 사람들은 먼저 절의 규모에 놀라게 된다. 수덕사의 대웅전은 국보 49호로 지정되어 있는 목조건물이다.

대흥면에 있는 의좋은 형제공원

콕콕 집어주는 휴양림 정보

Tip 이것만은 알고 가자
- 전 객실에서 무료 Wi-Fi를 사용할 수 있다. 객실 입실 시간은 다른 곳보다 1시간 빠른 14:00부터다.
- 2013년에 휴양림 진입도로가 개통되었다. 내비게이션이 업데이트되지 않았으면 면사무소 쪽으로 올라가는 길이 안내되는데, 동절기에는 노면 결빙으로 위험하다.

Access 접근성
한남대교 남단에서 휴양림까지 2시간이면 도착할 수 있다. 서해안고속도로·당진영덕고속도로를 타고 예산수덕사IC에서 빠져 나온다. IC에서 휴양림까지 거리는 10km, 20분가량 소요된다.

Comments 여행작가의 말
슬로시티에 자리 잡은 휴양림답게 조용하고 차분한 분위기다. 가족과 함께하는 여행뿐만 아니라 홀로 떠나는 여행과도 잘 어울리는 곳이다. 주변의 꼬부랑길을 걸어보거나 예당호 조각공원을 둘러보는 것도 좋다.

예당호조각공원

Reservation 예약
- 숲나들e 홈페이지(http://foresttrip.go.kr)를 통해서 예약이 가능하다.
- 국립자연휴양림과는 달리 월 추첨제는 운영되지 않는다.
- 지역주민 우선 예약 정책이 적용된다. 일부 물량은 선착순 예약 개시 한 시간 전에 지역주민에게 먼저 배당되고, 미예약 시 선착순으로 전환된다.
- 선착순으로 예약을 받고 있다. 예약신청은 매월 1일 09:00부터 진행이 가능하다.
- 당월 1일부터 다음 달 말일까지 2개월 치의 예약이 오픈된다.

Accommodation 숙박시설

시설	구분	수량	비수기 요금	성수기 요금	시설명
숲속의 집	5인	2동	46,000	84,000	노루귀·둥굴레
	6인	9동	54,000	98,000	의좋은형제·예당호반·단풍나무·때죽나무·떡갈나무·가야산·금오산·봉수산·덕숭산
	8인	4동	62,000	112,000	다람쥐·딱따구리·은방울·참나리
	16인	1동	123,000	225,000	소나무
	20인	2동	180,000	280,000	매헌동·추사동
산림문화휴양관	5인	3실	44,000	75,000	1층: 종달새·참새·까치(원룸형)
	6인	4실	53,000	88,000	2층: 까투리·비둘기·피꼬리·소쩍새(원룸형+다락방)
	10인	2실	76,000	126,000	2층: 독수리·부엉이(투룸형+다락방)

*휴양림 입장료와 주차료는 무료

충주호를 내려다보는 별장 같은 숲속의 집
계명산자연휴양림

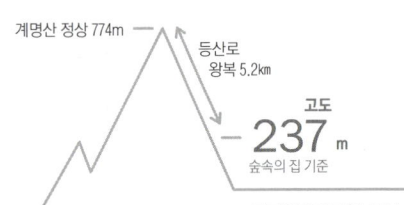

계명산 정상 774m
등산로 왕복 5.2km
고도 -237m 숲속의 집 기준

☀ **기온·℃**
-1.9 전국 평균 대비 살미면 연평균 기온

🌧 **강수량·㎜**
+89 전국 평균 대비 살미면 연평균 강수량

🏠 **숙박 규모·실**
18 18실 최대 216명 수용
숲속의 집 11 · 휴양관 6 · 단체숙소 1

⛺ **야영장·데크**
0 일반야영데크 0

지자체휴양림(충주시 운영) | 1997년 개장 | 충청북도 충주시 충주호수로 1170 | 043-850-7313

국내 최대 인공호수를 조망하는 휴양림

○ 충주호는 충주다목적댐이 생기면서 만들어진 인공호수다. 그 면적이 워낙 커서 충주와 제천, 단양 세 개 지역에 걸쳐 있을 정도다. 육지 속의 바다로 불릴 만큼 저수량도 많다. 공식 명칭은 충주호지만 제천에서는 청풍호, 단양에서는 단양호로, 지역마다 부르는 이름이 다르다.

충주호는 그 넓이가 넓을 뿐만 아니라 호수 주변에 빼어난 관광명소들을 품고 있다. 월악산국립공원과 청풍문화단지 그리고 단양팔경까지 충주에서 제천을 거쳐 단양으로 이어지는 물길로 관광유람선이 운항한다. 충주댐 인근의 충주선착장에서는 제천과 담양까지 오고 가는 유람선이 출발한다. 유람선 여행 코스의 하이라이트는 옥순봉과 구담봉을 지나가는 옥순대교에서 장화선착장 사이 구간이다.

계명산자연휴양림은 이 충주호반에 위치하고 있다. 조금 더 정확히 하자면 충주댐 인근 계명산 동쪽 자락에 자리 잡고 있다. 대부분의 자연휴양림들이 첩첩산중에 계곡을 끼고 있는 반면 이곳은 휴양림과 일부 객실에서 충주호가 조망된다. 시원한 호수의 풍경과 숲이 어우러져 마치 잘 꾸며진 별장단지에 들어온 것 같은 분위기가 물씬 풍긴다.

호수 조망만 좋은 것이 아니다. 휴양림답게 숲을 충분히 즐길 수 있도록 계명산 정상으로 올라가는 등산로도 조성되어 있고, 높은 산으로 올라가는 것이 부담스러운 사람들을 위해 휴양림 주변으로는 충주호 수변을 따라 걷는 둘레길인 종댕이길도 만들어놓았다. 둘레길은 마즈막재에서 시작해서 휴양림 바로 옆 심향산을 한 바퀴 돌아서 충주댐까지 이어진다. 심향산 산림공원은 충주국유림관리소에서 관리하는 숲으로 유아숲체험원이 있고 숲해설사도 근무한다. 자전거길도 물길을 따라 사통팔달 뚫려 있다. 충주댐은 한강까지 이어지는 남한강 자전거길의 시발점이다. 수안보를 거쳐 이화령을 넘어가는 새재 자전거길도 충주의 수변공원에서 시작된다.

내부 들여다보기

○ 계명산자연휴양림은 숲속의 집 11동을 비롯해 총 18개 객실을 보유한 아담한 규모의 휴양림이다. 다른 휴양림과는 다르게 국립휴양림의 산림휴양관 같은 집합숙소인 가족호텔이 있다. 단체 이용객을 위한 25인 규모의 숙소도 한 동 운영되고 있다. 휴양림 객실 중에서 목련나무, 철쭉나무, 해당화, 무궁화집은 사전예약 시 충주시민에게 우선 배정된다. 예약이 미달되거나 취소될 경우 다른 지역 거주자들도 선착순으로 예약할 수 있다.

봉수산자연휴양림과 마찬가지로 일부 숙소에서는 객실 안에서 호수가 내려다보인다. 휴양림의 숲은 낙엽송과 소나무가 혼재되어 있는 혼요림이다. 아이러니하게도 드넓은 충주호를 지척에 두고 있지만 정작 휴양림 안에서 발 한 쪽 담글 만한 계곡이나 물놀이장은 없다. 그렇다고 계명산자연휴양림에 즐길 거리가 없다고 생각하면 오산이다. 휴양림 입구에서 200m 정도 내려가면 심향산 공원으로 들어가는 입구와 만나게 된다. 심향산을 한 바퀴 돌아보는 3.8㎞의 둘레길이 만들어져 있는데 중간중간 충주호

사과나무동에서 바라본
가족호텔

를 조망할 수 있는 전망대와 출렁다리를 건너가는 재미있는 코스다. 충주 종댕이길의 일부 구간이다.

2017년 치유의 숲이 조성되어 2018년에 개장했다. 치유의 숲에는 치유센터와 치유숲길이 있고 2시간, 3시간짜리 산림 치유 프로그램이 운영 중이다. 산림 치유 프로그램은 도시인들의 건강증진을 위해 산책과 명상으로 쌓여 있는 스트레스를 해소하도록 돕는다.

단체숙소인 사과나무집과 가족호텔은 숙소 주변에 나무가 없어 상대적으로 시야가 트여 있다. 투룸형에 구조에 다락방이 별도로 있는 8인실 객실인 영산홍과 백합집도 인기가 좋다.

숲속의 집에서는 부분적으로 충주호 조망이 가능하다. 확 트인 경관이 보이는 것은 아니고 나무 사이로 호수가 내려다보이는 수준이다. 숲속의 집 중에서도 철쭉나무, 목련나무, 산수유집, 주목나무집이 전망이 좋은 편이다. 특히 철쭉나무집은 다른 숙소와 거리가 떨어져 있어 독립성이 좋다. 숙박시설 상세정보는 p.279 참고

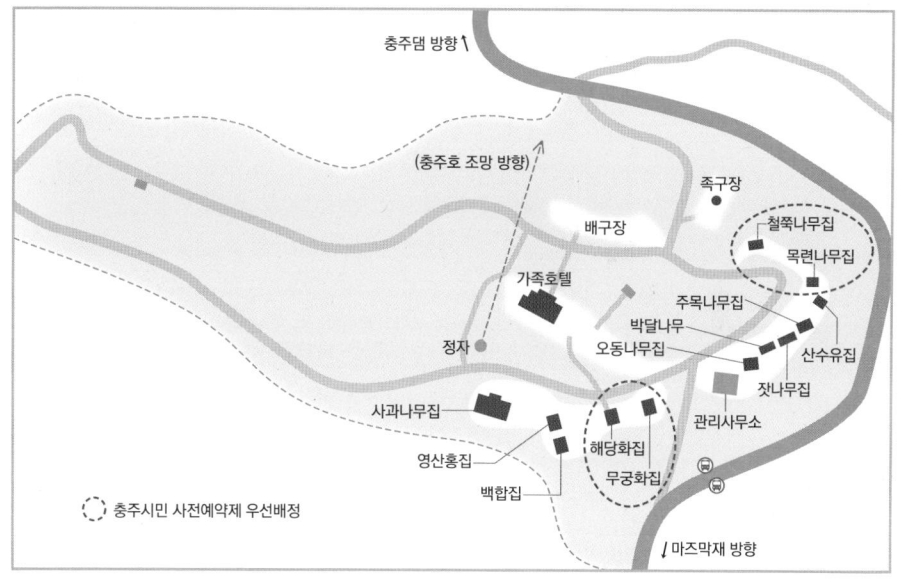

휴양림 백퍼센트 즐기기

Activity 체험 프로그램
- 휴양림에서 계명산 정상으로 올라가는 편도 2.6km의 등산로가 있는데 초반부터 가파르게 올라가는 코스다. 계명산을 찾는 사람들은 주로 휴양림 인근 마즈막재에서 산행을 시작한다.
- 계명산 맞은편에 있는 심향산을 한 바퀴 도는 둘레길인 종댕이길도 충주호 조망이 좋다. 모두 11.5km의 길이 있는데 마즈막재에서 시작해서 휴양림을 거쳐 충주댐까지 호수길을 걷는 6.1km 코스와 마즈막재에서 심향산을 돌아서 출발지로 되돌아오는 7.1km의 코스가 있다.
- 휴양림에서 4km 떨어진 충주댐에서는 인천의 아라한강갑문까지 연결되는 192km의 한강종주자전거길이 시작된다. 충주탄금대 공원에서는 이화령을 넘어 상주 상풍교까지 연결되는 길이 100km의 새재자전거길이 시작된다.

종댕이길의 하이라이트 심향산 출렁다리

Supply 보급
휴양림 인근에는 장볼 곳이 마땅치 않다. 충주시내에서 장을 봐야 한다. **충주농협하나로마트**가 있다, 충주의 재래시장도 들러볼 만하다. 풍물시장, 충의시장, 무학시장, 자유시장, 공설시장 5곳이 모여서 큰 시장을 이루고 있다. 매월 5일·10일에는 오일장도 열린다. **무학시장** 안에는 반기문 총장의 어린 시절 본가인 반선재가 있다.

충주농협하나로마트
충주시 문화동 427번지
043-841-2031

무학시장 주차장
충주시 봉방동 7-4

공설시장 주차장
충주시 성서동 308

Restaurant 주변 맛집
충주 재래시장 안에는 옛날원조순대, 만두골목이 있다. 그중 **장모님만두**와 **왕순대집**에 손님이 많다. 충주시내에는 해장국을 잘하는 식당들이 있다. **운정식당**은 올갱이해장국이 유명하고 **복서울해장국집**은 선지해장국을 잘한다.

장모님만두
충주재래시장 내 / 043-843-9032

왕순대집
충주재래시장 내 순대골목 첫 번째 집

운정식당
충주시 문화동 445 / 043-847-2820

복서울해장국집
충주시 성내동 428 / 043-842-0135

충주나루휴게소
충주시 동량면 화암리 산 11-1

충주호관광선
www.chungjuho.com
043-851-7400

Attraction 주변 볼거리
제천의 청풍나루와 단양의 장회나루까지 다녀오는 유람선을 타고 충주호 주변을 뱃길로 둘러볼 수 있다. 충주나루휴게소에서 단양 장회나루를 왕복하는 뱃길은 단양팔경 중 2경인 옥순봉과 구담봉을 둘러보고 오는 코스다. 쾌속선으로 2시간 40분, 대형선으로 4시간 10분 소요된다. 하절기에는 09:00~17:00에 여객선이 운항된다.

콕콕 짚어주는 휴양림 정보

Tip 이것만은 알고 가자
- 경북 안동에도 계명산자연휴양림이 있다. 인터넷이나 내비게이션에서 충주 계명산자연휴양림으로 검색한다.
- 전체 우선 예약 물량 중 20%는 충주시민에게 하루 먼저 배정된다(목련, 철쭉, 해당화, 무궁화집). 이때 미달되면 일반 배정 물량으로 전환된다.
- 야외 바비큐 시설이 없다. 개인 화로대를 가져와야 하며 산불 조심 기간에는 바비큐가 금지된다.

Access 접근성
한남대교 남단에서 휴양림까지 2시간 안에 도착할 수 있다. 영동고속도로·중부내륙고속도로를 타고 북충주IC에서 빠져 나온다. IC에서 휴양림까지는 22km 거리에 40분가량 소요된다.

Comments 여행작가의 말
한 번 이곳을 찾았던 사람들은 멋진 경관에 반해 계속 찾게 된다. 주변에는 등산로와 산책길은 물론이고 뱃길과 자전거길도 있어 다양한 방법으로 충주호를 둘러볼 수 있다.

심항산산림공원 안 숲 해설 안내소

Reservation 예약
- 숲나들e 홈페이지(http://foresttrip.go.kr)를 통해서 예약이 가능하다.
- 국립자연휴양림과는 달리 월 추첨제는 운영되지 않는다.
- 지역주민 우선 예약 정책이 적용된다. 일부 물량은 매월 1일 지역주민에게 먼저 배당되고 미예약 시 매월 2일 09:00부터 일반 선착순으로 전환된다.
- 선착순으로 예약을 받고 있다. 예약신청은 매주 수요일 09:00부터 진행이 가능하다. 당일부터 6주 차 화요일까지 예약이 오픈된다.

Accommodation 숙박시설

시설	구분	수량	비수기 요금	성수기 요금	시설명
숲속의 집	4인	6동	35,000	60,000	박달나무집·잣나무집·주목나무집·산수유집·목련나무집·철쭉나무집(원룸형)
	6인	2동	65,000	85,000	오동나무집·해당화집(투룸형+다락방)
	8인	3동	85,000	110,000	영산홍집·백합집·무궁화집(투룸형+다락방)
산림문화휴양관 (가족호텔)	6인	4실	65,000	85,000	2층: 초롱꽃·비비추·제비꽃·솜다리(원룸형)
	20인	2실	150,000	220,000	1층: 충주호·탄금호(원룸형)
단체숙소	25인	1동	260,000	320,000	사과나무집(방 3, 화장실 3, 복층형)

*목련, 철쭉, 해당화, 무궁화집은 충주시민 우선 배정 물량

아름드리 나무 도열한 메타세쿼이아숲
장태산자연휴양림

충청도

형제산 정상 302m
등산로 왕복 2.4km

고도
150m
주차장 기준

지자체휴양림(대전광역시 공원관리사업소 운영)
2006년 개장(1991년 휴양림 지정) | 대전광역시 서구 장안로 461 | 042-270-7883~7

기온
-0.6℃
전국 평균 대비
대전 서구 연평균 기온

강수량
+77mm
전국 평균 대비
대전 서구 연평균 강수량

숙박규모
29실
29실 최대 184명 수용
숲속의 집 10
휴양관 15
수련장 4

야영장
20데크
오토캠핑장 20

하늘로 쭉 뻗은 메타세쿼이아숲 휴양림

О 휴양림에도 뜨는 곳이 있다. 대전시에 위치한 장태산자연휴양림은 최근 1~2년 사이 방문객이 급증한 휴양림이다. 대전 근교에 있어서 그동안은 대전시민들의 사랑만 받아오던 곳이었지만 언론을 통해 이곳의 이국적인 메타세쿼이아숲이 알려지기 시작하면서 전국적으로 유명세를 타기 시작했다. 원래는 임창봉 선생이 1972년부터 사유지에 조림한 개인 휴양림이었지만 선생이 타계한 후 2002년 대전시에서 인수해 관리하는 지자체휴양림으로 재탄생했다.

장태산자연휴양림의 매력 포인트는 메타세쿼이아숲이다. 휴양림 초입에서부터 방문객들을 맞아주는 메타세쿼이아숲이 단연 압권이다. 길을 따라 나란히 도열해 있는 아름드리 메타세쿼이아 나무들은 규모 면에 있어서 담양의 메타세쿼이아 가로수길을 훌쩍 뛰어넘는다. 휴양림을 조성하면서 이 숲의 매력을 더 돋보이게 하기 위해 다양한 시설물을 설치했는데, 특히 메타세쿼이아숲을 공중에서 조망하도록 만들어진 스카이웨이와 스카이타워로 구성된 숲속어드벤처 시설은 이곳의 명물이다. 공중에 만들어진 데크 길을 따라서 메타숲을 걸어보는 체험은 아주 특별하다. 10층 아파트 정도 높이인 27m의 스카이타워에서 내려다보는 주변 풍경은 사람들의 발걸음을 한참 붙잡아둔다.

2015년과 비교해서 신규 숙박시설이 늘어났다. 이제는 숲속의 집 10동, 숲속수련장 4실 그리고 휴양관 15실이 방문객들을 받고 있다. 스카이타워를 가로지르는 거대한 출렁다리도 2020년에 개통되었고, 휴양림 초입에 총 20면 규모의 오토캠핑장도 새롭게 조성되어 야영객들을 받는다.

휴양림 외곽을 따라서 한 바퀴 돌아 전망대와 형제봉을 다녀올 수 있는 등산로도 만들어져 있다. 등산로가 힘들다면 잘 포장된 내부 임도를 따라서 좀 더 편하게 전망대까지 올라가볼 수 있다. 전망대에서는 장안저수지가 한눈에 내려다보인다.

내부 들여다보기

○ 장태산자연휴양림 정문 안내소를 지나 생태연못을 향해 올라가다 보면 1972년부터 이 숲을 조성한 임창봉 선생의 흉상과 만나게 된다. 한 사람의 독림가(篤林家)가 후대에 얼마나 큰 행복을 남겨줄 수 있는지는 이 숲에 와보면 직접 느낄 수 있다.

생태연못을 중심으로 관리사무소와 놀이터가 배치되어 있고 숲 체험 스카이웨이가 시작된다. 일반적으로 휴양림의 데크길이 지면 가까이에 만들어져 있는 것과 달리 이곳에는 공중에 만들어져 있다. 스카이웨이를 걷다 보면 높이 27m의 스카이타워로 연결된다.

생태연못과 스카이타워 모두 휴양림의 명소이자 메타세쿼이아숲의 풍경을 사진에 담기 좋은 출사포인트다. 내부의 임도는 모두 포장되어 있어 험하지 않고, 임도를 따라서 장안저수지가 내려다보이는 전망대까지 올라가 볼 수 있다. 편도 약 1.6km의 거리로 한 시간 이내로 돌아볼 수 있다.

휴양림 외곽을 한 바퀴 감아서 장안저수지로 돌아나가는 하천에는 어느 정도 수량이 있지만 산림휴양관 쪽에서 생태연못으로 연결되는 수로는 비가 오지 않는 한 메말라 있는 건천이다.

숲속수련장과 산림휴양관은 휴양림 중앙에 위치해 있다. 두 건물 모두 1층은 교육장 등의 용도로 쓰이고 2층만 숙박시설로 사용된다. 숲속의 집은 휴양림의 가장 위쪽에 있다. 덕분에 숲속수련장이나 휴양관에 비해서 훨씬 한적한 편이다. 6인실 숲속의 집은 경사지를 따라서 계단식으로 두 채씩 나란히 배치되어 있다.

다른 휴양림과 마찬가지로 산림휴양관보다는 독립적인 별채를 사용할 수 있는 숲속의 집이 단연 인기 시설이다. 6인실 숲속의 집은 두 채씩 붙어 있어서 독립성은 좀 떨어지는 편이다. 대나무집과 참나무집 그리고 15인실의 세콰이아집이 가장 높은 곳에 있어 한갓지다. 숙박시설 상세정보는 p.287 참고.

스카이웨이와 연결된 스카이타워 장태산자연휴양림 중앙에 위치한 생태연못

야영장에서 하룻밤 보내기

장태산자연휴양림 야영장은 휴양림 정문에서 약 500m 떨어진 장안천의 지류를 끼고 자리 잡고 있다. 입지 조건은 휴양림 초입에 위치한 좌구산자연휴양림의 야영장과 비슷하다. 데크까지 차량이 접근 가능한 오토캠핑장이다. 20개의 데크가 설치되어 있으며 3종류의 데크 사이즈가 있다.

규 모	총 20개 데크
야영장	오토캠핑장 1곳
고 도	해발 167m
전 기	사용 가능
샤워장	있음(온수 사용 가능)
개수대	있음, 온수 불가
화로대	사용 불가
데크 사이즈	A구역 400×700㎝(1~8번), B구역 300×300㎝(9~14번), C구역 500×700㎝(15~20번)
특이점	하천 인접, 야영장 중간을 마을길이 통과

편의 사이트 옆에 차량 주차가 가능한 오토캠핑장이다. 20개 데크가 전부인 아담한 규모다. 데크 사이즈에 따라서 A, B, C구역으로 나뉜다. 가장 작은 B구역은 나무 데크로 되어 있으며 A·C구역은 파쇄석 사이트다.

환경 야영장 중간을 마을길이 가로지른다. 하천과 인접한 하단과 편의시설동이 있는 상단으로 나뉘는데 하단 쪽이 그늘이 풍부하고 상단 쪽의 15·16·17·18번 사이트는 상대적으로 그늘이 부족하다.

프라이버시 야영장을 가로지르는 마을길은 통행량이 많지 않다. 1·2번과 19·20번 데크의 경우에 도로와 인접해 보이지만 실제로는 고저 차이가 있기 때문에 차량 통행 시 스트레스를 받을 자리는 아니다.

BEST Site 사이트 옆에 차량 주차가 가능하고 중앙에 편의시설동이 자리 잡고 있어 편의성은 어느 사이트나 비슷하다. 환경을 우선한다면 하천과 가깝고 도로에서 거리가 있는 3·4·5·6 사이트가 좋아 보인다. B구역은 데크 사이즈가 작아 투룸텐트를 설치하기 어렵다. 편의성을 우선한다면 C구역에 자리를 잡는 것이 좋겠다.

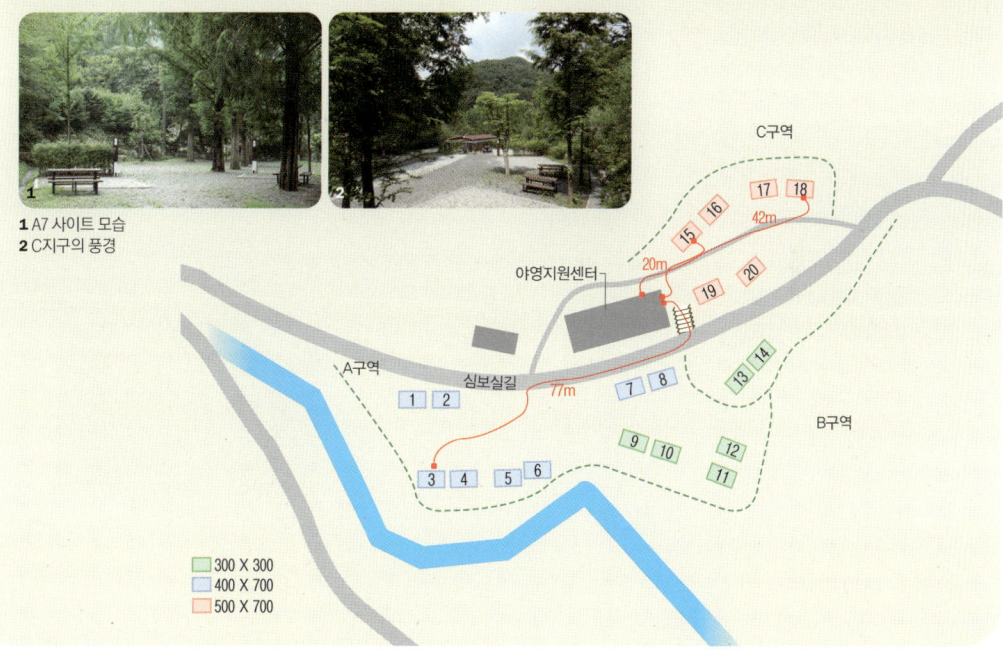

1 A7 사이트 모습
2 C지구의 풍경

휴양림 백퍼센트 즐기기

Activity 체험 프로그램
- 총 연장 3.24㎞의 등산로와 2.58㎞의 산책로가 만들어져 있다.
- 방문객을 대상으로 숲 체험 프로그램을 운영한다. 개인 대상 숲 체험은 주말·공휴일 10:00~11:50에 진행하며 휴양림 홈페이지에서 매달 20일에 사전예약을 접수한다.
- 숲속의 집 바로 밑에는 장태산자연휴양림 전시관이 있다. 관람료는 무료이며 매주 월요일은 휴무다.
- 숲속어드벤처는 하절기에는 09:00~19:00까지, 동절기에는 17:00까지 운영된다. 폭설이나 폭우 시에는 폐쇄한다.

Supply 보급
휴양림에 도착하기 약 4㎞ 전 대전시 서구 흑석동에 하나로마트와 한우를 파는 식육점이 모여 있다. 휴양림 안쪽에는 간단한 생필품을 판매하는 매점이 18:00까지 운영된다.

Restaurant 주변 맛집
대전시 유성 인근에 짬뽕으로 유명세를 떨치는 **이비가 짬뽕본점**이 있다.

이비가 짬뽕본점
대전시 유성구 궁동 462-12
042-823-7484

Attraction 주변 볼거리
수도권 쪽으로 귀경한다면 **유성온천**에 들러서 산림욕에 이어 온천욕까지 즐긴다면 더욱 금상첨화겠다. 유성온천 역 인근에 있는 **유성명물문화공원**에는 무료로 운영되는 노천 족욕체험장도 있다.
계룡산국립공원이 휴양림에서 1시간 거리에 있다. 동학사지구가 휴양림에서 가장 가깝다. 갑사지구까지는 1시간 30분 정도 소요된다.

유성온천
대전시 유성구 봉명동 일대

유성명물문화공원
대전시 유성구 봉명동 547

talk! talk! 메타세쿼이아 이야기
메타세쿼이아라는 쓰기도 발음하기도 어려운 이 나무는 담양의 메타가로수길이 유명세를 타면서 전 국민이 좋아하는 인기 수종이 되었다. 메타세쿼이아는 일명 화석나무로도 불린다. 1941년 중국 중부지방에서 발견되기 전까진 화석으로만 알려진 나무로, 1억 년 전 백악기부터 생존해온 것으로 추정된다. 우리나라에는 1960년 도입된 후 가로수용으로 많이 식재되었다. 크게는 약 35~40m 높이에 2m 두께까지 성장한다. 나뭇잎은 가을에 갈색으로 물들고 겨울에는 모두 떨어진다.

장태산 메타세쿼이아숲

콕콕 짚어주는 휴양림 정보

Tip 이것만은 알고 가자
- 숙박시설을 예약했다면 휴양림 초입에 있는 정문 안내소에서 체크인 해야 한다.
- 당일 방문일 경우 별도의 주차료와 입장료는 없다.
- 장태산자연휴양림에서는 야외 취사가 금지되어 있으며 숲속의 집에도 별도의 바비큐 시설이 없다.

Comments 여행작가의 말
명품 메타세쿼이아숲을 보기 위해 찾는 당일 방문객으로 늘 붐비는 자연휴양림이다. 숙박이 아니더라도 한나절 나들이 코스로도 손색이 없는 대전의 관광명소다.

Reservation 예약
- 홈페이지(http://www.jangtaesan.or.kr)를 통해서 예약이 가능하다.
- 예약은 인터넷으로만 가능하며 당일 예약과 입금은 불가하다.
- 선착순으로 예약을 받고 있다. 숙박시설과 야영장의 예약 개시일이 다르다.
- 숙소는 매월 1일 09:00부터 다음 달 선착순 예약이 시작된다.
- 야영장은 매월 10일 09:00부터 다음 달 선착순 예약이 시작된다.

Access 접근성
대전시에 위치해 있지만 충청남도 금산군과의 경계 지점이라 편도 3시간은 잡아야 한다. 대전에서 대중교통으로 가려면 대전서부터미널에서 시내버스(22번)가 있다. 약 1시간 간격으로 운행하고 있다(현장에서 장태산휴양림 안내 자료를 구해 버스 운행시간을 참고하자).

Accommodation 숙박시설

시설	구분	수량	비수기 요금	성수기 요금	시설명
숲속의 집	6인	8동	60,000	80,000	감나무집·밤나무집·벚나무집·잣나무집·전나무집·향나무집·대나무집·참나무집
	15인	2동	250,000	350,000	세쿼이아집·소나무집
산림문화휴양관	4인	9실	40,000	60,000	2층: 구봉산·계족산·식장산·보문산·계룡산 1층: 형제산·도솔산·만인산·장태산(원룸형)
	6인	2실	60,000	80,000	2층: 백두산·한라산(투룸형)
	10인	4실	150,000	180,000	2층: 도라지·둥글레·들국화·참나리
숲속수련장	4인	2실	40,000	60,000	2층: 까치·제비
	5인	2실	60,000	80,000	2층: 뻐꾸기·참새
야영장	오토	18개	20,000	25,000	A구역: 1~8번 파쇄석(400m×700cm) B구역: 9~14번 데크(300×300cm) C구역: 15~20번 파쇄석(500×700cm)

*성수기: 7·8월, 비수기 금·토요일, 공휴일 전날

1 숲속수련장에 마련된 야외독서실
2 야영장 편의시설동

매끈하게 뻗은 적송 사이를 거닐다
안면도자연휴양림

- 탕건봉 정상 92.7m
- 산책로 왕복 2.8km
- 고도 30m 매표소 기준

☀️ **기온·℃**
-0.3 전국 평균 대비 안면읍 연평균 기온

🌧️ **강수량·mm**
-115 전국 평균 대비 안면읍 연평균 강수량

🏠 **숙박 규모·실**
22 22실 최대 127명 수용 · 숲속의 집 14 휴양관 4 · 한옥 3 · 황토초가 1

⛺ **야영장·데크**
0 일반야영데크 0

지자체휴양림(충청남도 운영) | 1992년 개장 | 충청남도 태안군 안면읍 안면대로 3195-6 | 041-674-5019

바닷바람 맞고 자란 소나무숲 속 휴양림

○ 서산방조제와 안면대교를 건너 안면도 속으로 어느 정도 깊숙이 들어왔다고 생각될 때쯤 섬 중앙에 자리 잡은 안면도자연휴양림에 다다르게 된다. 77번 국도에서 벗어나 휴양림으로 진입하는 순간 방문객의 눈에 제일 처음 들어오는 것은 바로 소나무 숲이다.

재선충으로 소나무가 씨가 마를 거란 이야기를 들은 지도 십수 년이 흘렀지만 아직까지 우리 주위에서 흔하디흔하게 볼 수 있는 나무가 소나무일 텐데 이곳의 소나무들은 어쩐지 좀 낯선 분위기를 풍기고 있다. 검은색 줄기에 이리저리 굽어지고 비틀어져 멋스러운 외모를 뽐내는 육지 소나무와 달리 이곳 소나무들은 불그스름한 적색을 띠며 키다리 미녀의 종아리같이 미끈하게 쭉쭉 뻗어 있다. 그래서 이곳 소나무를 적송(赤松)이라고도 하고 안면도의 지명을 붙여 안면송이라고도 한다.

그렇기에 백제시대부터 조선시대에 이르기까지 목재 생산을 위한 주요 숲으로 관리되어왔고 오늘날까지도 휴양림의 상당 부분이 유전자원보호림으로 지정되어 있다. 그런 까닭에 캠퍼들에게는 아쉽지만 야영은 물론이고 야외에서의 취사행위도 엄격하게 제한된다.

휴양림에서 가장 높은 봉우리라 해도 해발 100m도 안 되는 까닭에 숲속의 집을 비롯한 숙박시설들은 나지막한 언덕들 사이사이 고즈넉하게 자리 잡고 있다. 울창한 적송 무리들 틈에 드문드문 자리 잡은 통나무집을 보고 있노라면 마치 선계에라도 들어온 듯한 착각이 들 지경이다.

휴양림 맞은편에는 수목원이 자리 잡고 있으며 수목원 안 산책로를 따라 전망대로 올라가면 휴양림에서 가장 가까운 바닷가인 꽃지해변은 물론 해변의 명물인 할매·할아비바위도 한눈에 내려다보인다.

울창한 소나무숲 속의 통나무집

내부 들여다보기

O 안면도자연휴양림 매표소로 진입하면 초입에 위치한 주차장을 가장 먼저 만나게 된다. 주차장이지만 초입부터 울창한 송림이 있는데, 휴일이면 숙박객뿐만 아니라 이곳을 찾는 방문객들로 인해 주차장이 가득 찬다.

주차장에서 산림전시관을 지나 솔잎이 수북하게 쌓인 소나무숲을 따라 올라가면 나지막한 언덕을 넘어가게 되고, 팔각정이 있는 잔디광장을 만난다. 숙박시설들은 대부분 잔디광장을 중심으로 위치해 있다. 도로와 접해 있어 사람과 차로 북적거리는 매표소 쪽 주차장과 달리 안쪽의 분위기는 고요하다. 잘 가꿔진 잔디밭과 소나무들이 어울려 한 편의 수묵화 같은 풍경을 만들고 있다.

이곳을 중심으로 바지락봉, 새조개봉, 키조개봉과 같은 재미있는 이름의 봉우리를 돌아오는 산책코스가 이어져 있는데, 봉우리 높이는 모두 해발 100m 이내로 낮은 편이라 바닷바람을 맞으며 산책하듯 한 바퀴 돌아보기에 전혀 부담스럽지 않다.

휴양림 초입 주차장에서 77번 국도 맞은편에 위치한 안면도 수목원으로 연결되는 통로가 있다. 수목원은 한국 전통정원인 아산원을 비롯해 양치식물온실, 철쭉원, 청자자수원 등의 테마 정원으로 꾸며져 있다. 휴양림 입구에서 수목원 전망대까지는 약 1km의 거리이며 주변 경관을 한눈에 내려다볼 수 있다.

휴양림의 인기에 비해서 숙박시설의 규모는 그렇게 크지 않다. 야영장과 연립동은 없으며 숲속의 집과 산림휴양관만 있는데 산림휴양관은 육지의 휴양관보다 규모가 작다. 대부분의 휴양관이 10실 이상의 규모인데, 이곳은 달랑 4실밖에 없다. 휴양관보다 연립동에 가까운 느낌이다. 한옥 1·2·3호는 광장에서 조금 벗어나 가장 안쪽에 위치하고 있다. 조용한 분위기의 숙소를 선호한다면 추천한다. 나머지 숙소들의 입지조건은 대동소이하다. 그중 5인실 숲속의 집 대화3호, 만남2호, 행복3호가 복층 구조로 되어 있다. 인원과 객실 사정에 맞게 선택하면 되겠다. 숙박시설 상세정보는 p.293 참고

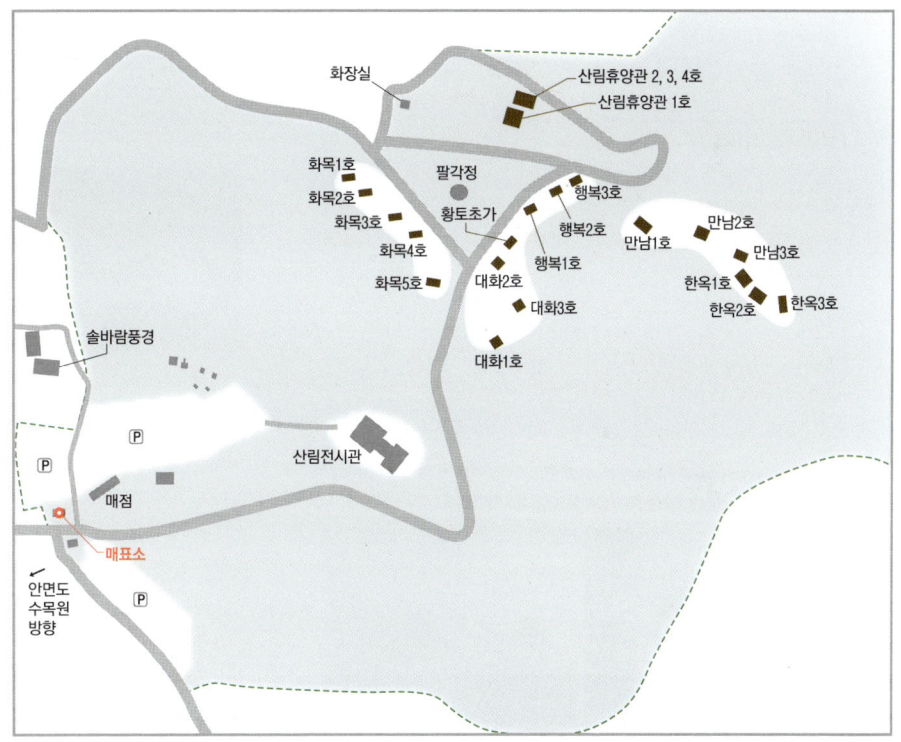

휴양림 백퍼센트 즐기기

Activity 체험 프로그램
- 휴양림 중앙에는 산림전시관이 있다. 임가공에 관한 자료들과 나무 표본들이 전시되어 있다. 입장료는 무료다.
- 휴양림 안을 둘러보는 약 2.8km의 산책로가 개설되어 있다. 한 바퀴 돌아보는 데 1시간 소요된다.
- 휴양림 맞은편에는 수목원이 자리 잡고 있다. 입구에서 수목원 전망대까지는 약 1km 거리이며 이곳에 올라서면 꽃지해변을 포함한 주변 경관이 한눈에 내려다보인다. 입장료는 무료다.

Supply 보급
태안반도를 길게 종단하는 77번 국도변 중간중간에 마트들이 있어 보급 사정은 좋은 편이다. 휴양림에서 3km 떨어진 안면읍내에 **하나로마트**가 있다. 그리고 13km 지점에 **백사장항**이 있으며 공판장에서 싱싱한 수산물을 구입할 수 있다. 단 19:00 이전에는 도착해야 한다. 10~11월경에는 꽃게대하축제가 열린다.

하나로마트(안면읍)
충남 태안군 안면읍 장터로 136-2
041-673-4100

백사장항
충남 태안군 안면읍 창기리

Restaurant 주변 맛집
안면도의 식당들은 주로 대하, 꽃게를 이용한 해산물 요리를 내놓는다. 최근에는 안면도가 속한 서산의 지역음식으로 게국지가 알려지기 시작했는데 게와 함께 겉절이 김치를 끓여서 내놓는 음식이다. 서산시내의 **진국집**과 **경성식당**이 유명하다.

진국집
서산시 읍내동 1-22
041-665-7091

경성식당
서산시 동문동 426
041-667-3333

Attraction 주변 볼거리
안면도 서쪽을 따라 12곳의 해수욕장이 몰려 있다. 그중에서 꽃지해수욕장이 휴양림에서 가장 가까운 곳에 있다. 약 5km의 드넓은 해변과 함께 서해안에서 낙조가 아름다운 곳으로 손꼽히는 장소다. 최근에는 CNN이 선정한 한국의 관광명소 50선 중에 2위를 차지하기도 했다.

콕콕 집어주는 휴양림 정보

Tip 이것만은 알고 가자
- 이곳에서 야외 바비큐는 언감생심. 야외 취사가 불가하다.
- 입장시간은 하절기 09:00~18:00까지이며 동절기(11~2월)에는 17:00까지 단축된다.
- 숙박시설의 경우 다른 휴양림들과 달리 성수기와 비수기의 요금 차이 없이 동일하다.

Comments 여행작가의 말
붉은빛이 감도는 안면송이 매끈하게 자란 자연군락지로 유명한 자연휴양림이다. 휴양림 이전에 안면도를 찾는 사람들도 한 번쯤은 꼭 둘러보는 관광명소다. 그만큼 숙박시설의 예약 경쟁은 치열하다

Access 접근성
한남대교 기준으로 약 3시간 걸린다. 서해안고속도로를 이용해서 홍성IC로 빠져 나오는 경로가 최단 코스다.

Reservation 예약
- 숲나들e 홈페이지(http://foresttrip.go.kr)를 통해서 예약이 가능하다.
- 추첨제: 매월 1일 09:00부터 4일 23:59까지, 다음 달 1일부터 말일까지 추첨 응모할 수 있다.
- 추첨일: 매월 5일 10:00에 당첨자를 발표한다.
- 추첨 완료 후 잔여 객실은 매월 6일 09:00부터 선착순으로 예약이 가능하다.
- 객실 3개까지 3박 4일 이내 예약이 가능하다.

Accommodation 숙박시설

시설	구분	수량	비수기 요금	성수기 요금	시설명
숲속의 집	3인	1동	26,000	35,000	행복1호
	4인	5동	41,000	56,000	화목1호·화목2호·화목4호·화목5호·행복2호
	5인	7동	56,000	76,000	대화2호·대화3호(복층)·만남1호·만남2호(복층)·만남3호·화목3호(복층)·행복3호
	10인	1동	78,000	107,000	대화1호
한옥(황토방)	5인	2동	78,000	107,000	한옥1호·한옥3호
	8인	1동	78,000	107,000	한옥2호
황토초가	8인	1동	78,000	107,000	황토초가
산림문화휴양관	5인	3실	56,000	76,000	2층: 산림휴양관4호 1층: 산림휴양관2호·3호
	16인	1실	170,000	220,000	산림휴양관1호

별자리 관측 체험이 가능한
좌구산자연휴양림

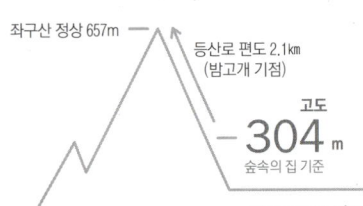

좌구산 정상 657m
등산로 편도 2.1km (밤고개 기점)

고도
304m
숲속의 집 기준

☀ **기온·℃**
-1.5 전국 평균 대비 증평읍 연평균 기온

🏠 **숙박 규모·실**
31 31실 최대 221명 수용 · 숲속의 집 10
휴양관 12 · 황토방 5 · 병영하우스 4

🌧 **강수량·mm**
+28 전국 평균 대비 증평읍 연평균 강수량

⛺ **야영장·데크**
11 오토캠핑장 11

지자체휴양림(증평군 운영) | 2009년 개장 | 충청북도 증평군 증평읍 솟점말길 107 | 043-835-3871~3

밤이 되면 별 이야기로 설레는 휴양림

○   숲 속 야영장에서 하룻밤을 보내게 되면 밤하늘을 올려다보는 시간이 많아진다. TV나 스마트폰 보느라 아래로 꺾여 있던 고개가 그날만큼은 기지개를 켜고 하늘을 향하게 된다. 맑은 날이면 도시에서는 좀처럼 보이지 않던 수많은 별들이 하늘을 촘촘하게 수놓는다. 별 한번 제대로 본 적 없는 도시의 아이들에게 부모들은 별자리를 알려주며 호들갑을 떤다.

휴양림들이 주로 인적이 드문 산중 고지대에 위치해 있는 까닭에 천문대와 가까운 곳들이 있다. 필자는 이 책에서 천문대와 가까운 휴양림으로 4곳을 소개하고 있다. 양평의 중미산, 장흥의 편백숲, 충주의 문성, 그리고 이곳 좌구산자연휴양림이다. 좌구산자연휴양림을 제외하고는 별을 보기 위해선 별도의 노력이 필요하다. 해가 지고 저녁 시간이 찾아오면 산속에 있는 천문대로 길을 나서야 하는 것이다. 여간 번거로운 일이 아니다. 운전을 담당한 가장이 바비큐와 함께 반주라도 한잔 걸치는 날에는 별 보러 가는 계획은 물거품이 되어버린다.

좌구산자연휴양림은 충청북도 증평군에 있는 좌구산 자락 남서쪽에 자리 잡고 있다. 서울에서 2시간 거리로 수도권에서의 접근성이 좋다. 이 일대에는 휴양림뿐만 아니라 초입의 삼기저수지와 율리휴양촌, 그리고 좌구산천문대가 모여서 휴양단지를 이루고 있다. 특히 휴양림 숙소에서 천문대까지는 거리는 수백m에 불과해 충분히 걸어서 이동할 수 있을 만큼 가깝다.

천문대는 휴양림 위쪽 해발 370m 높이의 밤고개 정상에 있다. 별 보기 좋은 맑은 날에는 인근 대도시인 청주에서도 많은 사람들이 찾는다. 천체관측이 시작되기 전 플라네타리움(Planetarium, 반구형 천장에 천체 별자리를 투영해주는 기구)을 이용해서 별자리에 대한 설명이 진행된다. 옛 사람들은 모래같이 흩뿌려져 있는 별에 어떻게 일일이 이름을 붙여놨을까 신기한 생각도 든다. 아마 전기가 없던 시절에는 오늘날 스마트폰 이상으로 밤하늘의 별들이 사람들의 시선을 사로잡았을 것이다.

천체망원경의 렌즈 속으로 들여다보는 별은 기대와 달리 소박하다. 좁은 렌즈 안에서 희미하게 떨리고 있는 별들은 애처롭기까지 하다. 화려한 영상과 자극적인 볼거리에 익숙해진 탓에 스펙터클 하거나 흥미진진한 경험은 아니지만 밤하늘에 조금 더 가까이 다가갔다는 소박한 감흥을 얻어간다.

내부 들여다보기

○ 증평읍에서 삼기천을 따라 좌구산 쪽으로 올라가다 보면 상류의 삼기저수지와 만나게 된다. 이곳에서부터 휴양림 단지가 시작되는데 저수지 앞의 율리휴양촌을 지나 점촌교를 건너가면 휴양림으로 올라가는 오르막길이 시작된다. 약 500m가량 길을 따라 올라가다 보면 관리사무소에 도착한다.

산림휴양관

좌구산자연휴양림의 식생은 참나무가 주종을 이루고 있다. 숙소 주변에 물길이 나 있지만 수량이 풍부하지는 않다. 대신 사방댐을 막아서 만든 물놀이장이 있다. 휴양림으로 들어오는 초입인 야생화 단지 쪽에 있는데 여름 성수기에만 오픈한다.

독채 숙소는 숲속의 집과 황토방으로 나뉘어 있다. 숲속의 집은 통나무집 외관으로 10동이 있고, 황토방은 말 그대로 황토벽돌로 지은 5동이 있다. 관리소에서 경사지를 따라 더 올라가면 별무리하우스를 만나게 된다. 이곳의 산림휴양관 격인 집합숙소다. 3층 건물로 1층에는 매점을 겸하는 식당도 있다. 건물 앞쪽으로는 바비큐장이 마련되어 있고 뒤쪽에는 바람소리길로 불리는 산책로가 나 있다.

이곳에서 다시 약 600m 정도를 더 올라가면 고갯마루 정상에 위치한 좌구산천문대에 도착할 수 있다. 이곳 밤고개에서 좌구산 정상으로 향하는 능선을 따라가는 등산로가 시작된다. 밤고개를 넘어가면 회현리가 나온다.

좌구산자연휴양림의 숙박시설은 저마다 나름의 장단점을 갖고 있다. 통나무집이 숲 속에 있어 아늑한 분위기라면 황토방은 시야가 탁 트인 곳에 있어 전망이 좋다. 위치도 다섯 동만 뚝 떨어져 있어 한갓진 분위기다. 두 곳 모두 숙소 옆에 바비큐장이 있고, 주차도 바로 옆에 할 수 있다. 그늘이 적은 황토방 쪽에는 파라솔까지 마련되어 있다. 개장한 지 비교적 얼마 되지 않은 휴양림이라 시설들은 깨끗한 편이고 신경 써서 만들었다는 느낌을 준다. 숲속의 집은 천문대 옆 숙소답게 모두 별 이름이 붙어 있어 이채롭다.

2015년과 비교해서 신규로 시설물들이 추가되었다. 숙박시설의 경우 병영하우스 10인실, 객실 4개가 신축되었다. 군대내무반 콘셉트로 꾸며진 숙소다. 휴양림 진입로 인근에 11면 규모의 오토캠핑장도 신축되어서 야영객들을 받는다. 휴양림으로 진입하는 계곡 중간을 가로지르는 거대한 출렁다리도 개통되어 눈길을 사로잡는다.

숙박시설 상세정보는 p.301 참고

계곡을 가로지르는
출렁다리

야영장에서 하룻밤 보내기

최근에 오픈한 야영장이다. 휴양림 초입, 물가에 위치하고 있다. 좌구산 줄타기 매표소에서 우회전하지 말고 300m 직진하면 삼기천 건너편에 자리 잡고 있다. 11개 사이트에 불과한 아담한 야영장이다. 사이트 옆에 주차가 가능한 오토캠핑장이다.

규 모	총 11개 데크
야영장	오토캠핑장 1곳
고 도	해발 197m
전 기	사용 가능
샤워장	있음(온수 사용 가능)
개수대	있음, 온수 불가
화로대	사용 가능(장작 사용 가능)
데크 사이즈	510×520cm
특이점	하천 인접, 인근에 근린공원 있음

편의 사이트 옆에 바로 차량을 주차할 수 있는 오토캠핑장이라 편의성이 좋은 야영장이다. 데크도 11개에 불과하기 때문에 가장 멀리 자리 잡은 11번 데크에서 편의시설을 이용하기도 불편하지 않다. 국립자연휴양림과 달리 장작을 이용한 화로대 사용도 가능하다.

환경 삼기천 바로 옆에 자리 잡고 있다. 고저 차이가 있기 때문에 데크에서 바로 물가로 진입할 수는 없다. 도로와 가깝게 위치하고 있지만 차량의 통행은 거의 없다. 단 오토캠핑장의 특성상 그늘이 부족한 편이다. 여름철 타프 설치는 필수다.

프라이버시 데크당 차지하는 면적이 넓기 때문에 비좁은 느낌은 없다. 하단에 10개 데크가 자리 잡고 있고 약수터가 있는 상단에 1개의 데크가 위치하고 있다.

BEST Site 소규모 야영장이라 편의성, 환경, 프라이버시가 대동소이하다. 물가에 가깝게 자리 잡고 싶은 사람은 1·2·3·4·5번 데크를, 한적한 캠핑을 즐기고 싶은 사람은 11번 데크가 좋겠다.

1 야영장 전경
2 6번 데크의 모습

휴양림 백퍼센트 즐기기

Activity 체험 프로그램
- 3~11월에 무료 숲 해설이 진행된다. 홈페이지에서 미리 예약해야 한다. 목공예 체험 프로그램은 5~10월 사이에 진행된다.
- 천문대가 있는 밤고개에서 좌구산 정상으로 올라가는 등산로가 개설되어 있다. 편도로 2.1km, 1시간 20분가량 소요된다.
- 율리휴양촌을 중심으로 좌구산 자락을 한 바퀴 도는 16.2km의 MTB 코스가 개설되어 있다.
- 좌구산천문대는 하절기에 14:00~22:00까지 운영된다. 주간에는 태양의 흑점을 관측하고 야간에는 별자리를 관측한다. 휴양림 숙박객은 1회에 한해서 입장료를 50% 할인해준다. 천체투영실 관람과 천체 관람은 총 1시간 정도 소요된다. 시간대별 관람 인원은 40명으로 한정되어 있다. 날씨 좋은 주말에는 인근 청주에서도 별을 보러 많이 찾으니 홈페이지에서 미리 예약하는 것이 좋다.

좌구산천문대
http://star.jp.go.kr
043-835-4579

Supply 보급
장은 증평읍내에 있는 **증평농협하나로마트**에서 보는 것이 좋다. 증평읍내에는 **증평장뜰시장**으로 불리는 재래시장이 있다. 98개의 점포가 모여있으며 1일·6일에는 오일장도 선다. 증평 지역 특산물인 인삼과 돼지고기삼겹살을 구입할 수 있다. 특히 삼겹살은 홍삼 부산물을 먹여 키운 사미랑 홍삼포크라는 지역브랜드가 있다. 매년 삼겹살 축제도 열린다. 시장 안에 대장간 명인이 운영하는 대장간이 있어 시장 명소로 꼽힌다. 휴양림의 별무리하우스 1층에도 매점이 있어 필요한 생필품을 구입할 수 있다.

증평농협하나로마트
증평군 증평읍 창동리 118
043-836-4165

증평장뜰시장
증평군 증평읍 중동리 97-1

Restaurant 주변 맛집
시장 안 **장터순대**가 순대국밥으로 유명하다. 시장 인근 **일미분식**은 쫄면과 군만두가 맛있다. 휴양림 초입의 율리휴양촌에는 마을에서 공동 운영하는 **율리체험마을 식당**이 있다. 메뉴로 시골밥상과 산채비빔밥이 있다.

장터순대
증평장뜰시장 내 / 043-836-6859

일미분식
증평군 증평읍 대동리 26
043-836-3478

율리체험마을 식당
증평군 증평읍 율리 508-5
043-838-5082

Attraction 주변 볼거리
증평군은 자전거 타기 좋은 곳이다. 증평을 가로지르는 보광천으로 괴산 연풍면에서 시작해 세종시 합강공원까지 이어지는 100km의 국가 자전거길인 오천 자전거길이 지나간다. 좌구산 율리휴양촌에서 증평읍까지 흘러가는 삼기천을 따라서 자전거길이 만들어져 있다. 이 자전거 코스는 좌구산 MTB 코스와 연결된다.

*더 많은 청주지역의 볼거리와 먹거리 정보는 상당산성자연휴양림(p.266)을 참고한다.

콕콕 짚어주는 휴양림 정보

Tip 이것만은 알고 가자
- 휴양림 초입에서 숙소까지 올라가는 진입로의 경사가 급한 편이다. 야간이나 동계 운전 시 주의해야 한다.
- 월초에 한꺼번에 다음 달 예약이 오픈되는 방식이 아니기 때문에 사용 희망일로부터 30일 전 날짜를 잘 계산해서 예약해야 한다.
- 예약 시 결제방식을 무통장입금으로 선택했을 때 가상계좌 생성까지 완료해야 예약이 마무리된다.

Reservation 예약
- 숲나들e 홈페이지(http://foresttrip.go.kr)를 통해서 예약이 가능하다.
- 국립자연휴양림과는 달리 월 추첨제는 운영되지 않는다.
- 지역주민 우선 예약 정책이 적용된다. 일부 물량은 지역주민에게 먼저 배당되고 미예약 시 일반 선착순으로 전환된다.
- 선착순으로 예약을 받고 있다. 예약신청은 매주 수요일 09:00부터 진행이 가능하다.
- 당일부터 6주차 화요일까지 예약이 오픈된다.

Comments 여행작가의 말
캠핑도 즐기고 천문대에서 별자리도 보는 독특한 체험이 가능한 휴양림이다. 바비큐만 구워 먹는 평범한 휴양림 여행에 싫증난 가족 단위 캠퍼들에게 추천한다.

Access 접근성
한남대교 남단에서 휴양림까지 2시간 정도 소요된다. 평택제천고속도로·통영대전고속도로를 타고 가다 증평IC에서 빠져 나온다. IC에서 휴양림까지는 약 20㎞ 거리며, 40분가량 소요된다.

Accommodation 숙박시설

시설	구분	수량	비수기 요금	성수기 요금	시설명
숲속의 집	4인	4동	60,000	90,000	길잡이별·여우별·작은곰별·큰곰별(원룸형)
	8인	2동	110,000	170,000	붉은별·새벽별(투룸형+다락방)
	12인	4동	130,000	200,000	별비별·국자별·미리내·견우별(투룸형+다락방)
산림문화휴양관 (별무리하우스)	3인	4실	40,000	60,000	2층: 처녀자리·쌍둥이자리(원룸형) 1층: 물병자리·물고기자리
	4인	5실	50,000	80,000	3층: 전갈자리·궁수자리(원룸형+다락방) 2층: 천칭자리·황소자리 1층: 양자리
	8인	3실	80,000	120,000	2층: 게자리·사자자리(원룸형) 1층: 염소자리
황토방	15인	5실	160,000	200,000	은방울·들국화·금계국·인동초·제비꽃(방 2, 거실)
병영하우스	10인	4실	100,000	150,000	현무·주작·청룡·백호
야영장	오토	11개	20,000	30,000	주차료, 전기 사용료, 입장료 포함

*인근 율리휴양촌의 8개 숙박시설도 통합예약사이트에서 예약 가능

숲에서 할 수 있는 거의 모든 것

문성자연휴양림 (충주행복숲체험원)

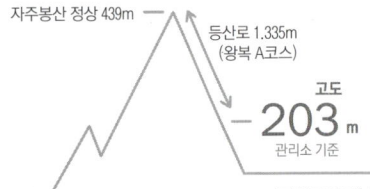

☀️ **기온·℃**
-2.1 전국 평균 대비
노은면 연평균 기온

🌧️ **강수량·mm**
+84 전국 평균 대비
노은면 연평균 강수량

🏠 **숙박 규모·실**
25 25실 최대 174명 수용 · 숲속의 집 5
휴양관 10 · 연립동 8 · 단체숙소 2

⛺ **야영장·데크**
12 오토캠핑장 12

자주봉산 정상 439m
등산로 1,335m (왕복 A코스)
고도 -203m 관리소 기준

지자체휴양림(충주시 운영) | 2008년 개장 | 충청북도 충주시 노은면 우성1길 191 | 043-850-7346

휴양림은 쉬는 곳이란 선입견을 깨는 곳

O   충주행복숲체험원 안에 위치한 문성자연휴양림은 명산이나 수려한 계곡을 끼고 있지 않다. 게다가 이렇다 할 관광명소와 가까운 것도 아니다. 하지만 이곳은 숲에서 할 수 있는 거의 모든 종류의 체험시설들이 모여 있다. 시설과 함께 다양한 체험 프로그램들도 운영되고 있다. 산책로와 등산로 같은 기본 시설들은 물론이고 목공예, 오토캠핑, 생태숲, 모노레일, 짚 라인, 도서관과 곤충관까지 다양한 체험시설들이 있다. 이곳에서 산과 숲은 정적인 휴양의 공간에서 벗어나 만들고 느끼고 즐기는 동적인 체험의 공간으로 탈바꿈한다.

일반적으로 휴양림에서는 목공예교실을 운영하며 목걸이나 열쇠고리 같은 간단한 기념품을 만드는 체험활동을 하는 정도다. 이곳 목재문화체험관에서는 나무목걸이 같은 간단한 공예품에서부터 책꽂이, 테이블, 의자같이 제법 규모가 있는 가구까지 만들어볼 수 있다. 단체뿐 아니라 가족 단위 방문객도 체험에 참여할 수 있게끔 목공예 체험의 문턱을 낮춰 놓았다.

생태숲체험장에서는 동절기를 제외하고 매월 계절에 맞는 숲체험 프로그램이 운영된다. 주요 시설로는 도서관, 학습관, 곤충관 그리고 숲 유치원이 마련되어 있다. 다른 곳에서는 보기 힘든 시설들도 있는데 바로 모노레일과 짚 라인이다. 모노레일은 주차장에서 시작해서 오토캠핑장이 있는 자주봉산 중턱까지 올라갔다 내려온다. 특히 어린아이들에게 인기가 좋다. 좀 더 화끈한 체험을 원한다면 짚 라인을 타보는 것도 좋다. 길이가 다른 4개의 코스를 통과하게 되는데, 공중에 매달려 계곡을 가로질러 내려오는 스릴을 경험할 수 있다.

저녁에도 할 수 있는 체험거리를 찾는다면 휴양림에서 차로 약 20분 거리에 있는 충주고구려천문과학관을 찾아가는 것이 좋다. 8m 원형돔에 60㎝ 반사망원경을 보유하고 있고 부대시설로는 전시실, 시청각실, 천체 투영실이 있다. 여름철에는 오후

오토캠핑장
소형 데크 쪽의 전경

11시에 폐관한다. 천문대가 해발 150m로 비교적 낮은 곳에 있어 저녁시간에 찾아가기에도 부담이 적다.

내부 들여다보기

◉ 체험시설이 많이 있는 휴양림이지만 숙소들의 배치도 좋다. 체험시설 이용객들로 다소 번잡스러워질 수 있음을 고려했는지 야영장을 비롯한 숙박시설들은 모두 휴양림 위쪽에 자리 잡고 있다. 덕분에 체험시설 이용객들의 동선과는 분리되어 있다. 숙박시설로는 숲속의 집 5동과 연립동 8실 그리고 단체숙소와 휴양관이 있는데 '산동네'라는 이름의 연립동은 2층 건물에 객실이 4개 모여 있는 숙소다. 모두 도로가 끝나는 가장 높은 지점에 자리 잡고 있다. 12개 데크 규모의 야영장도 목재문화체험장 위쪽에 있어 한적한 편이다.

휴양림을 가로지르는 물길이 있지만 물놀이를 즐길 정도의 수량은 아니다. 대신 7·8월에 오픈하는 멋진 물놀이장이 있다. 식생은 주로 참나무가 많이 보인다. 짚 라인은 매방채산 쪽의 임도를 타고 올라가서 시작한다.

문성자연휴양림의 인기 숙박시설은 단연 숲속의 집이다. 6인실·8인실 두 종류의 객실이 있는데 모두 복층형 구조에 다락방도 있다. 경사지를 따라서 계단식으로 배치되어 있고 동간 간격은 여유로운 편이다. 8인실인 채송화동이 가장 위쪽에 있어 한적하다.

오토캠핑장에는 모두 12개의 데크가 있다. 데크 사이즈는 소형(300×400㎝)과 대형(400×600㎝) 두 종류다. 모두 차량을 옆에 주차할 수 있고 소형 데크에는 200×200㎝짜리 데크가 추가로 붙어 있다. 모든 데크에서 전기 사용이 가능하고 샤워장은 온수도 나와서 편의성은 좋은 편이다. 단 주변에 계곡이 없는 것은 아쉬운 점이다. 대형 데크와 달리 소형 데크 쪽에는 그늘이 부족하다. 숙박시설 상세정보는 p.307 참고

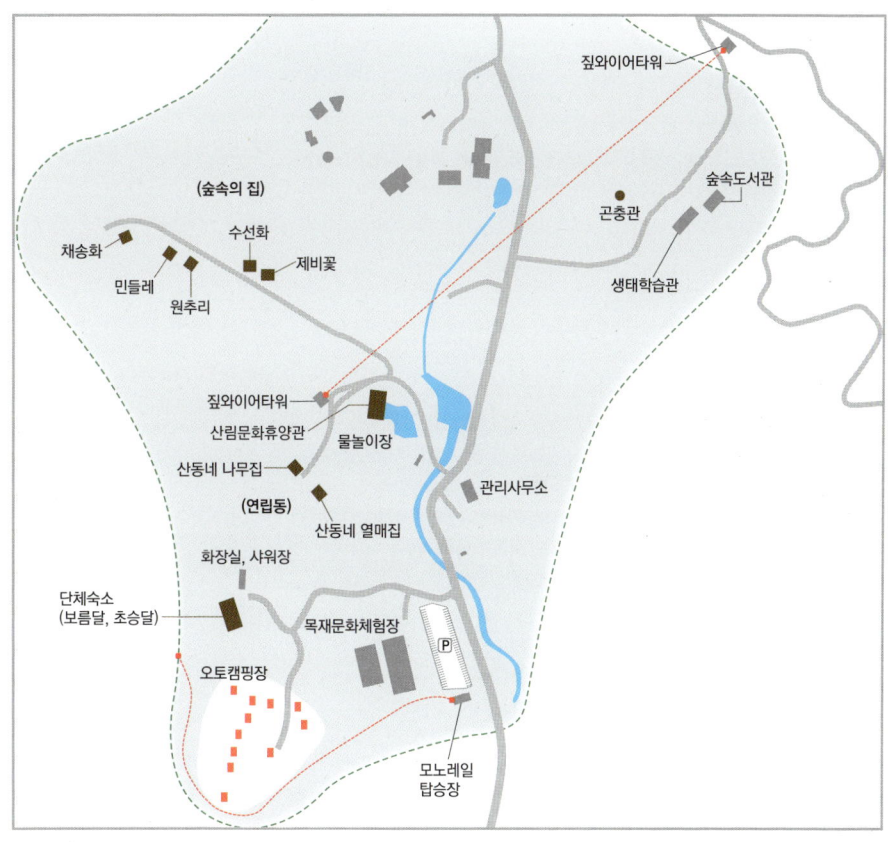

휴양림 백퍼센트 즐기기

Activity 체험 프로그램
- 목공예 체험 프로그램을 운영한다. 책꽂이, 보관함, 테이블, 의자 등을 만들 수 있는 DIY 가구 만들기 프로그램이 좋다(재료비 별도). 매일 10:00, 14:00 2회 진행되며 홈페이지에서 미리 예약을 받는다.
- 모노레일은 풀코스 기준 2㎞ 거리를 운영하는데, 왕복 1시간 정도 소요된다. 하루 5회 운행한다.
- 짚 라인은 09:00~19:00(하절기 기준)에 운영한다. 외부 전문업체가 위탁 운영하고 있다.

Supply 보급
휴양림 초입의 노은면에 **노은농협하나로마트**가 있으니 미리 장을 보고 가는 것이 좋다.

노은농협하나로마트
충주시 노은면 연하리 532-2
043-853-3902

Restaurant 주변 맛집
노은면에 해물짬뽕으로 유명한 **중앙관**이 있다. 해물이 푸짐한 전복짬뽕이 이 집 대표 메뉴다(충주시 쪽 보급과 맛집 정보는 계명산자연휴양림 p.278를 참고한다).

중앙관
노은농협하나로마트 바로 옆
043-853-3903

Attraction 주변 볼거리
중앙탑사적공원 안에는 국보 6호 탑평리7층석탑이 있다. 신라시대에 세워진 석탑 중에 가장 높은 석탑이고 국토의 중앙에 세워져 일명 중앙탑으로도 불린다. 삼국시대의 각축장으로서 충주의 지정학적 위치를 가늠해볼 수 있는 유적이다. 중앙공원 주변은 충주호와 닿아 있는 수변공원으로 넓은 잔디밭과 야외 조각공원이 있어 가볍게 산책하기에도 좋다. 인근에는 **충주박물관**도 있다. 관람료는 무료이며 매주 월요일 휴관한다.
중앙공원에는 세계 술 문화 박물관인 **리쿼리움**이 있다. 각국의 술 문화 관련 사료를 수집해놓은 박물관인데 와인, 맥주, 전통주관으로 나누어져 있으며 와인 만들기, 막걸리 만들기 등의 체험도 신청할 수 있다. 매주 목요일에는 휴관한다.
중앙탑이 신라의 유적이라면 인근에는 고구려가 세운 국보 205호 중원고구려비가 전시되어 있는 전시관이 있다. 중원고구려비 전시관은 아이들과 함께한 여행객이라면 중앙탑과 연계해서 관람해도 좋겠다.

중앙탑사적공원
충주시 중앙탑면 탑평리 53-1
043-842-0532

충주박물관
043-850-3924

리쿼리움
043-855-7333

중원고구려비 전시관
충주시 중앙탑면 용전리 280-11
043-850-7301

콕콕 짚어주는 휴양림 정보

Tip 이것만은 알고 가자
- 입실시간은 14:30, 퇴실시간은 11:30으로 다른 곳에 비해 30분 빠르다.
- 휴양림의 예약시스템과 운영정책은 충주시에서 운영하는 계명산자연휴양림과 동일하다.
- 휴양림의 숙소에는 야외 바비큐 시설이 없다.

Reservation 예약
- 숲나들e 홈페이지(http://foresttrip.go.kr)를 통해서 예약이 가능하다.
- 국립자연휴양림과는 달리 월 추첨제는 운영되지 않는다.
- 지역주민 우선 예약 정책이 적용된다. 일부 물량은 매월 1일 지역주민에게 먼저 배당되고 미예약 시 매월 2일 09:00부터 일반 선착순으로 전환된다.
- 예약 신청은 매주 수요일 09:00부터 진행이 가능하다.
- 당일부터 6주차 화요일까지 예약이 오픈된다.

Comments 여행작가의 말
행복숲체험원이라는 이름에서 알 수 있듯이 산림 체험의 테마파크 같은 분위기가 나는 곳이다. 특히 아이들이 있는 가족 단위의 여행객과 활동적인 성향의 사람들에게 추천해주고 싶은 곳이다.

Access 접근성
한남대교 남단에서 휴양림까지 1시간 30분이면 도착할 수 있다. 영동고속도로·중부내륙고속도로를 타고 북충주IC에서 빠져 나온다. IC에서 휴양림까지 거리는 약 6㎞, 15분가량 소요된다.

Accommodation 숙박시설

시설	구분	수량	비수기 요금	성수기 요금	시설명
숲속의 집	6인	2동	65,000	85,000	민들레·수선화(투룸형+다락방)
	8인	3동	85,000	110,000	채송화·원추리·제비꽃(투룸형+다락방)
연립동(산동네)	6인	4실	65,000	85,000	나무집 2층: 낙엽송 열매집 2층: 머루(투룸형) 나무집 1층: 소나무 열매집 1층: 산수유
	8인	4실	85,000	110,000	나무집 2층: 벚나무 열매집 2층: 다래 나무집 1층: 밤나무 열매집 1층: 오미자(쓰리룸)
단체숙소	20인	2동	150,000	220,000	초승달·보름달(원룸형)
산림문화휴양관	4인	8실	30,000	50,000	3층: 301호·302호·303호·304호 2층: 201호·202호·203호·204호(원룸형)
	8인	2실	60,000	100,000	3층: 305호 2층: 205호(투룸형), 객실 내 취사시설 없음
야영장	대형	6개	30,000	30,000	사이즈: 400×600cm A구역: 모과나무·메이플나무·자산홍·산철쭉 C구역: 산딸나무·배롱나무
	소형	6개	20,000	20,000	사이즈: 300×400cm, 200×200cm, 평상 포함 B구역: 매화나무·명자나무·자귀나무·산수유 C구역: 살구나무·메타세콰이어

박물관 옆 자연휴양림
영인산자연휴양림

충청도

영인산 정상 365m — 산책코스 왕복 6.4km

고도
181m
휴양관 기준

지자체휴양림(아산시 운영) | 1997년 개장 | 충청남도 아산시 영인면 아산온천로 16-26 | 1577-6611

기온
-0.6℃
전국 평균 대비
영인면 연평균 기온

강수량
+12㎜
전국 평균 대비
영인면 연평균 강수량

숙박 규모
26실
26실 최대 149명 수용
숲속의 집 19
휴양관 7

야영장
41데크
일반야영데크 20
오토캠핑장 21

공원에 소풍 나온 듯한 느낌의 휴양림

○ 영인산자연휴양림은 서울에서 2시간 안에 도착할 수 있을 만큼 수도권에서의 접근성이 좋은 곳에 있다. 영인산은 정상 높이가 해발 365m 불과한 낮은 산이지만 자연휴양림뿐만 아니라 수목원과 산림박물관까지 한곳에 모여 있다. 휴양림의 체험시설도 다양해서 야영과 야외 바비큐를 제외한 숲속 체험과 휴양을 위한 대부분의 시설들이 모여 있다.

이 휴양림에서는 야외에서 화로대는 물론이고 가스를 이용한 취사도구의 사용도 금지된다. 캠핑과 바비큐를 즐기는 캠퍼 입장에서는 아쉬울 만도 하다. 현재 수목원이 조성된 자리는 2000년 큰 산불이 발생해서 피해를 입은 곳이다. 화마가 할퀴고 지나간 자리를 2007년부터 수목원으로 조성하기 시작해 2012년 수목원으로 복원해놓은 것이라 한편으로 이해가 가는 조치다. 산불의 흔적으로 수목원에는 울창한 숲 대신 키 작은 나무들과 관목들이 자리를 잡아가고 있다. 습지지구에 있는 잔디광장은 방문객들이 모이는 중심이다. 완만한 산정에 펼쳐져 있는 드넓은 잔디밭은 잘 꾸며져 있는 공원에 온 듯한 편안한 분위기다. 그늘이 없어 햇볕이 따스하게 느껴지는 봄이나 가을에 어울리는 장소다. 이곳으로 소풍 나온 어린이들의 맑은 웃음소리가 퍼져 행복한 미소가 저절로 지어진다.

완만한 능선을 타고 수목원을 지나 영인산 정상 쪽으로 넘어가면 산림박물관과 만나게 된다. 2012년 수목원과 함께 오픈한 박물관에는 환경, 숲, 치유라는 3가지 주제의 상설전시관과 기획전시실이 있어 관람객들을 맞이한다. 박물관 옥상 전망대에서 바라보는 주변의 전망도 일품이니 빼먹지 말고 올라가보는 것이 좋겠다.

박물관에서 휴양림으로 되돌아오는 방법은 두 가지가 있다. 하나는 왔던 길을 따라서 그대로 되돌아가는 것이고, 다른 하나는 스카이어드벤처(짚 라인)를 이용하는 것이다. 박물관에서 휴양림까지 620m 거리에 설치된 짚 라인을 타고 내려오면 순식간에 출발지로 되돌아올 수 있다.

휴양림 안에도 다양한 체험시설들이 있다. 여름에는 물놀이장, 겨울에는 눈썰매장이 오픈하며 10개의 코스를 통과하는 포레스트어드벤처도 있다. 생각보다 제법 스릴 있는 체험시설이다. 휴양림은 수도권에서의 접근성이 좋을 뿐만 아니라 아산 지역의 관광명소와도 가깝다. 아산은 특히 온천으로 유명한데 온천 특구인 온양온천이 휴양림에서 10분 거리로 바로 지척에 있다. 영인산에서 등산이나 트레킹을 하고 온천에서 피로를 푸는 것도 아산에서 즐길 수 있는 호사다.

내부 들여다보기

○ 톨게이트를 벗어나서 휴양림까지 가는 길 중간중간에 번잡스러운 부도심의 광경이 펼쳐진다. 주변은 휴양림과 어울리지 않는 분위기지만 진입로에 들어서는 순간 분위기가 바뀐다. 입구 쪽 주차장에서 관리사무소까지 약 2㎞ 산길을 따라 올라가야 한다. 완만하고 잘 닦여진 진입로는 마치 서울 남산순환도로를 지나는 듯한 분위기를 풍긴다.

영인산자연휴양림의 숙박시설로는 산림휴양관 1동과 숲속의 집 19동이 있다. 휴양관은 관리사무소 건물 2층에 있다. 숲속의 집들은 휴양관 아래쪽 계곡을 따라서 배치되어 있다. 버섯 모양의 특이한 외관을 한 팽이, 송이동을 비롯해 4인실에서 20인실까지 다양한 크기의 숲속의 집들이 울창한 숲에 자리 잡고 있다. 물놀이장 앞에는 데크들이 설치되어 있는데 당일 사용만 가능하고 야영과 취사는 불가하다.

휴양림에서 길을 따라 올라가면 수목원과 만나게 된다. 수목원은 크게 계곡지구, 습지지구, 중심지구, 산림복원지구로 나뉜다. 산림박물관은 산림복원지구 쪽에 있으며 '시련과 영광의 탑'을 지나면 영인산 정상으로 연결된다. 정상은 해발 365m로 낮지만 주변에 높은 산이 없어 서해바다와 아산방조제까지 멀리 내다보인다.

영인자연휴양림은 숙박시설의 가동률이 75%에 이를 만큼 인기 있는 휴양림이다. 포레스트어드벤처 인근에 숲속야영장 A지구가 먼저 오픈하였고, 눈썰매장 자리에 숲속야영장 B지구도 문을 열었다. 2020년 현재 총 41면 규모의 야영장이 운영되고 있다. 수도권은 물론 주변 도심지역에서 가깝고 산세가 완만하기 때문에 트레킹 하는 기분으로 정상까지 올라갈 수 있어서 휴일, 평일 할 것 없이 등산객들이 당일 산행코스로 즐겨 찾는다. 산행의 시작은 초입의 주차장에서 시작된다. 영인산을 돌아보는 등산로의 거리는 5.7km다. 숙박시설 상세정보는 p.315 참고

1 버섯 모양의 숲속의 집 팽이동
2 산림휴양관 건물

야영장에서 하룻밤 보내기

영인산자연휴양림의 야영장은 구 눈썰매장과 인근 숲속에 만들어져 있다. 2016년 눈썰매장 인근의 숲속에 20개의 야영데크가 먼저 오픈했다. 2020년에는 눈썰매장이 철거되고 그 자리에 오토캠핑장이 21개 설치되었다. 숲속야영장이 A지구, 오토캠핑장이 B지구로 구분된다.

규 모	총 41개 데크
야영장	일반야영장 1곳, 오토캠핑장 1곳
고 도	해발 180m(관리사무소 기준)
전 기	사용 가능
샤워장	있음(온수 사용 가능)
개수대	있음(온수 사용 가능)
화로대	사용 불가
데크 사이즈	A지구 500×400cm, B지구 550×600cm
특이점	A지구 불규칙한 지형의 산속 위치, B지구 계단식 배치

편의 오토캠핑장의 상단과 하단에 각각 화장실, 샤워장, 개수대가 배치되어 있다. 최근에 오픈한 야영장인 만큼 시설도 깨끗하고 편의시설도 잘 갖춰져 있다. 차량을 사이트 옆에 주차할 수 있는 B지구가 편의성은 좋다. A지구는 차량이 가깝게 접근할 수 있는 16·17·18·19·20번 데크를 제외하고는 관리사무실에 배치되어 있는 캐리어에 짐을 싣고 사이트까지 이동해서 다소 번거롭다.

환경 야영장 주변에 계곡은 없다. A지구는 전 데크가 숲속에 자리 잡고 있어서 그늘이 있지만, B지구에는 그늘이 거의 없다. 하절기에 타프는 필수다. 1·2·3번 데크가 가장 높은 지역에 자리 잡고 있어서 전망이 탁 트여 있다.

프라이버시 A지구에서는 8번 데크가 가장 높은 지역에 자리하고 있다. 가장 한갓진 위치지만 편의시설까지 170m를 이동해야 한다. B지구에서는 1·4·7·10·13·16·19번이 이웃 없이 한쪽 면만 도로에 접하고 있어 프라이버시가 좋은 편이다.

BEST Site A지구와 B지구의 성격이 워낙 판이해서 취향에 따라 선호 사이트가 달라진다. A지구는 짐을 옮기기가 번거롭지만, 16·17번 사이트가 그늘도 있으면서 도로와 접해 있어 편의성이 좋다. 18·19·20번 사이트도 도로에 접해 있지만 약간의 경사지라 올라가야 하는 번거로움이 따른다. 편의시설의 이용에 방점을 찍는다면 B지구 최상단 1·2·3번 사이트나 하단 19·20·21번 사이트에 자리 잡는 것이 좋겠다.

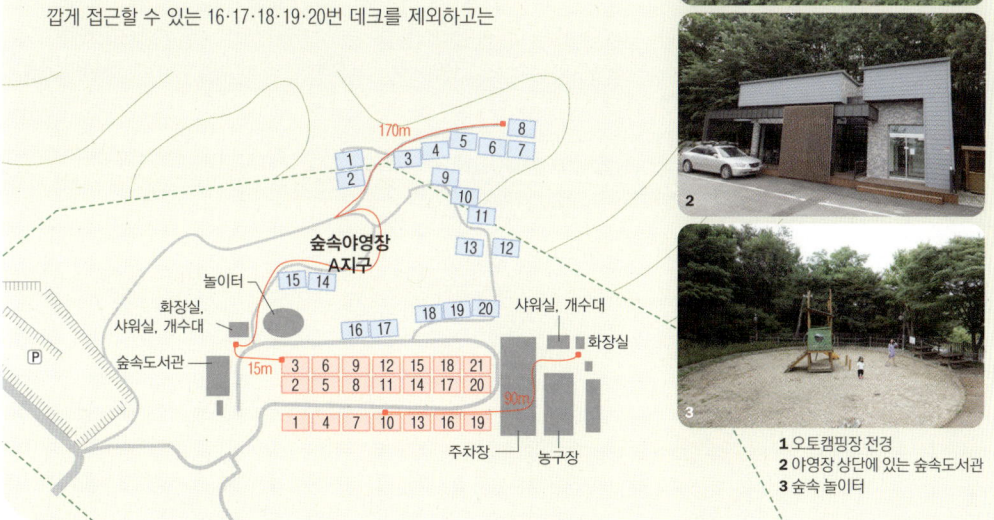

1 오토캠핑장 전경
2 야영장 상단에 있는 숲속도서관
3 숲속 놀이터

휴양림 백퍼센트 즐기기

Activity 체험 프로그램
- 3~11월에 숲 해설 프로그램을 운영한다(문의 041-541-5694).
- 스카이어드벤처와 포레스트어드벤처는 09:30~17:00에 운영한다. 키 130㎝ 이하, 몸무게 40㎏ 이하의 어린이는 이용할 수 없다.
- 산림박물관 운영시간은 10:00~18:00(하절기 기준)이며, 월요일은 휴관한다.
- 계절에 따라 물놀이장과 눈썰매장도 이용할 수 있다.

이용요금
스카이 어드벤처 10,000원
포레스트 어드벤처 5,000원

문의 전화
041-538-1959

Supply 보급
휴양림 초입에 있는 영인면에 **영인농협하나로마트**가 있다.

영인농협하나로마트
아산시 영인면 아산리 148-1
041-542-1992

Restaurant 주변 맛집
귀경길에 식사할 곳을 찾는다면 평택 **영빈루**를 추천한다. 짬뽕으로 전국적인 유명세를 타는 곳이다. 짬뽕이 대표 메뉴며, 탕수육도 괜찮다.

영빈루
경기도 평택시 신장동 212-10
031-666-2258

Attraction 주변 볼거리
휴양림이 있는 아산은 온천의 도시다. 온양온천을 비롯해서 도고온천과 아산온천까지 3곳의 온천특구가 지정되어 있다. 휴양림에서는 아산온천이 가깝다. **아산스파비스**는 07:00~21:00까지 연중무휴로 영업한다. 워터파크 이용요금과 할인카드는 홈페이지를 참고한다.
아산의 명승지를 이야기할 때 충무공를 빼놓을 수 없다. 아산에는 충무공 이순신 장군의 영정을 모신 **현충사**가 있다. 기념관에는 《난중일기》를 비롯해서 장군이 사용하던 장검 등의 유물도 전시되고 있다. 아이들이 있는 여행객은 들러볼 만하다.
외암리에는 **외암민속마을**이 있다. 예안 이씨들이 모여 사는 집성촌으로 고택들과 5.3㎞에 달하는 초가 돌담이 보존되어 있다. 조선시대의 생활상을 엿볼 수 있는 민속품들도 다량 보유하고 있다. 실제로 주민들이 생활하고 있는 곳으로, 마을에서 민박도 가능하다. 관람시간은 09:00~18:00까지다.

아산스파비스
www.spavis.co.kr

현충사
아산시 염치읍 백암리 100
041-539-4600

외암민속마을
아산시 송악면 외암리 169-1
041-540-2110

콕콕 집어주는 휴양림 정보

Tip 이것만은 알고 가자
- 영인산자연휴양림의 입실시간은 14:00, 퇴실시간은 11:00로 다른 휴양림보다 1시간씩 빠르다.
- 휴양림 안에서는 야외 취사행위가 금지된다. 숯이나 번개탄을 사용할 수 없다.

Reservation 예약
- 숲나들e 홈페이지(http://foresttrip.go.kr)를 통해서 예약이 가능하다.
- 국립자연휴양림과는 달리 월 추첨제는 운영되지 않는다.
- 선착순으로 예약을 받고 있다. 예약 신청은 매주 수요일 09:00부터 진행이 가능하다.
- 당일부터 6주 차 화요일까지 예약이 오픈된다.
- 예약은 1일 기준 5개(객실, 야영장)까지 가능하고, 기간은 3박 4일 이내만 가능하다.

Comments 여행작가의 말
자연휴양림과 수목원, 산림박물관이 모여 하나의 단지를 이루고 있는 곳. 산불로 피해를 입은 자리에 수목원을 조성해놓았다. 휴양림에 물놀이와 눈썰매타기 등의 다양한 체험시설을 갖추고 있다. 수도권은 물론이고 아산 주변 관광지와의 접근성도 좋다.

Access 접근성
한남대교 남단에서 휴양림까지 1시간 40분 정도 소요된다. 평택화성고속도로를 타고 가다 오성IC에서 빠져나온다. IC에서 휴양림까지는 거리는 약 26km, 40분가량 소요된다.

Accommodation 숙박시설

시설	구분	수량	비수기 요금	성수기 요금	시설명
숲속의 집	4인	4동	50,000	60,000	토끼동·고라니·사슴동·까치동(원룸형)
	5인	1동	55,000	65,000	다람쥐(원룸형)
	6인	3동	65,000	75,000	층층나무(원룸형, 2층)·송이동·팽이동(버섯 외관, 원룸형)
	8인	4동	75,000	90,000	원앙동·기러기·참나무(투룸형+다락방)·비둘기(투룸형)
	10인	5동	95,000	115,000	소나무·잣나무·연화봉·느티나무·단풍나무(투룸형)
	18인	1동	150,000	18,0000	은행나무(방 2, 화장실 2)
	20인	1동	210,000	250,000	부엉이동(복층 구조, 방 3, 거실 2, 화장실2)
산림문화휴양관	4인	7실	45,000	55,000	2층 전면: 초롱실·민들레·진달래 2층 후면: 둥글레·은방울·패랭이·도라지(원룸형)
야영장	일반	20개	20,000	25,000	A지구: 입장료 4인, 주차료 1대 면제
	오토	21개	30,000	35,000	B지구: 입장료 4인, 주차료 1대 면제

갈거계곡의 비경 속으로 들어서다
운장산자연휴양림

전라도

복두봉 정상 1,018m
등산로 왕복 6.12km
(임도 10.4km)

고도
420m
야영장 기준

산림청 직영 국립휴양림 | 2000년 개장 | 전라북도 진안군 정천면 휴양림길 77 | 063-432-1193

기온

-2.6℃
전국 평균 대비
정천면 연평균 기온

강수량

+312㎜
전국 평균 대비
정천면 연평균 강수량

숙박 규모

26실
26실 최대 191명 수용
숲속의 집 11 · 휴양관 12
연립동 2 · 수련장 1

야영장

20데크
일반야영데크 20

멋진 계곡과 호수를 품은 진안고원의 휴양림

○ 운장산자연휴양림은 계곡이 좋다. 크게 기대하지 않고 처음 방문한 사람들도 깜짝 놀랄 만큼 멋진 계곡에 만족하고 돌아간다. 휴양림은 고원지대인 진안군 운장산 자락 중에서도 갈거계곡 초입에 위치하고 있는데 계곡 길이가 무려 7㎞에 달한다. 소소하게 흐르는 계곡 줄기가 아니라 마당바위, 해기소, 정밀폭포와 같은 비경을 곳곳에 간직하고 있다. 심산유곡이 즐비한 백두대간의 여느 계곡과 비교해서도 전혀 손색없는 맑은 물과 풍부한 수량을 자랑한다.

긴 계곡 옆에 자리한 휴양림인 만큼 야영장은 계곡 가장 깊숙한 곳에 위치해 있다. 휴양림 가장 윗부분에 있는데, 매표소에서 계곡을 따라 약 2㎞를 더 올라가야 한다. 이곳까지 왔다고 계곡이 끝나는 것은 아니다. 계곡의 발원지인 북두봉까지는 이곳에서부터 임도를 따라서 약 6㎞를 더 들어가야 한다. 북두봉 초입까지는 완만한 임도가 길게 이어지기 때문에 등산이 서툰 여행자라도 일명 음이온 샤워를 하며 비교적 편하게 트레킹을 즐길 수 있다.

호남지방 하면 김제의 평야지대를 먼저 떠올리는 외지인들에게는 진안고원이 다소 생소할 것이다. 진안고원은 해발 1,000m를 훌쩍 넘기는 봉우리들이 즐비한 호남지역의 대표적인 고원지대다. 진안군은 주변의 무주, 장수군(일명 무진장)과 함께 진안고원으로 불린다. 산이 높으면 계곡이 깊듯이 우리나라의 큰 물줄기인 금강과 섬진강도 이 지역에서 발원한다.

휴양림 주변에는 둘러볼 만한 볼거리도 풍부하다. 대표적인 관광명소로 진안 마이산이 있다. 휴양림까지 와서 뭐 하러 다른 산을 또 둘러보느냐고 할 수도 있겠다. 그렇지만 마이산은 다른 곳에서 전혀 볼 수 없는 독특한 모습으로 사람들의 발걸음을 붙잡는다. 휴양림 초입에 있는 용담호도 빼놓을 수 없다. 특히 진녹색의 물빛은 주변 경관과 어우러지며 멋진 풍광을 만들어낸다.

내부 들여다보기

○ 매표소를 지나 600m 정도 계곡을 따라 올라가면 숲속의 집 3동이 모여 있다. 7, 9인실 숙소인 마이산, 소쩍새, 구봉산동이다. 계속해서 이동로를 따라 올라가면 언덕 쪽에 자리 잡은 숲속의 집 단지 입구에 도착한다. 이곳에는 4인실에서 9인실 숙소까지 모두 8동이 모여 있다. 매표소에서부터 1.7㎞ 떨어진 지점에 갈림길이 나오는데, 샤워장이 이곳에 있다. 상류 쪽에 있는 야영장은 더 올라가야 한다. 차량은 야영장까지만 진입할 수 있고 그 위로는 도로 차단기가 설치되어 있다.

샤워장이 있는 갈림길 우측으로 들어가면 휴양림에 1동뿐인 연립동과 산림휴양관이 나온다. 두 곳 모두 지대가 높은 곳에 있다. 숲속수련장이 아래쪽 계곡 가까이에 위치하고 있다.

운장산자연휴양림은 계곡이 좋은 곳이지만, 정작 숙박시설은 계곡과 떨어진 곳에 있다. 숲속의 집 11동이 모두 계곡과 떨어진 곳에 있다. 휴양림 초입에 위치한 3동을 제외하고는 계곡 옆 산자락의 경사지에 자리 잡고 있다. 주이동로에서 떨어져 있어 차량의 소음으로부터는 차단되지만 그래도 아쉽다. 8인실은 까치동과 비둘기동 2곳이 있다. 투룸형 구조고, 다락방이 있다.

연립동은 1동 있는데 휴양관으로 들어가는 입구 쪽에 홀로 뚝 떨어져 있다. 객실은 투룸형 구조로 운장산에서는 가장 최근에 지어진 건물이다. 언덕 위쪽에 있지만 숙소 중에서는 계곡과 가장 가깝다.

휴양관은 2층 건물인데 복도를 사이에 두고 객실이 서로 마주 보고 있는 구조다. 산벚나무, 자작나무, 박달나무, 소나무는 뒤쪽을 바라본다. 2층 객실에는 다락방이 있었지만 안전상의 이유로 최근에 모두 폐쇄되었다. 입지만 놓고 보면 계곡과 가까운 야영장이 숙소보다 더 좋아 보인다. 숙박시설 상세정보는 p.323 참고

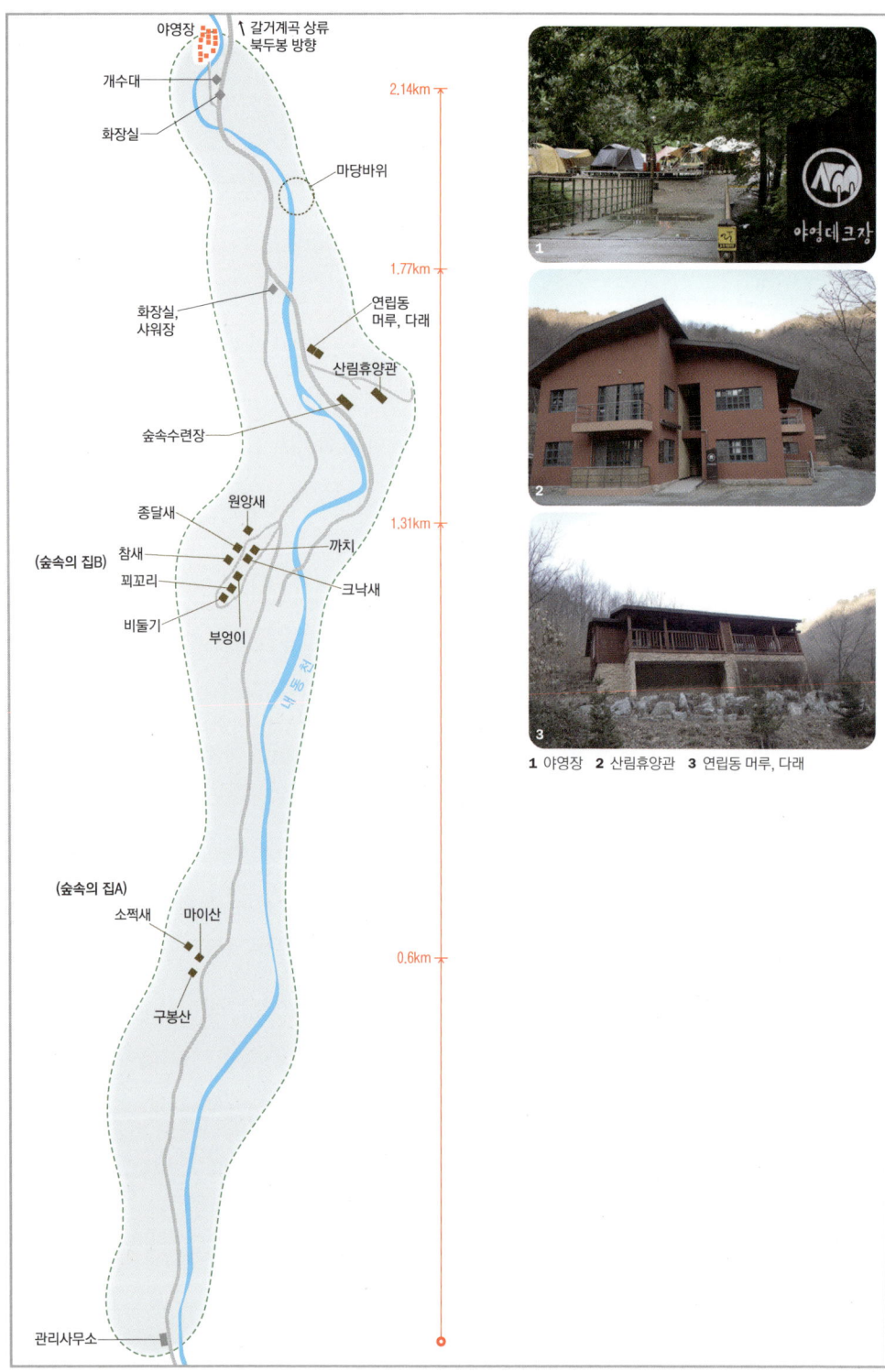

1 야영장　**2** 산림휴양관　**3** 연립동 머루, 다래

야영장에서 하룻밤 보내기

○ 야영장은 마당바위를 지나서 갈거계곡으로 들어가는 임도에서 살짝 비켜나 계곡 건너편에 자리 잡고 있다. 계곡이 야영장 주변을 감고 돌아가는 형태다. 상류 쪽에 있는 야영장은 샤워장에서 약 **400m** 이상 더 올라가야 한다.

규 모	총 20개 데크
야영장	일반야영장 1곳
고 도	해발 420m
전 기	사용 가능
샤워장	있음(온수 가능, 7·8월에만 운영)
개수대	있음
화로대	사용 가능(단 봄·가을 산불 방지 기간인 2월 1일~5월 15일, 11월 1일~12월 15일까지 사용금지). 화로대를 이용한 숯불만 가능
데크 사이즈	360×360cm
특이점	계곡 인접, 평지

편의 계곡을 끼고 있는 휴양림에서 볼 수 있는 야영장 형태로, 주차장에 주차하고 다리를 건너야 한다. 이런 경우 대부분 부정형 지형의 경사지에 데크가 있어 짐 옮기는 것이 불편한데, 이곳은 데크가 평지에 있어 카트를 이용해 짐을 옮길 수 있다. 개수대와 화장실도 다리 건너편에 있지만 100m 이내라 어느 곳에서도 이용하는 데 무리는 없다. 단, 여름 성수기에만 오픈하는 샤워장은 휴양림 입구 쪽으로 한참을 내려가 산림휴양관으로 들어가는 갈림길에 있어 불편하다.

환경 야영장 옆으로 흐르는 갈거계곡은 강원도의 여느 휴양림 못지않게 수량도 풍부하고 맑다. 101~106번 데크가 계곡 쪽에 있지만 물가로 바로 접근할 수는 없다. 106번 데크 쪽과 야영장으로 연결된 다리에서 계곡으로 접근하는 길이 있다. 좋은 계곡을 끼고 있지만 야영장에 나무가 없어 전반적으로 그늘은 부족하다.

프라이버시 편의성도 무난하고 멋진 계곡에 인접했지만, 전반적으로 데크 간격이 좁다. 게다가 그늘이 모자란 탓에 타프까지 설치하는 캠퍼들도 많아 공간이 더 좁아 보인다.

BEST Site 편의성 측면에서 보면 각 데크들의 입지조건은 대동소이하다. 화장실에서 가장 가까운 데크와 가장 먼 데크의 거리 차이가 30m 정도로 별 차이가 나지 않는다. 더구나 주변 지대가 평지여서 그 차이는 더욱 미미하게 느껴진다. 주변 환경도 계곡 쪽과 가까운 데크들을 제외하고는 입지조건이 비슷하다.

단 데크 간격이 좁고 거주 공간이 밀집되어 있어 공간이 여유로운 자리가 인기가 많다. 계곡 쪽으로 연결되는 통로를 활용할 수 있는 114·106번 데크(공간 우선권은 선착순으로 보인다), 비교적 동떨어진 곳에 위치한 120·113번 데크, 그리고 앞쪽에 평상을 활용할 수 있는 111번 데크가 상대적으로 넓은 공간을 사용할 수 있어 추천한다.

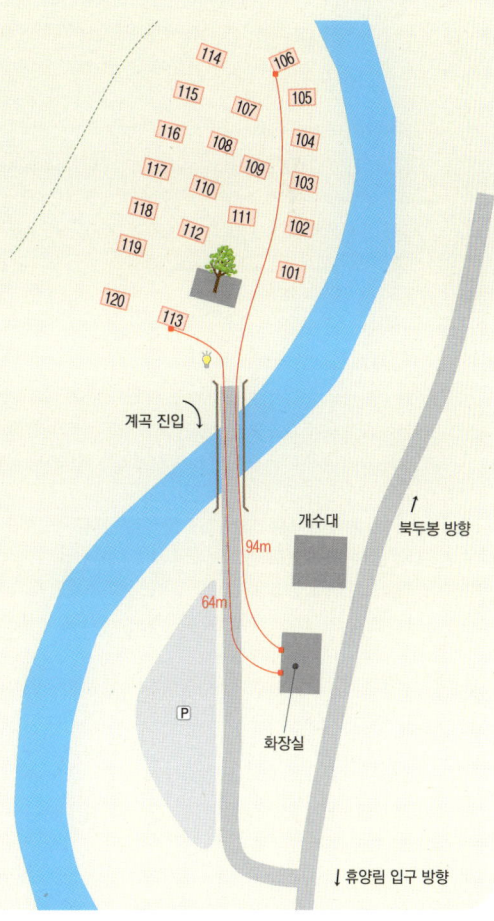

휴양림 백퍼센트 즐기기

Activity 체험 프로그램
- 방문객들을 대상으로 2~11월에는 숲해설사에 의한 무료 숲 해설과 목공예교실 프로그램이 운영된다. 목공예 체험으로는 열쇠고리 만들기, 나무호각 만들기, 비누 만들기 등이 있다(재료비 별도).
- 야영장에서 갈크계곡을 따라 북두봉까지 이어진 임도가 있다. 왕복 6㎞, 4시간 정도 소요된다. 북두봉 초입까지는 계곡을 따라 걷는 수평보행로가 이어지고 마지막 700m 구간은 등산로를 올라가야 한다.

Supply 보급
진안읍내에 규모 있는 마트들이 있다. **진안농협하나로마트**는 휴양림에서 약 30분 거리에 있다. 휴양림 초입의 정천면에도 작은 규모의 **정천농협하나로마트**가 있다. 18:00까지 영업하고 둘째·넷째 일요일에는 휴무한다. 바로 옆에 정육점과 생필품을 취급하는 작은 마트가 있다.

진안농협하나로마트
진안군 진안읍 군상리 243-12
063-433-1022

정천농협하나로마트
진안군 정천면 봉학리 423-1
063-432-5599

Restaurant 주변 맛집
진안의 특색 있는 향토요리로는 애저찜이 있다. 새끼 돼지고기라 식감이 매우 부드럽다. 다 먹고 나면 김치를 넣고 찌개를 끓여준다. **진안관**이 제일 유명하다. 간단한 식사로는 소양IC와 가까운 곳에 순두부를 잘하는 **화심순두부**가 있다. 귀경길에 식사를 해결하기 좋은 위치에 있다.

진안관
진안군 진안읍 군상리 282-5
063-433-2629

화심순두부
완주군 소양면 화심리 532-1
063-243-8268

Attraction 주변 볼거리
진안의 가장 대표적인 관광지를 꼽으라면 첫째가 마이산이다. 암봉과 숫봉이 불쑥 솟아 있는 모습이 말의 귀를 닮아서 마이산(馬耳山)으로 불리는데 그 모습이 정말 독특하다. 특히 남쪽에서 보면 풍화되어 구멍 숭숭 뚫린 것 같은 타포니(taffoni) 지형을 볼 수 있다. 마이산은 세계 최대의 타포니 지형이다. 마이산은 독특한 모습뿐 아니라 이성계가 심은 청실배나무(천연기념물 386호)가 있는 은수사, 100개의 무너지지 않는 석탑이 쌓여 있는 탑사도 품고 있다. 마이산에는 남쪽과 북쪽 두 곳에 주차장이 있다. 은수사와 탑사는 마이산의 남쪽에 있기 때문에 이곳만 둘러본다면 남부주차장에서 올라가는 것이 좋다.

휴양림 초입에는 용담댐 건설로 만들어진 용담호가 있다. 주변 경관이 아름다워서 호수 주변을 한 바퀴 둘러보는 약 40㎞의 드라이브 코스가 분위기 내기엔 최고다. 특히 드라이브 코스는 호수와 가깝게 붙어 있고 호수를 가로지르는 다리도 많아 더욱 환상적이다. 자전거 라이딩 코스로도 유명하다. 용담호 일대에서는 매년 진안 그란폰도 대회가 열린다.

마이산 탑사

콕콕 짚어주는 휴양림 정보

Tip 이것만은 알고 가자
- 야영장의 샤워장은 7·8월에만 운영된다. 샤워장은 야영장에서 약 400m 떨어진 곳에 있다.
- 101~106번 데크에서 바로 계곡으로 들어갈 수는 없다. 야영장으로 건너오는 다리에 계곡으로 내려가는 길이 있다.

Comments 여행작가의 말
고원지대인 진안에 있는 휴양림이라 해발고도가 높고 계곡도 좋은 자연휴양림이다. 야영장은 계곡과 붙어 있어 여름철 물놀이를 즐기기에 좋다. 반면 숲속의 집과 산림휴양관은 계곡에서 떨어진 곳에 있다.

Access 접근성
한남대교 기점에서 휴양림까지는 3시간 이상 잡아야 한다. 경부고속도로·천안논산고속도로·익산포항고속도로를 타고 내려오다가 소양IC로 빠져 나온다. 휴양림 초입에서는 725번 지방도를 벗어나 비포장도로를 타고 약 800m 들어가야 매표소에 도착한다.

Reservation 예약
숲나들e(http://foresttrip.go.kr) 공통(p.22 참고).

Accommodation 숙박시설

시설	구분	수량	비수기 요금	성수기 요금	시설명
숲속의 집	4인	4동	40,000	73,000	부엉이·원앙새·참새·크낙새(원룸형)
	5인	2동	52,000	94,000	꾀꼬리·종달새(투룸형)
	7인	1동	67,000	119,000	소쩍새(투룸형)
	8인	2동	87,000	154,000	까치·비둘기(투룸형+다락방)
	9인	2동	87,000	154,000	구봉산·마이산(투룸형)
산림문화휴양관	4인	2실	39,000	68,000	2층: 박달나무 1층: 소나무(원룸형)
	5인	4실	50,000	91,000	2층: 고로쇠·느티나무 1층: 주목나무·산딸나무(원룸형)
	6인	4실	67,000	119,000	2층: 물푸레나무·구상나무 1층: 가문비나무·낙엽송(투룸형)
	9인	2실	85,000	144,000	2층: 산벚나무 1층: 자작나무(투룸형)
연립동	8인	2실	87,000	154,000	다래·머루(투룸형)(2009년 신축)
숲속수련장	40인	1동	200,000	240,000	원룸형 2실, 강당, 식당포함
야영장	일반	20개	15,000	16,500	주차료(3,000원), 입장료(성인 1,000원), 전기 사용료 포함

한여름밤 반딧불이가 불 밝히는 숲길
덕유산자연휴양림

전라도

선인봉 정상 1,056m
등산로 왕복 3.7km

고도
738m
야영장 기준

산림청 직영 국립휴양림 | 1993년 개장 | 전라북도 무주군 무풍면 구천동로 530-62 | 063-322-1097

기온
-3.9℃
전국 평균 대비
무풍면 연평균 기온

강수량
+183㎜
전국 평균 대비
무풍면 연평균 강수량

숙박 규모
30실
30실 최대 167명 수용
숲속의 집 8 · 휴양관 11
연립동 10 · 수련장 1

야영장
28데크
일반야영데크 28

반딧불이, 가문비나무숲 등 이색체험 휴양림

○ 덕유산이 있는 전라북도 무주군은 행정구역 대부분이 산악지대일 정도로 산세가 깊은 곳이다. 이웃의 진안군, 장수군과 함께 호남의 고원지대를 이루고 있다. 덕유산 정상은 해발 1,614m로, 우리나라에서 네 번째로 높다. 이런 까닭에 호남지역에 딱 하나 있는 스키장 무주리조트도 덕유산 설천봉 자락에 자리 잡고 있다. 동계올림픽 유치까지 꿈꿨던 이 지역은 영남에 에델벨리스키장이 생기기 전까지는 영호남을 통틀어서 남부 지방의 동계스포츠 메카로 군림했다.

덕유산자연휴양림은 구천동계곡의 입구 쪽에 자리 잡고 있다. 구천동계곡은 덕유산 정상에서 발원해 신라와 백제의 경계지대인 나제통문까지 이어지는 20km의 계곡을 일컫는다. 특히 33곳의 경관이 수려해서 구천동 33경이라고 부르며 덕유산국립공원의 대표 관광코스로 꼽는다.

휴양림은 주로 잣나무와 낙엽송이 울창한 숲을 이루고 있지만 조금 더 안쪽으로 깊숙이 들어가면 다른 곳에서는 좀처럼 보기 드문 숲이 조성되어 있다. 바로 1931년에 인공적으로 조림된 독일 가문비나무숲이 그것이다. 일제 강점기에 시범적으로 조림되었는데 이제는 수령 80년이 넘는 아름드리 나무로 자라났다. 하늘을 가릴 정도로 울창한 숲을 이루며 이국적인 풍경을 만들어낸다.

휴양림의 또 다른 특징으로는 반딧불이를 볼 수 있다는 것이다. 무주는 고원 청정지역으로 천연기념물로 지정된 반딧불이가 관찰되는 곳이다. 반딧불이가 활동하는 6월에서 9월 사이 무주 일원에서는 반딧불이 축제가 열린다. 반디랜드라는 테마공원이 따로 있을 정도. 한여름이면 휴양림에서는 반딧불이를 관찰하는 야간 체험도 진행된다. 이 지역에서 생산되는 와인도 있는데 청도는 감, 영동은 포도로 와인을 만들지만 이곳은 머루를 이용해서 만든다. 적성산 와인터널에서는 시원한 터널 속에서 와인을 시음하고 구입할 수 있다.

휴양림에서 덕유산과 직접 연결되는 등산로는 없지만 구천동계곡 탐방과 덕유산 최고봉인 향적봉 등산의 관문이 되는 삼공탐방소가 5km의 가까운 거리에 있다. 휴양림에서 오두재로 연결되는 임도가 산악자전거를 즐기는 동호인들 사이에서 인기 있는 코스였지만 이제는 통행이 불가능하다고 한다. 무주 지역에서 라이딩 계획이 있다면 허탕 치는 일이 없도록 미리 확인하고 가는 것이 좋다.

내부 들여다보기

○ 구천동 입구에서 경남 거창과 경계지점인 빼재고개 쪽으로 3km 더 올라가면 휴양림 입구에 도착한다. 성인봉 남측 자락에 자리 잡은 휴양림은 남향이라 그런지 구천동계곡에 있지만 어둡고 음습한 분위기가 아닌 밝은 기운이 감돈다.

매표소를 지나자마자 산림휴양관이 나온다. 숲속의 집과 연립동도 모두 휴양관 주변에 모여 있다. 특히 숙박시설 주변에는 잣나무들이 울창하게 숲을 이루고 있으며, 침엽수가 주는 특유의 시원스러운 느낌이 일품이다. 계곡을 따라 주변을 돌아볼 수 있는 산책순환로가 만들어져 있는데 계곡의 양쪽으로 모두 길이 나 있어 한 바퀴를 돌아 내려올 수 있다는 장점이 있다.

야영장을 지나 계속 상류 쪽으로 올라가다 보면 크리스마스트리용 나무로 알려진 가문비나무숲으로 들어가는 입구와 만나게 된다. 150여 그루 정도가 심어져 있어 큰 숲을 이루는 것은 아니지만 숲 사이 데크길이 설치되어 있어 산책하기에도 좋다. 2010년 아름다운 숲 전국대회에서 어울림상을 수상할 정도로 가치를 인정받고 있다.

덕유산자연휴양림의 숙박시설 중에서 가장 인기 있는 곳은 4인실 숲속의 집 5동이다. 요금도 비교적 저렴한 편이고, 주이동로에서 조금 벗어난 곳에 있어 조용하게 휴식을 즐길 수 있다. 숲속의 집은 모두 원룸형 구조다.

휴양관은 4인실·5인실·7인실·8인실 네 종류가 있다. 4인실·5인실은 원룸형 구조이고, 7인실·8인실은 방이 한 개 따로 있는 투룸형 구조다. 연립동은 모두 4인실로 객실 2개가 붙어 있는 구조다. 모두 10개 객실이 있다. 숙박시설 상세정보는 p.331 참고

1 울창한 잣나무숲 속 야영장
2 4인용 숲속의 집
3 숲속수련장

야영장에서 하룻밤 보내기

덕유산자연휴양림의 야영장은 숙박지구에서 산책로를 따라 올라가다 보면 나타난다. 산책로 주변과 야영장에 빽빽하게 자란 잣나무들, 바닥에 수북하게 쌓여 있는 낙엽들이 운치를 더한다.

규 모	총 28개 데크
야영장	일반야영장 1곳
고 도	해발 738m
전 기	사용 가능
샤워장	있음(온수 가능)
개수대	있음
화로대	사용 가능(단 봄·가을 산불 방지 기간인 2월 1일~5월 15일, 11월 1일~12월 15일까지 사용 금지). 화로대를 이용한 숯불만 가능
데 크 사이즈	360×300cm, 360×360cm
특이점	잣나무숲, 그늘 풍부, 완경사 지형

편의 주차장에서 다리 건너 야영장까지 카트를 이용해서 짐을 운반해야 한다. 가장 가까운 125번 데크까지 약 50m이고 가장 멀리 있는 101번 데크까지는 100m이상 거리가 된다. 리모델링하면서 신축된 편의시설에서는 온수 샤워가 가능해졌다. 데크별로 전기 사용도 가능해서 편의성은 좋은 편이다.

환경 잣나무숲이 울창한 야영장이다. 빽빽한 숲 속에 있어 하늘이 보이지 않을 정도로 그늘이 진다. 바닥에 수북하게 쌓인 잣나무 잎들이 푹신한 카펫 역할을 해주고 있다. 부정형 경사 지형에 데크들이 흩어져 있는데, 아래쪽 101~110번 데크가 상대적으로 완경사 지형이고 위쪽 데크가 조금 더 경사가 있다.

프라이버시 순환임도가 야영장 옆을 지나가지만 야영객을 제외하면 이쪽으로 들어오는 차량은 거의 없다. 데크들은 임도와 떨어진 계곡 쪽에 위치해 조용하고, 데크 간격도 전반적으로 여유로운 편이다.

BEST Site 해발 700m 이상의 고지대에 위치한 야영장이다. 높은 고도에 잣나무까지 빼곡해 강원도 청태산자연휴양림의 야영장이 떠오르는 곳이지만 이곳은 청태산에는 없는 계곡을 끼고 있고 경사도 완만한 편이라 주변 자연환경은 나무랄 것이 없다. 과거 돔 화장실로 불렸던 구형 화장실과 개수대가 없어지고 대신 깔끔한 편의시설 건물이 신축되어 편의성이 더욱 좋아졌다. 데크들의 입지조건은 매우 좋거나 매우 나쁜 것 없이 비슷하다. 밸런스가 좋은 야영장이다. 그래도 굳이 나눠본다면 아이들을 동반한 야영객에게는 경사가 완만하고 데크가 적은 아래쪽의 101~110번 데크가 좀 더 좋겠다.

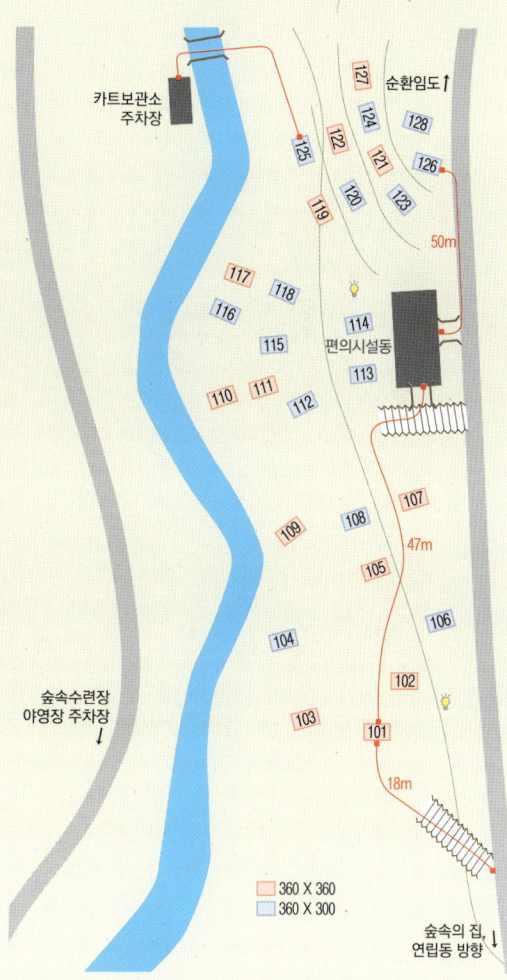

휴양림 백퍼센트 즐기기

Activity 체험 프로그램
- 반딧불이를 관찰할 수 있는 청정 지역답게 자연휴양림에서는 여름 성수기 시즌에 반딧불이 생태탐사 체험을 야간에 진행한다.
- 휴양림 위쪽으로 선인봉까지 연결하는 왕복 3.7km의 등산로가 개설되어 있다. 휴양림에서 향적봉으로 연결되는 등산로는 없다. 삼공탐방센터에서 산행을 시작해야 한다.

나제통문

Supply 보급
무주리조트로 들어가는 삼거리 입구에 **구천동농협하나로마트 리조트점**이 있다. 영업시간은 08:00~20:00다. 2014년 오픈한 마트로 규모가 큰 편이다. 휴양림에서 차로 10분 거리다. 마트에서는 무주 특산품인 머루와인을 구입할 수 있다. 지역 와이너리들이 생산한 제품들을 취급하는데 스위트와 드라이 두 종류가 있다.

구천동농협하나로마트 리조트점
무주군 설천면 구천동로 1093
063-322-4421

Restaurant 주변 맛집
휴양림이 위치한 구천동 지구에는 국립공원과 스키리조트가 모여 있어 음식점들이 많다. 하지만 관광지 특수로 물가가 비싼 탓에 의외로 가성비 좋은 맛집을 찾기가 힘들다. 휴양림에서 구천동쪽이 아닌 반대 방향으로 올라가다 보면 무풍삼거리가 나오는데 그곳에 **삼거리식당**이 있다. 녹두를 넣은 백숙이 메인 메뉴며, 1~2시간 전에 미리 예약하고 가야 한다. 20:30까지 영업한다. 무주읍내에는 어죽으로 유명한 **금강식당**이 있다.

금강식당
무주군 무주읍 읍내리 246-7
063-322-0979

삼거리식당
무주군 무풍면 삼거리 185
063-322-3490

Attraction 주변 볼거리
덕유산국립공원의 최고봉인 향적봉을 오르는 등산은 주로 구천동에서 시작된다. 삼공탐방소에서 등산을 시작하면 완만한 임도를 따라서 백련사까지 5.6km를 걸어 올라간 다음 다시 등산로로 2.4km를 올라야 정상에 도착할 수 있다. 아이들이 있거나 등산이 익숙하지 않다면 부담스러운 거리다. 이 경우에는 무주리조트에서 곤돌라를 타면 해발 1,525m의 설천봉까지 올라갈 수 있다. 이곳에서 향적봉까지는 약 700m 거리로 20분이면 정상을 밟아볼 수 있다. 리프트 이용권을 편도로 끊어서 향적봉-백련사-삼공탐방소로 내려오는 코스도 등산객들이 많이 이용한다.
무주구천동의 15경 월하탄에서 33경 향적봉까지는 국립공원관리지역에 속해 있어 삼공탐방소에서 탐방이 가능하다. 특히 탐방소에서 시작하는 32경 백련사 구간은 완만하고 폭이 넓은 임도 구간이라 도보 탐방객은 물론이고 국립공원에서는 유일하게 산악자전거로도 탐방이 가능하다.

콕콕 짚어주는 휴양림 정보

Tip 이것만은 알고 가자
- 야영장에는 기존의 화장실과 개수대가 철거되고 샤워시설을 갖춘 위생편의시설이 완공되었다. 덕분에 야영장의 편의성이 많이 좋아졌다.
- 휴양림에서 덕유산으로 올라가는 등산로는 없다. 산행은 삼공탐방소나 무주리조트 쪽에서 시작된다.

Access 접근성
한남대교 남단에서 휴양림까지 3시간은 잡아야 한다. 경부고속도로·통영대전중부고속도로를 거쳐서 무주IC로 빠져 나온다. 이후 국도와 지방도를 타고 40분을 더 들어가야 한다. 무주군과 거창군의 경계지점에 위치해서 제법 시간이 걸린다.

Comments 여행작가의 말
청정지역에서만 볼 수 있는 반딧불이와 독일 가문비나무숲을 볼 수 있다. 해발 700m 고지대에 자리 잡고 있어 잣나무숲 속의 야영장은 한여름에도 시원하다.

편의시설동

Reservation 예약
숲나들e(http://foresttrip.go.kr) 공통(p.22 참고).

Accommodation 숙박시설

시설	구분	수량	비수기 요금	성수기 요금	시설명
숲속의 집	4인	5동	40,000	73,000	가문비나무·고로쇠나무·단풍나무·벚나무·주목나무(원룸형)
	9인	1동	87,000	154,000	자작나무(원룸형, 화장실 2)
	10인	1동	110,000	185,000	박달나무(원룸형)
	12인	1동	145,000	214,000	느티나무(방 2, 복층)
산림문화휴양관	4인	6실	39,000	68,000	2층: 할미꽃·찔레꽃 1층: 채송화·금낭화·봉선화·수선화(원룸형)
	5인	2실	50,000	91,000	2층: 제비꽃·초롱꽃(원룸형)
	7인	2실	67,000	119,000	1층: 들국화·무궁화(투룸형)
	8인	1실	85,000	144,000	2층: 함박꽃(투룸형)
연립동	4인	10실	40,000	73,000	구상나무 1, 2·들메나무 1, 2·물푸레나무 1, 2·전나무 1, 2·층층나무 1, 2(원룸형)
숲속수련장	20인	1개	120,000	196,000	10인실(방 2)
야영장	360×320	14개	14,000	15,500	주차료(3,000원), 입장료(성인 1,000원), 전기 사용료 포함
	360×360	14개	15,000	16,500	

신선이 바둑 두는 명당자리에서의 하룻밤
회문산자연휴양림

산림청 직영 국립휴양림 | 1993년 개장 | 전라북도 순창군 구림면 안심길 214 | 063-653-4779

회문산 정상 837m
등산로 왕복 7km

고도
543m
야영장 기준

기온
-1.5℃
전국 평균 대비
구림면 연평균 기온

강수량
+344mm
전국 평균 대비
구림면 연평균 강수량

숙박 규모
17실
17실 최대 123명 수용
숲속의 집 9
휴양관 8

야영장
21데크
일반야영데크 21

8인용 숲속의 집 느티나무, 단풍나무

전쟁이 지나간 곳에 세워진 휴양림

○ 풍수, 저항과 상처. 도무지 어울릴 것 같지 않은 묵직한 단어들이 복잡하게 얽혀 있는 곳, 그 무게감과는 다르게 지극히 평화로운 자연휴양림이 있는 곳이 바로 전라북도 회문산이다. 하룻밤 묵어가는 휴양객의 입장에서 회문산자연휴양림은 여느 다른 휴양림과 다름없이 산 좋고 물 좋고 숲이 좋은 곳일 뿐이다. 그러나 조금 더 귀를 열고 관심 갖고 살펴보면 이곳의 스토리가 남다르다.

　회문산은 우리나라에서 5대 명당으로 치는 곳이다. 과거 유명한 풍수가가 남긴 책자에 의하면 회문산 24명당과 오선위기(五仙圍碁, 다섯 명의 신선이 바둑을 두다)의 자리가 있어 이곳에 묘를 쓰면 발복하여 후대에 오래도록 운이 전달된다고 한다. 이 때문인지 휴양림에서 회문산으로 올라가는 임도와 능선 주변에는 유난히 묘지가 많다. 숙박객 중에도 이곳에만 오면 유난히 잠을 푹 잔다는 사람들이 있다. 태조 이성계의 건국을 위해서 무학대사가 만 일을 기도했다는 만일사도 회문산 남쪽 끝자락에 있다.

　회문산은 또한 저항과 상처를 갖고 있다. 회문산을 지도로 보면 서북쪽을 제외하고 나머지 3면을 섬진강과 치천이 산을 휘돌아 흐르고 있다. 골짜기도 첩첩이 싸여 있어 지형적으로 천혜의 요새다. 이런 이유로 구한말 최익현 선생을 중심으로 한 의병

활동의 무대가 되었고, 6·25 전쟁 때에는 국군의 북진으로 남쪽에 고립된 북한군의 거점이 되었다. 이 과정에서 많은 양민들과 군경이 피해를 입었다. 영화 〈남부군〉의 배경이 되는 곳이 바로 회문산이다. 휴양림에도 이와 관련된 흔적들이 곳곳에 남아 있다. 산림문화휴양관 인근에는 6·25 양민 희생자 위령탑이 서 있다. 아마도 휴양림 안에 위령탑이 있는 곳은 이곳이 유일할 것이다.

이런 사연들을 모르더라도 회문산자연휴양림은 다양한 매력을 뽐내는 곳이다. 능선까지 개설된 임도는 꽤 높이 올라가야 하는 것에 비해 오르는 길이 수월한 편이다. 숲속의 집 앞으로는 계곡이 흐르고, 곤충체험관이 있는 숲속체험교실도 잘 꾸며져 있다. 아름다운 섬진강과 옥정호가 지척에 있어 주변 볼거리도 풍부하다.

내부 들여다보기

○ 휴양림 매표소를 통과하면 성벽같이 생긴 곳을 지나가게 되는데 노령문이라고 부른다. 노령산맥 줄기에 위치한 회문산으로 들어가는 입구인 셈이다. 인근에는 문턱바위와 출렁다리가 있다. 계곡 건너편으로 숲속의 집 8동이 나란히 배치되어 있다. 계곡 건너편에 있어 주이동로에서 거리가 있고 물가와 가깝다. 숙소들의 모습이 조금 특이한데 5인실·7인실은 외관이 통나무가 아닌 돌집 모양으로 되어 있다. 반면에 8인실 숙소들은 흰색 건물로 눈에 잘 띈다. 숙소 앞쪽에 계곡이 흐르지만 돌이 많은 지형이라 수량이 풍부하지는 않다. 이성계와 무학대사가 앉아서 회문산의 풍수를 논했다는 무학바위도 이곳에서 볼 수 있다.

휴양관 갈림길에서 순환임도를 타고 상단으로 600m 정도 급하게 올라가야 가장 높은 곳에 있는 야영장에 도착할 수 있다. 야영장에서 임도를 따라서 계속 올라가면 능선에 있는 헬기장이 나온다. 야영장이 해발 500m 이상 높은 지대에 있고 임도가 연결되어 있어 능선까지 올라가는 길이 부담스럽지 않다. 헬기장까지만 올라와도 시야가 트이며 주변의 풍경이 한눈에 들어온다. 회문산 정상까지는 이곳에서 다시 900m 정도를 등산로로 올라가야 한다.

회문산자연휴양림에서 가장 인기가 많은 숙박시설은 휴양림 초입에 있는 8인실 숲속의 집이다. 흰색 외관도 눈에 띄지만 동간 간격도 넓고 복층 구조여서 선호도가 높다. 1층은 투룸형이고 2층에 다락방도 있는데 바닥 난방이 가능해서 침실로 사용할 수 있다. 5인실 숲속의 집은 소형이지만 방과 거실이 분리되어 있는 투룸형 구조다. 작은 부엌 겸 거실이 있다. 숙박시설 상세정보는 p.339 참고

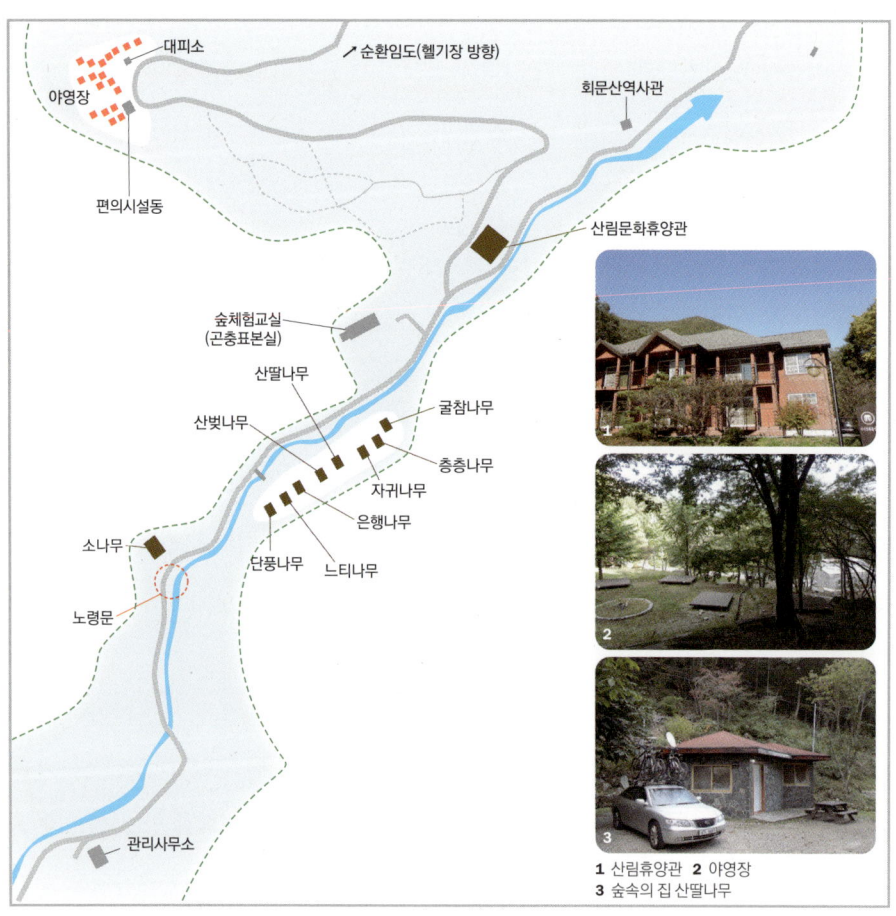

1 산림휴양관 2 야영장
3 숲속의 집 산딸나무

야영장에서 하룻밤 보내기

○ 야영장 중에서도 위쪽에 위치한 데크들은 샤워장과 수세식 화장실이 없어서 불편함이 따랐지만 시설이 신축되면서 편의성이 좋아졌다. 남부 지방이지만 산세가 험하고 야영장의 고도도 높기 때문에 기온이 낮아 체온 유지에 신경 써야 한다.

규 모	총 21개 데크
야영장	일반야영장 1곳
고 도	해발 543m
전 기	사용 가능
샤워장	있음(온수 가능, 유료)
개수대	있음
화로대	사용 가능(단 봄·가을 산불 방지 기간인 2월 1일~5월 15일, 11월 1일~12월 15일까지 사용 금지). 화롯대를 이용한 숯불만 가능
데 크 사이즈	300×360cm, 400×400cm
특이점	완경사 지형, 휴양림 최상단에 위치

편의 최근까지 재래식 화장실로 악명(?) 높았던 곳. 하지만 기존 시설을 철거하고 수세식 화장실은 물론 개수대와 샤워장까지 갖춘 편의시설동을 신축했다. 하지만 주차장과 데크까지의 거리가 멀어 짐을 옮기는 수고가 필요하다.

환경 야영장이 부정형의 경사지에 자리 잡고 있어 데크별로 그늘과 지형 등의 자연환경이 각각 다르다. 캠프파이어장 부근은 평지에 그늘이 부족한 반면, 105~107번 데크는 숲속에 위치해 그늘이 풍부하다.

프라이버시 휴양림에서도 가장 높은 곳에 위치해 있다. 야영장 양옆으로 하천이 흐르고 있어 우천 후에는 꽤나 시원한 물소리가 들려온다. 리모델링을 통해서 편의시설동과 너무 가까웠던 데크들은 철거되었다.

BEST Site 야영장이 리모델링되면서 일부 데크들의 위치가 변경되었다. 캠프파이어장 데크들의 위치는 변동이 없지만 번호가 바뀌었다. 편의시설동과 가깝던 데크 두 개를 제거하고 206·207번 데크를 새롭게 설치했다. 하천과 가깝게 위치해서 물소리가 들려오지만 그늘이 부족한 것이 단점이다. 편의성을 중요하게 여긴다면 화장실과 주차장에서 가까운 200번대 데크들이 좋겠다. 그늘과 프라이버시를 중요하게 여긴다면 상단에 위치한 100번대 데크를 추천한다.

204번 데크와 편의시설동

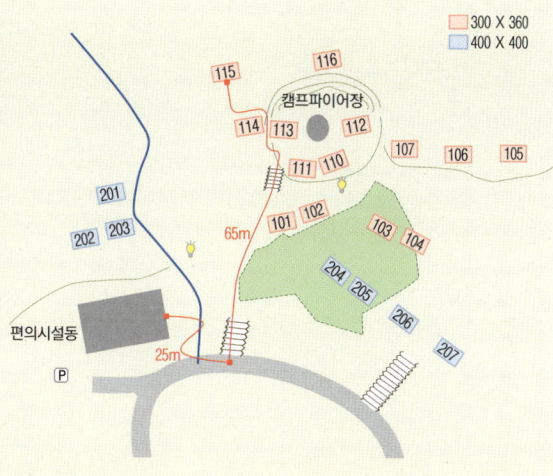

휴양림 백퍼센트 즐기기

Activity 체험 프로그램
- 휴양림에 회문산역사관과 곤충표본실이 있다. 숲체험교실 건물 안에 위치한 곤충표본실에서는 곤충생태 꾸미기 체험이 가능하다.
- 3~11월에는 무료 숲 해설과 목공예체험 프로그램을 운영하고 있다. 열쇠고리 만들기, 우드버닝 등 체험이 가능하다(재료비 별도).

곤충채집실

Supply 보급
휴양림으로 들어오는 초입에 회문산특산물판매장이 있다. 이곳에서 간단한 식료품을 구입할 수 있다. 장을 보려면 차로 30분 거리의 순창읍내로 나가야 한다. 순창농협남계지소 하나로마트가 있다. 읍내에 있는 순창종합시장은 1일·6일마다 오일장이 선다.

회문산특산물판매장
063-652-9392

순창농협남계지소 하나로마트
순창군 순창읍 남계리 227-5
063-653-8000

Restaurant 주변 맛집
순창시장 주변에는 창자에 선지를 넣어 만든 피순대집들이 모여 있다. 그 중 2대째순대가 유명하다. 순대국밥의 콩나물과 얼큰한 국물이 해장용으로 좋다. 섬진강변의 화탄매운탕집도 순천에서는 널리 알려진 메기매운탕집이다. 남원집은 80가지가 넘는 반찬이 나오는 한정식집으로 유명하다. 6인 이상만 예약을 받고 점심에만 영업한다.
면을 좋아한다면 임실군 강진면 강진시장 안에 있는 행운국수집도 가볼 만하다. 자연 건조시켜 만든 백양국수면을 사용하는데 이웃 담양의 국수거리와는 또 다른 소박한 옛맛을 느낄 수 있다. 물국수를 시켜 맛보자.

2대째순대
순창군 순창읍 남계리 800
063-653-0456

화탄매운탕집
순창군 적성면 운림리 865-5
063-652-2956

남원집
순창군 순창읍 순화리 216-2
063-653-2376

행운국수집
임실군 강진면 갈담리 515-4
010-4364-1094

Attraction 주변 볼거리
수도권이나 전주에서 휴양림으로 들어오는 길에 지나는 옥정호는 섬진강댐 건설로 만들어진 호수다. 옥정호를 돌아보는 길은 건설교통부가 선정한 아름다운 한국의 길 100선에 들어갈 만큼 멋진 드라이브 코스다. 또한 일교차가 크게 벌어지는 봄과 가을에는 물안개가 낀 풍경을 담기 위해 전국의 사진작가들이 모여들 만큼 유명한 출사지이기도 하다.
고추장으로 유명한 고장답게 순창읍에는 순창전통고추장민속마을이 있다. 순창의 고추장 제조장인들을 모아서 조성한 마을이다. 마을에서는 고추장은 물론 지역 농산물을 시식하고 구매할 수 있다. 마을 안에는 순창장류체험관이 있는데 고추장, 장류, 인절미, 튀밥 만들기 체험을 할 수 있다. 체험은 1시간 30분 정도 소요되며, 숙성고추장 500g이 증정된다. 숙박도 가능하다. 마을 입구에 있는 순창장류박물관에는 장과 관련된 유물과 민속자료들이 전시되어 있다. 입장료는 무료이며 매주 월요일은 휴관한다.

순창전통고추장민속마을
순창군 순창읍 백산리 265-97
063-653-0703

순창장류체험관
순창군 순창읍 백산리 265-49
063-650-5432

콕콕 집어주는 휴양림 정보

Tip 이것만은 알고 가자
- 2015년 야영장의 재래식 화장실이 없어지고 샤워장이 갖춰진 편의시설동이 신축되어 편의성이 매우 좋아졌다. 온수를 사용할 수 없다는 점은 여전히 아쉽다.
- 야영장의 데크 수도 16개에서 21개로 늘어났다. 108·109번 데크가 없어진 것을 제외하면 기존 데크의 번호와 배치는 변동이 없다.
- 남쪽에 위치한 휴양림이지만 주변 산세가 험하고 야영장의 고도가 높아 기온이 낮은 편이므로 야영객들은 보온에 신경 써야 한다.

Comments 여행작가의 말

휴양림 주변으로는 이 지역에서 벌어졌던 각종 역사의 흔적들이 남아 있다. 아름다운 산세와 함께 묵직한 역사를 품고 있는 장소다. 휴양림 안 회문산박물관에 들러서 이곳의 사연을 확인해보자.

회문산박물관

Access 접근성

한남대교 남단에서 휴양림까지 3시간 정도 소요된다. 경부고속도로·천안논산고속도로를 거쳐서 전주IC로 빠져 나온다. 이후 27번 국도를 타고 1시간을 더 들어가야 한다. 모악산도립공원과 옥정호를 지나간다. 행정구역상 순창군에 속해 있지만 임실군 강진면의 경계지점에 자리 잡고 있다. 전주와 광주에서 1시간 거리로 접근성이 좋다.

Reservation 예약

숲나들e(http://foresttrip.go.kr) 공통(p.22 참고).

Accommodation 숙박시설

시설	구분	수량	비수기 요금	성수기 요금	시설명
숲속의 집	5인	2동	52,000	94,000	산딸나무·산벚나무(투룸형, 돌집)
	7인	3동	67,000	119,000	굴참나무·자귀나무·층층나무(투룸형, 돌집)
	8인	3동	87,000	154,000	느티나무·단풍나무·은행나무(투룸형+다락방)
	12인	1동	145,000	214,000	소나무(거실, 방 2)
산림문화휴양관	6인	4실	67,000	119,000	2층: 벌개미취 1층: 원추리·얼레지·매밭톱(원룸형)
	8인	4실	85,000	144,000	2층: 앉은부채(투룸형)·뻐꾹나리·하늘나리(원룸형+다락방) 1층: 바람꽃(투룸형)
야영장	300×369cm	14개	14,000	15,500	101~107번·110~116번
	400×400cm	7개	15,000	16,500	201~207번 주차료(3,000원), (성인 1,000원), 전기 사용료 포함

바닷가 옆 최초의 해안생태형 자연휴양림

변산자연휴양림

등산로 없음	☀ 기온·℃	🌧 강수량·㎜
고도 **15** m 휴양관 기준	**+0.2** 전국 평균 대비 변산면 연평균 기온	**+130** 전국 평균 대비 변산면 연평균 강수량
	🏠 숙박 규모·실	⛺ 야영장·데크
	43 43실 최대 243명 수용 숲속의 집 10 · 휴양관 23 · 연립동 10	**0** 일반야영데크 0

산림청 직영 국립자연휴양림 | 2015년 개장 | 전라북도 부안군 변산면 변산로 3768 | 063-581-9977

객실에서 파도 소리가 들리는 휴양림

○   휴양림 숙소에서 파도 소리가 들릴 거라고는 생각지도 못했다. 변산자연휴양림에서는 파도 소리를 들으며 휴양림의 아침을 맞을 수 있다. 국내 최초로 해안형 자연휴양림이 생겼다는 소식에 한걸음에 달려가 본 휴양림은 예상보다 훨씬 바다와 가까웠다. 밀물 때가 되어 휴양관 앞으로 바닷물이 들어오면 귀를 간질이는 듯한 파도 소리를 들을 수 있다.

변산자연휴양림은 2015년 2월 개장한 국립자연휴양림이다. 기존의 휴양림들이 산속에 자리 잡고 있는 반면 이곳은 해안에 자리 잡고 있다. 몇몇 휴양림들이 바닷가와 가까운 곳에 있어 일부 바다 조망이 가능했지만 이렇게 해안선을 직접 맞대고 조성된 휴양림은 최초다. 또한 변산국립공원에 위치해 주변 볼거리도 풍부하다.

변산국립공원 중에서도 바닷가와 접해 있는 명승지를 외변산이라 하고, 반도 내부의 산악지대를 내변산이라 한다. 특히 외변산은 서해안답지 않은 맑은 바다와 기암괴석의 독특한 해안 지형으로 마치 남해의 거제도나 제주도에 온 듯한 느낌을 준다. 휴양림 가는 도중에 고사포해변에서 시작해 적벽강과 채석강까지 연결하는 해안도로는 환상적이다. 내비게이션은 휴양림 가는 길로 바다와 떨어져 있는 30번 국도를 안내하지만 이곳에서는 그 길로 가면 손해다. 가능한 한 해변으로 붙어 달려야 한다.

트레킹 코스도 잘 만들어져 있다. 변산 마실길로 불리는 둘레길은 해안가를 따라 8개 코스, 내륙에 6개 코스 등 총 14개 코스가 있어 많은 사람들이 즐겨 찾는다. 5월에는 부안마실축제도 개최된다. 그중 2코스와 3코스가 외변산 해안선을 따라 조성되어 있다. 마실길 3코스에는 국립공원에서는 드물게 자전거탐방로도 조성되어 있다. 주변 경관은 아름답지만 길이가 편도 2.3km로 짧은 점이 못내 아쉽다.

휴양림 주변에서는 바다 내음 물씬 풍기는 짭조름한 해산물도 맛볼 수 있어 오감만족 여행의 베이스캠프로도 부족함이 없다. 천일염과 젓갈로 유명한 곰소항이 바로

1 해안으로 연결되는 데크로드
2 임도에서 내려다본 변산자연휴양림

지척에 있다. 횟감도 좋지만 이곳은 백합조개가 유명하다. 봄철이면 인근 수산시장에서 구입할 수 있다. 자연산은 조개 색깔이 거무스름한 빛을 띠며 진한 색이 돈다. 백합 외에도 봄이면 주꾸미, 가을에는 전어가 풍부하다.

내부 들여다보기

○ 30번 국도는 변산반도 해안선을 따라 나 있다. 휴양림은 변산반도의 남쪽, 격포항과 곰소항 사이 30번 국도 아래쪽에 자리 잡고 있다. 바닷가와 붙어 있어 해발고도는 10여m로, 전국을 통틀어 가장 낮은 곳에 있으면서 바다와 가장 가까운 휴양림이다. 대부분의 휴양림들이 계곡 옆에 만들어진 경사로를 따라 깊은 산속으로 올라가는 반면 이곳은 매표소를 통과해 바닷속으로 빠져들 듯이 아래로 내려가야 한다.

오픈 초기 휴양림에는 휴양관 건물 두 동이 전부였지만, 숲속의 집 10동과 연립동 5동이 추가로 신축되었다. 총 객실 규모는 이제 43실에 달한다. 해안형 자연휴양림답게 분위기는 이국적이다. 가장 먼저 눈에 들어오는 것은 휴양관 앞 물놀이장이다. 파란색 바다의 물놀이장과 밝은 파스텔 톤의 건물 지붕이 어우러져 마치 외국의 해변 리조트에 들어온 것 같은 착각이 들 정도다.

바로 앞 해변 쪽으로 연결된 데크길을 따라 내려가면 바닷가에 닿을 수 있다. 뻘과 경계 부근에 작은 습지관찰원이 조성되어 있다. 멀리 바다 건너편에 고창이 마주 보인다. 남향이라 볕이 잘 들고 밝지만 서해의 노을은 볼 수 없다. 대신 자연휴양림에서 가까운 거리에 있는 전북 해양학생수련원에 가면 유명한 낙조 포인트인 솔섬이 있다. 솔섬은 해변 바로 앞에 있는 작은 섬인데, 소나무 몇 그루가 있는 작은 섬과 서해의 낙조가 어우러지며 멋진 풍경을 만들어낸다.

변산자연휴양림 숙박시설의 가장 큰 매력 포인트는 바다 조망이다. 모든 숙소에서 바다 조망이 가능하다. 휴양관 건물은 나란히 있지만 전망은 A동이 조금 더 좋고 주차 후 짐을 옮기기에는 B동이 더 편리하다. 조금이라도 더 높은 곳에서 확 트인 바다 조망을 보고 싶은 것이 인지상정인지라 1층보다는 2층 숙소가 먼저 예약이 마감된다. 특히 A동과 B동 2층에 두 개씩 있는 9인실 객실(외조도, 정금도, 지리산, 적성산)은 다락방이 있는 구조로 실제로 3층 높이에서 주변을 조망할 수 있다. 숙박시설 상세정보는 p.345 참고

휴양림 백퍼센트 즐기기

Activity 체험 프로그램
- 개장한 지 얼마 되지 않아 체험 프로그램과 시설이 미비한 편. 숲 해설을 운영하고 있으며 목공예장은 별도로 없지만 솔방울공예 체험은 가능하다.
- 휴양림 안 거의 유일한 체험시설인 물놀이장은 개장 여부가 불투명하다. 물놀이장의 수질 때문인데, 7·8월에만 한정 운영하는 방안이 논의되고 있다.

Supply 보급
줄포IC에서 들어온다면 곰소항에서 보급하면 된다. 곰소항 인근에는 농협하나로마트를 비롯해서 슈퍼와 편의점들이 여러 곳 있다. 곰소시장에서는 젓갈을, 곰소수산물판매센터에서는 활어회를 비롯한 해산물을 구입할 수 있다. 부안IC에서 들어온다면 격포에서 장을 봐야 한다. **변산농협격포지점 하나로마트**와 격포항 수산시장이 있다. 봄에는 주꾸미와 백합조개가 제철이며 가을에는 꽃게와 전어가 많이 잡힌다. 그중에서도 특히 백합조개는 임금님께 진상되었을 만큼 유명한데 산란이 시작되는 3월부터 6월까지를 제철로 친다.

변산농협격포지점 하나로마트
부안군 변산면 격포리 356-1
063-582-8844

Restaurant 주변 맛집
백합조개로 유명한 곳이다 보니 백합을 코스로 내놓는 식당들이 많다. 그중에서도 계화회관이 잘 알려져 있다. **변산명인바지락죽**도 변산 일대에서 유명한 음식점이다. 바지락죽과 바지락회비빔밥을 추천한다.

계화회관
부안군 행안면 신기리 211-2
063-584-3075

변산명인바지락죽
부안군 변산면 운산리 446-8
063-584-7171

Attraction 주변 볼거리
1박 2일 일정이라면 동선을 잘 짜야 한다. 외변산을 중심으로 시계 반대 방향으로 돌아보는 코스를 추천한다. 휴양림으로 들어가는 첫날 변산IC로 빠져 나오는 것이 좋다. 30번 국도를 타고 이동하다가 고사포해변이 있는 운산교차로에서 빠져 나와 변산해안도로로 접어들어야 한다. 고사포해변은 바다가 갈라지며 이어지는 하섬을 마주 보고 있다. 매월 음력 1일과 15일 사리 무렵에 길이 열린다. 해안도로를 따라 계속 내려가다 보면 적벽강에 도착한다. 붉은색이 도는 바위와 절벽으로 이루어져서 중국의 적벽강만큼 아름답다고 해서 붙여진 이름이다. 적벽강 언덕 위에는 해신을 모시는 수성당이 있다. 운이 좋으면 해신에게 제를 올리는 모습도 볼 수 있다. 적벽강에서 격포항 쪽으로 내려오면 채석강에 도착한다. 해안가 단층의 모습이 수만 권의 책을 쌓아 올린 것 같다고 해서 붙여진 이름이며, 외변산에서 가장 유명한 명승지다.

외변산의 명승지 적벽강

콕콕 짚어주는 휴양림 정보

Tip 이것만은 알고 가자
- 자연휴양림이 갯벌에 맞닿아 있지만 갯벌 접근은 자제하자. 더욱이 조개나 해산물 채취는 금지다.
- 줄포IC에서 곰소항을 거쳐 접근하려면 휴양림 입구에서 좌회전이 불가하다. 이 경우 부안IC에서 빠져 나와 채석강을 둘러보고 격포항에서 장을 본 뒤 휴양림으로 들어가는 것도 방법이다.
- 귀경길에는 곰소항과 곰소염전을 돌아보며 일정을 마무리하는 것도 좋다. 곰소는 드넓은 염전에서 생산되는 천일염과 서해의 해산물을 발효시킨 젓갈로 유명하다. 젓갈단지에서 저렴하게 구입할 수 있다.

Comments 여행작가의 말
산속이 아닌 해변에 자리 잡고 있어 전 객실에서 서해 조망이 가능하다. 변산반도국립공원을 둘러보기에도 좋은 위치에 있다.

Access 접근성
한남대교 기준으로 약 3시간 이상 소요된다. 천안논산고속도로·서천공주고속도로·서해안고속도로를 타고 내려오다가 줄포IC에서 빠져 나온다. 이후 휴양림까지는 30번 국도를 따라서 30분가량 더 들어가야 한다. 휴양림 진입로 초입이 커브길이라 바로 좌회전이 불가하다. 휴양림을 지나 2km 더 내려간 뒤 모항에서 좌회전 후 차를 돌려 나와야 한다.

산림문화휴양관 B동

Reservation 예약
숲나들e(http://foresttrip.go.kr) 공통(p.22 참고).

Accommodation 숙박시설

시설	구분	수량	비수기 요금	성수기 요금	시설명
숲속의 집	5인	8동	52,000	94,000	격포항·고사포항·곰소항·군산항·궁항·모항·비응항·신시도항(원룸형)
	8인	2동	87,000	154,000	구시포항·위도항(투룸형)
산림문화휴양관	5인	16실	50,000	91,000	A동 2층: 202 모여도·203 송포도·206 중도도 A동 1층: 102 소리·103 소여·104 솔섬·105 위도·106 하섬 B동 2층: 202 운장산·203 장안산·206 회문산 B동 1층: 102 내장산·103 덕유산·104 마이산·105 모악산·106 백암산(원룸형)
	7인	3실	67,000	119,000	A동 1층: 101 개섬 B동 2층: 201 선운산 B동 1층: 101 강천산(투룸형)
	9인	4실	85,000	144,000	A동 2층: 204 외조도·205 정금도(원룸형+다락방) B동 2층: 204 적성산·205 지리산(원룸형+다락방)
연립동	5인	10실	52,000	94,000	가오리·낙지·농어·망둥어·바지락·백합·숭어·우럭·조기·주꾸미(투룸형)

사통팔달 남도여행의 베이스캠프
낙안민속자연휴양림

전라도

산림청 직영 국립자연휴양림 | 2004년 개장 | 전라남도 순천시 낙안면 민속마을길 1600 | 061-754-4400

금전산 정상 668m
등산로 왕복 4km

고도
122m
야영장 기준

기온
-0.5℃
전국 평균 대비
낙안면 연평균 기온

강수량
+628㎜
전국 평균 대비
낙안면 연평균 강수량

숙박 규모
18실
18실 최대 96명 수용
숲속의 집 6
휴양관 12

야영장
6데크
일반야영데크 6

낙안읍성, 순천만, 녹차밭과 가까운 휴양림

천편일률적인 국내 도시 여행에 신물이 난 사람들이 옛 모습을 찾아 떠나 장터로, 작은 시골 마을로 떠나고 있다. 잘 찾아보면 전국 곳곳에는 운치 있게 옛 모습을 간직한 민속마을이 있다. 그중에서도 낙안민속마을은 여러 가지 의미에서 매우 특별한 곳이다. 마을은 원형 그대로 보전된 낙안읍성 안에 있다. 1,410m 둘레의 성벽 안에 120세대, 288명의 주민이 아직까지 예스러운 분위기의 삶의 터전을 지켜오고 있다. 이런 이유로 낙안읍성과 민속마을은 동시에 사적 302호로 등록되어 있다.

일단 읍성 안으로 들어서면 마치 민속촌에 들어온 듯한 착각에 빠진다. 중앙에 동헌이 자리 잡고 있지만 가장 먼저 눈에 들어오는 것은 초가집들이다. 번듯한 기와집과 달리 나지막하게 부드러운 곡선을 그리는 초가집들이 모여 있는 모습은 읍성을 둘러싸고 있는 성벽과 어우러지며 전래동화 속 한 장면에 들어온 듯한 편안한 느낌을 준다. 이곳의 풍경은 외국인의 눈에도 독특했을 것이다. 낙안읍성은 CNN이 선정한 '한국의 대표관광지 16선'에 선정되었다. 성안에는 볼거리뿐만 아니라 즐길 거리들도 다양하다. 마을 주민들이 중심이 되어 수문장 교대식, 달구지 체험과 다도 체험까지 다

숲속의 집 벚나무, 소나무, 참나무동

양한 체험 프로그램을 운영해 방문객들에게 제공한다.

낙안민속자연휴양림은 낙안읍성을 바로 지척에 두고 있다. 휴양림이 자리 잡은 금전산 끝자락에서 1㎞ 남짓 되는 거리에 있다. 그런 까닭인지 휴양림은 금전산에 있지만 금전산자연휴양림이 아닌 낙안민속자연휴양림으로 불린다. 휴양림 주변에는 낙안민속마을 말고도 남도의 유명 관광명소들이 즐비하다. 보성의 녹차밭, 꼬막으로 유명한 벌교, 그리고 순천만자연생태공원이 가까운 거리에 있다. 사통팔달 남도 여행의 베이스캠프로 삼기에 부족함이 없는 위치다.

휴양림은 해발 100m 정도로 낮은 곳에 있다. 위도도 낮아 오지의 고요함이나 터프함보다는 남쪽의 포근한 느낌이 물씬 드는 곳이다. 별다른 시설 없이 숙박시설도 7동에 불과하고 야영장의 데크도 6개로 아담한 규모지만 특히 추운 계절 따뜻한 봄이 그리워진다면 더욱 찾고 싶어지는 휴양림이다.

내부 들여다보기

○ 낙안민속휴양림은 낙안읍성에서 동교저수지를 지나 오르막길이 시작되는 초입에 있다. 계곡이나 산길을 따라서 한참을 들어가야 하는 다른 곳과 달리 휴양림 입구는 58지방도와 바로 접해 있다.

야영장의 위치가 특이하다. 일반적으로 다른 휴양림의 야영장은 가장 깊숙한 곳에 자리 잡은 반면 이곳은 휴양림 초입 관리사무소 주변에 위치하고 있다. 매표소에서 휴양림으로 진입하는 길이 두 갈래로 나뉘는데 야영장으로 가려면 차량 차단기를 통과해서 아래쪽으로 진입해야 하고, 숙박시설은 위쪽 길로 진입한다. 휴양림 부지는 58번 지방도와 함께 나란히 경사를 이룬다. 숙박시설들은 경사의 위쪽에 있어서 시야가 탁 트이고 맞은편의 동교저수지가 한눈에 내려다보인다. 소나무와 벚나무동이 가장 높은 곳에 위치한다.

휴양림의 숙박시설은 숲속의 집 6동과 휴양관 1동으로 무척 단출하다. 휴양림이 도로와 인접해 있어서 창문을 열면 차량 소음이 들리는 게 조금 아쉽다. 숲속의 집은 상단과 하단으로 나뉘는데 하단에 위치한 아리랑, 태백산맥, 한강은 야영장 자리에 들어선 신축건물이다. 휴양관의 노루귀와 물레방아는 저수지 쪽이 아닌 산 쪽을 바라보고 있으니 예약할 때 참고하는 것이 좋겠다. 숙박시설 상세정보는 p.353 참고

1 산림문화휴양관
2 사방댐과 가까운 데크
3 야영장의 취사장

야영장에서 하룻밤 보내기

규 모	총 6개 데크
야영장	일반야영장 1곳
고 도	해발 122m
전 기	사용 가능
샤워장	있음(온수 가능, 7·8월만 운영)
개수대	있음(온수 불가)
화로대	사용 불가
데크 사이즈	360×368cm
특이점	계곡 인접, 경사 지형

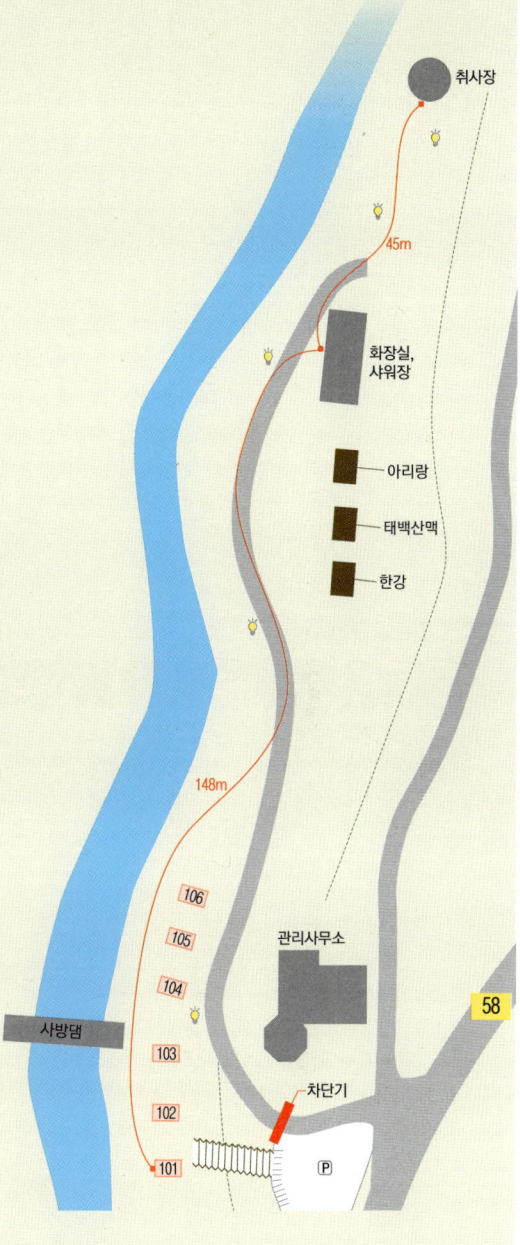

편의 계곡을 따라서 길게 배치되어 있는 야영장이었다. 리모델링을 통해서 17개의 데크가 6개로 줄어들었다. 편의시설과 가까운 상단의 데크들이 없어지고 그 자리에 숲속의 집 3동이 신축되었다. 주차장과 데크 간의 거리가 멀지는 않지만 편의시설과는 거리가 멀다. 차량 차단기 밖에서 짐을 내리고 계단 쪽으로 짐을 옮기는 것이 더 가깝다.

환경 사방댐 인근에 데크들이 배치되어 있다. 지형은 완경사 오르막이고, 일부 데크들은 그늘이 부족한 편이다.

프라이버시 국립자연휴양림 중에서 데크 수가 가장 작은 야영장이다. 데크 간격은 여유롭다. 휴양림 초입이지만 객실 이용객과 진입로가 분리되어 있어 번잡스럽지 않다. 도로와 가까워도 야영장의 지대가 낮고 계곡 물소리와 나무 덕분에 도로 소음은 거의 들리지 않는다.

BEST Site 아담한 야영장이지만 편의시설까지 거리가 멀어서 아쉽다. 그늘이 울창하고 한갓진 곳에 자리 잡기를 원한다면 101·102번 데크가 좋다. 단 가장 아래쪽에 자리 잡고 있어서 편의시설까지 거리가 가장 멀다. 화장실까지 약 150m, 개수대까지 거의 200m의 경사지를 오르내려야 한다.

휴양림 백퍼센트 즐기기

Activity 체험 프로그램
- 방문객들을 대상으로 4~10월에는 숲해설사에 의한 무료 숲 해설과 목공예교실 프로그램을 운영한다. 목공예교실에서는 황토염색 체험, 미니주머니 만들기 등을 할 수 있다(재료비 별도).
- 금원산 정상으로 올라가는 등산로가 개설되어 있다. 왕복 4km, 약 3시간 소요된다. 등산로는 가파른 편이며 정상에서는 낙안읍성이 한눈에 들어와 조망이 좋다. 시야가 좋은 날에는 남해바다까지 보인다.

Supply 보급
휴양림에서는 순천시내보다 벌교읍내가 더 가깝다. 읍내에서는 **벌교 이마트**가 가장 규모가 크다. 벌교시장 옆에 있다. 시장 인근에는 수산물 판매점들이 모여 있어 벌교 갯벌에서 잡힌 맛조개(봄), 꼬막(겨울), 붕장어 같은 제철 해산물들을 구입할 수 있다.

벌교 이마트
보성군 벌교읍 벌교리 887-2
061-858-4567

Restaurant 주변 맛집
벌교의 대표 음식은 뭐니 뭐니 해도 꼬막이다. 읍내의 식당들에서는 대부분 꼬막을 이용한 무침, 데침, 전 등으로 정식을 한 상 내놓는다. 그중 **국일식당**의 꼬막정식을 추천한다. 보성여관 맞은편에 있다. 선암사 쪽에는 프라이팬 김치찌개로 유명한 **진일기사식당**이 있다. 간단한 한 끼 식사로 추천한다. 2인분이나 4인분이나 같은 크기의 프라이팬을 쓰기 때문에 인원이 많은 경우 손해 보는 듯한 느낌이 있다.

국일식당
보성군 벌교읍 벌교리 624
061-857-0588

진일기사식당
순천시 승주읍 신성리 1017
061-754-5320

Attraction 주변 볼거리
낙안읍성은 순천의 대표 관광지 중 한 곳이다. 특히 성벽 길을 따라서 읍성을 천천히 한 바퀴 돌아보면 좋다. 휴양림에서 1km 거리다. 순천지역의 주변 관광지로는 순천만정원과 순천만자연생태공원을 빼놓을 수 없다. 양쪽을 모두 관람하고 싶다면 통합권을 끊으면 된다. 두 곳을 왕복하는 무인궤도차인 스카이큐브가 개통되었는데 순천만정원과 순천문학관을 왕복한다. 두 곳 모두 넓기 때문에 많이 걸어야 한다. 관람 시간을 넉넉하게 잡는 것이 좋겠다.

휴양림에서 30분 거리에 있는 선암사도 추천한다. 관광지화된 유명 사찰의 번잡스러움이 아닌 조용한 고찰의 분위기를 느낄 수 있다. 1km 정도 부담 없는 거리를 걸으며 산책할 수 있다. 조선시대에 만들어진 무지개다리인 승선교와 문화재로 등록된 뒷간을 살펴보는 것도 소소한 재미. 산책로 중간에 있는 순천야생차 체험관에서 차를 한 잔 즐겨 보는 것도 좋다. 보성 녹차밭도 휴양림에서 차로 1시간 거리에 있다.

선암사

콕콕 짚어주는 휴양림 정보

Comments 여행작가의 말
남도의 관광명소들이 가까운 곳에 있다. 휴양림 안에서의 휴식보다는 주변의 관광지를 주로 둘러보기 위한 숙소로 이용하는 것을 추천한다.

낙안읍성으로 들어가는 성문

Tip 이것만은 알고 가자
- 해발 100m 정도로, 고도가 낮은 자연휴양림 중 한 곳이다.
- 58번 지방도에 인접해 있어 창문을 열면 일부 숙소는 도로 소음이 들린다.
- 야영장의 샤워장은 7·8월에만 운영된다.

Access 접근성
한남대교 기준으로 4시간 이상 걸린다. 경부고속도로·천안논산고속도로·순천완주고속도로를 이용하다가 순천IC로 빠져 나온다. 광주광역시에서 1시간 30분, 순천시에서 약 30분 거리에 있다. 휴양림이 58번 지방도에 바로 접해 있기 때문에 도로 사정은 좋다.

Reservation 예약
숲나들e(http://foresttrip.go.kr) 공통(p.22 참고).

Accommodation 숙박시설

시설	구분	수량	비수기 요금	성수기 요금	시설명
숲속의 집	6인	6동	67,000	119,000	벚나무·소나무·참나무(+다락방)·아리랑·태백산맥·한강(2019년 신축)
산림문화휴양관	4인	8실	39,000	68,000	2층: 비비추·붓꽃 1층: 장독대·조롱박·사랑방·반딧불·꽃신·옥잠
	7인	4실	67,000	119,000	2층: 은방울·금낭화·노루귀 1층: 물레방아
야영장	일반	6개	15,000	16,500	주차료(3,000원), 입장료(성인 1,000원), 전기 사용료 포함

동백꽃으로 가장 먼저 봄소식을 알리는
천관산자연휴양림

전라도

천관산 정상 723m
등산로 왕복 6.6km
고도 **256**m
야영장 기준

산림청 직영 국립휴양림 | 1995년 개장 | 전라남도 장흥군 관산읍 칠관로 842-1150 | 061-867-6974

기온
+0.3℃
전국 평균 대비
관산읍 연평균 기온

강수량
+378mm
전국 평균 대비
관산읍 연평균 강수량

숙박 규모
15실
15실 최대 78명 수용
숲속의 집 11
연립동 4

야영장
20데크
일반야영데크 20

오지 속에 자리 잡은 최남단 자연휴양림

천관산자연휴양림은 내륙에 위치한 휴양림 중에서 가장 남쪽에 위치해 있다. 서울에서 차로 5시간 이상, 400㎞를 넘게 달려가야 도착할 수 있다. 행정구역상 장흥군에 속해 있지만 강진군 경계에 맞닿아 강진과 장흥 한가운데 있는 까닭에 양쪽 관광지들을 모두 돌아보기에 유리하다. 휴양림 주변으로 남부 지역의 특색 있는 자연환경을 체험할 수 있다.

먼 거리를 찾아간 만큼 휴양림 진입로부터 남다르다. 휴양림까지 들어가는 진입도로가 터프하다. 일반적으로 계곡을 따라 올라가는 다른 휴양림의 진입로와 달리 이곳은 산허리를 감아 돌아가는 도로를 타고 5㎞ 이상 들어가야 한다. 덕분에 시야는 탁 트이며 주변 경관이 한눈에 시원스레 들어온다. 숲으로 들어가는 가장 드라마틱한 진입로다.

최남단에 있는 만큼 식생에도 차이가 있다. 참나무와 침엽수가 주종을 이루는

야영장

중부지역 휴양림과는 다르다. 진입로에서 약 2㎞ 더 들어가면 우리나라 최대의 동백나무 군락지와 만나게 된다. 동백나무는 남부지역에 자생하는 상록활엽수다. 한 번에 화려하게 꽃망울을 터트리는 벚꽃과 달리 봄이 오기 전 부끄러운 듯 하나 둘 붉은 꽃망울을 피우는 게 동백나무다. 수줍음이 많은 동백나무지만 이곳에서는 계곡 전체를 뒤덮을 정도로 거대한 군락지를 이루며 존재를 과시한다. 전망대에서 내려다보는 그 모습이 장관이다.

진입로 끝에서 만나는 휴양림은 애써 들어온 거리만큼이나 오지의 느낌이 강하다. 숙박시설도 10여 동에 불과하고 외부 출입도 많지 않아 전반적으로 조용한 분위기다. 휴양림에는 호남 5대 명산인 천관산 정상으로 오르는 등산로가 나 있다. 환희대까지는 등산로를 타고 오르지만 연대봉까지는 억새 군락지를 지나서 능선을 따라 연결되어 있다. 정상에 오르면 내륙의 산과는 달리 섬이 촘촘히 흩뿌려져 있는 다도해를 내려다볼 수 있다.

내부 들여다보기

○ 강진군에서 장흥군으로 넘어가는 골치재 정상에서 휴양림으로 들어가는 진입로가 시작된다. 이곳에서 약 5.4㎞를 들어가야 휴양림 입구에 도착한다. 진입로를 2㎞ 정도 들어가면 동백나무 군락지와 만나게 되는데 이곳에 주변을 조망할 수 있는 전망대가 있다. 반들거리는 동백나무 잎이 햇살에 반사되는 모습이 장관이다. 콘크리트로 포장되어 있던 진입로는 휴양림을 2.5㎞ 정도 남겨놓고 비포장으로 바뀐다. 진입로 중간에 천관산의 모습을 조망할 수 있는 전망 포인트가 있다.

휴양림의 시설은 단출한 편이다. 산림휴양관과 같은 대형 건물은 없다. 숙소는 매표소와 야영장이 있는 하단과 천관사로 올라가는 상단에 나뉘어 있다. 매표소에서 우측으로 800m 정도 올라가면 상단에 있는 연립동과 숲속의 집에 도착한다. 이곳의 연립동인 자귀나무 A동과 B동, 숲속의 집 편백나무동이 가장 높은 곳에 자리 잡고 있다. 현재 이 숙소들은 2019년부터 반려견 객실로 시범 운영되고 있다. 반려동물을 동반한 투숙객만 이용 가능하다. 매표소에서 상단의 숙소로 올라가는 길 중간에 천관산 정상으로 올라가는 등산로(1코스)가 시작된다. 환희대까지 2.2㎞ 거리며, 이곳에서 연대봉까지는 다시 1㎞를 더 가야 한다. 휴양림에서 연대봉까지 왕복하는 데는 6.6㎞, 3시간 이상 잡아야 한다. 1995년에 개장한 휴양림이지만 7인실 숲속의 집인 편백나무와 산딸나무동이 가장 최근에 완공된 신축 건물이라 인기가 좋다. 기존 숲속의 집들도 부분적으로 리모델링 했다. 숙박시설 상세정보는 p.361 참고

숲속의 집 편백나무동 동백나무 군락지 전망대

야영장에서 하룻밤 보내기

○ 야영장은 휴양림 아래 가장 안쪽으로 들어가 계곡 옆에 자리 잡고 있다. 천관산이 돌이 많은 암산이라 계곡의 수량이 풍부한 편은 아니다. 야영장 옆에 사방댐으로 물을 막아 물놀이장을 만들어 놓았으나 지금은 폐쇄되어 운영되지 않는다. 등산로와 숙박객들의 동선과도 떨어져 있어 조용한 분위기다. 계곡과 가까운 위치라 좋다.

규 모	총 20개 데크
야영장	일반야영장 1곳
고 도	해발 256m
전 기	사용 가능
샤워장	있음(온수 가능, 7·8월만 운영)
개수대	있음
화로대	사용 가능(숯만 가능, 산불 조심 기간에는 금지)
데 크 사이즈	360×360cm
특이점	계곡 인접, 평지 지형+경사 지형, 일부 그늘 부족

편의 데크까지 차량이 진입할 수 없어 차량 차단기 쪽에 주차하고 짐을 옮겨야 한다. 일부 데크는 주차장과 거리가 멀지만 개수대와 화장실이 가운데 있어 편의시설을 이용하기에는 무난한 편이다. 차단기에서 화장실까지 오르막길을 올라야 평지 지형이다. 샤워장은 성수기에만 임시로 운영한다.

환경 사방댐 옆에 있지만 물놀이장이 폐쇄되면서 계곡으로의 접근성은 떨어진다. 주차장 쪽 일부 데크를 제외하면 시원한 물소리는 들을 수 있다. 전반적으로 그늘은 풍부한 편이지만 중앙에 자리 잡은 일부 데크(105·106번 데크)는 그늘이 부족하다. 중앙에 있는 101~106·110~114번 데크를 제외한 나머지 데크는 부정형 경사지에 있다.

프라이버시 데크 수가 20개에 불과하고 숲속의 집 이용자들이나 등산객들의 동선과도 겹치기 않기 때문에 전반적으로 조용한 분위기다.

BEST Site 오지 속에 자리 잡은 휴양림에 걸맞은 조용한 분위기의 야영장이다. 주차장에서 데크까지 짐을 옮기는 것이 가장 큰일이다. 주차장에서 가장 가까운 117번 데크는 18m를 이동하면 되지만 가장 위쪽에 있는 108번 데크는 거의 100m 거리다. 주차장과는 거리가 멀어 짐 옮기기가 힘들어도 계곡과 가장 가깝고 한적하다. 사당댐 바로 옆 109번 데크는 개수대 바로 옆 움푹 파인 낮은 곳에 자리 잡고 있다. 118·119·120번 데크는 경사지에 계단식으로 자리 잡고 있어서 어린아이를 동반한 야영객에게는 적합하지 않다. 편의성과 자연환경을 고려하면 110~114번 데크를 추천한다. 그중에서도 111번 데크가 가장 좋아 보인다.

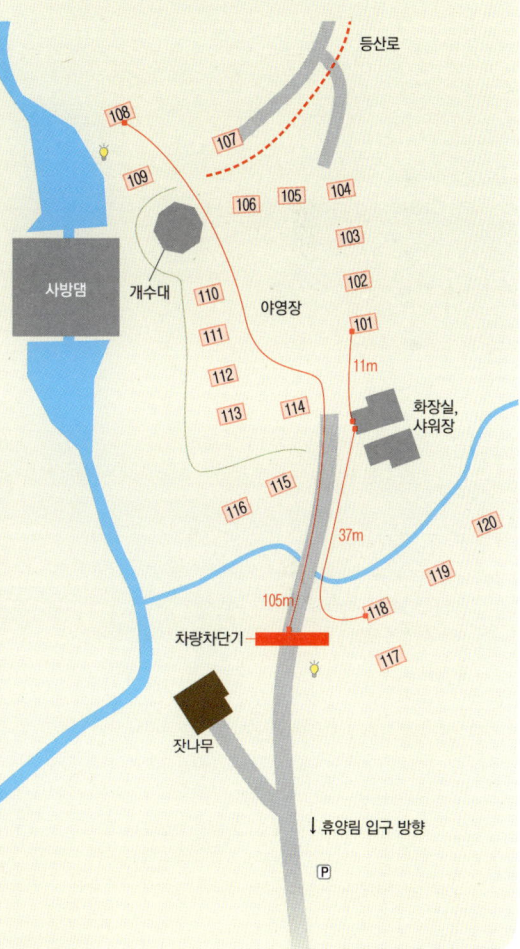

휴양림 백퍼센트 즐기기

Activity 체험 프로그램
- 방문객들을 대상으로 3~11월에는 숲해설사에 의한 무료 숲 해설과 목공예교실 프로그램을 운영한다. 목공예교실에서는 나무화분, 목걸이, 열쇠고리 등을 만들 수 있다(재료비 별도).
- 휴양림에서 천관산 정상(연대봉)으로 올라가는 등산로가 있다. 왕복 6.6km, 3시간 소요된다.

Supply 보급
휴양림이 강진군과 장흥군 경계에 자리 잡고 있어 양쪽 읍내까지는 모두 1시간 정도 걸린다. 서해안고속도로를 타고 접근한다면 오는 길에 강진 쪽에서 장을 봐오는 것이 좋다. **강진농협하나로마트**가 있다. 수산물을 구입한다면 강진 마량항이 휴양림 남쪽으로 1시간 거리에 있다. 수협 어판장이 있어 제철 해산물을 저렴한 값에 구입할 수 있다. 강진만 초입에 자리 잡은 마량항은 미항으로도 유명하다.

강진농협하나로마트
강진군 강진읍 남성리 19-1
061-433-4355

설성식당 백반

Restaurant 주변 맛집
강진군은 한정식으로 유명하다. 3대 한정식으로 꼽힌다는 **해태식당**이 유명하다. 한정식이 부담스럽다면 돼지불백을 기본으로 남도 백반을 한 상 차려내는 **설성식당**을 추천한다. 강진읍내가 아닌 하멜기념관이 있는 병영면에 있다.

해태식당
강진군 강진읍 남성리 33
061-434-2486

설성식당
강진군 병영면 삼인리 334-14
061-433-1282

Attraction 주변 볼거리
강진 쪽을 돌아볼 때는 동선을 잘 짜야 한다. 강진만이 깊기 때문에 맞은 편으로 오고 가는 거리가 만만치 않기 때문이다. 병영군에는 **하멜기념관**이 있다. 하멜은 제주도로 표류해 우리나라에 들어왔지만 전라병영성에 유배되어 7년의 세월을 보냈다. 기념관은 작지만 인근 전라병영성과 함께 둘러볼 만하다. 그리고 강진에는 정약용 선생이 유배생활 중 머물렀던 **다산초당**이 있다. 이곳에서《목민심서》를 비롯한 수많은 서적들이 집필되었다.
또한 강진은 고려청자 도요지로 유명하다. 전국의 청자 가마터 중 절반 이상이 이곳에 모여 있다고 하니 고려청자의 비취빛과 강진만의 바다색과 닮은 것은 우연이 아니겠다. 휴양림에서 마량항으로 가는 길에 강진청자박물관이 있다. 매주 토요일 이곳에서 만들어진 청자의 경매가 진행되며 청자를 만들어볼 수 있는 청자 체험도 가능하다. 완성된 물컵이나 소품에 조각을 새기면 이곳에서 청자로 구워 택배로 보내준다. 특히 어린아이들이 있는 가족에게 강력 추천한다.

강진청자박물관

하멜기념관
강진군 병영면 병영성로 180
061-430-3318

다산기념관
강진군 도암면 만덕리 415
061-430-3911

강진청자박물관
강진군 대구면 사당리 127
061-430-3755

*장흥군의 보급과 맛집, 주변관광 정보는 정남진편백우드랜드(p.372)를 참고

콕콕 집어주는 휴양림 정보

Tip 이것만은 알고 가자
- 야영장의 샤워장은 7·8월에만 운영된다.
- 휴양림 초입부터는 5.5km 길이의 비포장도로와 콘크리트 도로를 따라서 한참을 들어가야 한다.
- 휴양림이 속한 곳은 장흥이지만 수도권, 서해안 지역에서 접근한다면 장흥이 아닌 강진을 거쳐 오게 된다.

Comments 여행작가의 말
다른 휴양림에서는 보기 드문 동백나무 군락지와 정상에서 다도해가 내려다보이는 천관산 등반으로 유명한 곳이다. 장흥과 강진만 일대의 관광지를 둘러보기에도 좋은 위치다.

야영장 입구 차량 차단기

Access 접근성
한남대교 기점에서 휴양림까지는 5시간 이상 잡아야 한다. 경부고속도로·서해안고속도로·영암순천고속도로를 타고 내려오다가 강진무위사IC로 빠져 나온다. 이후 국도와 지방도를 타고 가다가 휴양림 도착 5.5km 전에 콘크리트 포장도로로 진입해서 산허리에 난 도로를 따라 들어가야 한다. 초행길인 사람은 길을 잘못 든 것이 아닐까 하는 착각이 들 정도로 오지 속으로 들어가는 느낌이다. 다행히 경사도는 완만하고 중간부터 만나는 비포장도로의 노면 상태도 무난한 편이다.

Reservation 예약
숲나들e(http://foresttrip.go.kr) 공통(p.22 참고).

Accommodation 숙박시설

시설	구분	수량	비수기 요금	성수기 요금	시설명
숲속의 집	4인	5동	40,000	73,000	낙엽송·동백나무·삼나무·소나무·잣나무
	6인	3동	67,000	119,000	층층나무·황칠나무·후박나무(2019년 준공)
	7인	2동	67,000	119,000	산딸나무·편백나무(애견동반, 2014년 준공)
	8인	1동	87,000	154,000	느티나무(+다락방)
연립동	4인	2실	40,000	73,000	비자나무 A, B (2017년 준공)
	5인	2실	52,000	94,000	자귀나무 A, B (애견동반)
야영장	일반	20개	15,000	16,500	주차료(3,000원), 입장료(성인 1,000원), 전기 사용료 포함

스머프마을을 떠올리는 목공예 체험장

방장산자연휴양림

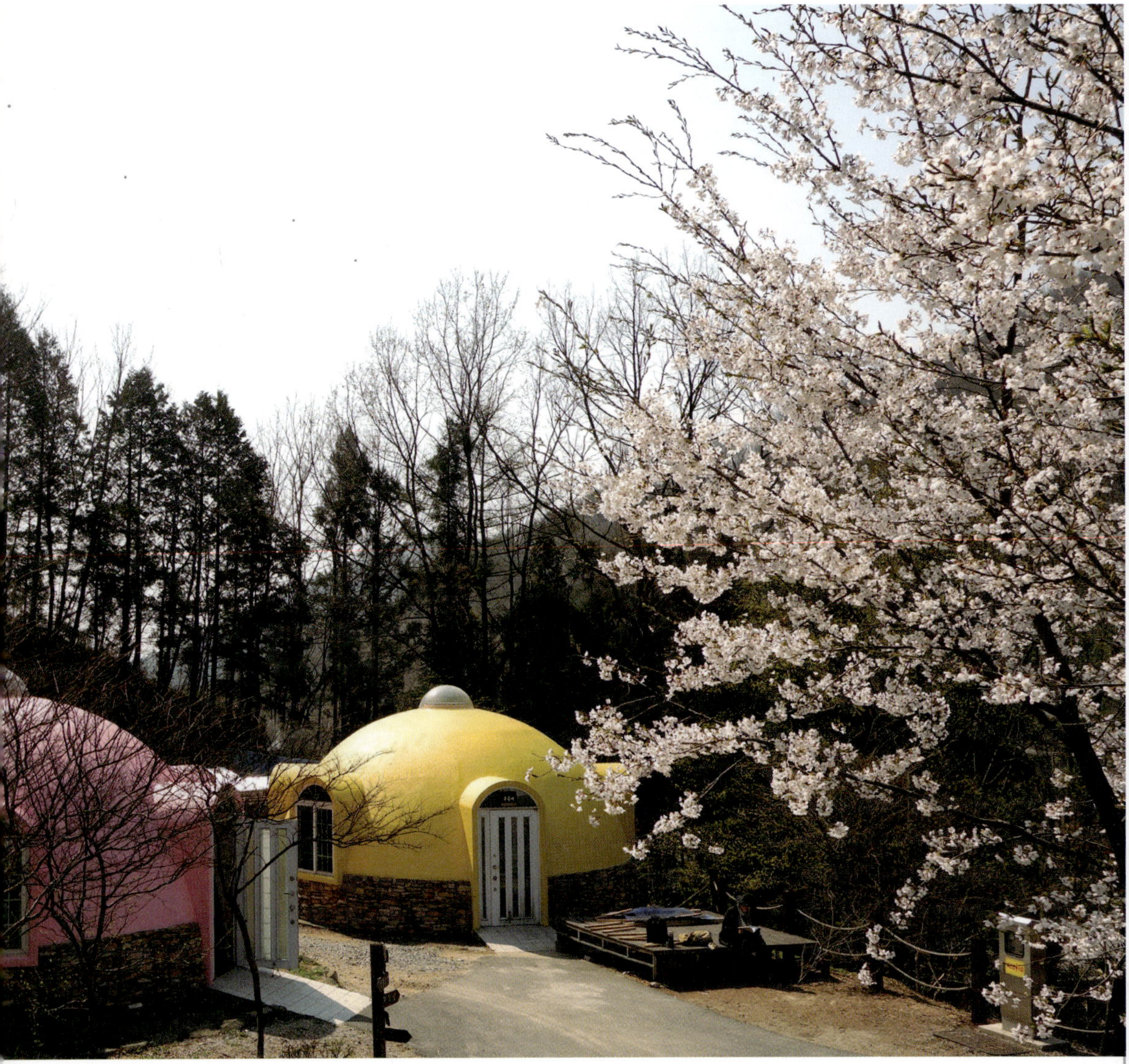

☀ **기온·℃**
-0.6 전국 평균 대비
북이면 연평균 기온

🌧 **강수량·mm**
+282 전국 평균 대비
북이면 연평균 강수량

🏠 **숙박 규모·실**
20 20실 최대 117명 수용
숲속의 집 8 · 휴양관 12

 야영장·데크
0 일반야영데크 0

산림청 직영 국립휴양림 | 2000년 개장 | 전라남도 장선군 북이면 방장로 353 | 061-394-5523

봄·여름·가을·겨울이 모두 머물러 가는 곳

○ 휴양림이라면 숲과 계곡이 있는 등 대부분 비슷비슷하지 않나 하고 생각하는 사람들이 많다. 그렇게 보이는 것도 사실이다. 국립휴양림에서 진행되는 목공예 체험 프로그램 역시 대략 비슷한 편이다. 하지만 방장산자연휴양림은 다른 휴양림보다 산림체험 프로그램이 활성화되어 있다.

휴양림에는 스머프마을같이 아기자기한 건물이 모여 숲속공예마을을 이루고 있다. 이곳에서는 우드버닝, 목공예, 생태공예, 편백공예실이 있어 방문자들이 다양한 목공예 프로그램을 체험해볼 수 있다. 또한 국립자연휴양림 중에서는 유일하게 에코어드벤처라는 산림체험시설이 있다.

휴양림이 자리 잡은 방장산도 범상치 않은 곳이다. 타지역 사람들에게는 잘 알려져 있지 않지만 호남지역에서는 지리산, 무등산과 함께 호남의 삼신산(三神山)으로 불린다. 방장산의 옛 지명은 방등산이다. 이곳에서 한 여인이 도적에게 잡혀간 뒤 남편이 구하러 오지 않음을 원망하며 불렀다는 백제 가요 〈방등산가〉의 무대가 되는 곳이다. 방장산은 해발 743m로 정상에 올라서면 서해바다와 고창평야가 훤히 내려다보인다. 산행은 장성갈재에서 시작해 정상과 억새봉을 거쳐 양고살재로 내려오는 약 10㎞의 종주코스를 주로 이용한다. 휴양림 상단에는 억새봉으로 연결되는 임도가 있는데 주변에 높은 산이 없어 이곳에서 내려다보는 주변 경관이 아주 시원스럽다.

방장산자연휴양림은 장성군과 고창군의 경계에 위치해 있다. 주변에 가을 단풍으로 유명한 내장산 백양사가 있고, 봄이면 동백꽃 피는 선운사, 철쭉과 벚꽃이 아름다운 고창읍성이 가까운 거리에 있다. 침엽수보다는 주변에 활엽수와 꽃나무들이 많아 계절의 변화에 따른 제철 풍경이 뚜렷한 관광지들이다. 나뭇잎과 꽃잎이 모두 떨어져버린 겨울마저도 눈이 많이 내려 겨울철 분위기를 즐기기에 부족함이 없다. 방장산의 설산 등반도 인기다.

내부 들여다보기

○ 방장산자연휴양림의 가장 큰 매력 포인트는 숲속공예마을이다. 매표소가 있는 휴양림 초입에 있다. 반원형 지붕의 목공예 체험 건물은 테마파크에 들어온 듯한 분위기마저 준다. 건물마다 각각 다른 프로그램을 체험할 수 있다. 우드버닝, 편백비누 만들기 등 프로그램의 종류도 다양하다. 목공예실 위쪽에는 숲을 온몸으로 즐길 수 있는 에코어드벤처가 있다. 와이어에 몸을 매달고 계곡 반대쪽으로 넘어가는 짚 라인 체험도 가능하다. 성인은 물론 어린이들을 위한 코스도 만들어져 있다.

예전엔 야영장도 운영했지만 지금은 폐쇄되었고, 그 자리에 유아숲체험원이 세워졌다. 도시에서만 자라는 아이들이 자연과 함께하는 지혜를 균형 있게 발달시키도록 돕는다. 광주와 무안지역의 유치원생들이 많이 찾아온다고 한다. 휴양림 안을 흐르는 계곡의 수량은 풍부한 편이지만 경사가 급하고 물놀이장이 폐쇄되어 물놀이는 물론 계곡으로 접근하기가 마땅치 않다.

방장산자연휴양림의 숙박시설로는 숲속의 집과 산림휴양관이 있다. 숲속의 집 4동은 휴양림 가장 윗부분에 자리 잡고 있는데 동간 간격이 넓고 주변이 탁 트여 전망이 좋다. 이곳에서 억새봉까지 2.4km의 임도가 개설되어 있다. 억새봉 정상에는 패러글라이딩 활공장이 있는데 이곳 역시 주변에 나무가 없어 고창읍내가 한눈에 들어온다. 또한 억새봉 정상에서는 휴양림 반대편에 있는 고창 MTB파크의 산악자전거 코스가 시작된다.

인기 있는 숲속의 집들은 모두 입지조건이 훌륭하다. 상단의 청운, 행복, 목향동은 계곡을 끼고 있으면서 전망도 좋은 높은 곳에 있으며 신선동은 멀찌감치 떨어져 있어 한적함을 더했다. 개나리, 민들레, 진달래동도 특색 있다. 그중 진달래동이 가장 안쪽에 있어 조용하다. 숲속의 집 앞쪽에 나무 데크길이 조성되어 있고 동간 간격도 널찍널찍하다. 베란다도 아주 넓으며 거실에서 내려다보이는 나무와 데크길의 경관이 특색 있다. 장애인 우선 예약 객실의 침실에는 침대가 있고 점자 안내판과 미닫이문도 설치되어 있다. 장애인 우선 예약에서 신청이 완료되지 않은 객실은 일반인들도 이용할 수 있다. 숙박시설 상세정보는 p.367 참고

1 숲속의 집
2 산림문화휴양관

휴양림 백퍼센트 즐기기

Activity 체험 프로그램
- 휴양림 안에 숲속공예마을이 있다. 이곳에서는 인두를 이용해 나무에 그림을 그리는 우드버닝, 편백비누, 양초 만들기 등 다른 곳의 휴양림과 비교해서 더 다양한 공예 체험이 가능하다(재료비 별도).
- 국립휴양림 중에서는 유일하게 에코어드벤처를 운영한다. 매일 2회 10:00, 15:30에 운영하며 50분 소요된다. 체험료는 유료. 신장 120㎝ 이상만 참가할 수 있다. 20인 이상 단체만 신청을 받는다.

Supply 보급
백양사IC에서 가까운 백양사역 인근에 작은 규모의 백양사농협하나로마트가 있다. 휴양림 반대편 산자락에 있는 고창의 석정온천(석정휴스파) 입구에도 선운산농협하나로마트 웰파크 지점이 있다.

백양사농협하나로마트
장성군 북이면 사거리 613
061-392-8048

Restaurant 주변 맛집
고창은 풍천장어로 유명하다. 선운사 입구 쪽에 식당들이 모여 있다. 그 중 **연기식당**이 유명하다. 한정식으로는 **조양관**이 알려져 있는데 식당 건물이 근대문화유산으로 등록되어 있다. 호남고속도로를 이용해서 진입하거나 귀경한다면 잠시 정읍에 들러 식사를 해결해도 좋겠다. **정촌식당**은 백반과 한정식으로 유명하다. 정읍의 **솜씨만두**도 맛있다.

연기식당
고창군 아산면 삼인리 29-29
063-561-3815

조양관
고창군 고창읍 읍내리 296-2
063-564-2026

정촌식당
전북 정읍시 장명동 108-1
063-537-7900

솜씨만두
정읍시 시기동 356-1
063-531-5797

Attraction 주변 볼거리
고창의 대표적인 볼거리로는 먼저 **선운사**가 있다. 휴양림에서 선운사 입구까지는 편도 40분 소요된다. 선운사에는 천연기념물로 지정된 동백나무숲이 있다. 동백나무 개화 시기는 3월 말에서 4월 초 사이다. 동백뿐만 아니라 꽃무릇도 아름다운데, 꽃무릇은 9월 중순에서 10월 초에 개화한다. 고창읍성도 빼놓을 수 없다. 특히 성안에는 철쭉이 많은 까닭에 4월 중순에 찾아가면 철쭉 길을 걸어볼 수 있다. 4월에서 5월 사이에는 학원관광농원 일대에서 고창 청보리밭 축제가 열린다.
장성의 볼거리로는 휴양림에서 20분 거리에 국내 최대 편백나무숲으로 유명한 축령산이 있다. 산림청에서 관리하는 치유의 숲(p.374 참고)으로 지정되어 있으며 편백숲을 따라 산림욕을 즐기기에 최적의 장소다. 강력 추천한다. 단풍으로 유명한 내장산 자락의 백양사 역시 휴양림에서 가까운 거리에 있다.

선운사
고창군 아산면 삼인리 500
063-561-1422

콕콕 짚어주는 휴양림 정보

Tip 이것만은 알고 가자
- 동절기에는 에코어드벤처와 숲속공예마을을 운영하지 않는다. 운영 기간은 3~11월.
- 행정구역상 전남 장성군에 속하지만 고창군 경계에 있어 고창읍내와 더 가깝다.
- 매년 4월이면 백양IC에서 휴양림으로 진입하는 5km의 진입로가 벚꽃 길로 바뀐다.
- 편백나무숲으로 유명한 장성 축령산이 차로 20분 거리에 있다.

Comments 여행작가의 말

숲속공예마을이 있어 다양한 목공예 체험이 가능한 휴양림이다. 짚 라인을 타볼 수 있는 숲속어드벤처도 있어 아이들의 만족도가 높다. 고창과 장성의 관광지를 두루 둘러보기에도 좋은 위치에 자리 잡고 있다.

휴양림 진입로

Access 접근성

한남대교 기준으로 약 3시간 소요된다. 천안논산고속도로와 호남고속도로를 이용해서 백양사IC로 빠져 나오는 경로가 최단 코스다. 광주광역시에서는 40분 거리로 가깝다.

Reservation 예약

숲나들e(http://foresttrip.go.kr) 공통(p.22 참고).

Accommodation 숙박시설

시설	구분	수량	비수기 요금	성수기 요금	시설명
숲속의 집	5인	3동	52,000	94,000	목향·신선·행복
	8인	3동	87,000	154,000	민들레·진달래·개나리
	11인	2동	110,000	185,000	청운(+다락방)·화목
산림문화휴양관	3인	2실	32,000	53,000	2층: 자귀나무 1층: 동백나무
	4인	4실	39,000	68,000	2층: 참나무·편백나무 1층: 라일락·물푸레
	5인	4실	50,000	91,000	2층: 소나무·오동나무 1층: 가시나무·느티나무
	7인	2실	67,000	119,000	2층: 후박나무 1층: 벚나무

*휴양관 2020년 리모델링 완료

편백나무향이 은은한 치유의 숲
정남진편백숲우드랜드

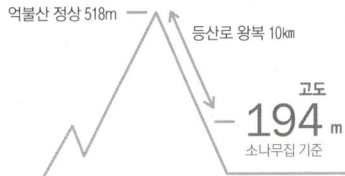

☀ **기온·℃**
+0.1 전국 평균 대비 장흥읍 연평균 기온

🌧 **강수량·㎜**
+378 전국 평균 대비 장흥읍 연평균 강수량

🏠 **숙박 규모·실**
21 21실 최대 219명 수용 숲속의 집 21

⛺ **야영장·데크**
0 일반야영데크 0

억불산 정상 518m | 등산로 왕복 10㎞ | 고도 **194**m 소나무집 기준

치유의 숲(장흥군청 운영) | 2009년 개장 | 전라남도 장흥군 장흥읍 우산리 우드랜드길 108 | 061-864-0063

건강해지는 느낌의 편백숲과 편백소금집

○ 정남진편백숲우드랜드는 이름 그대로 편백나무숲으로 유명한 곳이다. 울창한 편백나무숲에 숙박시설은 물론 산림욕장과 산책길, 그리고 찜질방까지 다양한 시설들이 있어 사람들을 끌어 모은다. 이곳의 편백나무숲은 개인 독림가에 의해서 조성되었다. 1958년부터 김성수 선생이 억불산 자락에 편백나무와 삼나무를 조림했고 이후 장흥군에서 매입해 치유의 숲으로 꾸몄다.

휴양림으로 들어서면 마치 편백나무 테마파크에 들어온 느낌이 들 정도로 세세한 것까지 신경 써서 알차게 꾸며 놓았다. 휴양림 곳곳에는 편백나무로 만든 작품들이 전시되어 있으며 산책로에는 편백나무 톱밥을 뿌려놓아 땅을 밟는 순간에도 편백나무를 느끼게끔 배려해 놓았다. 억불산 정상까지 3.7km의 나무 데크길을 설치해 놓았다. 계단 없이 7~10도의 경사도를 이루며 올라가는 길을 이곳에서는 '말레길'이라고 부른다. 경사가 완만해 가족과 함께 가볍게 산책을 즐기기에 좋다. 이 길을 따라 억불산 정상에 오르면 북쪽으로는 장흥시내가 한눈에 들어오고, 남쪽으로는 멀리 고흥의 소록도까지 남해의 다도해가 시원스레 펼쳐진다.

울창한 숲도 숲이지만 우드랜드에는 다른 곳에서는 경험할 수 없는 독특한 숲 체험이 가능하다. 그중에서 비비에코토피아로 불리는 풍욕장은 한때 누드산림욕장으로 알려졌던 곳이다. 부직포로 만든 얇은 종이옷을 입고 오두막이나 해먹, 의자에서 산림욕을 즐길 수 있게 해놓았다. 또한 소금찜질과 편백톱밥찜질도 즐길 수 있다.

숙박시설도 평범하지 않다. 약 20여 동의 숙박시설은 한옥, 흙집, 통나무집, 돌집으로 만들어져서 각각 서로 다른 개성을 뽐낸다. 그중에서도 복층 흙집은 드라마 〈대물〉의 촬영 장소로 쓰이기도 했다. 한밤중에도 즐길 거리는 끝나지 않는다. 휴양림 바로 지척에 정남진천문과학관이 있다. 이곳에서는 깨끗한 정남진의 하늘을 바라보면서 별자리를 관측하는 천문체험이 가능하다.

내부 들여다보기

당일 방문객들은 전남목공예센터 앞 주차장에 차를 세워놓고 걸어서 우드랜드로 입장해야 한다. 주차장에서 소금집까지는 약 1.2㎞ 거리다. 숙박객은 매표소를 지나 약 400m를 더 올라가 숙박 차량 진입로를 이용해 숙소 앞까지 차를 타고 이동할 수 있다.

숙박시설이 자리 잡은 곳은 전반적으로 경사가 급한 편이다. 숙박은 크게 한옥, 흙집, 통나무지구로 나뉘며 그중 소나무집이 가장 높은 곳에 있다. 이곳에서부터 억불산 정상으로 올라가는 말레길이 시작된다. 치유의 숲인 비비에코토피아도 휴양림 가장 위쪽에 위치하고 있다. 당일 방문객들이 숙박지구를 가로질러서 억불산으로 올라가기 때문에 휴양림 안은 항상 사람들로 붐빈다. 휴양림 가장 아래쪽에는 목재문화체험관이 있다. 이곳에서는 목재 전시물 관람은 물론이고 목공예와 독서, 목조주택 만들기와 같은 체험을 할 수 있어 아이들이 있는 가족에게 추천한다.

1 가장 높은 곳에 있는 소나무집
2 억불산 정상에서 바라보이는 장흥군
3 정남진천문과학관 관측소

정남진편백숲우드랜드의 숙박시설은 산림휴양관과 같은 집합 건물이 없고 대부분 독채나 연립동 형태다. 따라서 각 숙소별로 개성이 뚜렷하다. 12인실 이상의 큰 평형 숙소가 많은 까닭에 저렴한 4~8인실의 숙소들이 가장 먼저 마감된다. 숙소로는 드물게 객실마다 에어컨이 설치되어 있고 수건도 제공된다. 숙박시설 상세정보는 p.373 참고

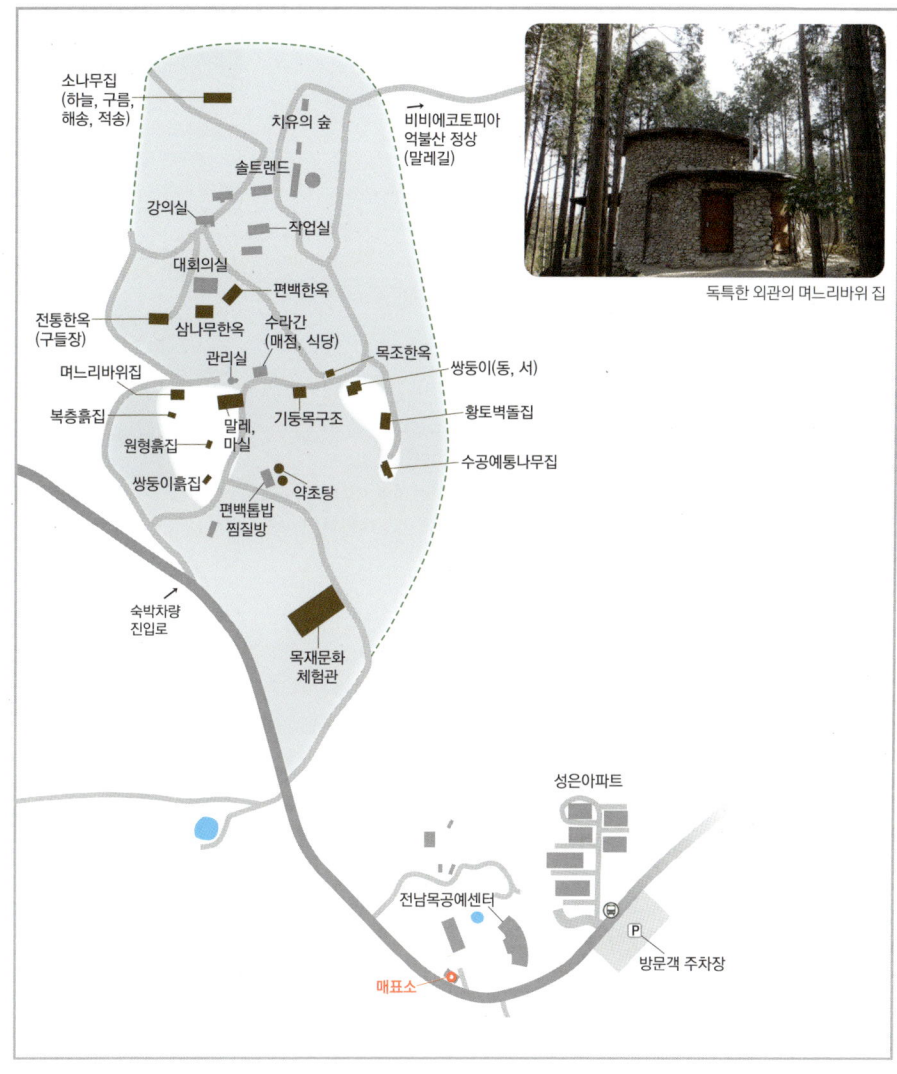

독특한 외관의 며느리바위 집

치유의 숲 백퍼센트 즐기기

Activity 체험 프로그램
- 휴양림 안에는 다양한 체험시설이 있다. 그중 편백소금집에는 소금동굴, 소금마사지방, 편백반신욕 등의 시설이 있다. 이용시간은 평일 08:00~24:00, 주말에는 24시간 운영된다.
- 입구 쪽 주차장에는 전국 최대 규모의 **전남목공예센터**가 있다. 편백나무로 만든 제품들이 전시·판매되며 목공예체험교실도 운영되고 있다. 단 20인 이상의 단체 체험만 가능하고 2주 전에 예약해야 한다.
- 개인이나 가족 단위의 방문객들은 우드랜드 안에 있는 **목재문화체험관**에서 목걸이, 나무피리, 요요 등을 만드는 체험을 할 수 있다.
- 휴양림에는 비비에코토피아로 불리는 풍욕장이 조성되어 있다. 얇은 종이옷을 입고 풍욕을 즐길 수 있는 움막과 원두막들이 있어 보다 적극적인 산림욕을 즐길 수 있다. 이용시간은 09:00~18:00. 하절기에만 운영된다.

목재문화체험관

전남목공예센터
061-860-0735

목재문화체험관
061-860-0467

Supply 보급
첩첩산중에 자리한 다른 휴양림들과 달리 이곳은 장흥읍내에서 불과 4km 밖에 떨어져 있지 않기 때문에 보급 사정이 매우 좋은 편이다. 장흥은 바닷가지만 인구 대비 사육두수가 더 많을 정도로 한우가 유명하다. **장흥토요시장**에서는 장흥의 특산품인 장흥한우는 물론이고 장흥삼합의 재료인 표고버섯과 키조개를 구입할 수 있다. 겨울철에는 제철 매생이와 장흥 무산김도 구할 수 있다.

장흥토요시장
장흥군 장흥읍 예양리 158-1

Restaurant 주변 맛집
장흥한우와 키조개 그리고 표고버섯을 같이 구워먹는 장흥삼합이 이 지역 대표음식이다. 토요시장에는 고기를 사 가면 상차림비를 받는 식당들이 많이 있다. 그중 **명희네**가 TV 예능 프로그램 <1박 2일>에 나오면서 유명해졌다. 상차림비는 식당마다 모두 동일하다. 삼합이 부담스럽다면 시장 안에 있는 **한라네소머리국밥**을 추천한다.

명희네
장흥토요시장 초입 장흥축협 옆
061-862-3369

한라네소머리국밥
장흥군 장흥읍 예양리 149
061-862-7870

Attraction 주변 볼거리
휴양림에서 10분 거리에 **장흥정남진천문과학관**이 있다. 이곳에서는 천체망원경을 통해서 천체 관측을 할 수 있다. 개관시간은 14:00~22:00. 장흥은 서울을 기준으로 정남쪽에 있다고 한다. 그래서 정남쪽에 해당하는 곳에 정남진전망대가 세워져 있다. 강릉의 정동진, 아라뱃길의 정서진을 가봤다면 이곳을 다녀오는 것도 의미 있는 일이겠다.

장흥정남진천문과학관
장흥군 장흥읍 평화리 49-1
061-860-0651

콕콕 짚어주는 치유의 숲 정보

Tip 이것만은 알고 가자
- 숙박객은 초입의 매표소에서 약 400m가량 더 올라가서 숙박 차량 진입로를 이용한다.
- 휴양림 내부도로는 경사가 가파르고 시설 배치가 복잡해 운전 시 주의가 필요하다.
- 체크아웃 시간이 11:00로 다른 곳보다 한 시간 빠르다.

Reservation 예약
- 기본적으로 홈페이지(http://www.jhwoodland.co.kr)에서 예약 신청.
- 사전예약: 이용 희망일로부터 61일(2개월)전 22:00부터 예약 가능.
- 결제: 신용카드, 무통장 입금.
- 입금시한: 예약일로부터 만 72시간(3일) 이내에 결제 완료. (예: 1일 22:00 예약 물량은 4일 22:00까지 전액 입금해야 함)
- 취소 물량: 5일 오전 이후 담당자 수동으로 홈페이지에 반영.
- tip: 사용 예정일 61일 전 22:00에 사전예약하자.

Comments 여행작가의 말
피톤치드가 풍부한 편백나무숲에 자리 잡은 치유의 숲이다. 개성 넘치는 숙소와 다양한 숲 체험 시설들이 있어 마치 편백나무 테마파크에 들어온 것 같은 느낌이 든다. 연간 70만 명 이상 방문하는 관광명소다.

Access 접근성
한남대교 기준으로 약 4시간 40분 소요된다. 서해안고속도로를 타고 죽림 JC로 빠져 나오는 경로가 최단 코스이다. 목포에서 약 1시간 거리다. 장흥시내에서 3㎞ 거리에 있다.

Accommodation 숙박시설

시설	구분	수량	비수기 요금	성수기 요금	시설명
한옥	25인	1실	300,000	400,000	대한옥실
	22인	1실	200,000	250,000	한옥전통실(방 2, 거실 1, 화장실 2)
	15인	1실	200,000	250,000	삼나무한옥실(방 2, 거실 1, 화장실 2)
	12인	1실	150,000	200,000	한옥편백실(방 2, 거실 1, 화장실 1)
	4인	1실	60,000	80,000	한옥구들장실(원룸형)
흙집	12인	1실	150,000	200,000	흙집쌍둥이실(방 2, 거실 1, 화장실 1)
		2실	120,000	150,000	흙집원형실·흙집복층실(방 1, 거실 1, 화장실 1)
돌집	8인	1실	150,000	200,000	며느리바위집
통나무집	4인	2실	80,000	100,000	하늘방(2층)·구름방(2층)
	8인	6실	120,000	150,000	말레방·마실방·해송실(1층)·적송실(1층) 통나무집 쌍둥이(동쪽)·통나무집 쌍둥이(서쪽)
	10인	4실	120,000	150,000	통나무집 2층실·드림방·아름방·기둥목구조

> 더욱 특별한 숲의 세계

장성 축령산 치유의 숲

건강에 조금이라도 관심을 가진 사람이라면 편백나무에 대해서 들어봤을 것이다. 편백나무는 일반 나무에 비해 5배나 많은 피톤치드를 내뿜는 것으로 알려져 있다. 피톤치드는 나무가 자신을 보호하기 위해서 내뿜는 항균물질로, 사람이 마시면 스트레스 해소와 심폐 기능에 좋은 것으로 알려져 많은 사람들이 다양한 형태로 편백나무를 즐기며 건강을 회복하려고 한다.

가장 좋은 것은 편백나무 가득한 숲을 찾아 그 속에 푹 잠기는 것이다. 일반적으로 산림욕은 만물이 소생하는 5월에서 7월 사이 10:00에서 15:00 사이에 하는 것이 가장 효과가 좋다고 한다. 이런 탓에 일반 휴양림보다도 편백나무가 우거진 숲을 일반인은 물론이고 환우들도 많이 찾는다.

장성 축령산에는 우리나라 최대의 편백나무숲이 있다. 6·25 전쟁 직후 황폐화된 벌거숭이 산을 개인 독림가 임종국 선생이 1956년부터 약 30년간 조림해서 오늘날 울창한 편백나무숲으로 가꿔냈다. 그 후 2002년도에 산림청에서 이곳을 매입해 치유의 숲으

하늘을 가릴 정도로
울창한 편백나무숲

로 운영하고 있다. 장성축령산휴양림으로도 널리 알려져 있다.

편백나무숲길은 금곡영화마을에서 추암(괴정)마을을 연결하는 8.5㎞의 임도를 중심으로 조림되어 있다. 이 임도를 중심으로 하늘숲길, 건강숲길, 산소숲길, 숲내음숲길 4곳의 탐방코스가 조성되어 있다. 탐방로 주변에는 40~50년생 나무들이 하늘을 가릴 정도로 빼곡하게 들어서 있다. 숲길을 걷는 내내 신선한 편백나무향이 기분을 상쾌하게 만들어준다.

장성축령산휴양림에는 아쉽게도 숙박시설과 야영시설이 없다. 숙박은 마을 인근의 민박이나 펜션을 이용해야 한다. 휴양림의 유일한 시설은 치유의 숲 안내센터다. 이곳에서는 숲 해설과 치유의 숲 프로그램이 운영되고 있다. 야영이나 숙박은 못하더라도 편백나무숲길을 산책해보는 것만으로도 찾아볼 가치가 충분한 곳이다. 휴식에서 한발 더 나아가 숲이 주는 치유 효과를 실감하게 되는 휴양림이다.

1 춘원 임종국 선생의 수목장
2 편백나무숲길을 트레킹 중인 탐방객들
3 편백나무 아래에서 휴식을 취하고 있는 탐방객

더욱 특별한 숲의 세계

Activity 체험 프로그램

트레킹은 물론이고
산악자전거 코스로도
유명한 임도

- 치유의 숲 프로그램은 2시간 소요되며, 연령대별 4개의 맞춤 프로그램이 있다. 비용은 무료이며, 5인 이상 참여할 수 있다. 인터넷과 전화로 신청을 받는다. 숲 해설은 인원 제한이 없으며 시간이나 횟수는 현장 상황에 따라서 탄력적으로 운영된다.
- 탐방코스길은 하늘숲길, 건강숲길, 산소숲길, 숲내음숲길 4가지가 있다. 이 길을 기본으로 해 왕복코스, 종주코스, 일주코스로 돌아볼 수 있다.
  · 왕복코스: 추암(괴정)마을 주차장에서 시작해 숲 안내센터까지 올라간 뒤 메인 임도를 벗어나 숲내음숲길과 산소숲길을 산책하고 다시 메인 임도를 따라 출발지로 되돌아오는 코스다. 약 8km 거리에 2시간 40분 정도 소요된다.
  · 종주코스: 금곡영화마을에서 시작해 추암(괴정)마을로 임도를 종주하는 코스다. 약 6km 거리이며 2시간 소요된다. 관광버스가 픽업해 줄 수 있는 단체 탐방객들이 이용하는 코스다.
  · 일주코스: 축령산휴양림을 크게 한 바퀴 돌아보는 코스다. 23km 거리로 8시간 이상 잡아야 한다.

장성 치유의 숲 안내센터
061-393-1777~8
http://cafe.daum.net/mom-mamhealing

Access 접근성

한남대교 기준으로 약 3시간 소요된다. 천안논산고속도로와 호남고속도로를 이용해서 백양사IC에서 빠져나온다. 방장산자연휴양림에서는 차로 20분 거리다. 이곳은 정문도 매표소도 없다. 따라서 초행길인 사람에게는 목적지를 내비게이션에 입력하는 것부터 혼란스러울 수 있다. 주변 마을에 차량을 주차하고 임도를 따라 걸어서 편백숲으로 접근해야 한다.

· 추암(괴정)마을: 전남 장성군 서삼면 추암리 664
· 대덕(한실)마을: 전남 장성군 서삼면 대덕리 356
· 모암마을: 전남 장성군 서삼면 모암리 590
· 금곡영화마을: 전남 장성군 북일면 문암리 500

Restaurant 주변 맛집

추암주차장이 있는 백련동 마을에 식당이 몇 곳 있다. 그중 **백련동 식당**에서는 간단한 백반 위주의 식사가 가능하다. 특별한 별미를 맛보고 싶다면 꿩고기 코스요리를 내놓는 **산골짜기**를 추천한다. 홍길동 테마파크 맞은편에 있다.

백련동 식당
장성군 서삼면 추암로 555
061-393-7077

산골짜기
장성군 황룡면 아곡리 225
061-393-0955

Attraction 주변 볼거리

축령산휴양림의 북쪽 자락에 자리 잡은 금곡마을은 많은 영화가 촬영된 영화 속 배경 마을로 유명해 금곡영화마을로 불리는 곳이다. 임권택 감독의 〈태백산맥〉을 비롯해서 〈내 마음의 풍금〉, 〈만남의 광장〉 같은 많은 영화가 이곳에서 촬영되었다. 50호 남짓한 마을은 산자락 끝에 옛 모습을 간직한 채 고즈넉하게 자리 잡고 있다.

장성은 홍길동의 생가가 있는 곳이다. 생가 터가 있는 곳에 **홍길동 테마파크**가 운영되고 있다. 이곳에서는 홍길동 생가와 전시장은 물론 한옥과 야영장의 숙박시설들이 있다. 추암(괴정)마을에서 가깝다.

홍길동 테마파크
장성군 황룡면 홀길동로 431
061-394-7242

오성급 호텔 못지않은 오토캠핑장의 성지
청옥산자연휴양림

경상도

청옥산 정상 1,277m
등산로 편도 3.3km
(넛재 기점)

고도
803m
제4야영장 기준

산림청 직영 국립휴양림 | 1991년 개장 | 경상북도 봉화군 석포면 청옥로 1552-163 | 054-672-1051

기온

-4.3℃
전국 평균 대비
석포면 연평균 기온

강수량

+243㎜
전국 평균 대비
석포면 연평균 강수량

숙박 규모
16실
16실 최대 65명 수용
휴양관 13
연립동 3

야영장

142데크
오토캠핑장 106
일반야영장 24
노지야영장 6 · 캐빈 6

캠핑을 위한 모든 것을 갖춘 휴양림

○ 두 마리 토끼를 모두 잡기란 어렵다. 한 가지를 취하면 다른 한 가지에 소홀해지기 쉽기 때문이다. 캠핑을 좋아하는 동호인 입장에서 보면 야영장도 이런 이치에서 크게 벗어나지 않는다. 캠핑 분위기를 한껏 살려주는 오지 느낌의 야영장은 편의시설이 아쉽고, 편의시설이 좋은 곳은 주변 환경이 평범해서 오지 느낌이 희석되어버리는 경우가 많다. 캠퍼들은 이 두 가지를 모두 만족시켜주는 곳을 발견했을 때 열광한다.

청옥산자연휴양림은 오토캠핑을 즐기는 동호인들이라면 누구나 한 번쯤 다녀가고 싶은 야영장으로 소문난 휴양림이다. 2010년부터 아예 오토캠핑 전문 휴양림으로 재단장해 5개의 야영장에 100여 개의 데크를 운영하고 있다. 규모나 환경, 시설 면에서 명실상부한 오성급 캠핑장으로 거듭났다.

이곳은 실제 가보더라도 실감하지 못하는 경우가 많지만, 전체 면적 1억 53만㎡로 우리나라 휴양림 중에서 가장 넓은 면적을 차지하고 있다. 또한 해발 800m의 고지대에 야영장이 조성되어 있다. 휴양림 안에는 금강송을 포함해 수령이 100년 넘은 아름드리 나무들이 울창한 숲을 이루고 있어 오지 속의 터프한 자연환경을 오감으로 느낄 수 있다.

휴양림이 속해 있는 경북 봉화군은 주변의 울진, 영양군과 함께 오지 속의 오지로 불릴 만큼 접근성이 떨어지는 곳이다. 하지만 깨끗한 자연환경 덕분에 춘향목으로 불리는 금강송과 송이버섯, 은어 등의 특산품이 유명하다. 휴양림은 봉화군과 태백시

제2야영장

의 경계지점에 자리 잡고 있다. 거리상으로는 태백시가 봉화읍보다 조금 더 가깝다. 덕분에 귀경길에 조금 돌아갈 생각을 한다면 태백 쪽으로 코스를 잡고 주변 관광지를 둘러보기에도 좋다.

내부 들여다보기

○ 청옥산자연휴양림은 오성급 캠핑장이라는 말이 무색하지 않게 편의시설도 훌륭하다. 불편한 야영장으로 불리는 제5야영장을 제외하고, 모든 데크에서 전기 사용이 가능하다. 덕분에 동절기에는 문을 닫는 다른 야영장과 달리 청옥산의 설경을 보며 동계 캠핑을 즐길 수 있다. 온수 샤워는 물론 개수대에도 온수가 공급돼서 특히 '안지기'들에게 인기가 높다.

5곳의 야영장은 계곡을 따라 배치되어 있다. 휴양림 가장 아래쪽, 매표소 인근에 제1야영장이 있으며 상류 쪽으로 올라가면서 제2·제3·제4·제5야영장 순으로 자리 잡고 있다. 가장 아래쪽에 위치한 제1야영장은 해발 680m, 제4야영장은 해발 803m로 같은 휴양림 안에서도 100m가 넘은 고도차를 보인다. 제1야영장에서 제4야영장까지의 거리도 약 1.4㎞나 된다.

제1야영장은 널찍한 평지에 개수대를 중심으로 데크들이 둥글게 퍼져 있다. 좋은 자연환경을 갖고 있지만 상대적으로 다른 야영장에 비해서 선호도는 떨어지는 편이다. 위쪽에 자리한 제2야영장이 가장 인기가 있다. 계곡과 가깝고 전기 사용도 가능하고 편의시설이 잘 되어 있다. 동절기에도 전기를 사용할 수 있는 데크가 있다. 제3야영장은 제2야영장과 비교했을 때 자연환경도 비슷하고 프라이버시도 좋지만 편의성이 떨어진다. 제4야영장은 조용하고 편의성이 좋아 인기다. 특히 이곳 데크는 400×600㎝ 크기로 대형텐트도 설치가 가능하다. 또한 모든 데크에서 전기도 사용할 수 있다. 장비가 많은 캠퍼들에게 인기다. 숙박시설 상세정보는 p.387 참고

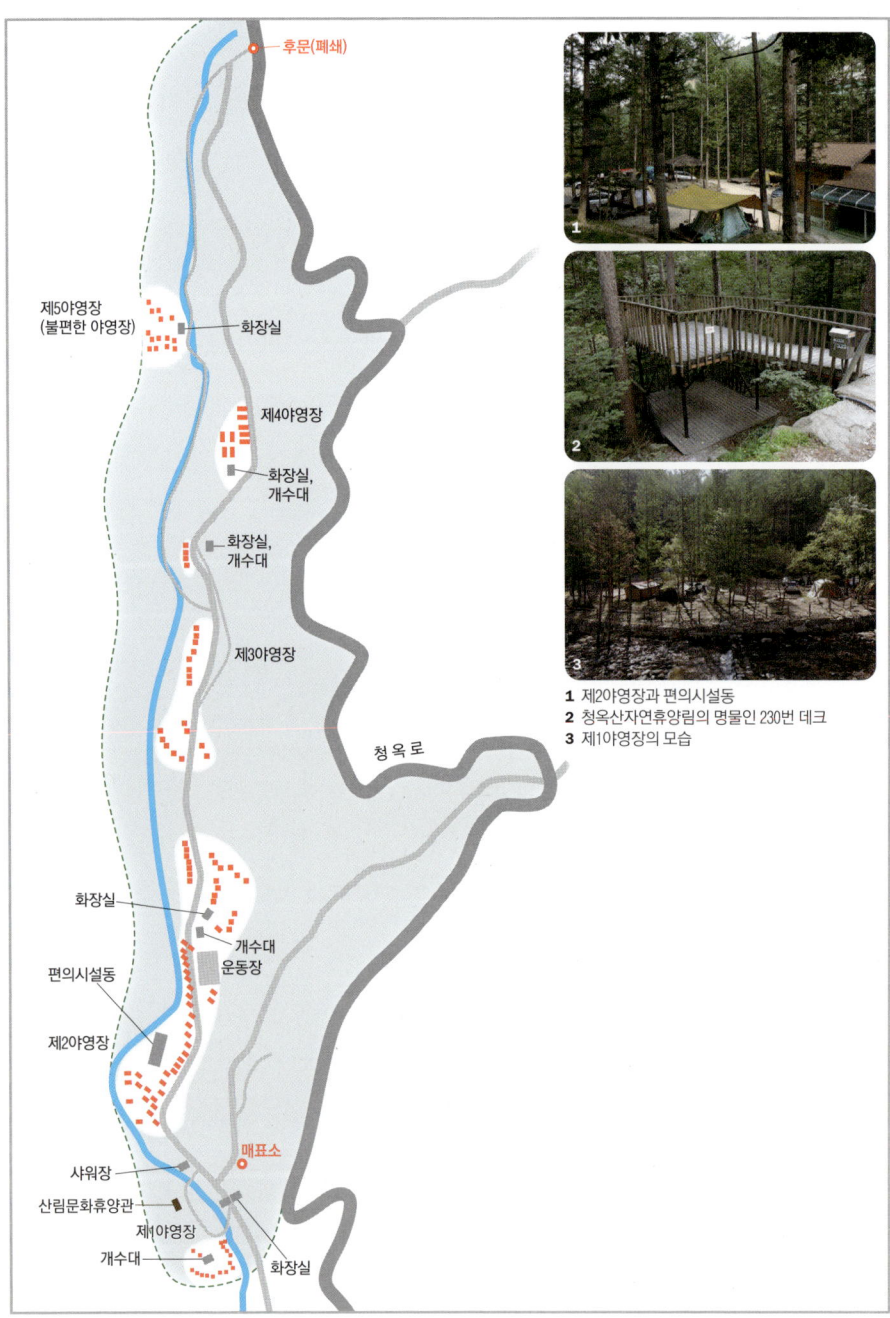

1 제2야영장과 편의시설동
2 청옥산자연휴양림의 명물인 230번 데크
3 제1야영장의 모습

야영장에서 하룻밤 보내기

○ 야영장 주변으로 5곳의 화장실과 3곳의 샤워장이 있다. 단연 제2야영장의 편의시설이 가장 잘 되어 있다. 휴양림의 화장실은 산벌레가 못 들어오도록 이중문으로 설계됐고, 개수대도 달랑 수도꼭지만 달려 있는 것이 아니라 싱크대가 설치되어 있으며 온수도 나온다. 키 높이를 고려해 다양한 높이로 설치했다. 세심한 부분까지 신경 썼다는 것을 알 수 있다.

가장 인기 있는 데크는 제2야영장 편의시설동 주변 데크들이다. 100여 개의 데크가 있는 만큼 데크 사이즈도 다양한데, 특히 230번 데크는 복층형이어서 휴양림의 명물 데크로 통한다.

규 모	총 142개 데크
야영장	5곳(오토캠핑장 4곳, 일반야영장 1곳)
고 도	해발 680~803m(제1야영장~제4야영장)
전 기	사용 가능(제5야영장 불가)
샤워장	있음(제1·제2·제3야영장 온수 가능)
개수대	있음(제2야영장 온수 가능)
화로대	사용 가능(단 봄·가을 산불 방지 기간인 2월 1일~5월 15일, 11월 1일~12월 15일까지 사용 금지). 화로대를 이용한 숯불만 가능
데 크 사이즈	250×300cm, 300×360cm, 360×360cm, 300×450cm, 300×490cm, 360×600cm, 400×600cm, 200×200cm
특이점	계곡 인접, 그늘 풍부, 전기 가능(일부), 오토캠핑, 완경사 지형

제1야영장

20개(250×300cm) / 계곡 인접, 그늘 부족, 평지

편의 휴양림 입구에서 가장 가까운 곳에 있다. 야영장 입구 쪽에 개수대가 있고 휴대폰 충전대가 구비되어 있다. 화장실은 야영장에서 떨어진 곳에 있어 이용하기 불편하다. 화장실과 가장 가까운 101번 데크도 약 100m 떨어져 있다. 샤워장은 화장실에서 80m 더 올라가야 한다.

환경 청옥산자연휴양림 야영장 중 가장 낮은 곳에 위치해 있다. 낮은 곳이라 해도 해발 고도는 600m가 넘는 평지다. 양옆으로 계곡을 끼고 있지만 그늘이 부족해 여름철에는 타프가 필요하다.

프라이버시 데크 간격은 여유로운 편이다. 야영장의 공간도 넓고 사방이 트여 있어 답답하지 않다. 오지 분위기는 상대적으로 약하다.

BEST Site 제1야영장은 다른 곳에 비해 인기가 없는 편이다. 가장 큰 이유는 전기 사용이 불가능하고 데크 사이즈도 작기 때문이다. 20개 모두 250×300cm 크기다. 그리고 화장실이 떨어져 있다는 것이 편의성을 떨어뜨리는 주된 요인이다. 하지만 이런 점들은 청옥산휴양림 안에서의 상대적인 요인이지 다른 휴양림의 야영장과 비교했을 때 선호도가 떨어질 만한 것은 아니다. 데크가 모두 계곡 쪽으로 배치되어 있는 야영장은 흔하지 않다.

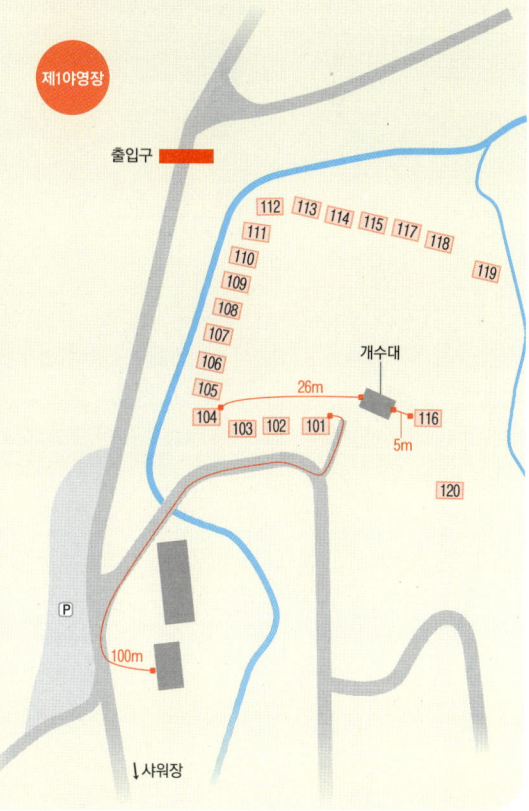

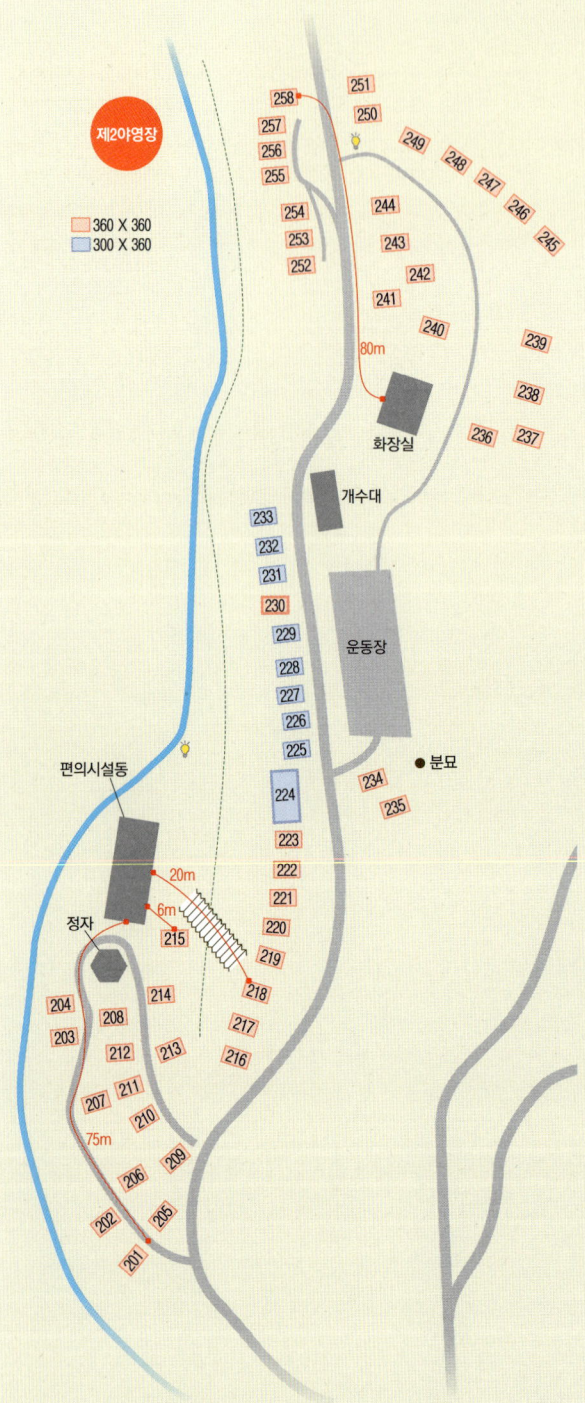

제2야영장

58개(300×360cm, 360×360cm, 360×600cm-224번, 300×450cm-230번, 복층 구조)
계곡 인접, 완경사 지형, 전기 사용 가능

편의 일부 데크에서 전기를 사용할 수 있다. 아래쪽의 편의시설동에는 개수대, 화장실, 샤워장이 잘 갖춰져 있다. 온수 샤워는 물론 싱크대가 설치된 개수대에서도 온수를 사용할 수 있어 편의시설은 전국 최고 수준. 오토캠핑장이지만 위쪽의 일부 데크는 주차장과 조금 거리가 있다.

환경 계곡을 따라 완경사 지형에 데크들이 복잡하게 배치되어 있다. 258번 데크 쪽으로 오르막길이다. 그늘은 풍부한 편이다. 계곡에 접해 있지만 지형의 고저차가 있어 바로 접근할 수 없다.

프라이버시 위쪽에 제3·제4야영장이 있어 입구와 도로에 가까운 데크는 차량의 먼지와 소음에 노출된다. 현재는 외부 소음이 없지만 휴양림 옆을 통과하는 소천-도계 간 도로가 2017년 개통을 목표로 공사 중이다. 도로 개통 후에는 어느 정도 소음이 유입될 것으로 예상된다.

BEST Site 청옥산자연휴양림에서 가장 인기 있는 야영장이다. 특히 전기 사용이 가능한 201~235번 데크가 먼저 마감된다. 전기 사용이 가능한 데크들은 동절기에도 운영된다. 사이즈는 360×360cm와 300×360cm가 대부분이지만 특이하게 230번 데크는 복층 구조로 만들어져 있어 야영장 명물 데크로 통한다. 224번 데크는 360×600cm 사이즈로 널찍하다. 216~233번 데크들은 메인 통로에 자리 잡고 있는데 그중에서 217~224번 사이의 데크들은 도로에서 멀리 떨어져 있어 상대적으로 쾌적하다. 반면에 205·206·216번 데크들은 입구 쪽에 있고 메인 이동로와도 가까운 편이라 출입하는 사람과 차량으로 번잡하다. 218번과 219번 데크 사이에는 편의시설동으로 통하는 계단이 나 있어 편의성은 좋지만 다른 데크의 야영객들이 지나다닌다.

제4야영장

8개(400×600cm) / 대형 사이트, 평지, 전기 사용 가능

편의 통합 전기함이 설치되어 있어 모든 사이트에서 전기를 사용할 수 있다. 아래쪽에 있는 화장실, 개수대와의 거리도 가깝고 사이트가 넓기 때문에 편의성이 좋은 편이다.

환경 완경사 지형에 약간의 고저차를 두고 계단식으로 배치되어 있다. 제1야영장보다 상류지역인 제4야영장으로 올라갈수록 계곡과는 가까워진다.

프라이버시 휴양림 위쪽에 위치한 야영장이라 한적하다. 사이트도 8개밖에 없어 조용하게 캠핑을 즐길 수 있다.

BEST Site 제2야영장과 마찬가지로 전기 사용이 가능하고 대형텐트도 설치할 수 있어 인기다. 단 제2야영장과 달리 전기배전함에서 전기를 끌어다 써야 하기 때문에 전기를 사용하려면 릴선이 필요하다. 배전함은 401번 사이트와 405번 사이트 인근 두 곳에 설치되어 있는데 408번 사이트에서 배전함까지는 43m 거리가 되기 때문에 50m 릴선을 준비해야 된다. 401번 사이트에서 배전함까지는 10m 거리다. 사이트들의 입지조건은 대동소이하다.

제3야영장

20개(360×360cm, 300×490cm) / 계곡 인접, 전기 사용 불가

편의 계곡을 따라서 데크들이 넓게 흩어져 있다. 일부 데크는 위쪽에 위치한 편의시설을 이용하기에 거리가 먼 단점이 있다.

환경 완경사 지형에 배치되어 있다. 제1·제2야영장보다 계곡에 더 인접해 있다.

프라이버시 제1·제2야영장보다는 주이동로의 통행량도 적고 상대적으로 데크도 드문드문 떨어져 있어 프라이버시는 좋은 편이다.

BEST Site 자연환경이나 프라이버시 면에서는 제1·제2야영장과 비슷한 분위기의 야영장이다. 데크들이 넓게 흩어져 있어 아래쪽 데크에서 편의시설까지의 거리가 상당하다. 가장 아래쪽에 위치한 301번 데크에서 상단의 화장실까지는 170m의 거리를 오고 가야 한다. 데크 사이즈는 360×360cm가 대다수지만 314·315번 데크는 300×490cm로 넓다. 데크 선택 시 편의성에 가중치를 더 준다. 화장실, 개수대와 가까운 곳의 사이트들을 추천한다.

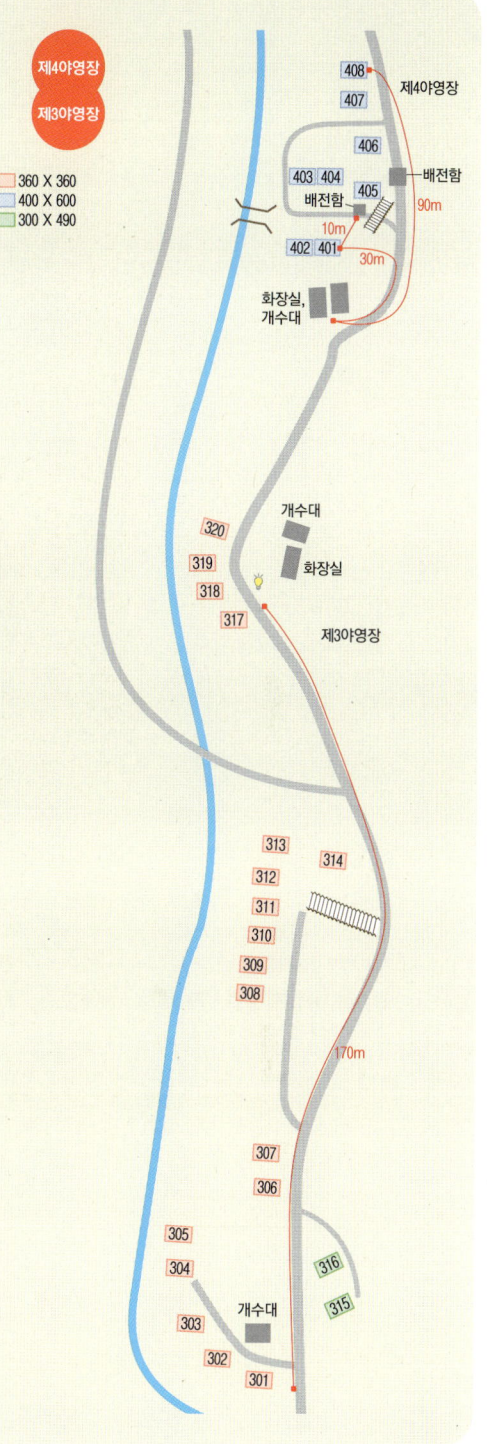

휴양림 백퍼센트 즐기기

Activity 체험 프로그램
- 방문객을 대상으로 4~11월에는 숲 해설과 목공예 체험 프로그램을 운영한다. 피리 만들기 등을 체험할 수 있다(재료비 별도).
- 청옥산 정상으로 가는 등산로는 넛재 정상에서 시작한다. 편도 3.3km 거리에 2시간가량 소요된다.

Supply 보급
수도권에서 접근한다면 풍기와 영주시를 거쳐서 들어오게 된다. 장은 이곳에서 봐오는 것이 좋다. **풍기농협하나로마트**를 들르거나, 4일·9일에 열리는 **춘양전통시장**에 들러 장보는 것도 좋겠다. 면 단위의 오일장치곤 꽤 큰 규모다. 봉화오일장은 2일·7일에 선다.

풍기농협하나로마트
영주시 풍기읍 동부리 502-5
054-636-2734

춘양전통시장
봉화군 춘양면 의양리 361-18

Restaurant 주변 맛집
풍기IC 인근에는 수제 도넛으로 유명한 **정도너츠**의 본점이 있다. 오가는 길 주전부리가 생각난다면 들러볼 만하다. 봉화 지역은 매년 가을 송이축제가 열릴 만큼 송이버섯의 주요 산지로 널리 알려져 있다. 송이요리를 내놓는 음식점이 많이 있다. 그중 춘양전통시장 인근의 **동궁회관**이 유명세를 타는 곳 중 하나다. 송이돌솥밥이 맛있다.

정도너츠
영주시 풍기읍 산법리 341-2
054-636-0071

동궁회관
춘양전통시장 내
054-672-2702

Attraction 주변 볼거리
봉화읍에서는 가을철 송이축제와 함께 여름철(7월 말~8월 초) 내성천 일대에서 은어축제가 열린다. 인근에는 마을 모양이 닭이 알을 품고 있는 형상이라 닭실마을로 불리는 곳이 있다. 마을 앞을 흐르는 석척계곡과 바위 위에 세운 청암정이 주변 경관과 조화를 이루는 명승지. 청암정은 유료화되어 입장료를 받는다.

귀경길 중 지나게 되는 영주에도 둘러볼 만한 명승지가 많다. 우리나라 최소의 서원인 소수서원, 국보 18호 무량수전으로 유명한 부석사, 물길이 마을을 휘감고 돌아가는 무섬마을이 유명하다. 특히 무섬마을은 내성천의 맑은 물과 고운 백사장이 잘 어우러진 곳이다.

귀경길 방향을 태백 쪽으로 잡는다면 오지 속 기차역으로 알려진 승부역을 들러보는 것도 좋다. 휴양림에서 1시간 정도 거리에 있다. 막다른 길이라 들어갔다가 15km를 되돌아 나와야 하지만, 오가는 길의 풍경은 훌륭하다. 강물이 산을 뚫고 지나가면서 만들어진 구문소와 낙동강의 발원지로 알려진 황지연못도 들러볼 만하다.

1 승부역 2 황지연못

콕콕 짚어주는 휴양림 정보

Tip 이것만은 알고 가자
- 오토캠핑 전문 휴양림이다. 5곳의 야영장 외에도 산림휴양관 1동과 연립동의 숙박시설이 운영되고 있다.
- 봉화군 석포면은 연평균 기온이 10℃ 미만인 지역이고 야영장 고도 역시 해발 800m로 청태산과 더불어 매우 높다. 보온에 신경 써야 한다.
- 20:00 이후에는 차량 이동과 휴양림 출입이 금지되므로 체크인 해야 한다.
- 2015년 6월 일반야영장 형태의 제5야영장이 개장했다. 전기를 사용할 수 없고, 데크 사이즈도 200×200cm로 작아서 일명 '불편한 야영장'으로 불린다. 제4야영장보다 높은 곳에 자리 잡고 있다.

Access 접근성
한남대교 기점에서 휴양림까지 약 4시간은 족히 잡아야 한다. 영동고속도로·중앙고속도로를 타고 내려오다가 풍기IC로 빠져 나온다. 이후 36번·31번 국도를 타고 이동한다. 소천면과 석포면 사이에 있는 해발 896m의 넛재를 넘어가면 휴양림으로 들어가는 진입로가 나온다. 이곳에서 800m 들어가면 매표소에 도착한다.

Comments 여행작가의 말
국립자연휴양림 최초의 오토캠핑 전문 휴양림이다. 경북 봉화의 오지 속에 편의시설을 훌륭하게 갖춘 일명 오성급 캠핑장이다. 수도권에서의 접근성이 떨어진다는 점이 유일한 단점이다.

Reservation 예약
숲나들e(http://foresttrip.go.kr) 공통(p.22 참고).

2015년 개장된 제5야영장

Accommodation 숙박시설

시설	구분	수량	비수기 요금	성수기 요금	시설명
산림문화휴양관	3인	2실	32,000	53,000	1층: 능소화·풍년화
	4인	7실	39,000	68,000	2층: 벚나무·돈나무·잣나무·향나무 1층: 양지꽃·산수국·개별꽃
	5인	4실	50,000	91,000	2층: 소나무·낙엽송 1층: 수선화·물매화
연립동	3인	1실	35,000	58,000	매발톱
	4인	2실	40,000	73,000	비비추·초롱꽃
오토캠핑장	7㎡	20개	14,000	15,000	제1야영장: 246×306cm
	13㎡	50개	17,000	20,000	제2야영장: 201~224번, 230번, 234~258번
	10㎡	8개	14,000	15,000	제2야영장: 225~229번, 231~234번
	12㎡	20개	17,000	20,000	제3야영장: 360×360cm
	24㎡	8개	17,000	20,000	제4야영장: 400×600cm
일반 야영장	노지	6개	10,000	11,000	제5야영장: 525~530번(400×400cm, 전기 불가)
	4㎡	24개	12,000	13,000	제5야영장: 501~524번(200×200cm, 전기 불가)
캐빈	4인	6동	32,000	40,000	함박꽃·진달래·산철쭉·단풍·산솜다리·목향

불영계곡 속 금강소나무숲으로
통고산자연휴양림

경상도

산림청 직영 국립휴양림 | 1992년 개장 | 경상북도 울진군 서면 불영계곡로 880 | 054-783-3167

통고산 정상 1,067m
등산로 왕복 6.7km

고도
478m
제1야영장 기준

기온
-3.1℃
전국 평균 대비
서면 연평균 기온

강수량
+289mm
전국 평균 대비
서면 연평균 강수량

숙박 규모
24실
24실 최대 144명 수용
숲속의 집 7
휴양관 10
연립동 7

야영장
30데크
일반야영데크 30

숲속의 집 개나리, 진달래, 산철쭉

울창한 소나무와 계곡이 좋은 휴양림

○ 울진의 통고산자연휴양림은 봉화의 청옥산, 영양의 검마산과 함께 경북 지역 오지를 대표하는 휴양림 중 한 곳이다. 세 곳 모두 수도권은 물론 인근 도시에서의 접근성이 어렵다는 게 공통분모지만, 휴양림에서 느끼는 오지 분위기를 따진다면 단연 통고산자연휴양림이 으뜸이다. 다른 두 곳은 그래도 주변에 읍내나 면 소재지가 있지만 통고산자연휴양림 주변은 인적조차 드물다. 반경 20㎞ 이내에 장볼 곳은 물론이고 식당조차 거의 눈에 띄지 않는다.

  휴양림으로 가는 길도 만만치 않다. 고속도로를 벗어나 구불구불한 도로를 따라서 서너 개의 고개를 넘어가야 간신히 목적지에 도착할 수 있다. 주변 자연환경도 독특하다. 일단 휴양림 주변 소광리 일대는 금강송 군락지로 널리 알려져 있다. 휴양림 안에서 마주치는 소나무들은 불그스름한 줄기를 드러낸 채 육감적인 모습을 하고 있다. 나무에 문외한인 사람이 봐도 이곳의 소나무들은 예사로 보이지 않는다.

통고산자연휴양림은 불영사계곡 상류에 자리 잡고 있다. 길이 16㎞에 달하는 계곡은 깊고 웅장해서 한국의 그랜드캐니언이라는 별칭으로도 불리는데 국가명승지로 지정될 만큼 풍광이 뛰어난 곳이다. 신라시대에 의상대사가 창건한 불영사가 계곡에 있다.

휴양림을 가로지르는 계곡도 불영사계곡과 합쳐져 지류를 이루는데 연중 맑고 풍부한 수량을 자랑한다. 특히 제1야영장과 제2야영장 앞은 계곡의 바닥을 잘 정리해 놓았다. 폭도 넓고 수심도 어른 무릎 정도로 적당해서 여름철 물놀이를 즐기기에 환상적이다. 게다가 제2야영장에는 구름다리도 있고 뗏목 체험도 가능해서 아이들에게 인기다. 휴가철에는 민물고기 맨손잡기 체험도 진행된다.

가깝지는 않지만 휴양림에서 40분 정도 계곡을 따라 내려가면 동해바다에 닿을 수 있다. 특히 여름 휴가철에는 계곡에서 물놀이를 즐기거나 바닷가에서 해수욕을 즐기기에도 좋은 위치다. 가까운 곳에는 울진 대게의 집산지인 죽변항이 있어 제철 해산물을 맛볼 수도 있다. 상대적으로 덜 알려져 있고 거리도 먼 곳이라 별 기대 없이 찾았던 사람들이 주변의 자연환경에 홀딱 반해 또 찾게 되는 휴양림이다. 조용한 오지 분위기를 좋아하는 사람이나 가족 단위의 방문객을 모두를 만족시켜줄 만한 다양한 매력을 가졌다.

내부 들여다보기

O   휴양림 안쪽으로 들어서면 아름드리 크기의 금강송을 만나게 된다. 붉은빛이 도는 소나무의 줄기는 휴양림을 가로지르는 물빛과도 서로 묘하게 닮아 있다. 휴양림에 들어선 첫 느낌은 고요함이다. 인적이 드문 길을 달려온 탓인지 유달리 적막감마저 느

1 제1야영장으로 들어가는 목교의 모습
2 산림문화휴양관
3 통고산 정상으로 등산을 시작하는 탐방객들

껴진다. 휴양림 입구에서 500m 정도 올라가면 제1야영장이 나온다. 계곡 선너편 명당에 한 자리씩 차지하고 있는 텐트들이 캠핑 본능에 불을 지핀다. 야영장에서 멀지 않은 곳에 8인실 숲속의 집 3동이 모여 있다. 숙소 바로 앞에는 물놀이하기 좋은 계곡이 있다.

다시 500여m를 올라가면 휴양관과 제2야영장이 모여 있는 휴양림의 중심부에 도착한다. 이곳 앞을 흐르는 계곡 역시 물놀이하기에 환상적인 곳이다.

휴양림 가장 위쪽에 숲속의 집과 제3야영장이 있다. 숲속의 집 3동은 계곡 건너편 숲 속에 숨은 듯이 위치하고 있어 운치 있다. 반면 제3야영장은 계곡으로부터 떨어진 곳에 있다.

이렇게 통고산자연휴양림에는 모두 11동의 숙박시설과 30개의 야영데크들이 넓은 휴양림에 드문드문 배치되어 있다. 이곳에서 가장 인기 있는 숙박시설은 휴양림 가장 위쪽에 위치한 숲속의 집 4인실 얼레지, 괭이밥, 초롱꽃이다. 계곡과 가까운 숲 속 한복판 위치에 있어 인기가 좋다. 특히 초롱꽃은 옆 동과의 간격이 넓어서 숙소 중에서 가장 독립성이 좋다. 대신 차량이 숙소 앞까지 진입할 수 없어 주차 후 수십m를 도보로 이동해야 한다.

숲속의 집 8인실 개나리, 진달래, 산철쭉은 계곡과 가까워 물놀이하기에 좋다. 방 1개와 다락방이 따로 있는 구조라 두 가족이 같이 사용하기에도 무난하다. 휴양관은 전면뿐 아니라 후면에도 객실이 배치되어 있다. 후면 쪽은 햇빛이 잘 들지 않아 조금 어두운 편이다. 6인실은 모두 1층에 있으며 방 1개가 따로 있는 구조다. 8인실은 총 4개의 객실이 모두 2층에 배치되어 있고 방 1개에 추가로 다락방이 있는 구조. 연립동은 모두 3동의 건물에 7개의 객실이 준비되어 있다. 3인·4인·5인실이 있다.

숙박시설 상세정보는 p.397 참고

야영장에서 하룻밤 보내기

○ 통고산자연휴양림에는 총 3곳의 야영장이 있고, 모두 30개 데크가 놓여져 있다. 넓은 휴양림 곳곳에 흩어져 있고, 대체로 계곡과의 접근성은 좋은 편인데, 제3야영장이 계곡과 좀 멀다. 특이하게 가장 낮은 곳에 위치한 제1야영장부터 제3야영장으로 올라갈수록 계곡과는 멀어지고 데크 크기는 작아진다.

규 모	총 30개 데크
야영장	일반야영장 3곳
고 도	해발 478m(제1야영장)
전 기	사용 가능
샤워장	있음(온수는 7~8월 성수기에만 운영)
개수대	있음
화로대	사용 가능(단 봄·가을 산불 방지 기간인 1월 29일~6월 8일, 11월 1일~12월 15일까지 사용 금지). 장작 금지. 숯과 차콜만 사용 가능
데 크 사이즈	제1야영장 360×368cm, 제2야영장 300×360cm, 280×280cm(제3야영장)
특이점	그늘 풍부, 계곡 인접(제1야영장)

제1야영장

12개(360×368cm) / 계곡 인접, 평지

편의 휴양림 입구 쪽에서 가장 가까운 야영장. 도로변에 주차하고 다리 건너 데크로 짐을 옮겨야 한다. 데크가 평지에 있고 도로와 제일 떨어진 곳의 거리가 70m에 불과해 그리 멀지 않다. 화장실, 개수대, 샤워장이 함께 있어 야영객들이 편의시설을 이용하기에도 편리하다. 온수를 사용할 수 없는 것을 제외하고는 편의성은 좋은 편이다.

환경 환상적인 계곡에 가장 가깝게 접해 있다. 특히 여름철엔 물놀이하기 정말 좋다. 계곡과 주변의 나무까지 나무랄게 없다. 평지여서 어린아이들 놀이에도 안심.

프라이버시 데크 수가 12개에 불과하고 다리 건너편에 있어 주변의 방해를 받을 일이 없다. 데크 크기도 이곳에서는 가장 크다. 데크 간격도 여유로운 편이다.

BEST Site 통고산자연휴양림 야영장 중에서 가장 마음에 드는 곳이다. 특히 여름철 아이들과 함께한 야영객에게 더욱 좋겠다. 전반적으로 마음에 드는 야영장이지만 그래도 고르라면 당연히 물가 쪽에 가까운 101~105번 데크를 선택하겠다. 오토캠핑모드로 짐을 싸와도 무리가 없겠다.

제1야영장의 명당자리 101~105번 데크

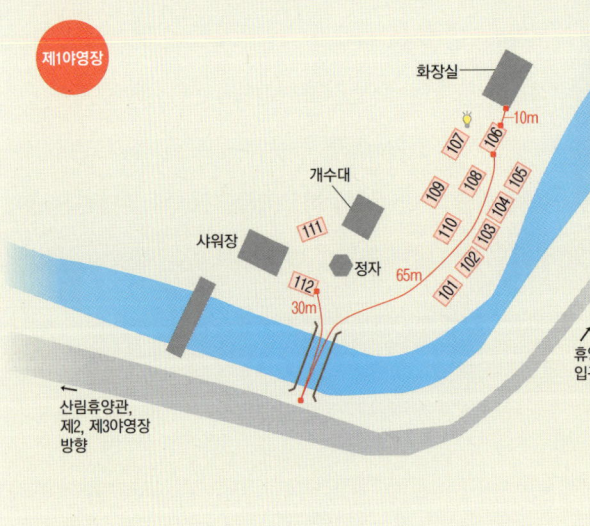

제2야영장

10개(300×360㎝) / 계곡 인접, 부정형 지형

편의 제1야영장과 마찬가지로 샤워장, 화장실, 개수대 등 편의시설이 데크 인근에 있다. 도로와도 가까운 편이어서 짐을 옮기기에도 부담이 없다. 단 데크 사이즈는 제1야영장과 비교해 다소 작다.

환경 낮은 경사지에 계단식으로 데크가 배치되어 있다. 계곡과 바로 접해 있지는 않지만 3곳의 야영장 중에서 물놀이 하기에는 가장 좋다.

프라이버시 데크 수가 많지 않아 번잡하지 않지만 도로와 붙어 있다. 등산객이 많이 몰리는 시즌에는 다소 통행량이 많을 수 있다.

BEST Site 도로변에 가깝고 편의시설도 가까워서 편의성이 좋은 야영장이다. 그렇지만 휴양림에서 가장 중심 지역에 자리 잡고 있고, 도로와도 가까워 성수기나 주말에는 번잡할 수도 있다. 특히 201·203번 데크가 도로와 가까워서 짐을 옮기기에는 편리하지만 통행인의 시선에 노출되는 단점이 있다. 반면에 209·210번 데크는 홀로 동떨어진 곳에 있어 프라이버시는 좋지만 편의시설을 이용하기에는 불편하다는 단점이 있다.

제3야영장

8개(280×280㎝) / 평지, 작은 데크

편의 야영장 중 데크 크기가 가장 작다. 왼쪽으로 50m 거리에 화장실이 있지만 개수대와 샤워장이 없기 때문에 약 100m 거리에 있는 제2야영장의 시설을 이용해야 한다. 이용 편의성이 좋은 야영장은 아니다.

환경 계곡과 떨어져 있다. 전반적으로 그늘은 풍부하고 약간의 고저차가 있는 평지에 위치해 있다.

프라이버시 휴양림의 가장 위쪽에 위치해 조용하고 데크 수도 8개로 아담한 규모다. 데크 간격은 여유 있지만 2열로 배치되어 있어 조금 답답해 보인다.

BEST Site 작은 데크 사이즈 덕분에 간단모드로 찾는 것이 어울리는 야영장이다. 화장실을 제외한 편의시설과 거리가 있어 편의성이 좋은 야영장은 아니다. 조용하다는 것은 장점이지만 이곳의 멋진 계곡과 떨어져 있다는 점이 가장 아쉽다.

1 제2야영장 앞 쉼터
2 가장 상단에 자리 잡고 있는 제3야영장

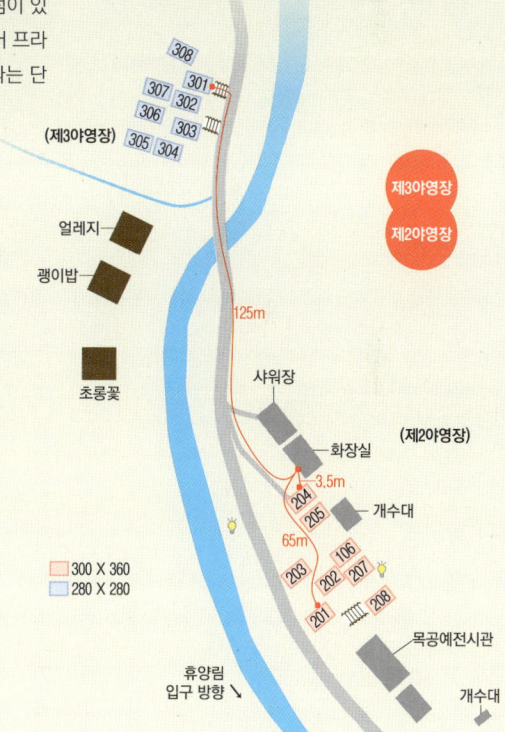

휴양림 백퍼센트 즐기기

Activity 체험 프로그램
- 방문객을 대상으로 4~11월에는 숲 해설과 목공예 체험 프로그램을 운영한다. 야생화 원목 화분 만들기나 목걸이 만들기 등의 체험이 가능하다(재료비 별도).
- 통고산 정상으로 향하는 등산로가 개설되어 있다. 왕복 6.7km 거리에, 3시간이 소요된다. 약 1.4km의 자연관찰로도 있다.

Supply 보급
워낙 외진 휴양림이라 주변에 장볼 곳이 없다. 가장 가까운 곳이 24km 떨어져 있는 소천면이다. 이곳에 **춘양농협소천지점 하나로마트**와 정육점이 있다. 중앙고속도로로 접근한다면 영주시나 봉화, 춘양 쪽에서 장을 봐오는 것이 좋다.

춘양농협소천지점 하나로마트
봉화군 소천면 현동리 608-6
054-672-7632

*자세한 보급정보는 검마산자연휴양림(p.406)과 청옥산자연휴양림(p.386)을 참고한다.

Restaurant 주변 맛집
워낙 인적이 드문 곳이라 주변에 식사할 만한 곳이 마땅치 않다. 가장 가까운 곳을 꼽는다면 약 20km 거리에 있는 분천역이다. 분천역 주변에는 마을에서 운영하는 먹거리 촌이 형성되어 있다. 주로 산채비빔밥과 곤드레밥을 팔고, 가격대는 모두 비슷하다. 이곳에서 판매하는 찹쌀동동주는 별미다. 바다 쪽으로 내려간다면 울진 대게 최대 집산지인 죽변항이 있다. 수협에서 운영하는 **죽변수협수산물직판장**에서 대게나 횟감을 구입할 수 있다. 바닷가를 바라보며 회를 먹는다면 **방파제 7호 횟집**의 평이 좋다.

죽변수협수산물직판장
울진군 죽변면 죽변리 20-28

방파제 7호 횟집
울진군 죽변면 죽변4리 10-16
054-783-9713

곤드레밥

Attraction 주변 볼거리
휴양림 인근 소광리는 금강소나무숲으로 널리 알려진 곳이다. 조선시대 금강송 보호를 위해서 벌목을 금지하는 표지인 황장봉계 표석이 발견되었다. 소나무 보호를 위해서 개별적으로 소광리 숲길 탐사는 제한하며, 숲해설자의 인솔하에 단체 트레킹이 가능하다. 사전예약제로 홈페이지를 통해 하루 80명 선착순 접수한다. 제1구간과 제3구간 코스를 탐방할 수 있는데, 거리는 각각 13.5km와 16.5km이며 총 7시간이 소요된다. 중간에 되돌아 나올 수는 없다. 매주 화요일은 휴장하며 산불 조심 기간인 12월 1일~4월 30일에는 운영하지 않는다.

분천역은 백두대간 협곡열차의 시발점이자 종착역으로 최근에 유명세를 타는 곳이다. 일명 V트레인으로 불리는 협곡열차는 봉화 분천역과 태백 철암역 사이를 운행하는데 중간에 양원역과 승부역을 경유한다. 성수기에는 표를 구하기 어려울 정도로 인기. 고즈넉한 산골 속에 자리 잡은 기차역은 이국적인 분위기를 자아낸다.

소광리 숲길 탐사
www.komount.kr
054-781-7118

분천역

콕콕 짚어주는 휴양림 정보

Tip 이것만은 알고 가자
- 가는 길도 험하고 주변에 마트나 식당도 없는 오지 속의 휴양림이다. 주변에 뭔가 있겠지 하는 생각으로 들어갔다가는 낭패를 볼 수 있다. 보급이나 식사를 위한 동선을 잘 짜서 움직여야 한다.

Comments 여행작가의 말
인적조차 드문 곳에 자리 잡은 오지 느낌 가득한 휴양림. 육감적인 금강송과 계곡이 멋진 조화를 이루고 있다. 가을이나 겨울에도 좋지만 물놀이할 수 있는 여름철에 다시 찾아가고 싶은 곳이다.

Access 접근성
한남대교 기점에서 휴양림까지 4시간 이상 걸렸다. 고속도로를 이용한다면 영동고속도로·중앙고속도로를 타고 내려오다가 풍기IC로 빠져 나와 36번 국도를 타고 이동했다. 물리적인 거리도 거리지만 봉화를 지나서는 크고 작은 고개 세 개를 넘어가야 휴양림에 도착할 수 있었다. 2016년 봉화(소천)-울진(서면) 간 36국도 직선화 공사가 완료되면서 접근성이 좋아졌다. 휴양림까지 3시간대면 갈 수 있다.

Reservation 예약
숲나들e(http://foresttrip.go.kr) 공통(p.22 참고).

Accommodation 숙박시설

시설	구분	수량	비수기 요금	성수기 요금	시설명
숲속의 집	4인	3동	40,000	73,000	괭이밥·얼레지·초롱꽃(원룸형)
	8인	3동	87,000	154,000	산철쭉·개나리·진달래(방 1, 거실+다락방)
	11인	1동	110,000	185,000	머루랑다래랑(방 4, 화장실 1)
연립동	3인	1실	35,000	58,000	매발톱(원룸형)
	4인	4실	40,000	73,000	꽃창포·노루귀·물매화·수선화
	5인	2실	52,000	94,000	동자꽃·투구꽃(원룸형)
산림문화휴양관	6인	6실	67,000	119,000	1층 전면: 굴참나무·느티나무·단풍나무·자작나무 1층 후면: 층층나무·물푸레나무(방 1, 거실)
	8인	3실	85,000	144,000	2층 전면: 낙엽송·소나무 2층 후면: 전나무·잣나무(방 1, 거실+다락방)
야영장	13.0㎡	12개	15,000	16,500	제1야영장, 데크 사이즈: 360×368cm
	10.0㎡	10개	14,000	15,500	제2야영장, 데크 사이즈: 300×360cm
	7.0㎡	8개	12,000	13,000	제3야영장, 데크 사이즈: 280×280cm

숲 속 도서관에서 읽는 한 권의 책
검마산자연휴양림

경상도

검마산 정상 1,017m
등산로 왕복 5.2km

고도
500m
제2야영장 기준

산림청 직영 국립휴양림 | 1997년 개장 | 영양군 수비면 검마산길 191 | 054-682-9009

기온
-3.7℃
전국 평균 대비
수비면 연평균 기온

강수량
+318mm
전국 평균 대비
수비면 연평균 강수량

숙박 규모
16실
16실 최대 80명 수용
휴양관 16

야영장
24데크
일반야영데크 15
반려견 동반 데크 9

소나무숲 속의 도서관

TV 없는 객실을 대신하는 숲속도서관

○ 숲 속에서 휴가를 보낼 때 새해 금연처럼 빠지지 않는 결심 중 하나가 책 한 권을 읽어보겠다는 것이다. 고요한 정적이 흘러서 한 권 뚝딱 읽을 수 있을 것 같은 숲 속에서도 책 읽는 여유를 갖기에는 주변 여건이 그렇게 호락호락하지만은 않다. 장거리 운전 끝에 목적지에 도착해서 짐 풀고 고기를 구워 먹으며 반주 한잔을 곁들이면 독서는 먼 꿈나라 속의 이야기가 되어버린다. 아이들에게도 책 한 권 읽히기 쉽지 않다. 먼 길 놀러 와서까지 애들에게 빡빡하게 굴 수 없지 않은가. 기회를 잡은 아이들의 손에는 늦은 시간까지 스마트폰이 쥐어져 있기 마련이다.

　검봉산자연휴양림 객실에는 아예 TV가 없다. 그 빈자리를 아주 멋진 숲속도서관이 채워주고 있다. 금강송 가득한 휴양림 한복판에 자리 잡은 도서관은 이곳을 찾는 어른들은 물론이고 아이들에게도 인기다. 평소 좀처럼 스마트폰을 손에서 놓지 않는 아이들도 이곳에 오면 도서관 속으로 자석같이 빨려 들어간다.

계곡에서 신나게 물놀이하고 진한 소나무향 섞인 맑은 공기를 마시며 책을 읽는 모습은 어떤 아웃도어 활동보다 여유 넘치고 멋있어 보인다. 휴양림에 어둠이 드리워진 뒤에도 도서관은 불야성이다. 아이들은 저녁식사 후에 휴양림의 사랑방 같은 이곳으로 다시 모인다. 시간이 늦어 도서관이 문을 닫더라도 책은 숙소로 빌려갈 수 있어 편리하다.

사실 휴양림이 있는 경북 영양은 우리나라에서 오지 중의 오지로 꼽히는 곳이다. 이제는 강원도의 웬만한 지역도 도로망이 개선되면서 심리적, 물리적 접근성이 모두 좋아졌지만 이곳은 아직 예외다. 가장 가까운 고속도로 나들목인 풍기IC에서 두 시간은 더 들어가야 휴양림에 도착할 수 있다.

인적이 드물고 개발이 더딘 만큼 자연 그대로의 때 묻지 않은 깨끗함이 좋다. 휴양림 주변에는 줄기에 붉은빛이 감도는 금강송이 하늘을 찌를 듯이 울창한 숲을 이루고 있다. 이 지역은 통고산자연휴양림, 대관령자연휴양림과 함께 금강송으로 유명한 곳이다. 밤에는 반딧불이가 보일 만큼 깨끗한 자연이 아름다운 곳이라 그런지 이 지역 출신의 시인과 작가도 많다. 주실마을에는 조지훈의 생가가 있으며, 작가 이문열의 고향인 두들마을에서는 고택 체험과 음식디미방 체험도 가능하다.

내부 들여다보기

○ 88번 국도에서 빠져 나와 휴양림 진입로를 따라 약 2km 정도 들어가면 휴양림 매표소에 도착한다. 가장 먼저 눈에 들어오는 것은 'TV 없는 휴양림'이라고 적힌 현수막이다. 매표소를 통과하자마자 붉은색 줄기를 매끈하게 드러낸 적송들이 먼 길을 찾아

온 방문객들을 맞아준다. 바로 주차장 맞은편에는 이곳의 명물인 숲속도서관이 주변 나무들과 잘 어우러져 있다. 도서관은 주로 동화책과 학습 만화를 보는 아이들, 함께 온 부모들로 제법 북적인다.

휴대폰이 없으면 짜증을 내던 아이들도 누가 뭐랄 것도 없이 마음에 드는 곳에 자리를 잡고 책을 읽기 시작한다. 아이들과 함께 온 부모들 입장에서는 정말 만족스러운 순간이 아닐 수 없다. 아무도 책을 읽어라 강요하는 이가 없지만 아이들은 신나게 이곳저곳을 돌아보며 읽고 싶은 책을 집어 든다.

최근 들어 검마산자연휴양림에 변화가 하나 더 생겼다. 산음자연휴양림, 천관산자연휴양림과 함께 반려견 동반 휴양림으로 운영된다는 것이다. 산음자연휴양림과 천관산자연휴양림은 객실 동반 투숙만 가능하지만 이곳에서는 다르다. 객실은 물론이고 국립휴양림 중 유일하게 반려견과 동반 캠핑도 가능하다. 과거 제2야영장이었던 곳이 반려견 동반 야영장으로 변신했다. 201~206번 데크가 있던 자리는 반려견 놀이터로 바뀌었고, 208~215번 데크의 위치는 그대로다. 야영장을 제외한 숙박시설은 산림문화휴양관 1동뿐이다. 2층 건물에 모두 16개의 객실이 있는데, 모두 5인 정원에 원룸형이다. 객실은 모두 같은 방향이며 다락방은 없다. 계단을 중심으로 오른쪽 객실들이 반려견 동반 객실이고 좌측이 일반 객실로 운영되고 있다. 숙박시설 상세정보는 p.407 참고

1 숲속 도서관
2 산림휴양관

1 제2야영장
2 제1야영장

야영장에서 하룻밤 보내기

검마산자연휴양림의 야영장은 휴양림을 가로지르는 계곡을 따라서 데크가 넓게 퍼져 있다. 계곡을 낀 다른 야영장들이 계곡을 앞에 두고 2~3열로 빼곡하게 데크를 배치한 것과는 달리 이곳은 거의 모든 데크가 1열로 계곡과 맞닿아 있다. 덕분에 이곳에서는 물가에 조금이라도 가깝게 자리를 잡으려고 아등바등할 필요가 없다.

규 모	총 24개 데크
야영장	일반야영장 1곳, 반려견 동반 야영장 1곳
고 도	해발 500m
전 기	사용 가능
샤워장	있음(4~10월 24시간 온수 가능)
개수대	있음
화로대	사용 가능(단 봄·가을 산불 방지 기간인 2월 1일~5월 15일, 11월 1일~12월 15일까지 사용 금지). 화롯대를 이용한 숯불만 가능
데크 사이즈	365×365cm
특이점	계곡 인접, 그늘 풍부

제1야영장

15개(365×365㎝) / 계곡 인접, 그늘 풍부, 평지 지형, 온수 샤워장

편의 101~112번 데크는 주차장보다 낮은 지대에 위치해 계단 아래로 짐을 옮겨야 한다. 데크와 주차장 사이 거리는 가깝지만 샤워장과 화장실은 다리 건너편에 있다. 113·114·115번 데크도 다리 건너편에 있다. 데크 사이즈는 365×365㎝로 오캠모드도 부담이 없다. 무엇보다 온수가 가능한 샤워장이 있어 야영객들에게 인기 있다.

환경 모든 데크가 계곡과 인접해 있다. 수량은 강수량에 따라 변화가 있는 편이다. 평지에 있어 이동하기에도 부담이 없고 그늘도 풍부한 편이다.

프라이버시 데크 사이 간격은 예전보다 여유가 생겼다. 특히 2열로 배치되어 있던 113~115번 데크가 1열로 줄어들어 간격이 더욱 넓어졌다.

BEST Site 전체적으로 편의성, 환경, 프라이버시 3박자가 잘 어우러진 야영장이다. 오캠모드로 찾아가도 부담 없다. 화장실 주변의 113~115번 데크가 편의성이 좋아서 인기다. 그렇지만 제2야영장 쪽 야영객들도 이곳의 샤워장과 화장실을 이용하려고 데크 앞을 지나기 때문에 조용한 맛은 떨어진다. 101번 데크 쪽이 구석이라 조용하지만 화장실에서 멀다는 단점이 있다.

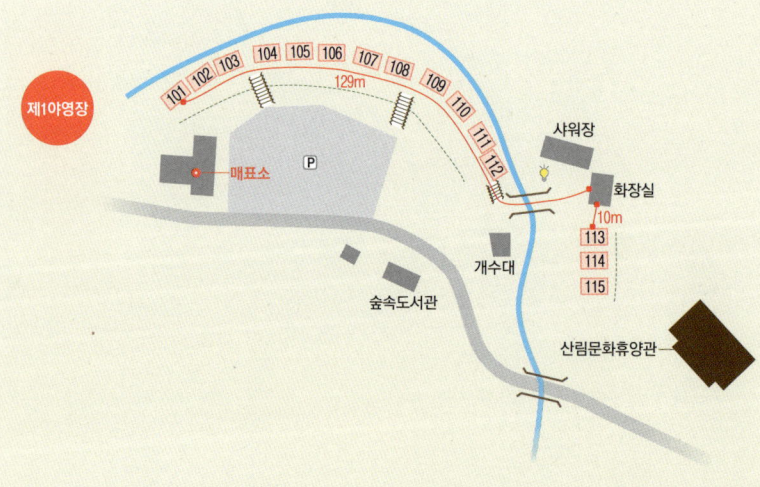

제2야영장

9개(360×360cm) / 계곡 인접, 그늘 풍부, 경사 지형

편의 반려견 동반 야영장으로 운영되면서 몇 가지 변화가 일어났다. 15개였던 데크 수가 9개로 줄어들었다. 과거 201~206번 데크가 없어지고 반려견 놀이터로 바뀌었다. 계곡 주변에 데크가 배치되어 있지만, 주차장과 데크 사이가 멀지 않아 짐 옮기는 데 별 부담이 없다. 개수대는 가깝지만 화장실과는 거리가 있다. 샤워장은 제1야영장의 시설을 이용한다.

환경 계곡과 가깝게 데크들이 배치되어 있다. 그늘은 풍부한 편이며, 208번 데크에서 215번 데크로 올라갈수록 경사진 지형이다.

프라이버시 데크 수가 줄었기 때문에 전반적으로 데크 간 격은 여유가 있다. 야영장 위쪽으로는 더 이상 숙박시설이 없어 도로변의 데크들도 한적하다.

BEST Site 제1야영장 바로 옆에 붙어 있는 야영장이다. 계곡을 접하고 있다는 입지 조건은 비슷하지만, 샤워장이 제1야영장에 있어 편의성에서는 조금 뒤떨어진다. 제2야영장은 계곡을 기준으로 3곳으로 나뉜다. 반려견 놀이터로 바뀐 가장 하단 쪽이 계곡과도 가깝고 제1야영장의 시설을 이용하기도 좋다. 207~215번 데크는 제1야영장과 비교해서 계곡과는 조금 거리가 있다. 4동, 5동씩만 들어갈 수 있도록 구역이 구분되어 있기 때문에 조용한 분위기를 선호하는 사람에게는 괜찮은 자리다. 전국의 국립자연휴양림 중에서 유일하게 반려견과 동반 가능한 야영장이기 때문에 명당 여부를 따지는 것은 별 의미가 없다.

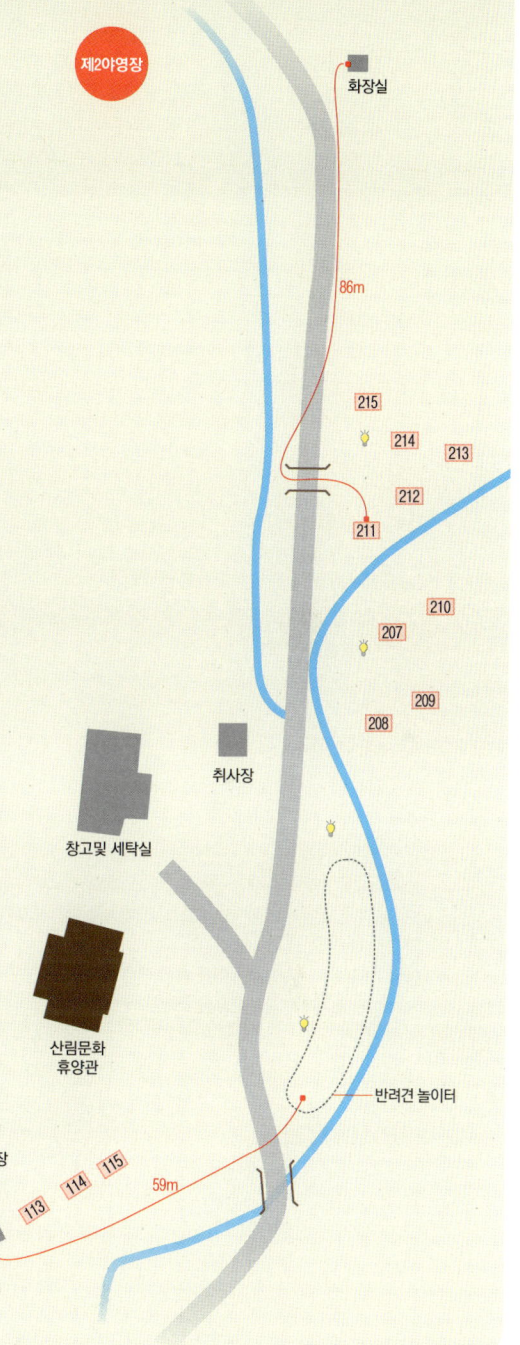

휴양림 백퍼센트 즐기기

Activity 체험 프로그램
- 방문객들을 대상으로 4~11월에는 숲 해설과 목공예 체험 프로그램을 운영한다. 지역 예술가와 함께하는 행사도 진행된다. 우드버닝, 야생화 기화화분 만들기 등을 체험할 수 있다(재료비 별도).
- 숲속도서관은 연중무휴로 운영되고 있다(운영 시간 09:00~21:00). 책은 객실이나 텐트로 대여해 갈 수도 있다.

Supply 보급
수도권에서 접근한다면 풍기와 영주시를 거쳐서 들어오게 된다. 장은 풍기농협하나로마트에서 봐오는 것이 좋다. 휴양림 초입에 있는 수비면에도 아담한 규모의 **영양농협수비지점 하나로마트**와 정육점이 있다.

풍기농협하나로마트
영주시 풍기읍 동부리 502-5
054-636-2734

영양농협수비지점 하나로마트
영양군 수비면 발리리 543-1
054-682-9601

Restaurant 주변 맛집
수비면사무소 주변에 식당들이 몇 곳 모여 있다. 그중 **고향집** 평이 좋다. 식사 때를 지나면 이곳의 식당들은 문을 닫기 때문에 미리 전화를 해놓거나 밥때를 잘 맞춰가야 한다. 영양읍내에는 한우와 돼지고기 주물럭으로 유명한 **맘포식당**이 있다.

고향집
영양군 수비면 발리리 516-3
054-683-2808

맘포식당
영양군 영양읍 서부리 308-3
054-682-2330

Attraction 주변 볼거리
영양군에는 전국적으로 알려진 대표 관광지가 별로 없다. 교통이 불편해서 육지 속의 섬이라고 불릴 만큼 사람의 인적이 드물다. 대신 때 묻지 않은 청정계곡과 울창한 산이 좋다. 휴양림에서 차로 10분 거리인 본신리에는 금강소나무생태경영림이 있다. 이곳에는 소나무 중에 최고로 치는 금강소나무가 모여 숲을 이루고 있다. 6개의 탐방코스가 있으며 숲해설사에게 숲 해설을 신청할 수도 있다.

영양 지역에는 여름철 물놀이를 즐길 만한 계곡도 많다. 반딧불이생태공원이 있는 수하계곡은 왕피천의 상류로, 울진으로 흘러 들어간다. 수비면에서 이곳으로 연결되는 917번 지방도는 일명 낙동정맥로로 불린다. 차량 통행도 거의 없고 계곡과 나란히 도로가 나 있어 드라이브는 물론이고 오토바이나 자전거 라이딩을 즐기기에도 환상적인 코스다. 도로는 봉화군 남회룡리까지 연결된다.

온천으로 여독을 풀고 싶다면 휴양림에서 구주령을 넘어 동해안 가까이에 있는 울진의 백암온천을 가보자. **백암온천한화리조트 온천사우나**는 휴양림에서 차로 30분 거리다. 이곳에서 후포항까지는 다시 30분을 더 가야 한다. 통고산자연휴양림이 1시간 거리로 가까운 곳에 있다.

금강소나무생태경영림

한화리조트 백암온천
울진군 온정면 소태리 1438
054-787-7001
영업 06:00~22:00(주말)

콕콕 짚어주는 휴양림 정보

Tip 이것만은 알고 가자
- 'TV 없는 휴양림'으로 지정된 곳으로 모든 객실에는 TV가 없다. 대신 바둑과 장기, 윷놀이 등의 놀이기구가 방마다 비치되어 있다.
- 야영장에는 24시간 온수 샤워가 가능한 샤워장이 있고 화로대를 이용한 숯불 바비큐도 가능하다. 야영객들을 위한 편의성이 좋은 곳이다.

Access 접근성
한남대교 기점에서 휴양림까지 약 4시간은 족히 잡아야 한다. 영동고속도로·중앙고속도로를 타고 내려오다가 풍기IC로 빠져 나온다. 이후 36번·31번 국도를 타고 이동한다. 휴양림 입구는 도로를 벗어나 마을길로 2km를 더 들어가야 나온다. 같은 경북지역인 대구에서도 이곳까지 3시간은 잡아야 할 정도로 접근성은 좋지 않다.

Comments 여행작가의 말
내륙 속의 오지로 알려진 경북 영양 검마산 자락에 자리잡은 휴양림. 휴양림 주변은 금강송이 울창하고 계곡에 가깝게 자리 잡은 야영장도 좋은 곳이다. 여기에 숲속도서관이 생기면서 휴양림의 격이 달라졌다. 특히 아이들이 있는 가족에게 추천할 만한 곳이다. 유일한 단점은 수도권에서 멀다는 것이다.

Reservation 예약
숲나들e(http://foresttrip.go.kr) 공통(p.22 참고).

Accommodation 숙박시설

시설	구분	수량	비수기 요금	성수기 요금	시설명
산림문화휴양관	5인	16실	50,000	91,000	2층 일반: 베가·은하수·오로라·주피터 2층 반려견: 오리온·북두칠성·폴라리스·카시오피아 1층 일반: 주목·소나무·잣나무·전나무 1층 반려견: 반딧불이·장수하늘소·고추잠자리·귀뚜라미(장애인 우선)
야영장	일반	24개	15,000	16,500	제1야영장: 101~115번(일반) 제2야영장: 207~215번(반려견 동반 야영장) 주차료(3,000원), 입장료(성인 1,000원), 전기 사용료 포함

talk! talk! 금강송 이름 이야기
강원도 금강산과 강릉, 삼척, 그리고 경상북도 울진과 봉화, 그리고 영양 일대에서 자라나는 나무를 금강송이라고 부른다. 금강송은 다양한 이름으로 불리고 있다. 줄기가 붉다고 해서 적송(赤松), 나무가 단단하다고 해서 강송(剛松)으로도 불린다. 또한 일제강점기에 영주-봉화-태백을 잇는 철도가 놓이면서 남벌된 금강송 목재가 봉화군 춘양역에서 전국으로 보내졌다고 해 춘양목(春陽木)이라고도 불린다. 또한 황장목이라는 이름도 있다. 금강송이 자라면서 중심부가 짙은 황갈색을 띤다고 해서 붙여진 이름이다. 조선시대에는 왕실의 건축자재로 쓰기 위해 금강송 군락지를 일반인들이 함부로 손대지 못하도록 했다. 그래서 금강송숲을 금산으로 정하고 표시를 세웠는데 그것이 황장봉표다. 금강송은 일반 소나무보다 줄기가 곧고 가지가 짧으며 키가 큰 모습을 하고 있다.

200년 수령의 금강송과 90년 수령의 일반 소나무의 굵기가 비슷하다. 느리게 자라는 만큼 조직이 치밀하고 단단하다.

동해바다가 내려다보이는 휴양림

칠보산자연휴양림

칠보산 정상 810m
등산로 왕복 8.6km
고도 -323m 제3야영장 기준

☀️ 기온·℃
-0.3 전국 평균 대비 병곡면 연평균 기온

🏠 숙박 규모·실
43 43실 최대 203명 수용 · 숲속의 집 6
연립동 4 · 휴양관 28 · 수련장 5

🌧️ 강수량·㎜
+53 전국 평균 대비 병곡면 연평균 강수량

⛺ 야영장·데크
38 일반야영데크 38

산림청 직영 국립휴양림 | 1993년 개장 | 경상북도 영덕군 병곡면 칠보산길 587 | 054-732-1607

객실에서 바다를 조망할 수 있는 휴양림

○ 산속 휴양림 객실에서 바다 위로 떠오르는 태양을 볼 수 있을까? 가능하다. 휴양림 숙소에서 일출을 볼 수 있는 곳이 있다. 바로 칠보산자연휴양림이다. 바다와 인접한 휴양림이라고 해서 모든 곳에서 바다가 보이는 것은 아니다. 이곳에서는 주차장과 산림휴양관의 일부 숙소 그리고 데크로드와 연결된 해돋이 전망대 등 휴양림 곳곳에서 동해바다를 조망할 수 있다.

바다 조망도 나무 숲 사이로 찔끔찔끔 보이는 것이 아니다. 휴양림 바로 앞의 고래불해변과 대진해변의 드넓은 해안선이 한눈에 시원스레 들어온다. 고래가 뛰노는 것을 보고 이름을 지었다는 고래불해변의 백사장 길이는 무려 8㎞다. 일반적으로 백사장이 곱고 길게 펼쳐진 해변을 명사십리(明沙十里)라고 부르는데 이곳은 해안선이 길어 명사이십리(明沙二十里)라고 불린다(10리는 약 4㎞).

칠보산자연휴양림은 해발 810m 칠보산의 동남쪽에 위치하고 있다. 산 정상에서 동해바다의 시원스러운 전망을 볼 수 있기 때문에 휴양림에는 숙박객뿐 아니라 당일 산행을 즐기려는 등산객들도 많다. 조망이 좋은 만큼 올라가는 길은 그 값을 톡톡히 치러야 한다. 동해바다와 나란히 달리는 7번 국도에서 벗어나 휴양림이 있는 해발 300m 지점까지 가는 길이 생각보다 만만치 않다. 7㎞ 정도의 구불구불한 산길을 타고 한참을 가야 입구에 도착할 수 있다. 올라가는 길은 두 곳이 있는데 한쪽은 비포장도로다. 특히 영덕 쪽에서 올라올 때 내비게이션이 알려주는 대로 무작정 따라갔다가는 차를 돌리지도 못하는 좁은 임도를 따라서 덜컹거리며 힘들게 올라가야 한다.

칠보산자연휴양림을 이야기할 때 대게를 빼놓을 수 없다. 칠보산자연휴양림은 울진에서 영덕으로 이어지는 한가운데에 자리 잡고 있는데, 이곳이 우리나라에서 대게가 가장 많이 잡히는 일명 대게 벨트이기 때문이다. 영덕이 과거 대게의 집산지였던 탓에 영덕대게라는 명칭이 더 유명하지만 울진에서도 대게가 많이 잡힌다. 울진 쪽의 대게 집산지는 죽변항과 후포항이고, 영덕 쪽은 강구항이다. 휴양림은 딱 그 중간에

산책로와 연결되어 있는 전망대

위치한다. 설이 지나면 대게의 살이 꽉 차기 시작해 매년 3~4월 두 지역에서 대게축제가 열린다.

내부 들여다보기

○ 좁은 길을 이리저리 따라 올라와서 휴양림으로 들어서면 넓은 주차장이 나온다. 시야가 탁 트인 주차장의 한쪽 끝에 세워진 솟대들 넘어 고래불해변이 내려다보인다. 주차장에 맞닿은 잔디광장이 제3야영장이다. 주차장을 중심으로 야영장과 숙박시설들이 여기저기 흩어져 있다. 주차장을 제외하면 대부분이 경사지다.

칠보산자연휴양림에는 3인실부터 11인실까지 다양한 크기의 숙소들이 있다. 이곳 휴양림의 가장 큰 매력 포인트는 바다 조망이다. 휴양관 전면의 일부 숙소에서 바다 조망이 가능하다. 산림휴양관은 2동이 있는데 1동이 먼저 지어졌고 2동이 나중에 지어졌다. 2동 앞으로는 전망대로 올라가는 데크길이 만들어져 있다. 물놀이장 옆의 샤워장은 온수 샤워가 가능한 시설로 바뀌었다. 휴양림 위쪽에 위치한 숲속의 집 옥잠화, 원추리동 앞에는 주차공간이 있는데, 제2야영장을 이용할 야영객들은 이쪽에서 짐을 내리는 것이 데크와 가깝다. 숲속의 집 양지꽃과 제비꽃동으로는 차량이 진입할 수 없다. 숲속의 집 옥잠화동이 있는 상단에 주차하고 경사지를 따라 도보로 이동해야 한다. 숙박시설 상세 정보 및 바다 조망이 가능한 숙소는 p.415 참고

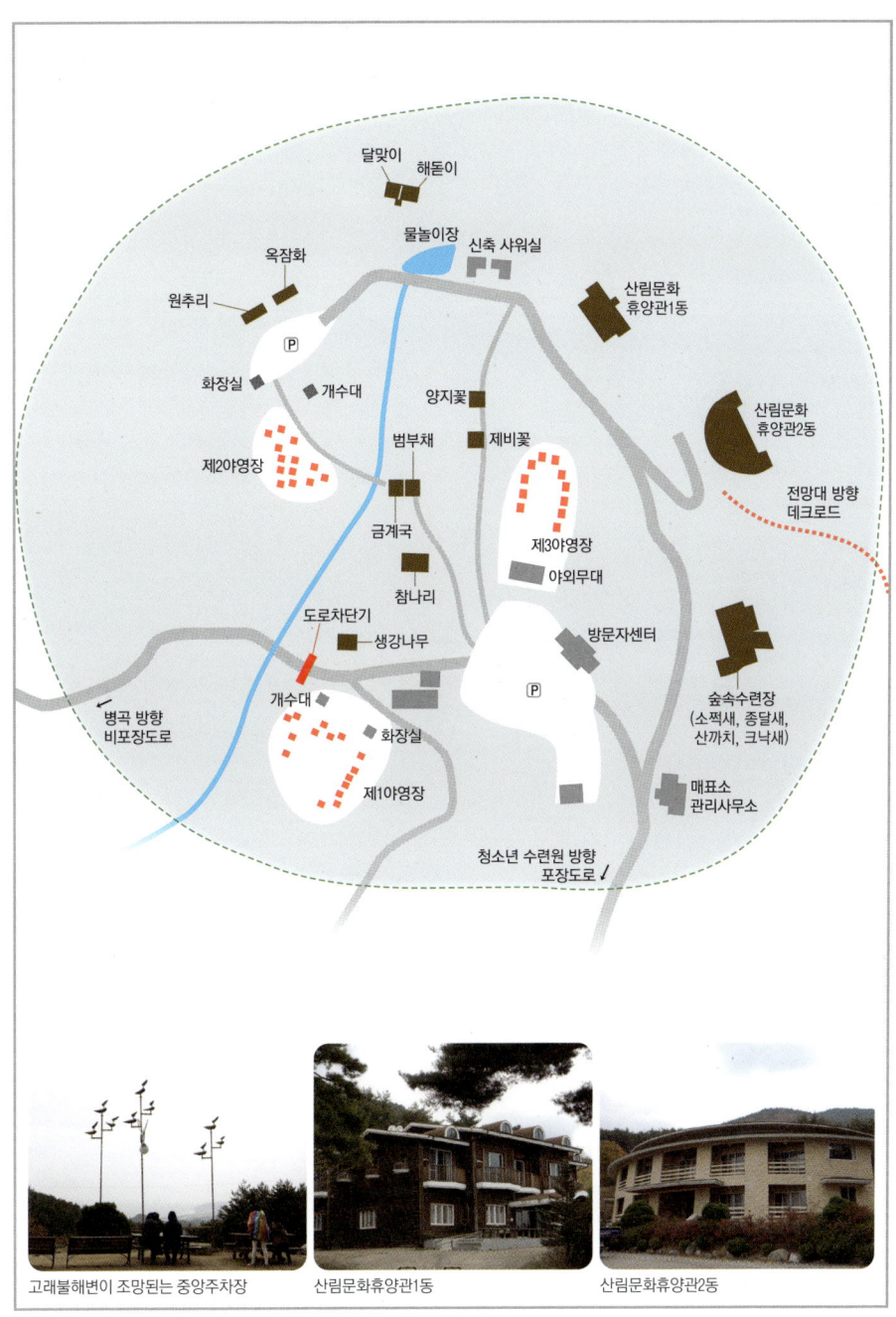

야영장에서 하룻밤 보내기

○ 칠보산자연휴양림에는 모두 3곳의 야영장이 있다. 휴양림 입구 쪽 주차장과 맞닿아 있는 곳에서 제3야영장을 먼저 만날 수 있고, 제1·제2야영장은 도로에서 벗어난 숲 속에 조용히 자리 잡고 있어 초행길인 사람들 눈에는 잘 띄지 않는다. 데크마다 나무테이블이 마련되어 있다.

규 모	총 38개 데크
야영장	일반야영장 3곳
고 도	해발 323m (제3야영장)
전 기	사용 가능
샤워장	있음(온수 가능)
개수대	있음
화로대	사용 가능(봄·가을 산불 조심 기간에는 사용 불가). 숯불만 사용 가능
데크 사이즈	240×300㎝(제1·제2야영장) 360×360㎝(제3야영장)
특이점	그늘 풍부(제1·제2야영장) 부정형 경사 지형(제1·제2야영장)

제1야영장
15개(250×300㎝) / 그늘 풍부, 부정형 경사 지형

편의 내리막을 따라 내려가며 계단식으로 데크가 배치되어 있다. 상단의 진입로 부근에 주차하고 아래쪽으로 짐을 내려야 하는 구조다. 샤워장은 없고 야영장 위쪽에 개수대와 화장실이 있다. 아래쪽 데크에서 이용하기에는 조금 불편하다. 데크 사이즈는 작은 편이다.

환경 옆에 계곡을 끼고 있지만 수량이 풍부하지 않다. 가뭄 때는 물이 흐르지 않는 건천이다. 나무가 울창하게 우거져 그늘은 풍부하다. 울퉁불퉁한 부정형 지형에 위치해 있다.

프라이버시 데크를 정비하면서 데크 수를 줄여 데크 간격은 훨씬 여유로워졌다.

BEST Site 데크의 사이즈도 작은 편이고 경사지를 따라서 짐을 옮겨야 하는 불편 때문에 오캠모드보다는 짐을 줄인 간단모드가 어울리는 야영장이다. 101·110번 데크는 야영장 초입에 위치해서 야영객이 많을 때는 번잡할 것 같다. 108·115번은 동떨어져 있고 주변 공간을 활용하기에도 좋지만 편의시설과 멀어져 불편하다. 주차장, 편의시설과는 가깝지만 어느 정도 메인 이동통로에서는 비켜 있는 112·113번 데크가 무난해 보인다.

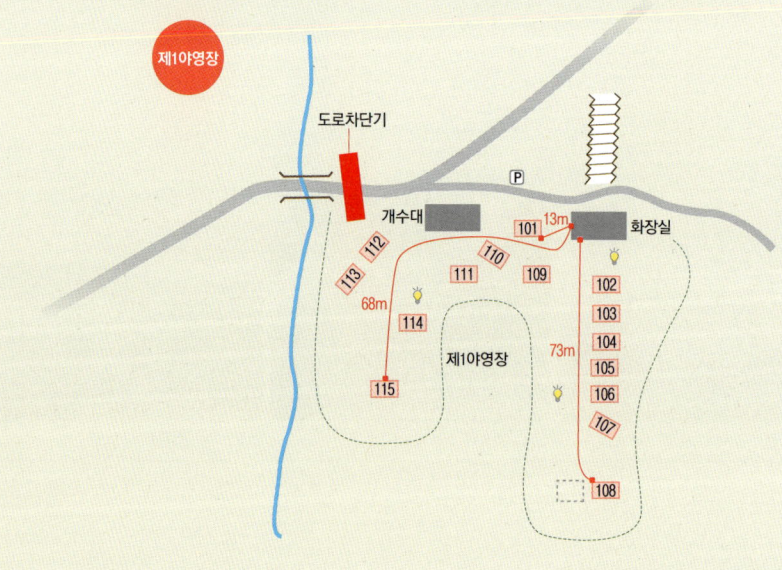

제2야영장

13개(250×300㎝) / 그늘 풍부, 부정형 경사 지형

편의 경사지를 따라 내려가며 계단식으로 데크가 배치되어 있다. 상단 주차장에 주차하고 아래쪽으로 짐을 내려야 하는 구조다. 상단에 개수대와 화장실, 샤워실이 있다. 데크 사이즈는 작은 편이다.

환경 옆에 계곡이 있지만 수량이 풍부하지 않다. 야영장에 나무가 울창해서 그늘은 풍부한 편이지만 제1야영장보다 경사가 더 심하다.

프라이버시 데크를 정비하며 수를 줄였지만 214번 데크 한 개만 줄여 데크 간격이 제1야영장보다 비좁다.

BEST Site 경사가 급한 곳에 자리 잡은 야영장이다. 오토캠핑모드는 어울리지 않는다. 알파인 모드나 짐을 최대한 줄여서 가야 한다. 어린아이가 있는 가족에게는 추천하지 않는다. 산속 오지에서 비박하는 기분을 느끼고 싶은 캠퍼에게 추천한다. 201번 데크가 주차장이나 편의시설과 가깝지만 야영객들의 동선에 노출되어 있다. 205번 데크는 홀로 떨어져 있어 독립성이 좋고 주변 공간도 여유로운 편이다.

제3야영장

10개(360×360㎝) / 넓은 잔디광장, 그늘 부족, 완경사 지형

편의 데크 사이즈가 제1·제2야영장보다 크다. 주차장에서 가장 먼 306번 데크까지의 거리는 약 60m. 평평하고 경사도 완만한 곳에 위치해 상대적으로 짐 옮기기는 수월하다.

환경 제1·제2야영장과 비교하면 평지나 다름없는 완경사 잔디밭에 위치해 있다. 주변 시야도 탁 트이고 데크 앞에 잔디밭이 보기 좋게 펼쳐져 있는 반면 그늘은 부족하다.

프라이버시 데크 수가 10개라 아담하고 한적하다.

BEST Site 제1·제2야영장에 비하면 지형도 평탄하고 잔디밭이 좋은 야영장이다. 오토캠핑모드로 와도 무리가 없다. 특히 어린아이를 동반한 가족여행자에게 적합한 야영장이다. 여름에는 상대적으로 그늘이 적은 것은 각오해야 한다.

1 숲속 경사지에 자리 잡은 제2야영장
2 제2야영장 데크와 테이블

휴양림 백퍼센트 즐기기

Activity 체험 프로그램
- 방문객을 대상으로 4~11월에는 숲 해설과 목공예 체험 프로그램을 운영한다. 솔방울, 소나무도마, 나무곤충 등을 만들어볼 수 있다(재료비 별도).
- 칠보산 정상까지 향하는 등산로가 있다. 왕복 8.6km 거리에 4시간 소요된다. 등산이 부담스러운 사람을 위해서 1.6km의 산책로도 있고, 산림휴양관 B동에서 출발해 해돋이 전망대를 갔다 오는 400m 거리의 데크로드가 있다.

Supply 보급
휴양림 인근에서 장을 본다면 북쪽의 후포나 남쪽의 영해로 가야 한다. 영해에는 **영해농협하나로마트**와 아담한 크기의 영해관광시장이 있다. 이곳에서 횟감도 구입할 수 있다. 후포에도 **후포농협하나로마트**가 있으며 공영주차장이 있는 한마음광장 주변에 회를 먹거나 떠올 수 있는 회 센터가 모여 있다.

후포항에서 판매하는 홍게

영해농협하나로마트
영덕군 영해면 성내리 512-6
054-732-1996

후포농협하나로마트
울진군 후포면 삼율리 169-2
054-788-1181

Restaurant 주변 맛집
후포항에는 전복죽을 잘하는 **등대식당**이 있다. 미리 전화하고 가야 기다리는 시간을 줄일 수 있다. 휴양림이 위치한 영덕은 인근 울진과 함께 대게로 유명한 곳이다. 매년 4월에는 강구항에서 대게축제가 열린다. 강구대교를 건너 식당들이 모여 있는 곳을 지나 계속 들어가면 동광어시장 인근에 대게 시장이 열린다. 이곳에서 직접 구입해서 인근 식당에서 자리 값을 내고 쪄먹으면 비교적 저렴한 가격에 대게를 즐길 수 있다. 주말에는 시장으로 들어가는 주변 도로가 많이 막힌다.

등대식당
울진군 후포면 후포리1162
054-788-2556

Attraction 주변 볼거리
휴양림 바로 맞은편에는 해안선의 길이가 무려 8km 달하는 고래불해변이 있다. 여름철에 해수욕을 즐기기에 좋은 곳이다. 또한 해수욕장에서 영덕의 강구항 일대의 해안선을 따라서 블루로드라는 트레킹길이 있다. 총 4개 코스가 있다. 트레킹뿐만 아니라 드라이브나 자전거 라이딩을 즐기기에도 환상적이다. 영덕 해맞이 공원에서 달봉산 쪽으로 올라가면 영덕신재생에너지 전시관이 나오는데 바닷가를 배경으로 거대한 풍력발전기가 돌아가는 장관을 볼 수 있다.

영덕신재생에너지 전시관

콕콕 짚어주는 휴양림 정보

Tip 이것만은 알고 가자
- 휴양림으로 가기 위해서는 칠보산청소년수련원 쪽에서 올라가야 한다. 병곡 쪽으로 가는 길은 비포장도로다.

Access 접근성
한남대교 기점에서 휴양림까지 5시간 이상 걸린다. 고속도로를 이용한다면 영동고속도로·동해안고속도로를 타고 내려오다가 동해IC로 빠져 나온다. 이후 7번 국도를 타고 남쪽으로 내려간다. 칠보산청소년수련원에서부터 구불구불한 산길을 타고 7㎞를 올라가야 휴양림 입구에 도착한다. 포항에서 출발해도 거의 2시간은 잡아야 한다.

Comments 여행작가의 말
휴양림 안에서 동해바다를 조망할 수 있는 곳. 휴양림 바로 앞에는 해안선이 드넓게 펼쳐진 고래불해변이 있어 여름철 해수욕을 즐기기에도 안성맞춤이다. 대게의 고향인 울진과 영덕 중간에 있어 제철을 맞은 대게를 맛보는 호사도 누릴 수 있다.

Reservation 예약
숲나들e(http://foresttrip.go.kr) 공통(p.22 참고).

Accommodation 숙박시설

시설	구분	수량	비수기 요금	성수기 요금	시설명
숲속의 집	3인	2동	35,000	58,000	양지꽃·제비꽃(원룸형)
	5인	1동	52,000	94,000	옥잠화(원룸형)
	8인	2동	87,000	154,000	원추리(방 2)·생강나무(방 1)
	11인	1동	110,000	185,000	참나리(방2, 화장실 2, 거실)
산림문화휴양관	4인	16실	39,000	68,000	2동 2층: 산딸기·개나리·매화·동백·목련·산수유·해당화 2동 1층: 만병초·백리향·솔나리·오미자 1동 2층: 자작나무·잣나무·해송 1동 1층: 전나무·구상나무
	5인	9실	50,000	91,000	2동 2층: 연산홍·철쭉 2동 1층: 장미·풍년화 1동 2층: 상수리·층층나무 1동 1층: 낙엽송·은행나무·이팝나무
	6인	2실	67,000	119,000	1동 2층: 박달나무 1동 1층: 소나무
	8인	1실	85,000	144,000	2동 1층: 진달래
	[바다 조망이 가능한 숙소] 1동 2층 전면: 상수리·잣나무·전나무·해송·박달나무 1동 1층 전면: 소나무·이팝나무 2동 2층 전면: 철쭉·연상홍·산딸기·매화·개나리 [베란다에서 바다가 보이는 객실] 1동 2층 측면: 자작나무·층층나무				
연립동	5인	2실	52,000	94,000	금계국·범부채(원룸형)
	7인	2실	67,000	119,000	달맞이·해돋이(원룸형)
숲속수련장	5인	2실	42,000	77,000	소쩍새·총달새
	6인	2실	53,000	94,000	산까치·크낙새
	22인	1실	190,000	342,000	숲속수련장
야영장	7㎡	28개	12,000	13,000	제1야영장·제2야영장: 250×300㎝
	13㎡	10개	15,000	16,500	제3야영장: 360×360㎝

벽계수계곡이 일품인 자연휴양림

운문산자연휴양림

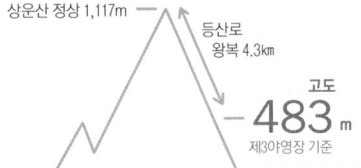

상운산 정상 1,117m
등산로 왕복 4.3km
고도 −483m 제3야영장 기준

☀ 기온·℃
−1.7 전국 평균 대비 운문면 연평균 기온

🌧 강수량·mm
+257 전국 평균 대비 운문면 연평균 강수량

🏠 숙박 규모·실
44 44실 287명 최대수용 · 숲속의 집 4 연립동 9 · 휴양관 30 · 수련장 1

⛺ 야영장·데크
34 일반야영데크 34

산림청 직영 국립휴양림 | 2000년 개장 | 경상북도 청도군 운문면 운문로 763 | 054-373-1327

여름엔 물놀이, 겨울엔 눈썰매로 신나는 휴양림

○ 운문산자연휴양림은 이곳을 찾는 사람들의 활기참이 느껴지는 곳이다. 수도권에서는 4시간 이상 멀리 떨어져 있어 생소하기도 하고 작정하고 한번 찾아가기도 어렵다. 하지만 일명 부울경(부산, 울산, 경남)은 물론 대구광역시와도 1시간 안팎의 가까운 곳에 위치해 경상권 대도시에서의 접근성은 좋다.

수도권에 위치한 휴양림과 비교하자면 규모가 큰 유명산자연휴양림이 떠오른다. 수요가 많은 탓에 숙박시설의 규모도 큰 편이다. 휴양관 2동을 비롯해서 총 44개의 객실이 있어 54개의 객실이 있는 유명산휴양림과 비슷한 규모다. 야영장은 데크수가 34개로 비교적 아담한 편이지만 계곡을 끼고 있는 야영장의 주변 환경은 유명산휴양림보다 한 수 위다.

휴양림 안을 흘러내리는 벽계수계곡 주변으로 야영장이 위치해 있다. 계곡은 여느 곳과 다른 독특한 모습을 지니고 있다. 일반적으로 계곡은 바위와 흙바닥 위를 흘러내리는 반면 이곳의 계곡물은 편평한 암반 위를 타고 내려온다. 덕분에 더욱 맑은 물빛을 띠고 있어 벽계수계곡이라는 명칭이 전혀 어색하지 않다.

휴양림 주변을 감싸고 있는 산세도 웅장하다. 휴양림이 위치한 곳은 1,000m 이상 되는 7개의 봉우리가 무리를 이루고 있다. 유럽의 알프스와 같이 아름답다고 하여 '영남 알프스'라는 별칭으로도 불린다. 그중 해발 1,117m의 상운산 북쪽 자락에 휴양림이 자리 잡고 있다. 휴양림에서는 상운산 정상을 거쳐 영남 알프스의 최고봉인 가지산까지 이어지는 트레킹 코스가 시작된다.

휴양림에는 노각나무를 비롯해 다양한 종류의 천연활엽수들이 울창한 숲을 이루고 있다. 단일 수종으로 이뤄진 숲처럼 한눈에 들어오는 멋진 모습은 아니지만 여름에는 울창한 그늘을, 가을에는 붉게 물든 단풍 등 계절의 변화를 느낄 수 있게 해준다. 다양한 모습을 보여주기에 인근 도시 사람들에게 사계절 사랑 받는 휴양림이다.

휴양림 주변의 볼거리들도 풍부하다. 운문사와 와인터널 같은 청도의 관광지는 물론이고 운문령과 경계를 접하고 있는 울산과도 가까운 거리에 있어 양쪽을 모두 둘러보기에 좋은 위치에 있다.

내부 들여다보기

○ 운문산자연휴양림은 객실 수가 44개로, 국립자연휴양림 중에서도 규모가 큰 편이다. 산림휴양관도 2동이 있다. 휴양림을 가로지르는 계곡을 중심으로 야영장과 숙박시설들이 모여 있다. 가장 아래쪽에 휴양관이 있고 위쪽에 연립동과 숲속의 집이 배치되어 있다. 가장 높은 곳에는 숲속의 집인 운문산장이 있다. 경사지를 따라서 나란히 붙어 있는 연립동(생금, 가슬, 삼계)의 구조가 특색 있다.

숙소 맞은편 계곡에는 야영장이 있고, 계곡을 건너 수련장이 있는 안쪽에는 새로 만들어진 숙박시설들이 있다. 지열 난방식 건물로 만들어진 연립동과 통나무집 외관의 숲속의 집이 모여 있다. 이곳에서부터 숲속수련장까지는 나무 데크길이 만들어져 있다.

1 숲속의 집
2 계곡 앞에 위치한 연립동

운문산자연휴양림의 인기 숙소는 숲속의 집 5인실 운문산장이다. 2013년 휴양림 성수기 추첨에서 최고 259대 1의 경쟁률을 보였을 정도다. 이곳이 이렇게 인기가 많은 이유는 휴양림 위쪽에 위치해 조용하고 독립성이 좋기 때문이다. 다락방이 있다는 것도 아이들을 동반한 가족여행자에게 환영받을 만한 요인이다.

숲속수련장 주변의 숙소들은 오픈한 지 얼마 되지 않은 신축 건물로 깔끔한 분위기다. 숙박객 이외의 출입이 없어 계곡 주변과 달린 한갓진 분위기며 주변에 나무가 없고 사방이 탁 트여 있어 전망이 시원스럽다. 대신 주변에 계곡이 없는 것은 감안해야 한다. 숙박시설 상세정보는 p.423 참고

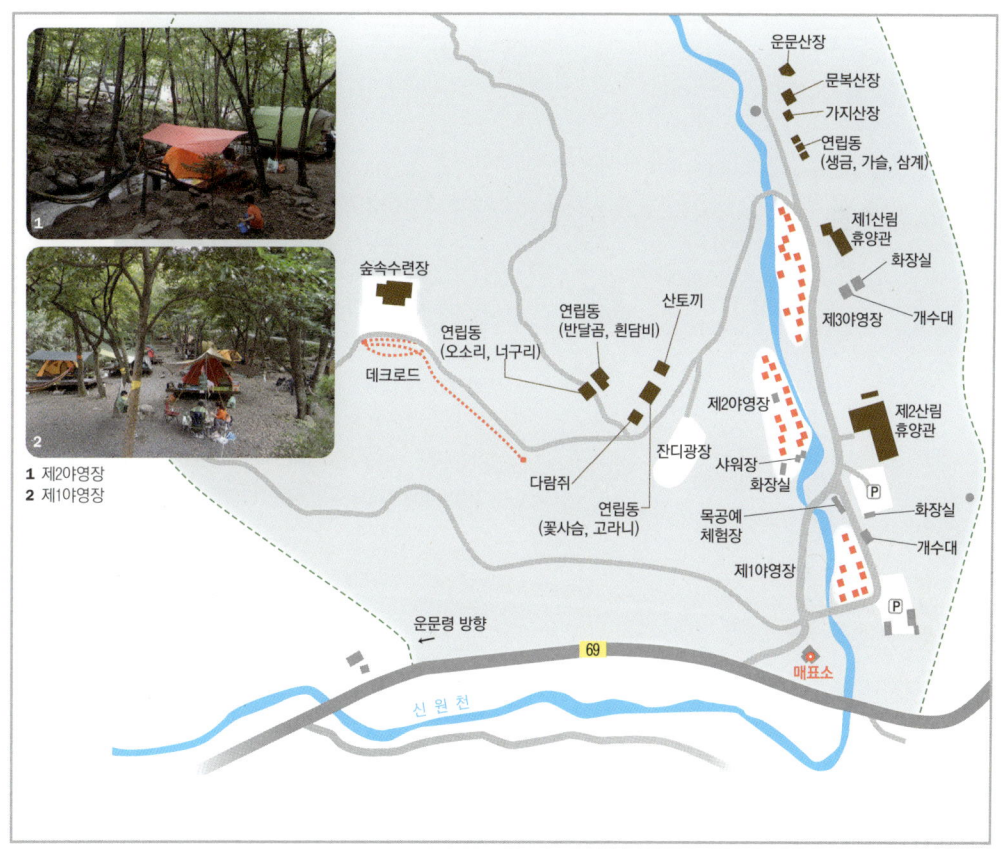

1 제2야영장
2 제1야영장

419

야영장에서 하룻밤 보내기

○ 운문산자연휴양림의 야영장은 계곡을 따라 배치되어 있다. 모두 3곳의 야영장이 있는데 제2야영장이 계곡 건너편에 있고 제1·제3야영장은 숙소 쪽 도로 옆에 자리 잡고 있다. 제2야영장에만 샤워장이 있고 그 앞쪽으로는 물놀이하기 좋다. 겨울철에는 썰매장으로 변신한다. 계곡의 수량은 풍부한 편이다. 휴양림에는 활엽수들이 많이 있어 야영장 주변에 울창한 그늘을 만들어준다.

규 모	총 34개 데크
야영장	일반야영장 3곳
고 도	해발 483m(제3야영장)
전 기	사용 가능
샤워장	있음(온수 가능)
개수대	있음
화로대	사용 가능(단 봄·가을 산불 방지 기간인 1월 29일~6월 8일, 11월 1일~12월 15일까지 사용 금지). 장작 금지. 숯과 차콜만 사용 가능
데 크 사이즈	360×360cm, 300×360cm, 300×250cm
특이점	그늘 풍부, 계곡 인접

제1야영장

9개(360×360cm) / 계곡 인접, 완경사 계단식 지형

편의 휴양림 입구에서 가장 가깝다. 길가 쪽에 주차하고 짐을 옮길 수 있어 편리하고 주차장도 널찍하다. 음수대는 가깝지만 화장실은 경사지 상단에 위치해 가장 아래쪽 103번 데크에서는 100m가량 떨어져 있다. 편의성은 무난한 수준. 107·108번 데크 크기가 조금 작다.

환경 전반적으로 휴양림과 야영장 옆 도로는 경사지를 이루고 있지만 제1야영장이 위치한 곳은 평지와 다름없다. 계곡과 접해 있고 그늘도 풍부하다.

프라이버시 데크 수가 9개에 불과하고 서로 3m 이상 떨어져 있어 여유롭다. 가장 아래쪽인 휴양림 출입구 부근에 있지만 메인 이동로에서 떨어진 계곡 반대편에 자리 잡고 있어서 한갓지다.

BEST Site 3곳의 야영장 중에서 가장 무난한 입지조건을 가진 야영장이다. 여름철 물놀이장과는 조금 떨어져 있지만 바로 옆 계곡물 소리를 들을 수 있기에 자연환경도 무난한 편이다. 바닥도 평평한 편이라 짐이 많거나 어린아이가 있는 가족에게 추천한다. 오토캠핑 스타일로 풀세팅을 해도 무리가 없겠다.

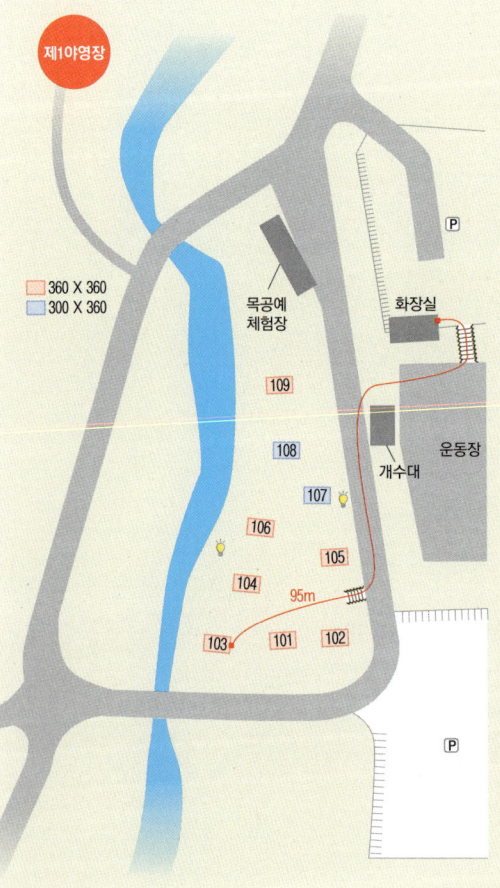

제3야영장

14개(360×360㎝, 300×360㎝) / 계곡 인접, 경사 지형

편의 도로변을 따라서 길게 배치되어 있다. 도로와 데크 사이 간격이 멀지 않아 짐을 옮기는 수고는 덜하다. 개수대와 화장실이 중앙에 있어 어떤 데크도 편의성은 무난하다. 단 이동로가 경사라 평지보다는 칼로리 소모가 많다.

환경 계곡 건너편의 제2야영장과 같이 계곡을 끼고 있고 그늘도 풍부하다.

프라이버시 휴양림의 주이동로와 가까워 등산객의 시선이나 차량 통행의 영향을 받는다. 도로보다 낮은 곳에 있지만 휴양림 안 통행량은 그리 많지 않다.

BEST Site 경사진 도로과 계곡 사이에 길게 데크들이 배치되어 있는 모습이 산음자연휴양림의 제2야영장을 떠올리게 한다. 이곳 역시 계곡과 가까이 붙어 있는 309·310·311번 데크가 좋다. 특히 309번 데크는 다른 데크들과 멀찌감치 떨어져 있어 더욱 좋다. 312와 313번 데크는 가까이 붙어 있다.

제2야영장

11개(360×360㎝, 300×360㎝, 300×250㎝)
계곡 인접, 부정형 지형

편의 다리 건너 계곡 맞은편에 위치해 있다. 짐을 옮기는 수고가 필요하지만 개수대와 화장실, 샤워장이 데크 쪽에 있어 편의성은 무난한 편이다.

환경 계곡에 인접해 있다. 울퉁불퉁한 부정형 지형에 데크가 배치되어 있고 숲이 우거져 그늘도 풍부하다. 물놀이장과 계곡 접근성도 좋다.

프라이버시 계곡 건너편에 있어 등산객의 시선이나 차량 소음으로부터 차단된다. 야영장 중 가장 조용한 편이다.

BEST Site 짐을 옮기는 수고 때문에 제1·제2야영장보다 편의성은 떨어지지만 계곡 옆에 바로 붙어 있고 도로에서 떨어져 있어 외부 소음이나 동선에 노출되지 않고 한적하게 캠핑을 즐길 수 있다. 이곳도 데크 정리 사업을 통해 300×250㎝ 사이즈의 데크 4개가 없어졌다. 물놀이장이 한눈에 내려다보이던 201번 데크도 없어지고, 202번이었던 데크가 201번으로 바뀌었다. 계곡과 가까운 쪽의 데크들이 인기가 좋다. 211번은 가장 안쪽에 있어 독립성이 좋지만 짐 이동 거리는 길어진다.

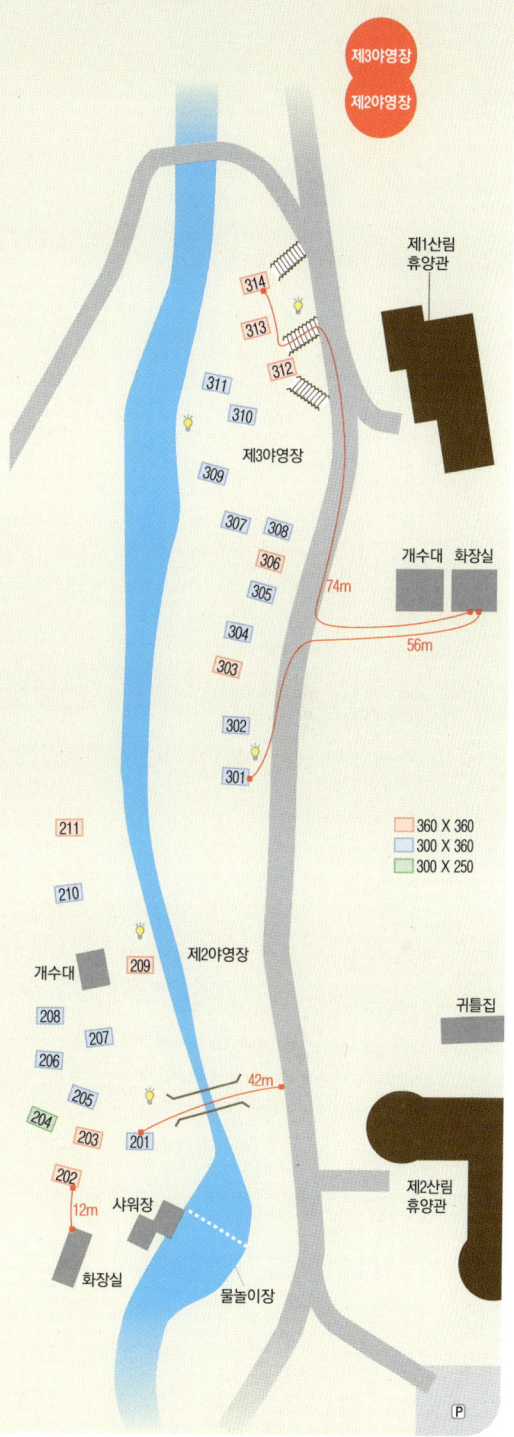

휴양림 백퍼센트 즐기기

Activity 체험 프로그램
- 방문객을 대상으로 4~11월에는 숲 해설과 목공예 체험 프로그램을 운영한다. 목걸이 만들기, 솔방울 만들기 등 체험이 가능하다(재료비 별도). 제2야영장 앞 물놀이장이 겨울에는 썰매장으로 변신한다. 썰매타기, 얼음팽이치기 등을 즐길 수 있다.
- 상운산 정상으로 향하는 등산로가 나 있다. 왕복 4.3km 거리에 4시간 가량 소요된다. 상운산을 거쳐서 가지산까지 다녀오는 트레킹 코스가 대중적인데 일반적으로 휴양림이 아닌 운문령 고개 정상에서 산행을 시작한다.

Supply 보급
주변이 도시가 많은 인구 밀집지대라 보급은 용이한 편이다. 경산IC에서 휴양림까지 들어가는 길에 진량읍, 자인면, 용성면 등의 읍면 소재지를 거친다. 휴양림에서 차로 20분 거리에 **운문농협하나로마트**가 있다. 운문령을 넘어 언양시장까지는 30분 소요된다.

운문농협하나로마트
청도군 운문면 대천리 1462-127
054-372-8054

Restaurant 주변 맛집
청도 한재는 미나리 산지로 유명한 곳이다. 3~4월 미나리 철이면 삼겹살과 미나리를 같이 먹는 일명 미나리 삼겹살로 유명세를 타고 있다. 식당에서 주문해 먹을 수도 있지만 미나리 단지 안 농장에서 미나리만 구입해 자리 값을 내고 가져간 고기를 구워먹을 수도 있다. 귀경길 경산 쪽으로 지나간다면 경산 돼지골목의 돼지국밥으로 간단히 한 끼를 해결할 수 있다. 대복식당이 유명한데 주변에 경산 벽화골목이 있다.

대복식당
경산시 중방동 353-30
053-814-1336

Attraction 주변 볼거리
휴양림 근처에 신라시대의 천년 고찰인 운문사가 있다. 화랑정신의 발원지이자 천연기념물 180호인 처진소나무가 있는 곳이다. **청도 와인터널**은 기차 터널을 와인카페와 저장고로 변신시킨 곳이다. 청도 특산물인 반시(감)로 만든 와인을 맛볼 수 있다. 연중무휴로 20:00까지 운영된다. 청도는 소싸움으로도 유명한 곳이다. 3·4월에 청도소싸움축제가 열린다.

청도 와인터널
청도군 화양읍 송금리 산121
054-371-1904

*언양 지역의 보급과 맛집, 주변 관광지 정보는 신불산폭포자연휴양림편(p.434)을 참고

콕콕 집어주는 휴양림 정보

Tip 이것만은 알고 가자
- 2015년 제2야영장의 250×300㎝ 사이즈 데크 4개가 없어졌다. 제3야영장도 250×300㎝ 사이즈 데크 2개가 없어져, 총 데크 수는 40개에서 34개로 줄어들었다. 나머지 데크들의 위치는 동일하지만 제1야영장을 제외한 제2·제3야영장의 데크 번호에 변동이 있다.

Access 접근성
한남대교 기점에서 휴양림까지 4시간 이상 걸린다. 고속도로를 이용한다면 중부내륙고속도로·경부고속도로를 타고 내려오다가 경산IC로 빠져나온다. 이후 69번·919번 지방도를 타고 이동한다. 휴양림은 청도군과 울산시의 경계인 운문령을 넘어가는 초입에 자리 잡고 있다. 대구광역시와 울산광역시가 1시간 내외 거리로 가깝다.

Comments 여행작가의 말
암반 위를 타고 흘러내려오는 벽계수 계곡이 일품인 휴양림이다. 계곡과 가까운 곳에 자리 잡은 야영장의 입지가 좋다. 통나무집부터 지열 난방 방식의 숙소까지 다양한 형태의 숙소를 선택할 수 있다.

Reservation 예약
숲나들e(http://foresttrip.go.kr) 공통(p.22 참고).

Accommodation 숙박시설

시설	구분	수량	비수기 요금	성수기 요금	시설명
숲속의 집	4인	2동	40,000	73,000	가자산장·문복산장(방 1, 거실)
	5인	1동	52,000	94,000	운문산장(방 1, 거실+다락방)
	7인	1동	67,000	119,000	다람쥐(방 1, 거실)
연립동	5인	3실	52,000	94,000	가슬갑사·삼계산장·생금비리산장(원룸형)
	6인	3실	67,000	119,000	오소리·고라니·너구리(원룸형)
	8인	3실	87,000	154,000	꽃사슴(방 1, 거실)·힌담비·반달곰(방 1, 거실, 다락방)
산림문화휴양관	4인	2실	39,000	68,000	1관 1층: 기린초, 2관 1층: 잣나무
	5인	24실	50,000	91,000	1관 2층: 금매화·은방울(원룸형+다락방) 1관 1층: 범부채·금낭화·금불초·물봉선(원룸형) 2관 2층: 가문비·구상·비자·사철·은행·전·주목·측백(원룸형) 2관 1층: 단풍·박달·백합·산목련·상수리·서어·자작·층층·굴참·보리수
	6인	2실	67,000	119,000	1관 2층: 동자꽃(방 1, 거실+다락방) 1관 1층: 원추리(방 1, 거실)
	9인	1실	85,000	144,000	1관 2층: 무궁화(방 2, 거실+다락방)
	11인	1실	105,000	175,000	2관 2층: 소나무(방 1, 거실)
숲속수련장	50인	1동	220,000	320,000	숲속수련장(방 3, 식당, 화장실 2)
야영장	13㎡	16개	15,000	16,500	360×360㎝(제1·제2·제3야영장)
	10㎡	17개	14,000	15,500	300×360㎝(제1·제2·제3야영장)
	7㎡	1개	12,000	13,000	300×250㎝(제2야영장)

용추계곡의 시원한 비경을 누리는
대야산자연휴양림

둔덕산 정상 970m
등산로 왕복 4km
고도 319m 산림휴양관 기준

☀ 기온·℃
-2.8 전국 평균 대비 가은읍 연평균 기온

🌧 강수량·mm
+233 전국 평균 대비 가은읍 연평균 강수량

🏠 숙박 규모·실
30 30실 최대 186명 수용 · 숲속의 집 1 휴양관 20 · 연립동 9

⛺ 야영장·데크
10 캐빈 10

국립자연휴양림관리소 운영 국립휴양림 | 2009년 개장 | 경북 문경시 가은읍 용추길 31-35 | 054-571-7181

경상도

팔색조 같은 매력을 품고 있는 휴양림

○ 대야산자연휴양림은 경상북도 문경시 가은읍에 자리 잡고 있다. 사실 수도권 거주자에게 경상도는 물리적 거리도 거리지만 심리적 거리도 매우 멀게 느껴진다. 하지만 이곳은 충청북도 괴산군 경계에 있는 까닭에 수도권에서 2시간 30분이면 도착할 수 있다.

휴양림의 가장 큰 볼거리는 바로 용추계곡이다. 산림휴양관에서 500m만 선유동 나들길을 따라 올라가면 용추폭포에 도착한다. 이곳의 계곡과 폭포는 다른 곳과 비교해서 조금 색다른 모습을 하고 있다. 계곡에서는 넓적한 화강암반을 타고 흘러내리는 비취빛 맑은 물의 모습을 사시사철 볼 수 있다. 또한 계곡 바닥이 넓고 평평해 여름철에는 아이들이 있는 가족들도 부담 없이 즐길 수 있는 천연 물놀이장이 된다.

용이 승천하면서 남겼다는 바위의 비늘 자국과 용추폭포의 하트 모양을 찾아보는 재미도 쏠쏠하다. 길을 따라서 조금 더 올라가면 역시 넓은 바위에 계곡물이 흐르면서 달을 비춘다는 월영대에 도착하게 된다. 바위를 타고 흐르는 물에 달이 비친다 해서 붙여진 이름이다. 숲 해설을 신청하면 해설사의 재미있는 설명을 들으며 용추계곡을 탐방할 수 있다.

휴양림이 비교적 최근에 개장한 까닭에 흔히 말하는 신 평면의 숙소가 대부분이다. 그중에서도 산림휴양관은 독특한 외관으로 시선을 끌며 객실은 넓은 공간과 높은 천장이 있어 쾌적하다. 비록 장애인용이기는 하지만 휴양림에서는 좀처럼 볼 수 없는 엘리베이터 시설도 설치되어 있다. 그리고 2014년에 완공된 연립동은 국내 휴양림 건물 중 최초로 5스타 목조건물 품질인증을 받은 건물이기도 하다.

문경 하면 문경새재를 가장 먼저 떠올리지만 휴양림 인근 가은읍에도 볼거리가 풍성하다. 석탄공사 은성광업소에 만든 석탄박물관에서는 갱도 체험을 할 수 있으며 바로 옆에 드라마 〈연개소문〉 촬영장이 있다. 폐철로를 이용한 레일바이크를 타볼 수도 있으며 읍내에선 가은아자개장터가 4일·9일에 선다. 이렇게 휴양림과 그 주변을 돌아보는 데 하루가 모자랄 정도다.

내부 들여다보기

○ 휴양림의 명칭은 대야산자연휴양림이지만 휴양림은 둔덕산 계곡을 따라 자리 잡고 있다. 둔덕산은 용추계곡을 사이에 두고 대야산 맞은편에 있다. 휴양림 초입에서 가장 먼저 눈에 띄는 것은 독특한 외관의 제2산림휴양관이다. 2014년에 지하 1층, 지상 2층, 12개 객실 규모로 신축되었다. 객실은 모두 4인실 크기다. 객실의 창을 열고 베란다로 나가면 용추계곡의 기분 좋은 물소리가 2층까지 올라온다.

이곳을 제외한 나머지 숙소들은 휴양림 위쪽에 있다. 3개의 연립동은 계곡을 옆에 끼고 계단식으로 배치되어 있다. 휴양림 가장 높은 곳에는 제1산림휴양관과 데크길이 있으며 둔덕산으로 올라가는 등산로와 연결된다. 용추계곡으로 연결되는 탐방로는 제2산림휴양관에서 시작되며 용추폭포와 월영대를 지나서 대야산 정상까지 연결된다.

휴양림 시설들이 깨끗하고 대부분의 숙소들이 계곡 옆에 자리 잡고 있어 전반적으로 숙소의 입지가 만족스럽다. 그중 신축 숙소들을 살펴보면 2013년 12월에 완공된 연립동은 독특한 외관에 다락방도 갖추고 있어 특히 아이들을 동반한 가족여행객에게 인기다. 휴양림 목조건물 중에 최초로 5스타 품질인증을 받은 건물이다. 담벼락을 마주 보고 붙어 있는 다른 휴양림의 연립동들과 달리 숙소들이 서로 떨어져 있기 때문에 숲속의 집같이 독립성이 좋다.

'ㄱ' 자같이 꺾어진 모양의 제2산림휴양관은 모두 4인실로 구성되어 있다. 객실의 천장이 높고 베란다에서 내려다보는 시야도 가리는 것이 없어 쾌적하다.

숙박시설 상세정보는 p.429 참고

1 신축 연립동(307~310호)
2 독특한 외관의 제2산림휴양관
3 가장 높은 곳에 위치한 제1산림문화휴양관

휴양림 백퍼센트 즐기기

Activity 체험 프로그램
- 대야산자연휴양림의 숲 해설은 용추계곡을 따라 올라가며 진행된다. 약 2시간 동안 숲해설사의 설명을 들으며 월영대까지 올라갔다 내려온다. 매일 2회 10:00, 14:00에 참여할 수 있다.
- 버섯+편백 DIY와 도마 만들기 체험도 가능하다(재료비 별도). 굴렁쇠 굴리기 체험도 할 수 있다.

Supply 보급
휴양림에서 가장 가까운 읍내는 가은읍이다. 이곳에 J-mart, 서문경농협 하나로마트 가은지점이 있다. 4일·9일에는 가은오일장이 열리지만 해 지기 전 일찍 파장한다.

서문경농협하나로마트 가은지점
문경시 가은읍 왕능리 278-5
054-571-9314

Restaurant 주변 맛집
문경에는 약돌을 갈아 먹여 키운 약돌 돼지가 유명하다. 문경 일대 정육점에서 구입할 수 있다. 가은 읍내에 있는 **중앙정육한우마을**에서 정육점을 같이 하고 있어 약돌 돼지고기를 구입하거나 식당에서 구워먹을 수도 있다. 안전행정부에서 지정한 착한 가격 식당이다.
가은 장터 안에도 식당들이 몇 곳 있다. 간단한 식사를 원한다면 **아자개장터깨방정**이 좋다. 들깨수제비가 대표메뉴다. 문경새재 입구 쪽에는 약돌 돼지구이를 전문으로 하는 식당들이 모여 있다. 그중 **새재할매집** 양념구이정식이 유명하다.

중앙정육한우마을
문경시 가은읍 왕능리 302-10
054-571-6049

아자개장터깨방정
가은 장터 내
054-571-0335
점심에만 영업

새재할매집
문경시 문경읍 상초리 288-60
054-571-5600

Attraction 주변 볼거리
가은역에서는 레일바이크 체험이 가능하다. 09:00~17:00에 1시간 간격으로 출발한다. 아자개 장터에서 2만 원 이상 구입하고 영수증을 보여주면 요금을 20% 할인해준다.
가은읍에는 **문경석탄박물관**이 있다. 실제로 탄광으로 운영되던 은성탄광의 갱도와 전시관 등을 관람할 수 있다. 박물관과 갱도체험관까지 이용할 수 있는 통합권도 있다.
문경에서 가장 유명한 관광명소는 문경새재다. 백두대간의 조령산 마루를 넘어가는 고개로 낙동강 유역과 한강권역을 연결해주는 교통의 요충지였다. 휴양림에서 문경새재도립공원까지는 약 30km 거리다. 제1관문에서 시작해 3관문까지 이어지는 트레킹 코스는 왕복 13km 거리에 약 4시간이 소요된다. 문경새재도립공원에는 옛길 박물관을 비롯해 문경새재오픈세트장까지 볼거리들도 풍부해 꼬박 하루 일정으로 계획해야 한다.

가은역 레일바이크 체험
문경시 가은읍 대야로 2445
054-572-5068

문경석탄박물관
문경시 가은읍 왕능리 432-5
054-550-6424

콕콕 짚어주는 휴양림 정보

Tip 이것만은 알고 가자
- 경상도 자연휴양림 중 수도권에서 가장 가까운 곳에 있다.
- 선유동 나들길 중 휴양림 옆의 용추계곡 트레킹을 빼먹지 말자. 4.4km 거리에 산책로를 따라서 트레킹을 즐길 수 있다. 수심이 낮고 바닥이 평평해서 여름철에는 아이들도 물놀이하기 좋은 계곡이다. 숲 해설에 참여하는 것도 좋은 방법이다.

Comments 여행작가의 말

용추계곡의 비경을 감상할 수 있는 곳이다. 또한 인근의 볼거리들도 풍부하다. 최근에 만들어진 숙소들은 이곳을 찾은 방문객들에게 쾌적한 잠자리를 제공한다.

Access 접근성

옛날부터 영남 3대 관문 중 한 곳인 문경새재가 있는 곳이라 사통팔달 교통은 좋다. 한남대교 기점에서 목적지까지 약 2시간 30분 소요된다. 중부내륙고속도로를 이용할 경우 괴산IC에서 빠져 나온다. 가은읍에 들를 예정이라면 문경새재IC를 이용한다. 휴양림이 북쪽 끝자락에 있어 문경시내와는 30km 이상 거리가 있다.

Reservation 예약

숲나들e(http://foresttrip.go.kr) 공통(p.22 참고).

Accommodation 숙박시설

시설	구분	수량	비수기 요금	성수기 요금	시설명
숲속의 집	14인	1동	145,000	214,000	601호 대야산(거실, 방 2, 화장실 2)
산림문화휴양관	4인	12실	39,000	68,000	제2휴양관 2층: 511·512·513·514·515·516호 제2휴양관 1층: 501·502·503·504·505·506호(원룸형) *2014년 신축건물
	6인	4실	67,000	119,000	제1휴양관 2층: 졸참나무·갈참나무 제1휴양관 1층: 상수리·굴참나무(원룸형)
	8인	4실	85,000	144,000	제1휴양관 2층: 소나무·조릿대 제1휴양관 1층: 떡갈나무·신갈나무(투룸형)
연립동	7인	4실	67,000	119,000	307호 산머루·308호 산돌배·309호 산딸기·310호 산수유(원룸형+다락방) *2013년 신축 건물 *5스타 목조건물 품질인증
	8인	5실	87,000	154,000	301호 머루·302호 다래·303호 산철쭉·304호 진달래·306호 쪽동백나무(투룸형)
캐빈	4인	10개	32,000	40,000	1~10동(원룸형), 부엌·화장실 없음, 외부 시설 이용

간월재 억새 산행의 베이스캠프
신불산폭포자연휴양림

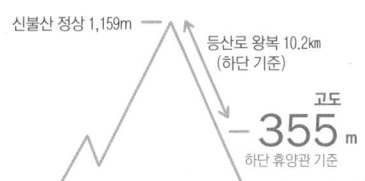

신불산 정상 1,159m
등산로 왕복 10.2km (하단 기준)
고도 355m 하단 휴양관 기준

☀️ 기온·℃
-1.1 전국 평균 대비 상북면 연평균 기온

🌧️ 강수량·㎜
+472 전국 평균 대비 상북면 연평균 강수량

🏠 숙박 규모·실
41 41실 최대 203명 수용 숲속의 집 5·연립동 2·휴양관 34

⛺ 야영장·데크
17 일반야영장 17 (상단 5, 하단 12)

산림청 직영 국립휴양림 | 1998년 개장 | 울산광역시 울주군 상북면 억새벌길 200-78(상단), 청수골길 175(하단) | 052-254-2124(상단), 052-254-2123(하단)

파래소폭포와 억새밭을 이어주는 휴양림

○ 신불산폭포자연휴양림은 몇 가지 독특한 특징 갖고 있다. 먼저 이름을 살펴보면, 사람들은 종종 간과하지만 '폭포'라는 단어가 붙어 있다. 얼마나 멋진 폭포를 품고 있기에 굳이 휴양림 이름에 폭포라는 단어까지 붙였을까 하는 의구심이 든다. 하지만 직접 파래소폭포로 올라가보면 비로소 고개를 끄덕이게 된다.

휴양림의 하단 매표소에서 30분 정도를 올라가면 울창한 나무들 사이로 비취색 물빛이 보이기 시작한다. 가까이 다가갈수록 그 비취색은 점점 더 선명해지는데 숲 속 한복판에서 힘차게 쏟아져 내리는 폭포의 모습은 마치 동남아시아의 정글 속에 들어온 듯한 착각이 들 정도로 이국적이다. 파래소폭포는 휴양림이 속한 울주군의 8경 중 한 곳이다.

신불산폭포자연휴양림은 상단과 하단 두 곳으로 나누어져 있는데 휴양림 안에서 서로 연결되는 내부도로는 없다. 마치 경기도의 중미산자연휴양림과 같은 구조인데, 이곳은 방문객들이 외부도로를 이용해서도 상단 지역으로 접근이 불가하다는 점에서 차이를 보인다. 상단 지역까지 연결되는 도로가 있음에도 불구하고 이렇게 된 이유는 진입로 주변 사유지 때문이라고 한다. 상단 지역은 국립휴양림 중 유일하게 '걸어가는 휴양림'으로 운영되고 있다.

상단 지역은 영남 지역 억새밭 산행으로 유명한 간월재까지 임도로 연결된다. 언론에 자주 소개되면서 전국적인 억새명소로 알려진 곳이다. 간월산과 신불산 사이에 있는 간월재는 능선 주변을 뒤덮고 있는 억새밭이 가을이면 장관을 이룬다. 주변 경관이 한눈에 내려다보이는 탁 트인 전망과 정상까지 가는 무난한 난이도의 등산로 때문에 등산객은 물론 정상 데크에서 하룻밤을 보내려는 비박족들로 항상 붐빈다. 잘 닦여진 임도도 정상과 연결되기 때문에 산악자전거를 타고 올라오는 동호인들도 어렵지 않게 볼 수 있다. 하늘에는 패러글라이딩을 즐기는 사람들도 있어 아웃도어의 성지

1 파래소폭포
2 간월재 정상

같은 분위기를 풍긴다. 휴양림에 와서 숙소에서만 머물던 사람들도 이곳에 오면 파래소폭포와 간월재까지는 꼭 한 번 올라가게 된다.

내부 들여다보기

○ 신불산폭포자연휴양림은 해발 300m에서 500m 사이 지대에 위치해 있다. 특이하게도 상단과 하단 지역으로 분리되어 있다. 두 지역 간 거리는 도로를 이용하면 약 8km 거리다. 방문객들은 등산로 2.3km를 이용해서 도보로 이동해야 한다. 숙박시설은 상, 하단에 고루 배치되어 있다. 하단에는 휴양관 18실, 연립동 2실로 모두 20실이 운영되고 있고, 상단에는 숲속의 집 5동과 휴양관 16실로 모두 21실이 운영되고 있다. 야영장은 상, 하단에 1곳씩 모두 2곳이 있다. 과거 주차장으로 이용되었던 하단 야영장도 운영을 재개하였다.

　상단 지역에는 간월재로 연결되는 길이 3.3km의 임도가 개설되어 있다. 하단 지역에는 신불재를 거쳐서 신불산 정상으로 올라가는 등산로가 개설되어 있다. 왕복 10km 거리에 4시간 정도 소요된다. 휴양림의 명물인 파래소폭포는 하단에서 상단으로 올라가는 중간 지점에 위치하고 있다.

예전만 해도 신불산폭포자연휴양림의 인기 숙박시설은 제1야영장 101번 데크였다. 2013년 성수기 휴양림 추천에서 129대 1의 경쟁률을 보일 만큼 인기였다. 일단 차량 진입이 가능한 하단의 숙소가 단 7실로 적기 때문에 명당 여부를 떠나서 예약하기가 어려운 편이다. 연립동(느티·편백)도 노후화로 철거되었다. 반면에 상단의 숙소들은 상대적으로 객실도 많고 도보로 이용해야 되는 번거로움 때문에 상대적으로 예약이 용이한 편이다. 특히 가을 억새철에 간월재 등산이 목적이라면 억새밭에서 가까운 거리에 있는 상단 지역 예약을 적극 고려해볼 만하다. 단 상단 지역은 해 지기 전에 체크인 해야 된다는 제약이 있다. 숙박시설 상세정보는 p.435 참고

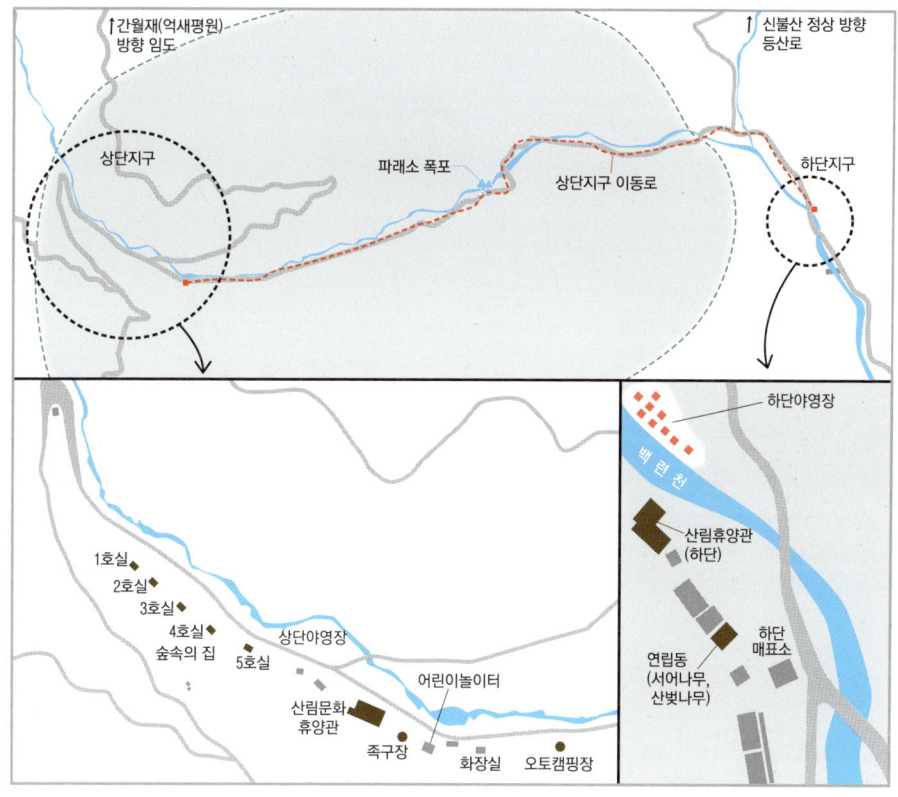

휴양림 백퍼센트 즐기기

Activity 체험 프로그램
- 방문객을 대상으로 3~11월에 숲 해설과 목공예 체험 프로그램을 운영한다. 목걸이, 솟대, 솔방울 만들기 등 체험이 가능하다(재료비 별도).
- 휴양림의 하단 지역에서 파래소폭포까지는 왕복 2.6km로 약 1시간 소요된다. 상단 지역으로 올라가는 길 중간에 있다.

Supply 보급
장을 보려면 언양읍내로 가야 한다. 서울산IC인근의 **언양 메가마트**가 규모가 크다. 언양은 소불고기로 유명한 곳이다. 언양시장 안에도 이 지역 한우를 취급하는 정육점들이 있다. 그중 **축산물도매유통센터**에 사람이 가장 많다. 농기구 판매점 맞은편에 있다.

언양 메가마트
울산 울주군 삼남면 교동리 619-61
052-255-6001

축산물도매유통센터
052-264-4488

Restaurant 주변 맛집
언양시장 옆에 있는 **원조언양옛날곰탕집**이 맛있다. 울산 지역에는 태화루막걸리가 유명한데 유통기간이 10일밖에 되지 않는 생막걸리다. 지역 술을 좋아한다면 반주 삼아 한잔 할 만하다.

원조언양옛날곰탕집
울산 울주군 언양읍 남부리 123-6
052-262-5752

Attraction 주변 볼거리
울주군의 대표적인 관광명소로 휴양림에서 약 50분 거리에 암각화로 유명한 반구대가 있다. 국보 285호인 반구대암각화와 1억 년 전의 공룡 발자국은 물론 국보 147호인 천전리각석도 있다. 초입에는 울산 암각화박물관이 있다. 입장료는 무료이며 월요일은 휴관한다.

간월산에서 시작해서 작천정이라는 정자 앞을 흐르는 물줄기를 작괘천이라고 한다. 암반 위를 흐르는 물줄기가 바위 이곳저곳에 움푹 파인 모양을 만들어놨는데 마치 술잔을 걸어둔 것 같다고 해서 **작괘천**(酌掛川)이라는 유래가 있는 곳이다. 맑은 물과 널찍한 바위가 여름에는 피서객들에게 시원한 자리를 제공해준다. 자수정이 많이 생산되었던 지역이라 작괘천 계곡 입구에는 자수정 폐광을 활용한 **자수정 동굴나라**가 있다.

자수정 동굴나라
울주군 삼남면 가천리 산4
052-254-1515

울산 암각화박물관
울주군 두동면 천전리 333-1
052-229-4797

작괘천

콕콕 짚어주는 휴양림 정보

Tip 이것만은 알고 가자
- 휴양림 상단으로는 차량이 진입할 수 없고 하단에서 등산로를 따라 2.3km를 걸어 들어가야 한다. 약 1시간 소요된다.
- 하단 주차장에 주차한 후 상단으로 걸어서 이동하며 하단 매표소에 16:00까지 도착해야 한다. 일몰 후 체크인 불가.
- 상단 숙박 고객을 위해 짐을 옮겨주는 차량을 운행한다. 17:00에 한 번 운행된다. 퇴실 시에는 11:00에 차량이 출발한다.
- 등산이 어려운 노약자, 장애인, 임산부를 위해 휴양림 차량 인솔하에 1실 1대 차량 제한 통행을 실시한다.

Comments 여행작가의 말
간월재 억새 산행의 베이스캠프로 삼기에 좋은 휴양림이다. 상단과 하단 사이에 있는 파래소폭포는 폭포자연휴양림이라는 이름이 무색하지 않게 멋진 풍광을 보여준다. 상단으로는 차량이 진입할 수 없어 걸어가는 휴양림으로 운영되고 있다.

Reservation 예약
- 2015년부터 상단 지역도 하단 지역과 동일하게 숲나들e 홈페이지를 통해서 예약할 수 있다. 12~3월 동절기에는 운영되지 않는다.

Access 접근성
한남대교 기점에서 휴양림까지 4시간 30분을 잡아야 한다. 고속도로를 이용한다면 경부고속도로·대구부산고속도로를 타고 내려오다가 밀양IC로 빠져 나온다. 이후 24번 국도를 따라서 1시간가량을 더 가야 한다.

Accommodation 숙박시설

시설	구분	수량	비수기 요금	성수기 요금	시설명
숲속의 집(상단)	4인	1동	40,000	73,000	상단 3호실(원룸형+다락방)
	5인	4동	52,000	94,000	상단 1·2·4·5호실(원룸형+다락방)
산림문화휴양관 (상단)	4인	11실	39,000	68,000	2층 전면: 부채손·민들레·금낭화 2층 후면: 산작약·원추리·초롱꽃 1층 전면: 배내재·능동산·간월재·간월산·가지산
	6인	2실	67,000	119,000	2층 전면: 노루귀·도라지(방 1, 거실)
	8인	3실	85,000	144,000	1층 후면: 신불산·영축산·파래소(방 1, 거실)
산림문화휴양관 (하단)	4인	7실	39,000	68,000	1관 1층: 노각나무·단풍나무·소나무(원룸형) 2관 3층: 곤달비·어수리 2관 2층: 개미취·곰취(원룸형)
	5인	9실	50,000	91,000	1관 2층: 돌배나무·층층나무·비자나무(원룸형+다락방) 1관 1층: 전나무 2관 3층: 참나물 2관 2층: 미역취 2관 1층: 둥굴레·삽주·잔대(원룸형)
	6인	2실	67,000	119,000	2관 3층: 고사리 2관 2층: 단풍취
연립동	7인	2실	67,000	119,000	산벚나무·서어나무(방 1, 거실)
야영장	일반	17개	14,000	15,500	상단 5개·하단 12개(300×360cm) 주차료(3,000원), 입장료(성인 1,000원), 전기 사용료 포함

지리산 반달곰이 살고 있는 자연휴양림
지리산자연휴양림

경상도

벽소령 정상 1,392m — 등산로 없음
(비법정탐방로)

고도
655m
야영장 기준

산림청 직영 국립휴양림 | 1996년 개장 | 경상남도 함양군 마천면 음정길 152 | 055-963-8133

기온
-3℃
전국 평균 대비
마천면 연평균 기온

강수량
+934㎜
전국 평균 대비
마천면 연평균 강수량

숙박규모
36실
36실 최대 210명 수용
숲속의 집 8
휴양관 14
연립동 14

야영장
14데크
일반야영데크 14

우리나라 대표 명산의 기운을 받는 휴양림

○ 우리나라에서 '지리산'이라는 이름만큼 중량감을 느끼게 해주는 지명은 없을 것이다. 민족의 영산, 삼신산(三神山), 어머니의 산이라는 다양한 수식어를 갖고 있는 지리산은 3개 도, 5개 시·군과 접해 있고 그 둘레가 800리에 이를 만큼 장대한 크기를 자랑한다. 우리나라에서 가장 먼저 국립공원으로 지정된 곳이기도 하다. 지리산자연휴양림은 그중 벽소령 북측 계곡 깊숙한 곳에 자리 잡고 있다. 행정구역상 경남 함양군 마천면에 속한다.

휴양림까지 찾아가는 길에서 마주치는 주변 산세의 스케일이 남다르다. 함양IC에서 빠져나오면 1026번 지방도를 타고 지안치와 오도재를 넘어가야 한다. 특히 이 길은 아름다운 한국의 길로 선정될 만큼 경관이 멋지다. 지안치의 전망대에서 바라보면 구절양장같이 휘감아 올라가는 도로의 모습이 장관을 이룬다. 이곳은 전국의 사진가들이 모여드는 출사포인트이기도 하다. 오토바이나 자전거 라이딩을 하기 위해 전국에서 동호인들이 모여드는 곳이기도 하다. 오도재 정상의 지리산 제1관문을 넘어 마천면으로 내려간다.

지리산자연휴양림 인근에는 특별한 진객이 살고 있다. 바로 천연기념물 329호로 지정된 지리산반달곰이다. 실제로 휴양림은 반달곰 이동 경로에 위치해 있다. 주로 해발 1,500m 이상의 높은 숲 속에 서식하는 녀석들이지만 가끔 먹이를 찾아 낮은 지대로 내려오기도 한다니 휴양림을 산책하다 반달곰과 마주쳐도 이상한 일은 아니겠다. 어느샌가 육식동물과 대형 초식동물 등 야생동물이 숲에서 사라져버리고 청설모나 다람쥐만 봐도 신기해하는 아이들에게 이 산속 어딘가에 반달곰이 살고 있다는 사실은 묘한 흥분과 긴장감을 주기에 충분하다. 휴양림에서 진행하는 숲 해설과 숲속야학에서는 지리산반달곰에 관한 이야기가 빠지지 않고 등장한다. 반달곰의 습성부터 곰을 만났을 때의 대처방법까지 배울 수 있다.

해발 600m의 고지대에 자리 잡은 휴양림은 활엽수와 침엽수가 어우러진 울창한 혼요림에 파묻혀 있다. 재미있는 길을 따라 들어간 곳에 펼쳐지는 때 묻지 않은 자연과 흥미진진한 곰 이야기까지. 언뜻 비슷비슷해 보이는 숲이지만 새삼스럽게 지리산의 깊은 산세와 청정 자연환경을 체감하게 된다.

내부 들여다보기

O 예전엔 휴양림에 4곳의 야영장이 있었지만 데크를 정리해 지금은 1곳의 야영장만 남아 있다. 가장 입구 쪽에 있던 제4야영장과 가장 위쪽에 있던 제1야영장은 없어졌고 제2야영장의 17개 데크 중 2개와 제3야영장의 데크 12개만 남았다.

휴양림 위쪽으로 올라가면 벽소령과 만나게 되지만 현재는 비법정등산로라 이용할 수 없다. 벽소령으로 올라가는 등산로가 막혀 있기 때문에 위쪽으로 등산객이 올라오지 않아 인적이 드물다. 가장 위쪽에는 8인실 연립동 4동이 자리 잡고 있다. 동절기에는 도로가 결빙되기 때문에 위쪽 숙소는 사용이 불가능하다.

산이 높으면 계곡이 깊듯이 벽소령에서 시작되는 계곡물은 수량도 많고 힘차게 흘러내린다. 계곡과 가까운 야영장에서는 물소리를 들으며 잠을 청할 수 있다. 연립동인 칠선봉과 재석봉이 중간중간에 떨어져 있고 4인실 숲속의 집 4동은 매표소 주위에 모여 있다.

지리산자연휴양림에는 4인실부터 10인실 사이 다양한 숙박시설들이 있다. 특히 4인실 숲속의 집이 6동 있어 가족 단위 이용객들이 저렴한 가격에 이용하기에 좋다. 더구나 작은 평형임에도 아이들이 좋아할 만한 다락방도 갖추었다.

가장 상단에 있는 연립동 4동은 1동에 4인실이 두 개씩 나란히 붙어 있는 구조다. 두 가족이 함께 여행을 간다면 추천할 만한 구조다. 연립동 재석봉은 구름다리가 있는 계곡 쪽에 가장 가깝게 붙어 있어 시원한 계곡물 소리가 들린다.

휴양림 입구 쪽 4인실 숲속의 집, 가장 상단의 4인실 연립동은 4동씩 가까이 모여 있는 반면 숲속의 집 천왕봉, 촛대봉, 영신봉은 상대적으로 동 간 간격이 넓고 주 이동로에서 벗어난 곳에 있어 한적하다. 숙박시설 상세정보는 p.443 참고

1 산림휴양관
2 야영장 312번 데크
3 휴양림 안을 흐르는 계곡

야영장에서 하룻밤 보내기

규 모	총 14개 데크
야영장	일반야영장 1곳
고 도	해발 655m
전 기	사용 가능
샤워장	있음(온수 가능)
개수대	있음(온수 불가)
화로대	사용 불가 (연중 숯불 바비큐 이용 금지)
데크 사이즈	280×300cm
특이점	그늘 풍부, 계곡 인접

편의 313·314·315번 데크를 제외한 나머지 데크들은 주차장 다리 건너편에 있다. 편의시설도 주차장 쪽에 있지만 가장 안쪽에 있는 309번 데크와의 거리도 100m 이내로 멀지 않다. 홀로 떨어져 있는 314·315번 데크는 경사지에 있지만 주차장과 편의시설은 가깝다.

환경 301~312번 데크는 수량이 풍부한 계곡과 가깝고 그늘도 풍부하다. 부정형 지형으로 바닥은 울퉁불퉁하다.

프라이버시 데크 사이즈가 작은 편이고 데크 간격도 좁다. 상단에 314·315번 데크가 따로 떨어져 있고 아래쪽은 313번 데크가 홀로 주차장 쪽에 떨어져 있다.

BEST Site 과거 제2야영장 데크 중 두 개가 남아 있는데 바로 314·315번 데크다. 두 데크만 뚝 떨어져서 한갓진 분위기에서 편의시설을 홀로 사용할 수 있지만 인적이 드물어 무서울 수도 있다.

개수대 바로 옆에는 313번 데크가 홀로 자리 잡고 있다. 사람들의 이동 통로에 있어 오고 가는 야영객들의 시선에 노출되지만 다리 건너편으로 짐 옮기기가 귀찮거나 밤에 도착해서 잠만 자고 바로 나간다면 오히려 편리한 자리다.

다리 건너편의 301~312번 데크들은 계곡에 인접해 있다. 특히 계곡에 가까운 310·312번 데크가 좋아 보인다. 311번은 다리와 가깝고 주변 데크와 붙어 있어서 번잡해 보인다. 다리 건너편으로도 차량이 진입할 수 있다. 야영장 쪽으로 들어오지 말고 숲속의 집 천왕봉, 촛대봉, 영신봉 쪽으로 진입하면 야영장 위쪽 도로변에 도착한다. 이곳에서 짐을 내리면 이동 거리는 짧아지지만 계단을 이용해야 하는 단점이 있다.

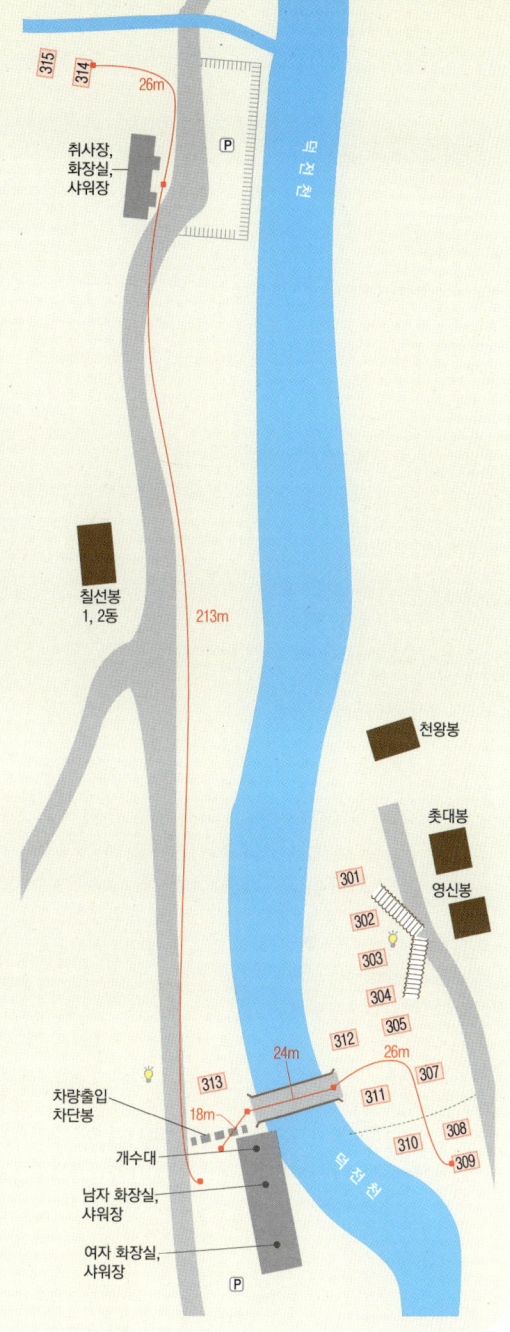

휴양림 백퍼센트 즐기기

Activity 체험 프로그램
- 지리산자연휴양림에서는 주간 숲 해설과 목공예 체험 프로그램과는 별도로 4~11월 둘째·넷째 주 토요일 저녁에 어린이와 청소년을 대상으로 숲속야학을 운영한다. 지리산반달곰 이야기와 한지액자 만들기 등이 진행된다.
- 둘째·넷째 일요일에는 한지 뜨기 체험도 가능하다(재료비 별도).

Supply 보급
장은 함양읍내나 마천면에서 미리 봐와야 한다. **하나로마트함양농협용평지소**가 있다. 휴양림 초입의 마천면에도 마트들이 모여 있다.

하나로마트함양농협용평지소
함양군 함양읍 용평리 718-4
055-964-0835

Restaurant 주변 맛집
함양읍내의 함양중앙상설시장에는 피순대로 유명한 **병곡식당**이 있다. **대성식당**은 육개장과 따로 소고기국밥이 맛있다. 재료가 떨어지면 일찍 문을 닫기 때문에 밥때를 맞추기가 쉽지 않은 곳이다. 미리 전화해보고 헛걸음하지 않도록 한다.
지리산 주변은 흑돼지가 유명하다. 마천면 주변에 식당과 정육점을 같이 하는 식당들이 모여 있다. **월산식육식당**에서도 신선한 흑돼지 구이를 맛볼 수 있다. 흑돼지 특유의 식감이 있어 도시에서 먹던 삼겹살과는 다르다. 고기를 포장해와서 숙소에서 구워먹는 것도 좋다.

병곡식당
함양군 함양읍 용평리 607-4
055-964-2236

대성식당
함양군 함양읍 용평리 842-1
055-964-5400

월산식육식당
함양군 마천면 가흥리 609-2
055-962-5025

Attraction 주변 볼거리
명산답게 휴양림 주변으로 걷기 좋은 등산로와 둘레길이 많다. 지리산둘레길 인월-금계구간이 가깝다. 거리는 22.4km로 편도 8시간 코스다. 백무동 탐방센터에서 장터목산장과 제석봉을 거쳐 천왕봉을 오르는 코스도 있다. 대부분 반대편 중산리로 넘어가는 종주산행으로 코스를 잡지만 원점으로 돌아오는 왕복코스를 타기도 한다. 10시간 이상 소요된다. 휴양림 초입의 음정마을에서 연하천과 벽소령으로 이어지는 종주코스가 시작된다.
산이 크다 보니 대부분의 코스들이 종주코스에, 시간도 한나절은 족히 걸리는 장거리 코스들이다. 자가용으로 여행하는 가족 단위 방문객들에게는 쉽지 않은 코스다. 성삼재주차장에서 노고단 고개까지는 편도 4km 거리에 길도 완만해서 아이들과 함께 온 가족에게도 부담 없는 코스다. 왕복 2시간 소요된다.

노고단

콕콕 짚어주는 휴양림 정보

Tip 이것만은 알고 가자
- 휴양림 상단에서 벽소령까지 연결되는 길이 있지만 비법정탐방로다. 벽소령으로 올라가는 법정탐방로는 휴양림 초입의 음정마을에서 시작되는 코스를 이용해야 한다.
- 동절기에는 도로 결빙으로 휴양림 상단에 자리 잡은 6인실·8인실 정원의 연립동은 운영되지 않는다.
- 지리산반달곰의 이동로에 휴양림이 위치해 있다. 반달곰과 마주칠 수도 있다. 특히 야영객은 텐트 밖 음식물 단속에 신경 써야 한다.

Access 접근성
한남대교 기점에서 휴양림까지 4시간은 잡아야 한다. 고속도로를 이용한다면 경부고속도로·중부고속도로를 타고 내려오다가 함양IC로 빠져 나온다. 이후 함양읍을 거쳐서 해발 733m의 오도재를 넘어간다. 급커브가 많은 구간으로, 특히 야간운전 시 주의가 필요하다.

Comments 여행작가의 말
민족의 영산 지리산에 위치한 휴양림이다. 주변에 반달곰이 서식하고 있고 오도재를 넘어서야 휴양림에 도착하기 때문에 지리산의 웅장한 산세를 체험할 수 있다. 네 곳의 야영장이 한 곳으로 줄어들어 이제는 14개의 데크만 남아 있다.

Reservation 예약
숲나들e(http://foresttrip.go.kr) 공통(p.22 참고).

Accommodation 숙박시설

시설	구분	수량	비수기 요금	성수기 요금	시설명
숲속의 집	4인	6동	40,000	73,000	덕평봉·형제봉·명선봉·토끼봉·영신봉·촛대봉 (원룸형+다락방)
	8인	1동	87,000	154,000	벽소령(방 2)
	10인	1동	110,000	185,000	천왕봉(방 1, 거실+다락방)
연립동	4인	8실	40,000	73,000	삼신봉1, 2·삼도봉1, 2·연화봉1, 2·써리봉1, 2 (원룸형+다락방)
	6인	2실	67,000	119,000	칠선봉1, 2(원룸형)
	9인	2실	87,000	154,000	재석봉1, 2(방 1, 거실)
	10인	2실	110,000	185,000	솟다리1, 2(방 1, 거실, 다락방)
산림문화휴양관	5인	6실	50,000	91,000	2층: 철쭉·천마 / 1층: 수달·산양·큰소쩍새·올빼미(원룸형)
	7인	8실	67,000	119,000	2층: 동자꽃·산작약·산오이풀·고란초(방 1, 거실) / 1층: 사향노루·반달가슴곰·황조롱이·재두루미
야영장	10㎡	14개	14,000	15,500	주차료, 입장료(성인 1,000원) 별도, 전기 사용료 포함

남해바다에 잘 가꿔진 편백나무숲
남해편백자연휴양림

경상도

산림청 직영 국립휴양림 | 1998년 개장 | 경상남도 남해군 삼동면 금암로 658 | 055-867-7881

전망대 320m
등산로 왕복 1.9km

고도
155m
야영장 기준

기온
+1℃
전국 평균 대비
삼동면 연평균 기온

강수량
+538㎜
전국 평균 대비
삼동면 연평균 강수량

숙박 규모
39실
39실 최대 266명 수용
숲속의 집 21 · 연립동 4
휴양관 13 · 수련장 1

야영장
20데크
일반야영데크 20

피톤치드 가득한 편백숲에서의 하룻밤

O 나무들은 자신을 보호하기 위해서 주변에 피톤치드라는 항균물질을 발산한다. 이 물질은 정신을 맑게 해주고 특히 아토피와 비염 치료는 물론 스트레스 해소에 효과적이라고 알려져 있다. 따라서 산림욕을 하면서 나무가 뿜어내는 항균물질을 통해 도시 생활로 인한 질병들을 자연적으로 치유하려는 사람들이 많아졌다. 특히 산림욕을 하는 데 편백나무숲을 최고로 치는 사람들이 많다. 편백나무는 소나무에 비해 다섯 배나 많은 항균물질을 뿜어내는 것으로 알려져 있다. 하지만 편백나무는 수도권을 포함한 중부지방에서는 어지간해서 접하기 어려운 나무다.

따뜻하고 습한 기후의 일본이 원산지인 편백나무는 추위에 약한 난대성 수목이다. 따라서 생육지역에 북방한계선이 존재하며 제주도를 포함한 전라남도와 경상남도 지역을 중심으로 숲을 이루고 있다. 국내에 조림된 편백나무숲도 제한적일 뿐만 아니라 숙박을 할 수 있는 곳은 더욱 드물다. 남해편백자연휴양림에는 국내에서 귀하디 귀

1 숲속의 집 노도
2 남해편백자연휴양림 입구
3 야영장 맞은편에 있는 연립동

한 편백나무가 울창하게 숲을 이루고 있다. 이곳에서는 숙박은 물론 편백나무 향기를 맡으며 취사와 야영까지 할 수 있는 특별한 호사를 누릴 수 있다.

휴양림 안으로 들어서면 1960년대부터 조림되었다는 편백나무와 삼나무들이 울창하게 숲을 이루고 있다. 특히 숲속의 집이나 야영장 같은 숙소들이 숲 속 한가운데 자리 잡고 있어 머무는 기간 내내 짙은 편백향이 묻어나는 남해의 맑은 공기를 마음껏 들이마실 수 있다.

다리로 연결되어 잘 인지하지 못하지만 남해편백자연휴양림은 섬에 위치해 있다. 휴양림이 있는 남해군은 보물섬으로 불릴 만큼 곳곳에 아름다운 경치를 자랑하는 곳이다. 특히 바다 빛깔이 아름다운데, 동해의 짙푸른 바다와 제주의 바다색과는 또 다른 크림블루색 빛깔이 매력적이다.

아쉽게도 숙소에서 남해바다를 조망할 수 없지만 휴양림에서 등산로나 임도를 이용해 전망대로 올라가면 섬 남쪽의 몽돌해변이 한눈에 들어온다. 휴양과 관광 모두를 만족시키는 이상적인 휴양림이다.

내부 들여다보기

○ 3번 국도를 벗어나 7㎞ 정도 휴양림으로 올라가다 보면 초입에 있는 내산저수지와 만나게 된다. 휴양림 입구에서 흔히 볼 수 있는 것이 저수지이지만 이곳은 제법 운치 있다. 그런 탓인지 저수지 인근에 바람흔적미술관과 나비생태공원이 있다. 매표소를 통과해 조금만 올라가면 숲속의 집과 만날 수 있다. 휴양림 이름을 증명이라도 하듯 울창한 편백나무숲에 통나무집들이 자리 잡고 있다. 숙소들이 도로보다 조금 높은 위치에 있고 동간 간격도 제법 널찍널찍해서 한결 여유 있는 분위기다. 숲속의 집이 20동이나 되는 제법 큰 규모이며, 모두 4인실로 같은 평면이다. 숙소에는 다락방도 있지만 안전상의 이유로 올라가는 계단이 제거되었다. 야영장 역시 울창한 편백나무숲

속에 계곡을 따라서 데크들이 나란히 배치되어 있다.

　　남해편백자연휴양림은 숲속의 집이나 야영장 할 것 없이 밸런스가 좋은 휴양림이다. 딱히 어느 곳을 명당이라고 말할 필요가 없을 정도로 특별히 나쁘거나 좋은 숙소 없이 전반적으로 무난하다. 2012년 국립자연휴양림 성수기 추첨에서는 485대 1로 최고 경쟁률을 기록한 숲속의 집 노루섬이 남해편백자연휴양림에서 가장 인기 숙박시설이었다. 숲속의 집 사이 간격은 여유 있는 편인데, 상대적으로 1번 떼섬과 2번 박도, 3번 목도와 4번 난초섬 그리고 13번 소초도와 14번 조도가 가깝게 붙어 있다. 휴양관은 주변이 탁 트인 양지바른 곳에 자리 잡고 있는데 그중에서도 8인실인 느티나무(2층)와 금남초(1층)에는 2면에 발코니가 있어 조금 더 시원스럽다. 숙박시설 상세정보는 p.451 참고

야영장에서 하룻밤 보내기

○ 편백나무숲으로 유명한 휴양림의 야영장답게 역시 편백나무가 울창하게 우거진 숲과 계곡을 옆에 끼고 야영장이 배치되어 있다. 계곡의 수량이 풍부한 편은 아니다. 연립동은 야영장을 마주 보는 곳에 있으며 산림휴양관과 수련원이 가장 안쪽에 위치하고 있다.

규 모	총 20개 데크
야영장	일반야영장 1곳
고 도	해발 155m
전 기	사용 가능
샤워장	있음(온수 가능)
개수대	있음
화로대	사용 가능(산불 조심 기간에는 금지) 화로대를 이용한 숯불만 사용 가능
데크 사이즈	360×368cm
특이점	계곡 인접, 편백나무숲, 그늘 풍부, 평지

편의 길이 113m, 폭 20m 정도 넓이의 야영장에 20개의 데크가 배치되어 있다. 데크들이 계곡과 도로 사이의 편백나무숲을 따라 나란히 자리 잡고 있어 짐을 옮기기에 부담이 없다. 개수대와 샤워실은 위쪽에, 화장실은 아래쪽에 있지만 야영장의 길이가 길지 않아 어느 곳에 자리를 잡아도 이용하는 데 크게 불편하지 않다. 편의성은 무난한 편이다.

환경 우리나라에서는 드문 편백나무숲 야영장. 야영장 옆으로는 계곡이 흐르는데 발을 겨우 담글 정도로 수량이 풍부하지는 않다. 그래도 데크에서 기분 좋게 계곡물 소리를 들을 수 있다. 지형은 경사가 거의 없는 평지다.

프라이버시 데크 간격은 여유로운 편이다. 도로 옆이지만 일정 거리 이상 숲 속에 들어와 있어 전반적으로 조용하다.

BEST Site 뛰어난 자연환경과 함께 무난한 편의성 그리고 프라이버시까지 보장되는 야영장이다. 데크의 크기도 비교적 넉넉하고 주변 공간도 여유가 있는 편이어서 오토캠핑모드로 장비를 세팅해도 무리가 없는 야영장이다. 106번 데크와 104번 데크가 화장실 쪽에 가깝지만 10m 이상 떨어져 있다. 반면에 120번 데크는 취사장과 5m 정도의 직선거리에 위치하고 있어 매우 가깝다. 데크들의 입지는 전반적으로 무난하지만 그중에서도 취사장과 화장실 사이에 있는 계곡 쪽 데크들이 편의성 측면에서 조금 더 좋아 보인다 (105·107·109·113·114·115·117번 데크 추천).

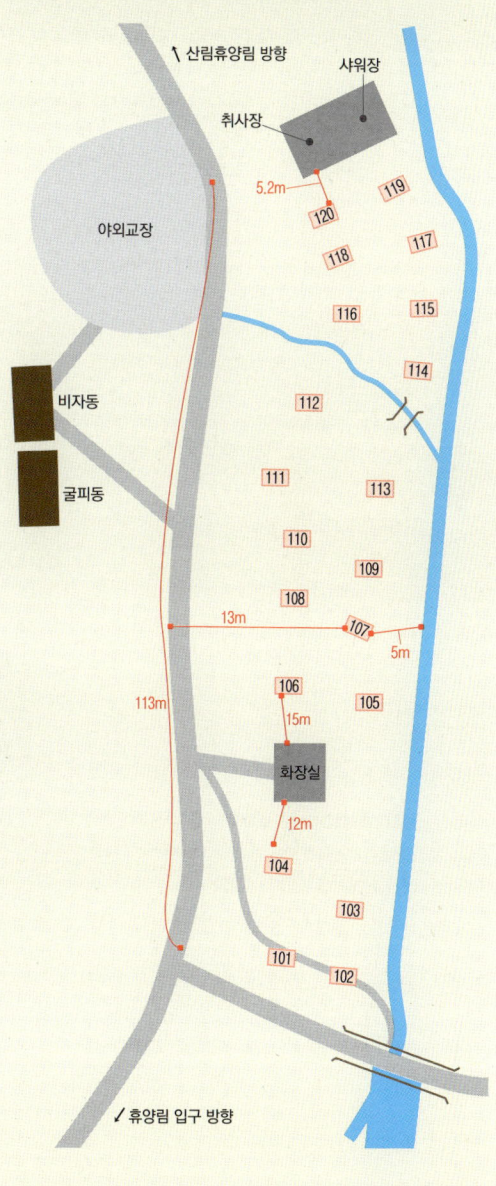

휴양림 백퍼센트 즐기기

Activity 체험 프로그램
- 방문객들을 대상으로 3~11월에는 숲해설사에 의한 무료 숲 해설과 목공예교실 프로그램이 운영된다. 와이어나무공예, 목걸이, 열쇠고리 만들기, 우드버닝 등을 체험할 수 있다(재료비 별도).
- 휴양림에는 몽돌해변이 내려다보이는 전망대까지 이어진 등산로와 임도가 있다. 등산로는 왕복 1.9㎞에 1시간 소요되며 임도는 왕복 7㎞에 2시간이 걸린다. 임도는 전망대를 지나 몽돌해변까지 연결된다.

전망대

Supply 보급
휴양림에 도착하기 13㎞ 전에 있는 창선교를 넘자마자 **동남해농협삼동점 하나로마트**가 나온다. 규모가 크며 21:00까지 운영한다. 휴양림에서 가장 가까운 마트는 7.6㎞ 거리에 있는 **동남해농협하나로마트 동천지점**이다. 해산물은 남해로 들어갈 때 삼천포에서 미리 구입해가는 것이 좋다. 삼천포항 인근에는 삼천포수협 활어위판장·활어센터, **삼천포용궁수산시장**, 삼천포전통수산시장들이 모여 있어 횟감은 물론 생물 생선과 건어물까지 저렴하게 구입할 수 있다.

동남해농협삼동점 하나로마트
남해군 삼동면 지족리 291
055-867-3504

삼천포용궁수산시장
경남 사천시 동동 485-2
055-835-2229

Restaurant 주변 맛집
남해에서 가장 유명한 음식은 멸치쌈밥이다. 멸치로 쌈장을 만들어서 밥과 함께 싸먹는데 남해 대부분의 식당에서 맛볼 수 있다. 그중 **배가네식당**이 유명하다. 창선대교를 건너 휴양림으로 들어가는 길에 있다. 어린아이가 있는 가족이라면 해산물만 고집하지 말고 독일마을 근처에 수제 햄버거집 **버거봉**을 가보는 것도 좋겠다.

멸치쌈밥

배가네식당
남해군 삼동면 금송리 1400-1
055-867-7337

버거봉
남해군 삼동면 봉화리 1131-1
010-3177-4381

Attraction 주변 볼거리
남해는 우리나라에서 강화도에 이어 다섯 번째로 큰 섬이다. 크기뿐만 아니라 볼거리도 넘쳐난다. 휴양림에서 30분 거리에 독일마을이 있다. 독일 교포들의 정착촌으로 지어졌으나 이제는 유명 관광지가 되었다. 깨끗한 전원주택들과 마을에서 내려다보이는 물건항의 모습은 독일이 아닌 지중해의 어느 마을인 듯 이국적이다. 마을 옆에 원예미술촌과 함께 돌아보면 좋다. 폐교를 추억의 전시관과 아기자기한 정원으로 꾸민 해오름예술촌도 둘러볼 만하다. 독일마을과 가까운 곳에 있다.
우리나라의 3대 기도 도량 중 한 곳인 **금산보리암**과 **가천다랭이 마을**, 그리고 상주 은모래해변도 남해를 대표하는 관광명소들이다. 섬을 제대로 둘러보려면 최소 이틀은 잡아야 한다.

금산보리암(금산등산로 입구)
남해군 상주면 남해대로 918-13

복곡탐방소 주차장
남해군 이동면 보리암로 246

가천다랭이 마을
남해군 남면 남면로 679번길 7-3

콕콕 짚어주는 휴양림 정보

Tip 이것만은 알고 가자
- 야영장의 샤워장은 7·8월에만 운영한다.
- 휴양림관리소에서 직영하는 국립자연휴양림 중 유일하게 섬에 있는 휴양림이다. 바닷가와는 거리가 있다.

Comments 여행작가의 말
산림욕 효과가 뛰어난 편백나무숲에서 야영과 숙박으로 하룻밤을 보낼 수 있는 곳이다. 보물섬으로 불리는 남해 섬에 자리 잡고 있어 주변을 관광하기에도 좋다. 수도권에서 거리가 먼 것은 감안해야 한다.

Access 접근성
한남대교 기점에서 휴양림까지는 5시간 이상 잡아야 한다. 제주도를 제외하고 수도권에서 가장 멀리 떨어져 있는 휴양림 중 한 곳이다. 경부고속도로와 통영대전간고속도로를 타고 내려오다가 사천IC로 빠져 나온다. 이후 3번 국도를 타고 삼천포대교, 초양대교, 늑도대교와 창선대교를 넘어 섬으로 들어가는데 이 구간은 아름다운 한국의 길로 꼽힐 만큼 멋진 드라이브 코스이기도 하다.

Reservation 예약
숲나들e(http://foresttrip.go.kr) 공통(p.22 참고).

Accommodation 숙박시설

시설	구분	수량	비수기 요금	성수기 요금	시설명
숲속의 집	4인	20동	40,000	73,000	떼섬·박도·목도·난초섬·돌섬·솔섬·콩섬·목리도·미조도·소초도·조도·모섬·소치도·형제도·팔섬·노도·추도·곡두섬·장구도·대초도(다락방 폐쇄)
	10인	1동	110,000	185,000	노루섬(원룸, 다락방)
연립동	8인	4실	87,000	154,000	굴피·비자·유자·후박(다락방)
숲속수련장	64인	1동	402,000	550,000	8인실 10실, 10인실 2실, 식당
산림문화휴양관	5인	6실	50,000	91,000	2층: 단풍나무·자귀나무·편백나무 1층: 꽃무릇·제비꽃·할미꽃
	6인	2실	67,000	119,000	2층: 느티나무 1층: 금난초
	8인	5실	85,000	144,000	2층: 동백나무·소나무·오동나무 1층: 복수초·양지꽃
야영장	일반	20개	15,000	16,500	주차료, 입장료, 전기 사용료 포함

온 가족이 승마를 체험할 수 있는

운주산승마자연휴양림

등산로 없음	☀ 기온·℃ **-0.8** 전국 평균 대비 임고면 연평균 기온	💧 강수량·㎜ **-42** 전국 평균 대비 임고면 연평균 강수량
고도 **-149**m 운주산장 4호 기준	🏠 숙박 규모·실 **26** 26실 238명 최대수용 숲속의 집 18·휴양관 8	⛺ 야영장·데크 **10** 일반야영데크 10 (7·8월만 운영)

지자체휴양림(영천시 산림녹지과 운영) | 2009년 개장 | 경상북도 영천시 임고면 승마휴양림길 105 | 054-330-6287

숲 속 휴식과 승마를 동시에 즐기는 휴양림

전국에서 유일하게 승마 체험이 가능한 휴양림이 운주산승마자연휴양림이다. 사람들은 제주도도 아닌 이곳에 어떻게 승마장이 있는지 의아해하기도 한다. 하지만 휴양림이 자리 잡은 영천의 역사를 조금만 살펴보면 금방 이해하게 된다.

영천은 예로부터 교통의 요충지였다. 대구, 경주, 포항의 한가운데 위치한 까닭에 사람과 상품이 모여들었고 그 결과 자연스럽게 말죽거리와 함께 시장이 발달했다. 그 덕분에 '영천대마(永川大馬)'라는 단어는 이곳을 대표하는 키워드이자 지금은 도시를 상징하는 브랜드가 되었다.

승마장이 있는 휴양림은 온통 리기다소나무로 둘러싸여 있다. 리기다소나무는 북미지역이 원산지인 외래종으로 척박한 지형에서도 잘 자라기 때문에 조림용으로 많이 식재되었던 나무다. 원래 휴양림이 있던 곳은 복숭아밭이었는데 숲을 조림하면서 이 소나무가 대량으로 식재되었다. 덕분에 완만한 구릉지에 자리 잡은 휴양림은 리기다소나무숲과 어우러지며 잘 관리된 리조트 같은 분위기를 물씬 풍긴다.

휴양림은 크게 휴양지구와 승마지구로 나뉜다. 승마지구에는 실내외 승마장과 산악승마장, 마사 등이 있다. 대부분 휴양림에서 승마를 즐긴다면 야외에서의 임도를 달리는 모습을 상상할 것이다. 그렇지만 안전상의 이유로 당일 방문객들이 할 수 있는 체험은 실내 기승 체험과 먹이주기 체험 두 가지뿐이다. 말을 타본 경험이 전혀 없는 초보자라면 이 두 가지 체험만으로도 제법 흥미진진하다. 실내 기승 체험은 조련사와 함께 원형트랙을 따라 빙글빙글 돌아보는 것으로, 단순해 보이지만 말에 올라탄 사람은 높이와 흔들림 등에 신경을 쓰느라 전혀 지루할 겨를이 없다. 기승이 불가한 미취학 아동들에게는 먹이주기 체험도 나름 스릴 넘치는 경험이 된다.

또한 휴양림 주변에는 포은 정몽주 선생의 위패가 모셔져 있는 임고서원과 영천댐, 보현산천문대 등 아직 외지인에게는 잘 알려지지 않은 영천의 관광지들도 지척에 있다. 휴양과 관광 그리고 이색 체험까지 세 마리의 토끼를 잡을 수 있는 곳이다.

내부 들여다보기

○ 운주산승마자연휴양림은 낮고 완만한 구릉지에 자리 잡고 있다. 대부분 휴양림들이 첩첩산중에 자리 잡은 것과는 사뭇 다른 모습이다. 또한 인공적으로 식재한 리기다소나무 단일 수종으로 숲을 이루고 있어 이 역시 다양한 수종이 섞여 있는 대부분 휴양림과는 전혀 다른 분위기를 자아낸다.

숙박시설로는 숲속의 집 18동과 산림휴양관 1동이 있다. 휴양림 중심에 두 곳의 연못이 있는데 숲속의 집들은 이곳을 바라보게 배치되어 있다. 인공적인 연못과 그 주변 숲속의 집들은 마치 잘 꾸며진 전원주택단지에 들어온 듯한 착각을 불러일으킨다. 휴양림 초입, 관리사무소 옆으로 자리 잡은 산림휴양관은 2015년부터 운영을 시작했다.

야영장은 휴양림 가장 윗부분에 있는 전망대 가는 길에 있다. 아담한 규모의 야외수영장 부근에 10개의 데크가 자리 잡고 있다. 1~4번 데크는 야외수영장 바로 앞에 있어 인기가 좋다. 5번은 화장실 바로 옆에 있고, 나머지 데크들은 화장실 위쪽 지형을 따라 나란히 있다.

낮은 지형과 건조한 기후 탓에 휴양림의 연못을 따라 나 있는 물길에는 물이 거의 없다. 세돈지에 데크길이 만들어져 있고 중간에는 복숭아가 심어져 있어 이곳이 과거 복숭아밭이었음을 짐작하게 한다. 전망대를 지나서 휴양림을 한 바퀴 돌아보는 산책로가 만들어져 있는데 1시간 정도 소요된다.

운주산휴양림은 숙박시설 규모가 작아 숲속의 집 입지나 시설들은 모두 대동소이 하다. 단 하절기에는 놀이터나 물놀이장과 가까운 세돈지 쪽의 숙박시설이 조금 더 인기가 있다. 숲속의 집 16, 17, 18호는 최근에 신축되었으며, 2020년 중으로 19, 20호도 오픈할 예정이다.

야영장은 7·8월에만 운영되는데 야영데크 10곳 중 야외수영장 옆 1~4번 데크가 짐을 옮기거나 화장실을 이용하는 편의성 측면에서 좋다. 데크에서 물놀이하는 아이를 살펴볼 수 있다는 것도 장점이다. 숙박시설 상세정보는 p.457 참고

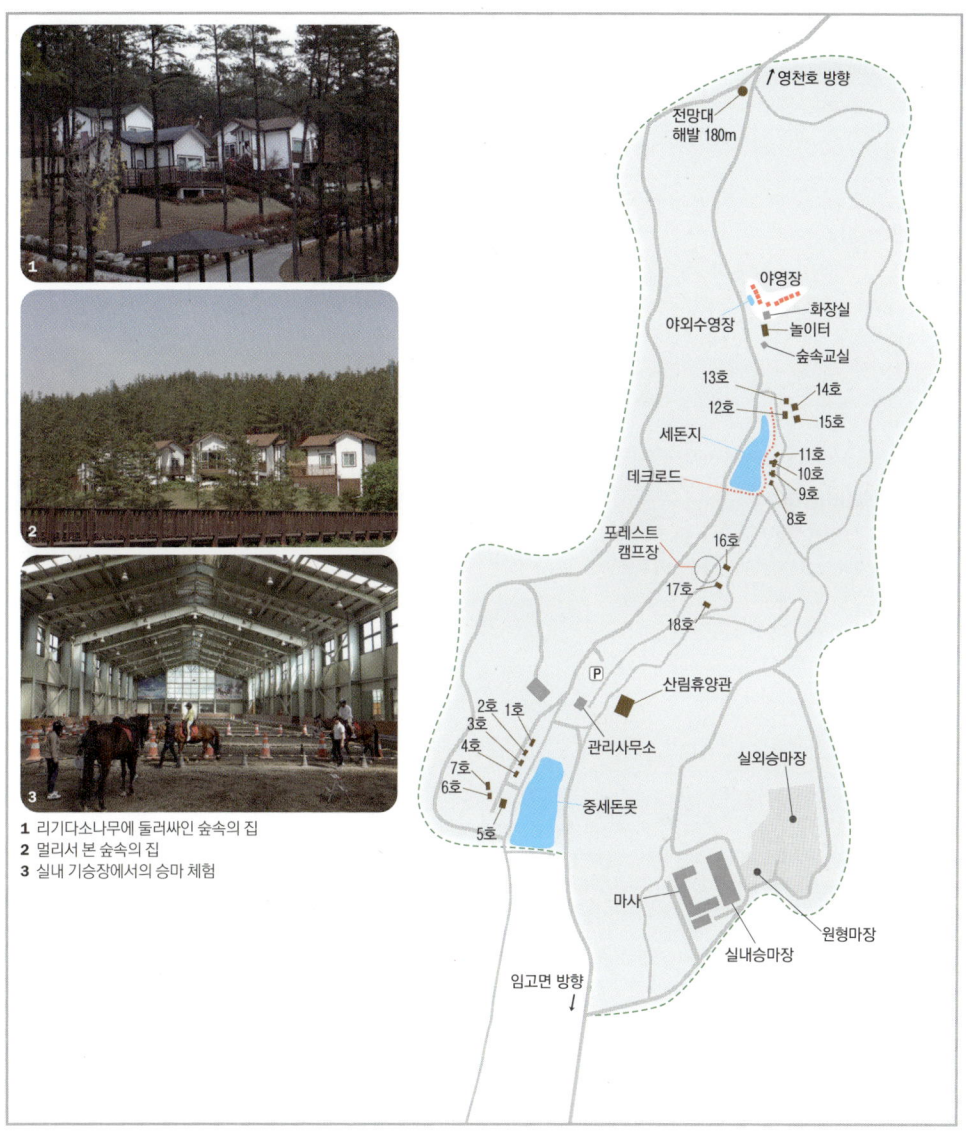

1 리기다소나무에 둘러싸인 숲속의 집
2 멀리서 본 숲속의 집
3 실내 기승장에서의 승마 체험

휴양림 백퍼센트 즐기기

Activity 체험 프로그램

- 일일 기승 체험은 20분 정도 진행된다. 요금은 성인 20,000원, 청소년·어린이 15,000원.
- 먹이주기 체험을 통해 마사에서 직접 말에게 당근을 줄 수도 있다. 당근은 한 컵에 1,000원.
- 쿠폰제 회원(40분씩 10회 180,000원)이나 월 회원(성인 월 300,000원)으로 가입하면 승마 레슨도 받을 수 있다.

Supply 보급

휴양림이 영천시 근교에 위치하고 있어 보급은 편리한 편이다. 휴양림에서 3km 떨어진 임고삼거리에 **임고농협하나로마트**가 있다. 영천시 서쪽에는 대형마트가 있다. **이마트 영천점**은 휴양림에서 16km 거리다. 또한 영천시내에는 영천공설시장이 있는데 한약재와 함께 상어고기에 간을 한 돔배기를 팔고 있다. 곰탕골목도 유명하다.

임고농협하나로마트
영천시 임고면 양항리 455-3
054-335-7705

이마트 영천점
영천시 오수동 286
054-330-1234

Restaurant 주변 맛집

포항할매집은 영천시장 곰탕골목의 원조집 중 한 곳이다. 이 지역 보현산 막걸리와도 잘 어울린다. **삼송꾼만두본점**은 튀김만두 하나로 전국적인 유명세를 타는 곳이다. **편대장영화식당**은 영천에서 가장 유명한 식당 중 한 곳이다. 육회가 전문인데 외지인의 입맛에는 양념이 좀 강하게 느껴질 수 있다.

포항할매집
시장 내 곰탕골목 / 054-334-4531

삼송꾼만두본점
영천시 창구동 52 / 054-333-8806

편대장영화식당
영천시 금노동 582-15 / 054-334-2655

Attraction 주변 볼거리

휴양림 초입에는 충절의 대명사 포은 정몽주 선생을 기리는 **임고서원**이 있다. 조선시대의 사액서원으로, 포은유물관도 같이 있다. 특히 서원 앞에 수령이 500년 이상으로 추정되는 은행나무가 있어 가을이면 노란 단풍으로 장관을 이룬다. **보현산천문대**도 영천관광에서 빼놓을 수 없는 곳이다. 우리나라 3대 천문대 중 한 곳으로, 특히 이곳에는 만 원권 지폐 뒷면에 나와 있는 국내 최대 규모의 1.8m 광학망원경이 있다. 보현산천문대는 연구시설이기 때문에 아쉽게도 일반에게 제한적으로 공개된다. 4~10월 넷째 토요일에 일반에게 공개되는 주간행사가 열리는데, 참가비는 없으며 5일 전에 예약해야 한다. 이외 기간에는 천문대 인근의 **보현산천문과학관**을 이용하면 된다.

보현산천문대
영천시 화북면 정각리 산6-3
054-330-1000

보현산천문과학관
영천시 화북면 정각리 689
운영 14:00~22:00
054-330-6447

임고서원

콕콕 짚어주는 휴양림 정보

Tip 이것만은 알고 가자
- 휴양림은 연중무휴 운영되지만 승마장은 매주 월요일 휴무한다.
- 실내 기승 체험은 09:00~18:00에 가능하며, 키 140㎝ 미만의 어린이는 체험에 참여할 수 없다.
- 과거 복숭아밭이던 복숭아 관찰원 자리에는 포레스트 캠프장이 오픈하였다.
- 어린아이들을 위한 각종 놀이시설들이 배치되어 있다. 이용료는 없다.

Comments 여행작가의 말
리조트 같은 휴양림에서 승마 체험도 할 수 있는 독특한 곳이다. 임도를 신나게 달리는 야외 기승이 아니라 아쉽지만 아이들과 초보자에게는 실내 기승만으로도 잊을 수 없는 추억거리가 된다. 주변의 볼거리도 풍부하다.

Reservation 예약
- 숲나들e 홈페이지(http://foresttrip.go.kr)를 통해서 예약이 가능하다.
- 일부 물량(숲속의 집 3·5·6·9·16호 / 휴양관 201·301호)이 지역주민에게 우선 배당된다.
- 미예약 객실은 매월 1일 13:00부터 선착순으로 전환된다.
- 선착순으로 예약을 받고 있다. 객실과 야영장 모두 매월 1일 13:00부터 예약이 가능하다.
- 예약 가능 기간은 다음 달 말일까지 오픈된다.

Access 접근성
한남대교 기점에서 4시간 이상 소요된다. 중부내륙고속도로·경부고속도로·익산포항고속도로를 타고 가다 북영천IC에서 빠져 나온다. 수도권 지역에서의 접근성은 떨어지지만 대구, 경주, 포항 등 주변 도시에서는 모두 1시간이면 도착할 수 있어 접근성이 좋다.

Accommodation 숙박시설

시설	구분	수량	비수기 요금	성수기 요금	시설명
숲속의 집	6인	4동	48,000	80,000	운주산장 3·4·8·11호
	9인	2동	66,000	110,000	운주산장 1·2호(+다락방)
	10인	10동	72,000	120,000	운주산장 5·6·7·12·13·14·15·16·17·18호
	14인	2동	96,000	160,000	운주산장 9·10호
휴양관	7인	4실	54,000	90,000	2층: 201·202·203·204호(방 1, 거실)
	10인	4실	72,000	120,000	3층: 301·302·303·304호(방 1, 거실, 다락방)
야영장	일반	10개	6,000	12,000	입장료, 주차료 없음. 7·8월에만 운영

1 산림휴양관
2 말에게 먹이주기 체험

한라산 편백숲에서 제주도의 푸른 밤
서귀포자연휴양림

제주도

법성악 오름 정상 760m
등산로 편도 620m
(주차장 기점)

고도
711m
휴양관 기준

서귀포시 위탁 운영 국립휴양림 | 1995년 개장 | 제주도 서귀포시 1100로 882 | 064-738-4544

기온
+0.5℃
전국 평균 대비
중문동 연평균 기온

강수량
+1142mm
전국 평균 대비
중문동 연평균 강수량

숙박 규모
25실
25실 최대 184명 수용
숲속의 집 4
휴양관 21

야영장
42데크
일반야영데크 42

제주에서 가장 높은 곳에 있는 휴양림

제주도가 아무리 크다 해도 섬인데, 섬 휴양림 풍경이 거기서 거기라고 생각하기 쉽지만 제주도의 휴양림은 저마다의 매력과 특색을 지니고 있다. 서귀포자연휴양림과 이웃한 절물자연휴양림만 해도 같은 제주도, 그것도 같은 한라산 자락에 있지만 서로 닮은 듯 다른 느낌을 준다. 전체적인 느낌을 비교했을 때 절물자연휴양림이 잘 가꿔진 정원 같다면 서귀포자연휴양림은 좀 더 거칠고 투박한 자연 그대로의 모습을 간직하고 있다.

이런 분위기 차이는 휴양림의 해발고도가 만들어낸다. 제주도의 다른 휴양림들이 해발 400~500m 정도 높이에 위치한 반면 서귀포자연휴양림은 해발 700m의 고지대에 자리 잡고 있다. 제주도에서 가장 높은 곳에 위치한 휴양림이기에 그만큼 터프한 한라산의 자연환경을 온몸으로 느낄 수 있다.

또한 고도가 높은 덕분에 습하고 무더운 제주의 한여름에도 이곳은 선선하다. 체감온도가 해안가와 거의 10도가량 차이가 난다. 높은 곳에 위치해 있지만 울창한 나무 속에 있어 주변 경관은 보이지 않는다. 탁 트인 조망을 보고 싶다면 휴양림 안에 있는 법정악 오름 전망대로 가면 된다.

해발 760m 높이의 전망대에 오르면 중문 앞 바다가 한눈에 들어온다. 뒤쪽으로는 한라산이 올려다보여 산 중턱에 있음을 실감하게 된다.

1 숲속의 집 단팔수동
2 휴양관 녹나무동

제주시에서 휴양림으로 가려면 1100 도로를 타고 한라산 중턱을 넘어가야 한다. 1100 도로의 정식 명칭은 1039번 지방도다. 제주도에서 차로 올라갈 수 있는 가장 높은 곳인 해발 1100m까지 올라간다고 해서 현지에서는 1100 도로라는 별칭이 더 익숙한 길이다.

휴양림은 숙박지구와 야영지구로 나뉜다고 해도 될 만큼 숙박시설과 야영장이 서로 멀리 떨어져 있다. 숙박시설들이 모여 있는 입구부터 야영장이 있는 출구까지는 약 3.6㎞ 거리다. 휴양림 내부도로는 일방통행이기 때문에 자동차로 한번 들어서면 되돌릴 수 없어 끝까지 가야 한다. 야영장 가는 길에도 중간중간 데크들이 보이지만 이 데크들은 숙박 야영객을 위한 것이 아니라 당일 이곳을 찾은 방문객을 위한 휴식공간으로 제공되는 쉼터다.

내부 들여다보기

O 제주도의 휴양림은 내륙과 떨어져 있는 까닭에 국립휴양림이지만 지자체에서 위탁 운영하고 있다. 숲속의 집과 휴양관은 모두 관리사무실이 있는 휴양림 입구 쪽에 있다. 숲속의 집은 4동이 있는데 5인실인 담팔수동을 제외하면 12인실은 벽을 맞대고 있는 연립동 구조를 하고 있다.

법정천 계곡이 휴양림을 가로질러 흐르지만 숙소나 야영장과는 거리가 있다. 물놀이를 즐기기 위해서는 숙소에서 야영장으로 넘어가는 길 중간에 있는 물놀이장으로 움직여야 한다. 내륙에 위치한 휴양림의 물놀이장들은 2014년을 기점으로 모두 폐쇄되었지만 이곳의 물놀이장은 7·8월 성수기에 한해서 운영되고 있다.

내부순환도로는 구불구불한 커브길을 따라 하늘을 빼곡히 채운 울창한 숲을 지나간다. 트레킹 하는 사람들도 같이 이용하는 길이기 때문에 절대 과속하면 안 된다. 예전에는 야영장이 3곳 있었지만, 제1·제2야영장은 낮에만 사용할 수 있는 주간전용

구역으로 변경되면서 야영을 할 수 없게 되었다. 제3야영장만 편백숲야영장으로 이름을 변경하고 야영장으로 운영하고 있다.

제주도 소재 휴양림들은 성수기와 비성수기 구분 없이 예약이 치열해졌고, 성공하기가 쉽지 않다. 반면 아직까지 야영장 예약은 상대적으로 수월한 편이다. 아무래도 비행기나 배를 이용해 먼 길을 가는데 캠핑 장비까지 싣고 가야 하는 번거로움 때문일 것이다.

숙소는 4인실에서 25인실까지 다양한 크기의 객실들이 있다. 대부분 객실이 원룸형이다. 대부분 객실이 온돌 구조인 것에 반해서 휴양관 녹나무동 201호와 205호는 침대방이 있다. 25인실 숙소인 소나무동 1층 102호는 방 2개와 화장실 2개가 있어 단체 이용객이 사용하기에 편리한 구조다. 숙박시설 상세정보는 p.465 참고

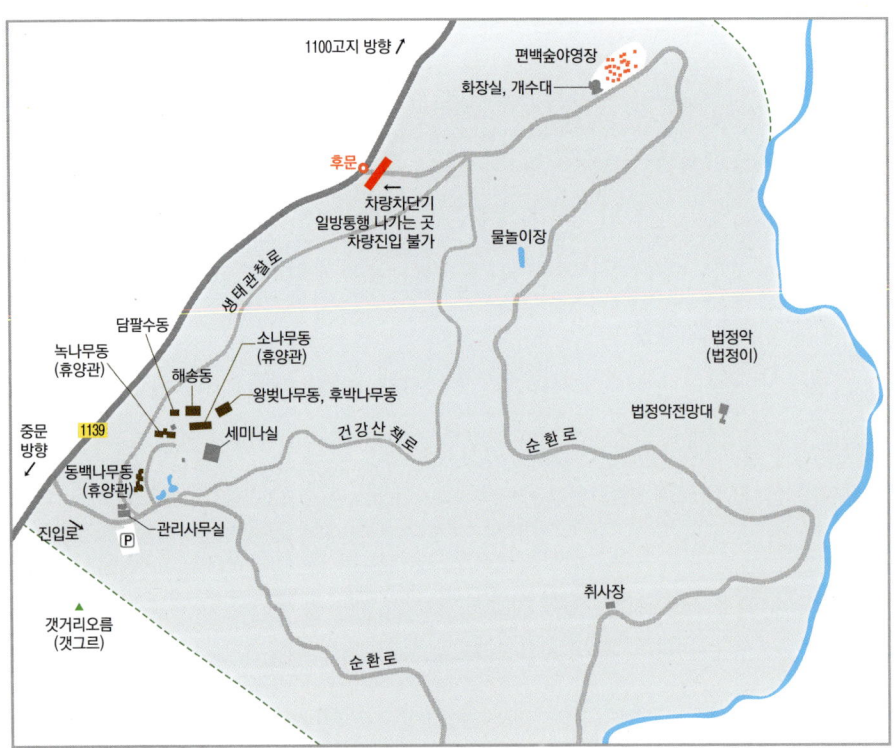

야영장에서 하룻밤 보내기

서귀포자연휴양림에는 42개 데크 규모의 야영장이 1곳 있다. 현지 캠퍼들뿐만 아니라 제주도의 휴양림에서 즐기는 캠핑은 어떤 느낌일지 궁금한 외지의 캠핑족들도 즐겨 찾는다. 더구나 이곳 야영장은 육지에서는 접하기 힘든 편백나무숲에 자리 잡고 있어 인기가 좋다.

규 모	총 42개 데크
야영장	일반야영장 1곳
고 도	해발 760m(편백숲야영장)
전 기	사용 불가
샤워장	없음
개수대	있음(온수 불가)
화로대	사용 불가
데 크 사이즈	270×270cm, 360×360cm
특이점	편백나무숲, 그늘 풍부

편의 휴양림 입구에서 한참을 들어간 안쪽에 위치해 있다. 개수대와 화장실이 함께 붙어 있는 편의시설동이 이곳 시설의 전부다. 전기와 화로대 모두 사용할 수 없고 결정적으로 샤워장이 없다. 쓰레기 분리수거도 없어 개인 쓰레기는 다시 챙겨와야 한다. 편의성은 좋지 않다.

환경 편백나무숲에 위치해 있다. 울창하게 자란 편백나무 덕분에 거의 햇빛이 들지 않는다. 해발 700m 이상 고지대라 자연환경은 상당히 터프한 편. 여름철에는 해안가보다 비도 많이 내린다. 흙바닥이라 비가 오면 질퍽거린다.

프라이버시 제법 많은 수의 데크가 있지만 편백나무숲 속에 드문드문 자리 잡고 있고 데크 간격도 전반적으로 여유로운 편이다.

BEST Site 편의성은 좋지 않은 야영장이다. A, B, C구역의 데크 사이즈는 270×270cm로 작다. D구역만 360×360cm의 데크가 설치되어 있다. 오토캠핑보다는 간단모드나 백패킹이 어울리는 야영장이다. 안쪽 깊숙하게 자리 잡은 데크들은 입구부터 거리가 꽤 된다. 이래저래 편의성에서는 좋은 점수를 주기 어렵다.

그럼에도 불구하고 이곳을 찾는 이유는 바로 편백나무숲 때문이다. 우리나라에서 귀한 대접을 받은 편백나무숲은 야영이 불가한 곳이 많다. 이 책에서 소개한 남해편백자연휴양림과 함께 편백나무숲에서 야영을 즐길 수 있는 몇 안 되는 곳이다. 나무들의 수령은 50년 정도로 남해편백휴양림의 편백나무보다 더 크고 울창한 숲을 이루고 있다. 편백나무의 치유 효과 때문인지 이곳에서는 장기로 체류하는 나이 지긋한 캠퍼들을 흔하게 볼 수 있다. 깊숙이 들어갈수록 한적해지지만 짐 옮기는 일이 고돼진다. 도로에서 적당히 들어간 곳의 데크를 추천한다. 특히 해발 700m 고지대라서 시시때때로 변하는 제주의 날씨에 잘 대비해야 한다.

서귀포자연휴양림 편백숲야영장

휴양림 백퍼센트 즐기기

Activity 체험 프로그램
- 동절기를 제외하고 숲 해설 프로그램을 운영하고 있다. 전화로 예약을 받는다. 목공예 체험 프로그램은 없다.
- 약 5km의 숲길산책로가 있고 생태관찰로와 건강산책로를 왕복하는 2.2km의 짧은 산책로도 있다. 코스를 돌아보는 데 약 40분 소요된다. 법정악 오름 전망대까지 3.5km의 등반산책로가 있다. 전망대에서는 중문시내가 한눈에 내려다보인다.
- 하절기인 7월 26일~8월 31일에는 물놀이장이 운영된다. 음식물 반입은 금지된다.

서귀포 매일올레시장

Supply 보급
휴양림에서 가장 가까운 마트는 중문에 있다. **중문농협하나로마트**가 휴양림에서 차로 20분 걸린다. 제주월드컵경기장에는 규모가 큰 대형마트 이마트 서귀포점이 있다. 제주시에 동문시장이 있다면 서귀포시에는 **서귀포매일올레시장**이 있다. 휴양림에서 18km 거리에 있다.

중문농협하나로마트
서귀포시 중문동 1928
064-738-9883

서귀포매일올레시장
서귀포시 서귀동 271-38
064-762-2925

Restaurant 주변 맛집
제주도의 대표 먹거리는 서귀포매일올레시장에서 맛볼 수 있다. **중앙통닭**의 대표 메뉴는 마늘통닭이며, 포장만 가능하다. 주문하고 20~30분 기다려야 하니 시간을 감안해 먼저 주문해놓는 것이 좋다. **새로나 분식**은 동문시장의 사랑분식과 쌍벽을 이루는 분식집이다. 떡볶이 국물에 전과 김밥, 튀김을 묻혀주는 모닥치기가 대표 메뉴다. **제일떡집**은 오메기떡으로 유명한 곳이다. 오메기는 차조의 제주방언으로 차조와 팥, 찹쌀 그리고 쑥을 주재료로 만드는 향토음식이다. **우정회센타**는 본업인 회보다 꽁치김밥으로 더 유명한 집이다. 이곳에서 회를 시키면 꽁치김밥이 차림음식으로 나오는데 김밥만 포장해 갈 수도 있다. **금복식당**에서는 저렴한 보리밥과 비빔밥으로 한 끼를 해결할 수 있다.

중앙통닭
서귀포매일올레시장
상가번호 187

새로나 분식
서귀포매일올레시장 상가번호 97

제일떡집
서귀포매일올레시장 상가번호 222

우정회센타
서귀포매일올레시장 초입 공영주차장 앞

금복식당
서귀포매일올레시장 상가번호 183
풍년농산물직판장 옆 골목

Attraction 주변 볼거리
중문관광단지가 휴양림에서 차로 20분 거리로 가깝다. 중문해수욕장을 비롯해 천제연폭포와 여미지식물원 등 주변에 볼거리가 풍부하다. 비가 내리는 날엔 엉또폭포를 추천한다. '엉'은 작은 굴, '도'는 입구란 뜻이다. 이렇게 두 단어가 합쳐져서 엉또폭포라고 불린다. 평소에는 말라 있지만 제주 산간지역에 비가 많이 내리면 폭포가 터지는데 50m 높이에서 쏟아져 내리는 물줄기가 장관을 이룬다.

엉또폭포

콕콕 짚어주는 휴양림 정보

Tip 이것만은 알고 가자
- 야영장은 성수기에는 20:00, 비수기에는 18:00 이전까지 체크인 해야 한다. 동절기인 12~2월에는 운영하지 않는다.
- 야영장에는 샤워장이 없으며 쓰레기를 버릴 곳도 없다. 개인 쓰레기는 되가져와야 한다.

Comments 여행작가의 말
제주도에서 가장 높은 해발 700m 지대에 있는 휴양림이다. 제주 산악지대의 거친 야생 분위기를 느낄 수 있는 곳으로 특히 편백나무숲에 자리잡은 야영장이 일품이다.

Reservation 예약
- 자체 홈페이지에서 예약을 받았으나, 2020년 7월 4일부터 숲나들e 홈페이지(http://foresttrip.go.kr)를 통해서 예약이 가능하다.
- 국립자연휴양림과는 달리 월 추첨제는 운영되지 않는다.
- 선착순으로 예약을 받고 있다. 예약 신청은 매주 수요일 09:00부터 진행이 가능하다.
- 당일부터 6주차 화요일까지 예약이 오픈된다.
- 예약은 1일 기준 5개(객실, 야영장)까지 가능하고 기간은 3박 4일 이내만 가능하다.

Access 접근성
제주공항에서 휴양림까지 차로 50분 소요된다. 1039번 도로를 타고 1100 고지를 넘어가야 한다. 휴양림은 남측 해발 700m 지점에 위치하고 있다. 숲속의 집과 휴양관은 매표소 주변에 있지만 야영장은 매표소부터 시작되는 구불구불한 내부도로를 타고 3km 이상 들어가야 도착할 수 있다.

Accommodation 숙박시설

시설	구분	수량	비수기 요금	성수기 요금	시설명
숲속의 집	5인	1동	46,000	85,000	담팔수동(원룸형)
	12인	3동	104,000	184,000	왕벚나무동·후박나무동·해송동(거실 1, 방 1, 화장실 2)
산림문화휴양관	4인	2실	34,000	60,000	녹나무동 2층: 202·203호(원룸형)
	5인	6실	42,000	77,000	녹나무동 2층: 201호(침대방 1, 거실) 소나무동 2층: 201·202·203·205(원룸형) 소나무동 1층: 101호(원룸형)
	6인	8실	53,000	94,000	녹나무동 2층: 205(방 1, 거실)·206호(침대방 1, 거실) 녹나무동 1층: 102·103호(방 1, 거실) 동백나무동 2층: 201호(원룸형) 동백나무동 1층: 101·102·103호(원룸형)
	8인	4실	63,000	107,000	녹나무동 1층: 101호(방1, 거실) 동백나무동 2층: 202호(원룸형) 동백나무동 1층: 105·106호(원룸형)
	25인	1실	200,000	250,000	소나무동 1층: 102호(방 2, 거실, 화장실 2)
야영장	270×270	32개	4,000	4,000	A1~6·B1~18·C1~8
	360×360	10개	6,000	6,000	D1~10 주차료(2,000원), 입장료(성인 1,000원) 별도 부과

야생 노루 뛰노는 삼나무숲에서의 휴식
절물자연휴양림

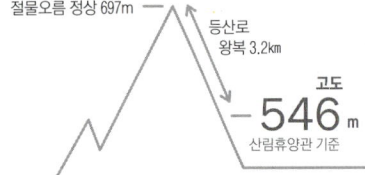

절물오름 정상 697m
등산로 왕복 3.2km
고도 546m 산림휴양관 기준

☀ 기온·℃
+0.1 전국 평균 대비 봉개동 연평균 기온

🏠 숙박 규모·실
29 29실 최대 226명 수용 숲속의 집 17 · 휴양관 10 · 수련장 2

🌧 강수량·mm
+1541 전국 평균 대비 봉개동 연평균 강수량

⛺ 야영장·데크
0 일반야영데크 0

제주시 위탁 운영 국립휴양림 | 1997년 개장 | 제주시 명림로 584 | 064-721-7421

온통 초록빛으로 뒤덮인 휴양림

○ 지독한 녹색이었다. 여름의 한복판에서 만난 절물자연휴양림의 첫인상은 그랬다. 육지에서 다녔던 어떤 휴양림에서도 이렇게 온통 녹색으로 뒤덮인 숲은 보지 못했다. 빽빽하게 들어선 삼나무들은 줄기까지 녹색을 띠고 있다.

절물자연휴양림에는 수령이 50년 된 삼나무들이 입구부터 가득히 줄 지어 서 있다. 삼나무는 주로 방풍림 역할을 하는데, 제주지역에 많이 조림된 수종이다. 일본이 원산지로, 생육에 북방한계선이 있어 주로 따뜻한 곳에서 자라는 나무다. 비가 많이 오는 습한 곳에서 자라는 탓에 편백나무 못지않게 항균물질인 피톤치드를 많이 내뿜는 나무로 알려져 있다.

휴양림에는 다양한 산책코스가 있어 숙박은 물론 산림욕을 하기 위해 당일 방문객들이 많이 찾는다. 곳곳에 나무 데크길이 나 있어 잘 가꿔진 정원 속을 산책하는 느낌이 든다. 가까운 곳에 있는 사려니숲길의 명성에는 못 미치지만 산림욕장으로 손색이 없는 곳이다.

당일 방문객들의 발길이 끊어지고 조용한 저녁 무렵이 되면 숙소 주변에서 종종 야생 노루를 볼 수 있다. 사람들이 빠져나간 뒤 조용해진 휴양림의 공간은 다시 야생 동물들이 채운다. 발코니의 먼발치에서, 혹 운이 좋다면 저녁식사 후 산책길에서 노루와 마주치는 특별한 경험을 할 수 있다. 제주의 숲 속으로, 자연으로 푸욱 들어온 것이 실감나는 순간이다.

절물산자연휴양림은 해발 500m의 제주 중간산지대에 자리 잡고 있다. 제법 고지대에 있지만 주변 지형은 완만한 경사를 이루고 있다. 우뚝 솟은 산봉우리가 아닌 한라산의 기생화산 중 한 곳인 절물오름지대에 위치하기 때문이다. 분명 육지와는 기후, 식생이 다른 이국적인 매력이 있는 곳이다. 한번 찾아가기 쉽지 않지만 이제는 휴양림 검색어 순위에서 항상 상위권에 머물 정도로 전국적인 인기 관광지가 되었다.

내부 들여다보기

절물자연휴양림은 내부로 차가 들어갈 수 없다. 대신 울창하게 우거진 삼나무 숲 사이로 만들어진 데크길이 방문객을 맞이한다. 삼울길로 이름 붙여진 삼나무숲 사이 데크길을 따라 올라가다 보면 산림휴양관이 나오는데 외관이 독특하다. 외지인들은 2~3층 높이의 성냥갑 같은 공동주택 형태의 휴양관에 익숙해져 있지만 이곳 휴양관은 마치 박물관 같은 모습을 하고 있다.

휴양림의 숙소들은 데크길을 따라 거미줄같이 연결되어 있고 중간중간에 놀이터, 공원, 연못 등의 시설들이 배치되어 있다. 연못에는 어른 팔뚝만 한 물고기들이 가득해서 먹이 주는 재미도 제법 쏠쏠하다.

숲속의 집은 넓은 잔디광장과 놀이터를 마주하고 있어 특히 아이들과 함께 온 방문객들이 선호할 만한 위치에 있다. 입구 쪽에서의 거리는 휴양관이나 숲속의 집이 모두 비슷하다.

대부분 여행객은 공동주택인 산림휴양관보다 독채 건물인 숲속의 집을 선호한

1 절물자연휴양림의 삼나무숲과 데크길
2 휴양림 연못의 형형색색 물고기들
3 잔디광장에 있는 십이지신상

다. 하지만 휴양관을 예약했다고 해서 아쉬워할 필요는 없다. 박물관 외관의 휴양관 건물은 2011년도 제주도 건축문화대상을 받을 만큼 신경 써서 지어진 숙소다. 방 한가운데 중정(中井)이 있는 특이한 구조고, 같은 층에 8개 객실만 있어 조용하다. 8인실 규모의 객실은 편백나무실을 제외하고 모두 복층 구조로 되어 있다. 편백나무실은 투룸형이고 나머지 객실은 원룸형 구조에 다락방이 있는 형태다.

숲속의 집은 4인실에서 12인실까지 모두 17동이 있는데 가장 작은 4인실은 원룸형이며 나머지 객실은 별도의 방이 있다. 4인실 머루, 다래 그리고 오미자, 산딸기동은 독채가 아닌 서로 벽을 맞대고 있는 연립동 구조다. 왕벚나무와 수선화동은 각각 2층 건물이며 1층에 11인실, 2층에 6인실이 있다. 숙박시설 상세정보는 p.471 참고

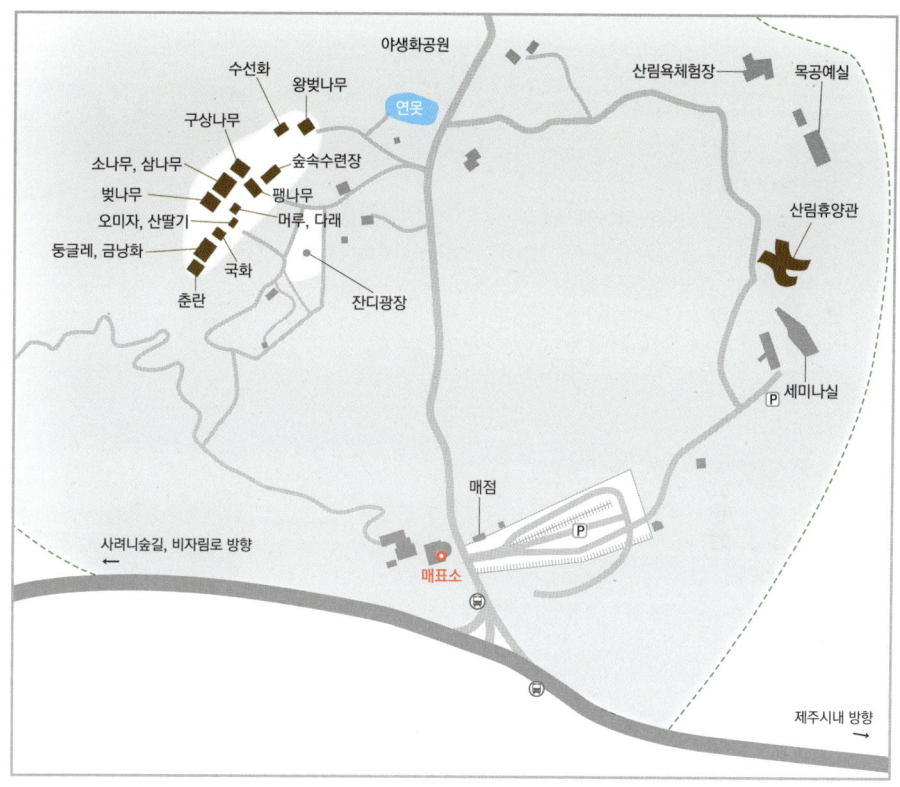

휴양림 백퍼센트 즐기기

Activity 체험 프로그램
- 2월 20일~11월 31일에는 숲 해설 프로그램이 하루에 2회 10:00, 14:00에 진행된다(월요일 제외). 프로그램은 약 2시간 소요된다. 같은 시간대에는 목공예 체험도 진행되며 단체 신청 시에는 사전예약이 필요하다. 예약은 홈페이지나 전화(064-721-7421)로 하면 된다.
- 5~10월 매주 화·금요일 09:00에는 명상전문가의 안내로 진행되는 숲길 명상체험 프로그램이 진행된다.
- 절물오름 전망대를 다녀오는 3.2km의 비교적 짧은 산책로부터 장생의 숲길을 돌아오는 11.1km의 긴 코스까지 다양한 산책코스가 있다.

목공예실

Supply 보급
제주시내에서 장을 봐가는 것이 좋다. 일도2동에 규모가 큰 **제주시농협 하나로마트**가 있다. 제주시 중심에 있는 동문시장에는 큰 수산시장이 있어 구이나 횟감으로 쓸 갈치나 고등어를 구입하러 가기에 좋다. 휴양림 주차장에 간단한 식료품을 구입할 수 있는 매점이 있다.

제주시농협하나로마트
제주시 일도2동 2
064-729-1551

Restaurant 주변 맛집
제주도의 수많은 맛집 중에 유명세를 타고 있는 동문시장 쪽 음식점들이 좋다. **사랑분식**이 사랑식이라는 메뉴로 유명하다. 떡볶이에 김밥과 만두 묻혀주는 분식이 대표 메뉴. 나름 중독성이 있는 맛이다. 바삭하게 튀긴 만두도 맛있다. 19:00까지 영업한다. 시장에는 제주의 향토음식인 오메기떡을 파는 떡집도 많다. 오복떡집과 진아떡집이 유명하다. 순대국밥집들이 여러 곳 눈에 띄는데 그중 **광명식당**이 맛있다.

사랑분식
동문시장 내
064-757-5058

광명식당
동문식당 내
064-757-1872

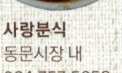

Attraction 주변 볼거리
사려니숲길은 제주시 봉개동에서 시작해 물찻오름을 지나 서귀포시 남원읍의 사려니오름까지 이어지는 길이 15km의 숲길이다. 봉개동 입구가 휴양림 인근에 있다. 왕복이 아닌 종주코스기 때문에 자가용으로 갔다면 적당한 지점에서 되돌아와야 한다. 자전거와 애완동물의 출입은 통제된다. 16:00 이후에는 탐방시간이 종료된다.
5·16도로변에는 제주도의 조랑말들이 뛰노는 마방목지가 있다. 별도의 입장료는 없으며 울타리 근처로 다가오는 조랑말들을 바라보는 재미도 쏠쏠하다. 주차장과 전망대가 마련되어 있지만 대부분의 관광객들은 도로 주변에 차를 세워놓고 사진 찍기에 바쁘다. 5·16도로는 내리막길에 차량 통행이 많은 곳이므로 특히 아이들이 있는 집에서는 각별한 주의가 필요하다.

마방목지

콕콕 짚어주는 휴양림 정보

Tip 이것만은 알고 가자
- 휴양림 안쪽 숙소까지 차량이 진입할 수 없다. 매표소 앞 주차장에 차를 세우고 도보로 이동해야 한다. 짐이 많은 경우 리어카를 이용할 수 있다. 숲속의 집이나 산림휴양관까지는 300m 거리다.
- 숙소에서 무료 Wi-Fi를 사용할 수 있다. 수건도 제공되지만 숯불바비큐 시설은 없다.

Reservation 예약
- 숲나들e 홈페이지(http://foresttrip.go.kr)를 통해서 예약이 가능하다.
- 국립자연휴양림과는 달리 월 추첨제는 운영되지 않는다.
- 장애인 우선 예약 정책이 실시되고 있다. 산림휴양관 6인실 2객실이 대상이며, 미예약 시 선착순으로 전환된다.
- 선착순으로 예약을 받고 있다. 예약 신청은 매주 수요일 09:00부터 진행이 가능하다.
- 당일부터 6주차 화요일까지 예약이 오픈된다.
- 예약은 1일 기준 1개(객실)까지 가능하고 기간은 3박 4일 이내만 가능하다.

Comments 여행작가의 말

울창한 삼나무숲과 데크길이 인상적인 휴양림이다. 마치 잘 꾸며져 있는 공원에 들어온 느낌이 든다. 제주도 건축문화대상을 받은 산림휴양관도 독특하다. 산책길에 야생 노루를 만날 수 있는 곳이다.

Access 접근성

제주공항에서 18km 떨어진 곳에 있다. 97번 지방도(번영로)를 타고 중간산지대로 올라가다 명도암 입구 사거리에서 우회전한다. 약 40분 소요되며 도로 바로 옆에 휴양림 주차장이 있어 접근성은 좋은 편이다.

Accommodation 숙박시설

시설	구분	수량	비수기 요금	성수기 요금	시설명
숲속의 집	4인	5동	37,000	67,000	다래·머루·산딸기·오미자·금낭화(원룸형)
	6인	5동	46,000	85,000	국화·둥글레·춘란·왕벚나무 2층·수선화 2층 (방 1, 거실)
	8인	4동	69,000	120,000	구상나무·삼나무·소나무·벚나무(방 1, 거실)
	11인	2동	81,000	135,000	왕벚나무 1층·수선화 1층(방 2, 거실)
	12인	1동	104,000	184,000	팽나무(방 2, 화장실 2)
산림문화휴양관	6인	5실	42,000	77,000	바람꽃·복수초·산수국·새우란·제비꽃(방 1, 거실)
	8인	5실	63,000	107,000	산뽕·느타·고로쇠·산딸·편백(방 1, 거실) 편백 제외 복층형
숲속수련장	20인	2실	120,000	180,000	숲속수련장(좌·우) (원룸형, 화장실 2, 샤워부스 4)

제주의 특징을 잘 살려놓은
교래자연휴양림

제주도

큰지그리오름 정상 596m
산책로 왕복 7km

고도
421m
야영장 기준

지자체휴양림(제주시 운영) | 2011년 개장(야영장 2013년) | 제주도 조천읍 남조로 2023 | 064-783-7482

기온
+1.1℃
전국 평균 대비
조천읍 연평균 기온

강수량
+1343㎜
전국 평균 대비
조천읍 연평균 강수량

숙박 규모
19실
19실 최대 178명 수용
숲속의 초가집 8
휴양관 11

야영장
50+ 데크
일반야영데크 20
노지야영장 30+

곶자왈지대에 세워진 휴양림

○ '곶자왈'이라는 제주어를 들어본 적이 있는가. '곶'은 숲을, '자왈'은 바위와 암석을 의미한다고 한다. 곶자왈은 암석지대의 숲 정도로 해석할 수 있겠다. 곶자왈지대는 바위 속으로 지하수가 유입되어 흐르면서 습하고 따뜻한 기후를 만들어낸다. 이곳은 다양한 동식물들이 서식하는 생명의 숲을 만들고, 이 숲은 다시 제주의 허파 역할을 한다.

교래자연휴양림은 바로 곶자왈지대에 만들어진 자연휴양림이다. 2004년부터 준비해 장장 7년 만인 2011년 개장한 자연휴양림이다. 원형 그대로의 숲을 최대한 보존하는 것을 목적으로 한 휴양림이라 몇 가지 특징을 갖고 있다.

휴양림 안으로 차량이 진입할 수 없다. 산책로와 생태탐방로도 사람과 짐승이 다니던 우도(牛道)를 따라 개설했으며 휴양림 내부도로 역시 좁고 구불구불하다. 휴양림 입구조차 찾기 힘들 만큼 나무에 가려져 있다. 좁은 숲길을 따라 들어가다 보면 이

1 잔디밭을 가로질러 리어카로 짐을 옮기는 야영객
2 가장 큰 10형평 원두막 데크
3 숲속의 초가집 모습

곳이 휴양림으로 들어가는 길이 맞나 하는 착각이 들 정도다.

길은 사람이 간신히 다닐 정도로 좁고, 주변의 시야는 나무들로 막혀 있다. 덕분에 마치 비밀의 정원 속에 들어온 듯한 은밀한 분위기를 자아낸다. 시원시원하게 뚫린 대로변을 걷는 느낌이 아니라 북촌 한옥마을의 좁은 골목길 사이를 찾아다니듯 낯설면서도 편안함을 느끼게 된다.

불과 차로 10분 거리에 떨어져 있는 절물자연휴양림과는 식생이 전혀 다르다. 절물휴양림은 인공적으로 조림된 삼나무들이 장관을 이루며 가지런하게 도열해 있지만 이곳은 활엽수가 주종인 천연림이다. 수종도 다양하다. 종나무, 떼죽나무, 서어나무 등 이름도 생소한 다양한 나무들이 모여 숲을 이루고 있다. 단일 수종의 숲이 만들어내는 시원스러운 풍경은 볼 수 없지만 계절마다 피어나는 꽃과 가을 낙엽이 계절 따라 시시각각 변하는 숲의 모습을 잘 보여준다.

숙소도 육지에서 흔히 볼 수 있는 통나무집이 아닌 제주의 초가집을 재현해놓았다. 휴양림 구조에서부터 주변 환경과 숙박시설까지 제주의 특색을 가장 잘 표현해낸 자연휴양림으로 평가하고 싶다.

내부 들여다보기

교래자연휴양림은 크게 숙박시설이 모여 있는 숙박지구와 야영장이 있는 야영지구로 나뉜다. 각각 관리사무소와 입구가 서로 분리되어 있다. 입구와 이동 동선이 분리되어 있기 때문에 숙박객이나 야영객 모두 서로 방해받지 않고 한적한 분위기에서 하룻밤을 보낼 수 있다는 장점이 있다.

교래자연휴양림에서는 숙박지구의 숙소가 특히 매력적이다. 제주 전통 초가집을 재현해놓은 숲속의 초가집들은 매표소 초입에 널찍널찍하게 거리를 두고 배치되어 있다. 특히 각 숙소마다 별도의 정원이 마련되어 있고 나무들이 담장 역할을 하기 때문에 주변의 시선으로부터 차단이 된다. 휴양관은 입구 쪽에서 한참을 들어가야 한다. 숲속의 초가집과는 전혀 다른 분위기다. 주변 시야도 트여 있고 현대적인 느낌의 건물에 숙소들이 있다. 같은 휴양림 안에 있지만 전통과 현대, 개방감과 아늑함이 서로 극명하게 대비되는 숙박시설들이다.

　　야영장이나 숙박시설 모두 차량이 진입할 수 없기 때문에 짐이 많을 경우 매표소에 비치되어 있는 리어카를 이용해 짐을 옮겨야 한다. 숙박지구의 경우 숲속의 초가집이 주차장에서 가깝다. 개장한 지 얼마 되지 않은 편이라 시설들은 깨끗하고 쾌적하다. 특히 초가집은 프라이버시를 중요하게 생각하는 이용객에게는 하룻밤 묵어가고 싶은 아주 매력적인 숙소다. 개장한 지 몇 년 안 되었다고 해도, 이미 여행객 사이에서 입소문이 나 예약이 어렵다. 반면 야영장은 아직까지는 덜 알려진 데다가 50동 이상 설치할 수 있을 만큼 공간이 넉넉하다. 더구나 노지야영장은 구획 구분 없이 운영되고 있어 한결 여유롭다. 숙박시설 상세정보는 p.479 참고

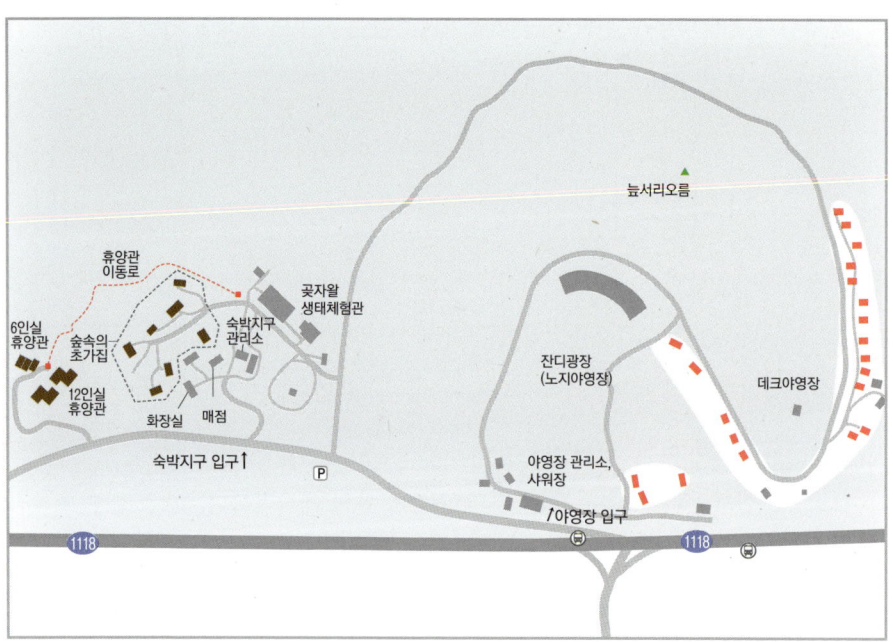

야영장에서 하룻밤 보내기

교래자연휴양림의 야영장은 숙박지구보다 늦은 2013년에 개장했다. 중앙의 드넓은 잔디광장의 노지 야영장과 원두막 모양의 데크들이 이동로를 따라서 길게 배치되어 있다. 위에서 내려다본 모습은 마치 말발굽 모양의 늦서리오름이 잔디광장을 감싸 안은 것 같다.

규모	일반야영데크 20개+노지야영장(30동 이상 수용 가능, 구획 구분 없음)
야영장	2곳(일반야영장 1곳, 노지야영장 1곳)
고도	해발 421m
전기	사용 불가
샤워장	있음(온수 샤워 가능, 06:00~22:00 운영)
개수대	있음(온수 불가)
화로대	사용 불가
데크 사이즈	3평형(10㎡=300×360cm), 5평형(19㎡), 10평형(34㎡)
특이점	잔디광장은 그늘 없음, 데크는 지붕이 있는 원두막 형태의 시멘트 구조물

편의 휴양림 입구에서 리어카로 짐을 옮겨야 한다. 가장 가까운 19번 데크까지는 약 80m 정도, 가장 위쪽의 17번 데크까지는 무려 700m가 넘는 거리를 이동해야 한다. 원두막의 위치에 따라서 짐 옮기는 거리가 천차만별. 화장실은 입구 쪽, 5·8·19번 데크 인근에 모두 4개가 있어 이용하는 데 불편하진 않다. 취사장은 5·8번 데크 쪽 두 곳밖에 없어 불편했지만 신규로 입구 쪽에 개수대가 만들어져 잔디광장 쪽에서 이용하기 편해졌다.

환경 동쪽의 늦서리오름이 잔디광장을 감싸 안고 있는 모습이다. 덕분에 바람 세기가 제주도의 다른 곳에 비해 약한 편이다. 하지만 약하다 해도 제주도의 강풍은 강해 실제로 렉타타프가 무너지는 광경을 어렵지 않게 볼 수 있다. 반면 폴대를 두 개만 세운 헥사타프들은 잘 버티는 편이다. 넓은 잔디밭이 인상적이지만 그늘은 전혀 없다. 야영장은 평지에 위치하고 있다.

프라이버시 의외로 이용객이 없는 야영장이다. 데크 간격도 널찍하다. 비수기에는 거의 전세 캠핑 수준의 한적함을 느낄 수 있다. 잔디광장의 노지도 별도의 구획 구분이 없어 원하는 곳에 자유롭게 세팅할 수 있다.

BEST Site 전기와 화로대는 사용할 수 없지만 온수 샤워가 가능하다. 화장실이나 개수대를 이용하기에는 무난하다. 반면 짐을 옮기는 것이 가장 큰일이다. 다행히 이동로에 급하게 경사진 곳은 거의 없다. 야영장은 잔디와 데크 두 곳 중 한 곳을 선택할 수 있다. 바람이 잔잔하고 비가 오지 않는다면 잔디광장 쪽 노지야영장을 추천한다. 드넓은 잔디밭 위에서 그림 같은 캠핑을 즐길 수 있다. 비 소식이 있거나 바람이 강하다면 데크 쪽이 편하다. 지붕과 기둥은 물론 바닥까지 시멘트로 만들어져 있어 바닥의 감촉이 잔디밭에 비할 바 아니지만 비와 바람으로부터는 안전하다. 입구 쪽에서 가깝고 크기도 넓은 18·19·20번 데크가 선호도가 높다. 그 다음은 주차장에서 가까운 순서대로 인기다. 야영장 옆으로 1118번 도로가 지나가고 있어 도로와 가까운 쪽으로는 차량 소음이 일부 유입된다.

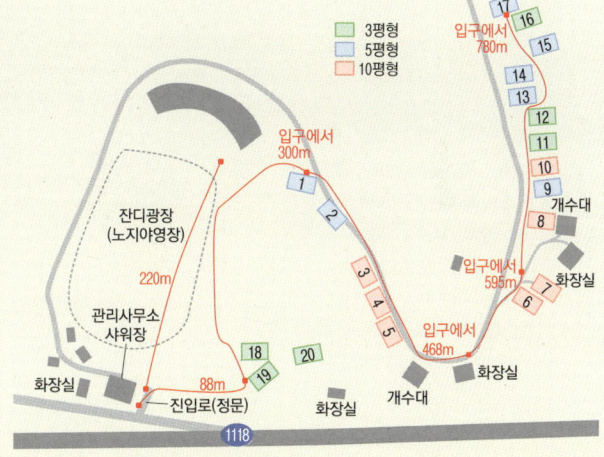

휴양림 백퍼센트 즐기기

Activity 체험 프로그램
- 숲 해설 프로그램이 운영되고 있지만 목공예 체험은 불가하다.
- 휴양림에서 큰지그리오름 전망대까지 다녀오는 산책로가 개설되어 있다. 왕복 7㎞ 거리에 2시간 30분 소요된다. 멀어서 부담스럽다면 1.5㎞의 생태관찰로를 돌아보는 것이 좋겠다. 왕복 40분 소요된다.

휴양림 숙박지구 입구

Supply 보급
휴양림 인근의 보급 정보는 절물자연휴양림(p.470)과 동일하다.

Restaurant 주변 맛집
휴양림이 위치한 조천읍 교래리에는 생수를 생산하는 삼다수공장이 있다. 교래리 일대를 삼다수마을이라고 부르는데, 마을에는 토속음식을 파는 음식점들이 모여 있다. 그중 **교래손칼국수**가 유명하다. 휴양림에서 차로 5분 거리에 있다.

교래손칼국수
제주시 조천읍 교래리 491
064-782-9870

Attraction 주변 볼거리

비자림로

휴양림 옆을 지나가는 1112번 도로를 일명 비자림로라고 부른다. 5·16교차로에서 시작해서 구좌읍까지 연결되는 도로는 제주의 중간산지대를 따라 내려가는 대표적인 드라이브코스 중 하나다. 특히 한라산 동쪽 지대는 전체 오름 중 2/3가 분포되어 있을 만큼 오름들이 많이 모여 있는 곳이다. 용눈이오름부터 산굼부리까지 제주의 화산지형이 만들어낸 독특한 풍경을 볼 수 있다. 해안도로와는 또 다른 매력이 있는 길이다. 도로 끝은 최근에 유명세를 타고 있는 월정리해변과 만난다.

휴양림은 **제주돌문화공원**과 이웃하고 있다. 약 100만 평의 대지 위에 돌과 관련된 모든 것을 담아내는 공간이다. 2020년까지 계속해서 공원이 조성될 계획. 화산섬인 제주의 특이한 지질자료부터 시작해서 돌 박물관과 갤러리, 야외전시장과 전통 초가마을까지 모여 있다. 12세 이하 어린이는 무료. 관람시간은 09:00~18:00.

휴양림 바로 맞은편에는 **에코랜드**가 있다. 곶자왈 숲 속을 기차로 체험하는 테마파크다. 코스 길이는 4.5㎞다. 어린아이들이 좋아할 만하다. 인터넷을 검색해보면 입장료 할인쿠폰을 구할 수 있다.

월정리 해변

제주돌문화공원
제주시 조천읍 교래리 산119
www.jejustonepark.com
064-710-7731

에코랜드
제주시 조천읍 대흘리 1221-1
www.ecolandjeju.co.kr
064-802-8020

콕콕 짚어주는 휴양림 정보

Tip 이것만은 알고 가자
- 휴양림에서는 당일 방문객은 물론이고 숙박객들도 흡연할 수 없다. 흡연 시 10만 원의 과태료가 부과된다.
- 인근 휴양림들과 마찬가지로 숙소 안쪽으로 차량이 진입할 수 없다. 휴양관까지 도보로 5분 거리다.

Reservation 예약
- 숲나들e 홈페이지(http://foresttrip.go.kr)를 통해서 예약이 가능하다.
- 국립자연휴양림과는 달리 월 추첨제는 운영되지 않는다.
- 과거 야영장은 현장에서 선착순으로 이용이 가능했으나 이제는 인터넷으로 예약해야 한다.
- 선착순으로 예약을 받고 있다. 예약 신청은 객실, 야영장 모두 매월 1일 09:00부터 진행이 가능하다. 당일부터 다음달 말일까지 예약이 오픈된다.
- 예약은 1일 기준 5개(객실+야영장)까지 가능하고 기간은 3박 4일 이내만 가능하다.

Comments 여행작가의 말
제주의 허파로 불리는 곶자왈지대에 위치한 자연휴양림이다. 특히 전통 초가집을 재현한 숙소가 인상적이다. 최근 개장한 야영장은 원두막 스타일의 데크가 인상적이며 드넓은 잔디광장에서 노지 캠핑을 즐길 수 있다. 제주도의 특색이 잘 드러나는 곳이다.

Access 접근성
제주공항에서 20㎞ 떨어진 곳에 있다. 97번 지방도(번영로)를 타고 중간 산지대로 올라가다 남조로 교차로 사거리에서 우회전한다. 약 40분 소요되며 도로 바로 옆에 휴양림 주차장이 있어 접근성은 좋은 편이다.

Accommodation 숙박시설

시설	구분	수량	비수기 요금	성수기 요금	시설명
숲속의 초가집	6인	3동	40,000	74,000	숲속의 초가 1·3·5동(방 1, 거실)
	8인	2동	60,000	104,000	숲속의 초가 6·7동(방 2, 거실)
	10인	3동	70,000	117,000	숲속의 초가 2·4·8동(방 2, 거실, 화장실 2)
산림문화휴양관	6인	3실	40,000	74,000	C동: 101·102·103호(원룸형)
	12인	8실	90,000	160,000	A동: 101·102·201·202호 B동: 101·102·201·202호(방 2, 거실, 화장실 2)
야영장(일반)	34㎡	7개	8,000	8,000	A형: 10평형
	19㎡	7개	7,000	7,000	B형: 5평형
	10㎡	6개	6,000	6,000	C형: 3평형. 주차료 없음, 입장료(성인 1,000원) 별도
노지야영장	노지		2,000	2,000	잔디밭, 구획 구분 없음

제주에서 가장 최근 개장한 자연휴양림

붉은오름자연휴양림

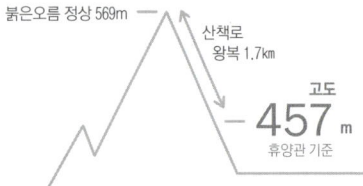

- 붉은오름 정상 569m
- 산책로 왕복 1.7km
- 고도 457m 휴양관 기준

☀ **기온·℃**
+2 전국 평균 대비 표선면 연평균 기온

🏠 **숙박 규모·실**
20 20실 최대 105명 수용 숲속의 집 13 · 휴양관 7

🌧 **강수량·㎜**
+1093 전국 평균 대비 표선면 연평균 강수량

⛺ **야영장·데크**
35 일반야영데크 35

지자체휴양림(서귀포시 운영) | 2012년 개장 | 서귀포시 표선면 남조로 1487-73 | 064-782-9171

붉은오름 옆에 자리 잡은 휴양림

○ 제주도에는 4곳의 자연휴양림이 있다. 그중 붉은오름자연휴양림은 제주도에서 가장 최근에 문을 연 자연휴양림이다. 제주도 3곳의 자연휴양림이 반경 6㎞ 이내에 모여 있다. 위치 좋고 자연환경 좋은 곳에 있지만 가장 늦게 개장했고 다른 휴양림들의 개성이 강해 그간 상대적으로 덜 알려져 있었다.

붉은오름자연휴양림은 제주도에서도 위치와 접근성이 좋다. 서귀포와 제주의 중간지점에 위치하고 있어 이곳을 베이스캠프로 삼아 섬의 양쪽을 돌아보기에 좋은 곳이다. 대중교통도 편리하다. 휴양림이 1118번 도로와 가까워 대중교통을 이용한 접근성이 좋다. 남조로 노선의 버스가 휴양림 주변까지 운영되고 있다. 정류장에서 휴양림 입구까지는 약 400m 거리다.

제주도의 다른 휴양림들처럼 이곳도 오름을 끼고 있다. 휴양림 이름에서 이미 보여주듯이 붉은오름이 휴양림 바로 옆에 있다. 오름을 덮고 있는 흙이 유난히 붉다고 해서 붉은오름이라고 불린다고 한다. 휴양림에는 오름을 다녀오는 1.6㎞의 등산로가 개설되어 있다. 조금 멀리 떨어져 있는 말찻오름까지 다녀올 수 있는 탐방로도 개설되어 있어서 제주의 오름 여행을 즐기려는 사람들에게도 좋다. 말찻오름은 '말의 방목장'이라는 뜻에서 유래된 이름이라고 한다. 예전부터 목장으로 이용되었던 곳이고 현재도 유지되고 있다. 휴양림 북측에는 마사회에서 운영하는 제주 경주마 목장이 있다. 붉은오름으로 올라가면 목장과 주변 오름의 전경을 감상할 수 있다.

숙소 주변의 식생도 제주도의 특징을 잘 느낄 수 있다. 데크길 주변 숲은 육지에서 쉽게 볼 수 없는 울창한 삼나무와 편백나무가 주종을 이루고 있다. 휴양림 옆으로는 대표적인 제주여행 코스 중 하나인 사려니숲길이 지나간다. 붉은오름은 사려니숲길에서는 올라갈 수 없고 휴양림 쪽에서만 접근이 가능하다. 제주도의 다른 휴양림과 비교해서 상대적으로 특별할 것이 없다고 할 수도 있지만, 이곳의 가장 큰 장점은 제주도에서 가장 나중에 개장해 시설이 깨끗하고 가격이 저렴하다는 것이다. 제주도만의 특색 있는 숲과 오름을 둘러보는 산책로와 등산로도 3개 코스가 있다. 제주도민뿐만 아니라 외지에서 온 여행객들에게도 제주 중간산지대의 매력을 충분히 느낄 수 있게 해준다.

내부 들여다보기

○ 1118번 도로에서 벗어나 400m 정도 들어가면 휴양림 매표소에 도착하게 된다. 차량은 매표소 앞 주차장에 주차하고 걸어서 들어가야 한다. 입구에는 숙박객을 위한 카트가 마련되어 있다. 입구에서 숙소들이 모여 있는 잔디광장까지 다시 300m 거리를 이동해야 한다. 다행히 평지라 걷거나 짐을 옮기기에 부담이 없다.

입구에서 숙소까지 이어진 길은 붉은오름이라는 이름과 어울리는 붉은색 아스팔트로 포장되어 있다. 포장된 길을 걷기 싫다면 진입로 양옆으로 나 있는 데크길을 이용하면 된다. 이웃한 절물자연휴양림에 못지않은 삼나무숲을 산책할 수 있다.

1 붉은오름으로 올라가는 탐방로
2 6인실 숲속의 집인 비쭈기나무동
3 중앙 잔디광장에 있는 놀이터

붉은오름자연휴양림은 2층짜리 산림휴양관과 숲속의 집이 시설의 전부다. 숙소들은 잘 가꿔진 잔디광장을 중심으로 모여 있는데 초가 지붕의 건물을 보면 마치 잘 꾸며진 리조트에 들어온 것 같은 느낌이 든다. 숙소로 들어가는 진입로는 현무암으로 만든 낮은 돌담길을 따라 나 있어 더욱 운치 있다. 운영되는 시설로는 목재문화체험장이 있다. 숙소 맞은편에 생태연못이 있지만 주변에 물놀이장이나 물놀이할 만한 계곡은 없다. 2020년 6월에 35데크 규모의 야영장이 오픈했다.

붉은오름자연휴양림의 숲속의 집은 4인실·6인실·7인실 규모로 총 13개의 객실이 있는데 6인실·7인실은 독채 건물이고 4인실은 두 집이 벽을 맞대고 붙어 있는 연립동 형태다. 6인실·7인실은 별도의 방이 있는 투룸형이며 그중에서 장애인 전용객실로 운영되는 솔비나무동에는 침대가 갖춰진 침실이 마련되어 있다.

휴양관은 4인실과 8인실 두 종류의 객실이 있다. 4인실은 원룸형으로 2층에 위치하고 있으며, 8인실은 투룸형으로 1층에 2개 객실이 있다. 숙박시설들은 건축된 지 얼마 되지 않아 깨끗한 편이다. 숙박시설 상세정보는 p.485 참고

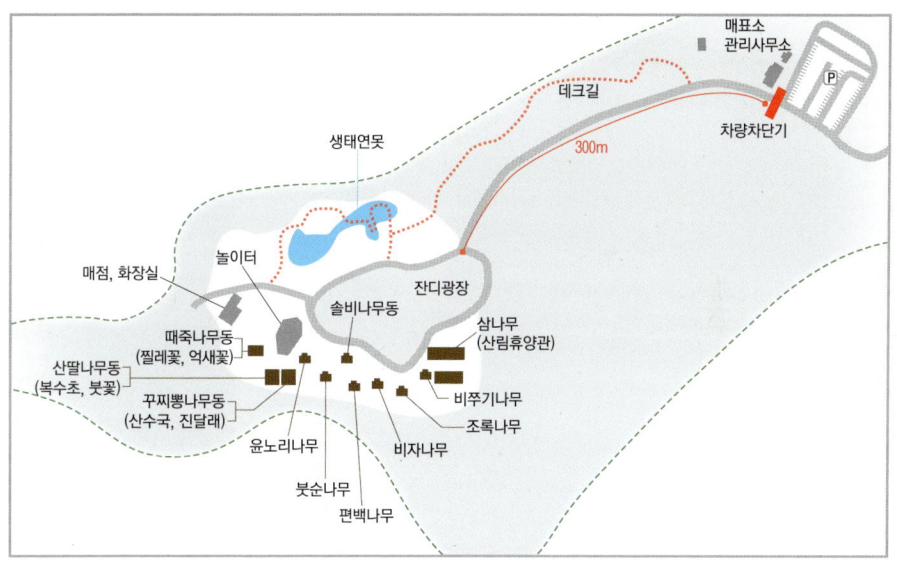

휴양림 백퍼센트 즐기기

Activity 체험 프로그램
- 방문객을 대상으로 숲 해설 프로그램이 운영되고 있는데 미리 전화로 예약하는 것이 좋다. 목공예 체험 프로그램은 운영되지 않는다.
- 휴양림에서 붉은오름 전망대까지 다녀오는 등산로가 개설되어 있다. 1.7km 거리에 1시간 30분 소요된다. 말찾오름을 다녀오는 해맞이숲길은 6km 거리에 2시간 소요되며 3.2km 거리에 1시간 소요되는 상잣성 숲길도 개설되어 있다.

Supply 보급
휴양림 인근의 보급 정보는 절물자연휴양림(p.470)과 동일하다

Restaurant 주변 맛집
서귀포시내의 **삼보식당**이 전복뚝배기로 유명하다. **네거리식당**은 갈치국과 갈치구이로 잘 알려진 맛집이다. 시장에서 회 떠먹는 게 귀찮다면 **쌍둥이횟집**을 추천한다. 코스로 음식을 내놓는다.

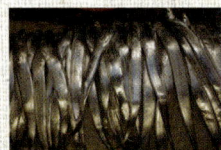

삼보식당
서귀포시 천지동 319-8
064-762-3620

네거리식당
서귀포시 서귀동 320-9
064-762-5513

쌍둥이횟집
서귀포시 서귀동 496-18
064-762-0478

성읍민속마을 주차장
서귀포시 표선면 성읍리 778
064-760-2512

Attraction 주변 볼거리
휴양림과 가까운 서귀포시 동측의 가볼 만한 곳으로 쇠소깍이 있다. 쇠소깍은 민물과 바닷물이 만나서 깊은 계곡을 이룬 독특한 지형으로 최근 널리 알려지기 시작한 관광명소다. 이곳에서는 줄을 잡아당기며 타는 뗏목 '테우' 타기와 투명 카약 타기, 수상 자전거 타기 등을 체험할 수 있다. 유료 체험이며, 신청은 현장에서 선착순으로 접수를 받는데 일찍 마감될 정도로 인기가 좋다.

휴양림에서 30분 거리에 **성읍민속마을**이 있다. 제주의 전통 생활이 그대로 이어지고 있는 곳이다. 민속촌과 달리 실제로 마을 사람들이 거주한다. 아이들과 함께한 가족여행자에게 추천할 만한 관광지다. 이곳으로 가는 97번 도로는 일명 '오름 사이로'라고 불릴 만큼 도로 주변에 오름들이 많이 있는 도로다.

민속마을에서 8km쯤 바다를 향해서 내려가면 표선해비치해변에 닿게 된다. 표선해비치해변은 약 8만 평에 달하는 드넓은 백사장이 인상적인 곳이다. 특히 밀물 때면 백사장으로 바닷물이 들어와서 투명한 호수 같은 장관을 만들어 낸다.

쇠소깍

콕콕 짚어주는 휴양림 정보

Tip 이것만은 알고 가자
- 제주도에서 가장 나중에 개장한 자연휴양림이다.
- 제주의 다른 휴양림과 마찬가지로 숙소까지 차량이 진입할 수 없다. 주차장에서 숙소까지는 300m 거리다.
- 휴양림에 물놀이장이나 물놀이할 만한 계곡은 없다.

Reservation 예약
- 숲나들e 홈페이지(http://foresttrip.go.kr)를 통해서 예약이 가능하다.
- 국립자연휴양림과는 달리 월 추첨제는 운영되지 않는다.
- 선착순으로 예약을 받고 있다. 예약 신청은 매주 수요일 09:00부터 진행이 가능하다. 당일부터 6주차 화요일까지 예약이 오픈된다.
- 예약은 1일 기준 5개(객실+야영장)까지 가능하고 기간은 3박 4일 이내만 가능하다.

Comments 여행작가의 말
서귀포시에서 운영하는 지자체 휴양림이다. 2012년에 개장해서 제주도의 휴양림 중에서는 가장 최근에 문을 연 곳이다. 붉은오름과 가까이 있으며 오름 탐방을 하거나 주변을 둘러보는 산책로도 잘 만들어져 있다.

Access 접근성
제주공항에서 휴양림까지 50분 소요된다. 97번·1118번 도로를 이용한다. 중간에 교래자연휴양림을 지나서 10분 더 올라가야 한다. 대중교통으로는 남조로노선이 휴양림 초입까지 운영되는데 06:00~21:00에 20분 간격으로 운행된다.

Accommodation 숙박시설

시설	구분	수량	비수기 요금	성수기 요금	시설명
숲속의 집	4인	6실	32,000	58,000	원룸형: 꾸지뽕나무동(산수국·진달래)·산딸나무동(복수초·붓꽃) 투룸형: 때죽나무동(찔레꽃·억새꽃)
	6인	4동	40,000	74,000	비쭈기나무·조록나무·비자나무·편백나무(투룸형)
	7인	3동	50,000	90,000	붓순나무동·윤노리나무동(투룸형) 솔비나무동(투룸형, 침대방) *솔비나무동은 장애우 우대동(매월 1~10일은 장애우만 예약가능, 11일 이후는 일반인 예약 가능)
산림문화휴양관	4인	5실	32,000	58,000	삼나무동 2층: 구절초·금불초·도라지·민들레·범부채 (원룸형)
	8인	2실	60,000	104,000	삼나무동 1층: 연산홍·산철쭉(투룸형)
야영장	일반	35개	7,000	7,000	주차료(2,000원), 입장료(1,000원), 전기 사용료(2,000원) 별도

1 매표소에서 휴양림으로 들어가는 진입로
2 휴양관

한눈에 보는 자연휴양림 숙박시설 현황

휴양림	구분	지역	야영장	숲속의 집	휴양관	연립동	수련장	기타	객실 수
유명산	국립	경기	●	●	●	●			54
중미산	국립	경기	●	●		●			15
산음	국립	경기	●	●	●	●		치유의 숲	49
운악산	국립	경기		●		●	●		24
축령산	지자체	경기	●	●	●				26
강씨봉	지자체	경기		●	●				16
칼봉산	지자체	경기		●	●			황토방	28
용인	지자체	경기	●	●				목조체험주택, 숲속체험관	25
석모도	지자체	인천		●	●				29
가리왕산	국립	강원	●	●	●				24
검봉산	국립	강원	●		●				16
대관령	국립	강원	●	●	●	●			38
두타산	국립	강원	●	●	●	●			21
미천골	국립	강원	●	●	●	●			25
방태산	국립	강원	●	●	●				10
백운산	국립	강원				●	●		20
복주산	국립	강원		●	●				25
삼봉	국립	강원	●	●		●		한옥	25
용대	국립	강원	●	●	●	●			26
용화산	국립	강원	●		●		●		24
청태산	국립	강원	●	●	●		●		44
동강전망	지자체	강원	●						0
강릉임해	지자체	강원			●				24
상당산성	국립	충북		●	●				34
속리산말티재	국립	충북		●	●				26
황정산	국립	충북	●	●	●	●			21
계명산	지자체	충북		●	●			단체 숙소	18
문성	지자체	충북	●	●	●			단체 숙소	25
좌구산	지자체	충북	●	●	●			황토방	31
장태산	지자체	대전	●	●	●		●		29

휴양림	구분	지역	야영장	숲속의 집	휴양관	연립동	수련장	기타	객실 수
오서산	국립	충남	●	●	●	●	●		26
용현	국립	충남	●	●	●	●			23
희리산	국립	충남	●	●	●	●	●		34
봉수산	지자체	충남		●	●				27
안면도	지자체	충남		●	●			한옥,황토	22
영인산	지자체	충남	●	●	●				26
덕유산	국립	전북	●	●		●	●		30
변산	국립	전북		●	●	●			43
운장산	국립	전북	●	●	●	●	●		26
회문산	국립	전북	●	●	●				17
장성축령산	국립	전북						치유의 숲	0
낙안민속	국립	전남	●	●	●				18
방장산	국립	전남		●	●				20
천관산	국립	전남	●	●		●			15
정남진	지자체	전남		●				치유의 숲	21
검마산	국립	경북	●		●				16
대야산	국립	경북		●	●	●			30
운문산	국립	경북	●	●	●	●	●		44
청옥산	국립	경북	●		●				16
칠보산	국립	경북	●	●	●	●	●		43
통고산	국립	경북	●	●	●	●			24
운주산	지자체	경북	●	●	●				26
신불산	국립	울산	●	●	●	●			41
남해편백	국립	경남	●	●	●		●		39
지리산	국립	경남	●	●	●	●			36
절물	국립	제주		●	●		●		29
서귀포	국립	제주	●	●	●				25
교래	지자체	제주	●	●	●				19
붉은오름	지자체	제주	●	●	●				20

*해당 자연휴양림 홈페이지 참조

한눈에 보는 자연휴양림 야영장 현황(가나다 순)

휴양림	일반야영장	오토캠핑장	동계 휴장	샤워장	온수	화로대	전기	기타	총 데크수
가리왕산	367×360 (25개)	360×300, 360×360 (20개)	11.1~4.30	●	●		●		45
검마산	367×360 (25개)	-	11.1~4.30	●	●	●	●	반려견 동반 데크 9개	24
검봉산	270×540, 360×360 (7개)	360×360 (15개)	11.1~4.30	●	●		●	-	22
교래	3평형, 5평형, 10평형 (20개)	-	운영	●	●		●	노지야영장 (30개)	50+
낙안민속	360×368 (6개)	-	운영	●	●		●		6
남해편백	360×368 (20개)	-	12.1~3.31	●	●	●	●	-	20
대관령	360×360 (33개)	-	11.1~4.30	●	●		●		33
동강전망	-	400×560, 400×600, 400×500 (67개)	운영	●	●	●	●		67
덕유산	360×360, 300×360 (28개)	-	11.1~4.30	●	●	●	●		28
두타산	300×360 (25개)	-	11.1~4.30	●	●	●	●	-	25
문성	-	400×300, 400×600 (12개)	12.1~2.28	●	●	●	●		12
미천골	360×360, 300×360 (53개)	360×360 (31개)	11.1~4.30	●	●	●	●	캐빈 4동	88
방태산	300×360, 360×360 (27개)	-	11.1~4.30	●	●	●	●	-	27
산음	336×306, 360×360 (43개)	-	11.1~3.31	●	●	●	●	-	43
삼봉	360×360 (55개)	-	11.1~4.30	●	●		●		55
서귀포	270×270, 360×360 (42개)	-	12.1~3.31				●		42
영인산	500×400 (20개)	550×600 (21개)	12.1~2.28	●	●	●	●		41
오서산	370×310 (8개)	-	11.1~3.31	●	●	●	●		8
용대	360×360, 360×300 (17개)	-	11.1~4.30	●	●		●		17
용인	400×400, 400×600 (24개)	-	운영	●	●	●	●		25
용현	360×360 (20개)	-	운영	●	●	●	●		20

휴양림	일반야영장	오토캠핑장	동계 휴장	샤워장	온수	화로대	전기	기타	총 데크수
용화산	360×375 (30개)	-	운영	●	●	●	●	-	30
운문산	360×360, 300×360, 250×300 (34개)	-	12.1~3.31	●	●	●	●	-	34
운장산	360×360 (20개)	-	11.1~3.31	●	●	●	●	-	20
유명산	360×360, 330×330 (82개)	-	11.1~3.31 (캠핑카야영장), 12.1~3.31 (제2야영장), 제1야영장은 동절기 운영	●	●	●	●	캠핑카 야영장 600×1,000 (20개)	102
장태산	-	400×700, 300×300, 500×700 (20개)	운영	●	●	●	●	-	20
좌구산	510×520 (11개)	-	11.1~3.31	●	●	●	●	-	11
중미산	360×360, 360×300 (59개)	-	11.1~3.31	●	●	●	●	-	59
지리산	280×300 (15개)	-	11.1~3.31	●	●	●	●	-	14
천관산	360×360 (20개)	-	11.1~3.31	●	●	●	●	-	20
청옥산	200×200 (24개)	250×300, 300×360, 360×360, 400×600 (106개)	11.1~3.31 제2야영장 (200~235번은 동절기 운영)	●	●	●	●	노지 야영장 6, 캐빈 6	142
축령산	400×400 (30개)	-	운영	●	●	●	●	-	30
청태산	360×420	-	11.1~4.30	●	●	●	●	-	30
칠보산	240×300, 360×400 (38개)	-	12.1~3.31	●	●	●	●	-	38
통고산	280×280, 300×360, 360×368 (30개)	-	11.1~3.31	●	●	●	●	-	30
황정산	360×360 (15개)	360×360 (8개)		●	●	●	●	-	23
회문산	300×360, 400×400 (21개)	-	11.1~3.31	●	●	●	●	-	21
희리산해송	360×360 (57개)	-	11.1~3.31 (제3야영장 제외 동계 운영)	●	●	●	●	캠핑카 1000×800, 1000×1000 (22개)	79

*동계휴장일은 2019-2020년 운영 기준

한눈에 보는 우리나라 자연휴양림

휴양림	구분	지역	주소	연락처	야영장	찾아보기
유명산	국립	경기	가평군 설악면 유명산길 79-53	031-589-5487	●	p.34
중미산	국립	경기	양평군 옥천면 중미산로 1152	031-771-7166	●	p.44
산음	국립	경기	양평군 단월면 고북길 347	031-774-8133	●	p.54
운악산	국립	경기	포천시 화현면 화동로 184	031-534-6330		p.66
축령산	지자체	경기	남양주시 수동면 축령산로 299	031-592-0681	●	p.72
용문산	지자체	경기	양평군 양평읍 백안3리 산 68-1	031-775-4005	●	–
칼봉산	지자체	경기	가평군 가평읍 경반안로 454	070-4060-0831		p.100
용인	지자체	경기	용인시 처인구 모현면 초부로 220	031-336-0040	●	p.82
강씨봉	지자체	경기	가평군 북면 논남기길 520	031-8008-6611		p.106
천보산	개인	경기	포천시 원동교길 303	031-544-6678	●	–
바라산	지자체	경기	의왕시 북골안길 96	031-8086-7482	●	–
석모도	지자체	인천	강화군 삼산면 삼산서로 39-75	032-932-1100		p.92
청평	개인	경기	가평군 청평면 삼회리 33-1	031-584-0528		–
설매재	개인	경기	양평군 옥천면 용천리 산29-21	031-774-6959	●	–
국망봉	개인	경기	포천시 이동면 장암리 산74	010-2234-5522	●	–
청태산	국립	강원	횡성군 둔내면 청태산로 610	033-343-9707	●	p.190
삼봉	국립	강원	홍천군 내면 삼봉휴양길 276	033-435-8536	●	p.136
용대	국립	강원	인제군 북면 용대리 연화동길 7	033-462-5031	●	p.120
방태산	국립	강원	인제군 기린면 방태산길 241	033-463-8590	●	p.128
복주산	국립	강원	철원군 근남면 하오재로 818	033-458-9426		p.204
대관령	국립	강원	강릉시 성산면 삼포암길 133	033-644-9990		p.164
미천골	국립	강원	양양군 서면 미천골길 115	033-673-1806	●	p.146
가리왕산	국립	강원	정선군 정선읍 가리왕산로 707	033-562-5833	●	p.172
백운산	국립	강원	원주시 판부면 백운산길 81	033-766-1063		p.198
용화산	국립	강원	춘천시 사북면 사여골길 294	033-243-9261	●	p.112
두타산	국립	강원	평창군 진부면 아차골길 132	033-334-8815		p.156
검봉산	국립	강원	삼척시 원덕읍 임원안길 525-145	033-574-2553		p.182
치악산	지자체	강원	원주시 판부면 휴양림길 66	033-762-8288	●	–

휴양림	구분	지역	주소	연락처	야영장	찾아보기
집다리골	지자체	강원	춘천시 사북면 지암리 산5	033-243-1442	●	-
가리산	지자체	강원	홍천군 두촌면 천현리 산134-1	033-435-6032	●	-
강릉임해	지자체	강원	강릉시 강동면 율곡로 1715-85	033-644-9483		p.210
동강전망	지자체	강원	정선군 신동읍 동강로 916-212	070-4225-2336	●	p.216
태백고원	지자체	강원	태백시 철암동 산90-1	033-582-7440		-
광치	지자체	강원	양구군 남면 광치령로 1794번길 265	033-482-3115		-
춘천숲	지자체	강원	춘천시 동산면 군자리 224-104	033-264-1156	●	-
하추	지자체	강원	인제군 인제읍 인제로 187번길8	033-461-0056		-
평창	지자체	강원	평창군 봉평면 무이리 산83	033-333-0711		-
망경대산	지자체	강원	영월군 중동면 연상리 선도우길 177	033-375-8765		-
송이밸리	지자체	강원	양양군 양양읍 남대천로 107-61	033-670-2644		-
둔내	개인	강원	횡성군 둔내면 삽교리 1151	033-343-8142		-
주천강변	개인	강원	횡성군 둔내면 영랑리 116	033-345-7575		-
횡성	개인	강원	횡성군 갑천면 청포로430번길 113	033-344-3391	●	-
황둔	개인	강원	원주시 신림면 황둔리 903	033-764-9971		-
속리산말티재	국립	충북	보은군 장안면 속리산로 256	043-543-6282		p.256
상당산성	국립	충북	청주시 청원구 내수읍 덕암2길 162	043-216-0052		p.262
황정산	국립	충북	단양군 대강면 황정산로 239-11	043-421-0608	●	p.248
박달재	지자체	충북	제천시 백운면 금봉로 223	043-652-0910	●	-
장령산	지자체	충북	옥천군 군서면 장령산로 519	043-730-3491		-
조령산	지자체	충북	괴산군 연풍면 새재로 1795	043-833-7994		-
봉황	지자체	충북	충주시 가금면 수룡봉황길 540	043-850-7315		-
계명산	지자체	충북	충주시 충주호수로 1170	043-850-7313		p.274
옥화	지자체	충북	청주시 상당구 미원면 운암리 산61-2	043-283-3200	●	-
민주지산	지자체	충북	영동군 영동읍 동정로1	043-740-3437		-
소선암	지자체	충북	단양군 단성면 대잠2길 15	043-422-7839		-
수레의산	지자체	충북	음성군 생극면 차곡리 산47-1	043-878-2013		-
문성	지자체	충북	충주시 노은면 우성1길 191	043-850-7346	●	p.302

휴양림	구분	지역	주소	연락처	야영장	찾아보기
충북알프스	지자체	충북	보은군 산외면 속리산로 1880	043-543-1472		-
좌구산	지자체	충북	증평군 증평읍 솟점말길 107	043-835-3871	●	p.294
백야	지자체	충북	음성군 금왕읍 백야리 207	043-878-2556	●	-
생거진천	지자체	충북	진천군 진천읍 상산로 13	043-539-3553		-
만인산	지자체	대전	대전시 동구 하소동 산47	042-280-5521		-
장태산	지자체	대전	대전시 서구 장안로 461	042-270-7883	●	p.280
희리산해송	국립	충남	서천군 종천면 희리산길 206	041-953-2230	●	p.238
오서산	국립	충남	보령시 청라면 오서산길 531	041-936-5465	●	p.230
용현	국립	충남	서산시 운산면 마애삼존불길 339	041-664-1978	●	p.222
칠갑산	지자체	충남	청양군 대치면 칠갑산로 668-103	041-940-2428	●	-
만수산	지자체	충남	부여군 외산면 휴양로 107	041-832-6561	●	-
용봉산	지자체	충남	홍성군 홍북면 상하리 104-57	041-630-1785		-
안면도	지자체	충남	태안군 안면읍 안면대로 3195-6	041-674-5019		p.288
성주산	지자체	충남	보령시 성주면 화장골길 57-228	041-934-7133	●	-
남이	지자체	충남	금산군 남이면 건천리 산166	041-753-5706	●	-
금강	지자체	충남	세종시 금남면 산림박물관길110	041-635-7400		-
영인산	지자체	충남	아산시 영인면 아산온천로 16-26	1577-6611	●	p.308
태학산	지자체	충남	천안시 동남구 풍세면 삼태리 산28-1	041-529-5108		-
봉수산	지자체	충남	예산군 대흥면 임존성길 153	041-339-8936		p.268
양촌	지자체	충남	논산시 양촌면 매죽헌로 1723	041-746-6481	●	-
진산(대둔산)	개인	충남	금산군 진산면 대둔산로6	041-752-4138		-
덕유산	국립	전북	무주군 무풍면 구천동로 530-62	063-322-1097	●	p.324
회문산	국립	전북	순창군 구림면 안심길 214	063-653-4779	●	p.332
운장산	국립	전북	진안군 정천면 휴양림길 77	063-432-1193	●	p.316
변산	국립	전북	부안군 변산면 변산로 3768	063-581-9977		p.340
와룡	지자체	전북	장수군 천천면 비룡로 632	063-353-1404	●	-
세심	지자체	전북	임실군 삼계면 임삼로 485	063-644-4611		-
고산	지자체	전북	완주군 고산면 휴양림로 246	063-263-8680		-

한눈에 보는 우리나라 자연휴양림

휴양림	구분	지역	주소	연락처	야영장	찾아보기
남원흥부골	개인	전북	남원시 인월면 인월리 산53-1	010-4155-3124	●	-
방화동	지자체	전북	장수군 번암면 방화동로 778	063-353-0855	●	-
데미샘	지자체	전북	진안군 백운면 데미샘 1길 172	063-290-6992		-
남원	개인	전북	남원시 갈치동 325	063-633-5333	●	-
성수산	개인	전북	임실군 성수면 성수리 산124	063-642-9456		-
천관산	국립	전남	장흥군 관산읍 칠관로 842-1150	061-867-6974	●	p.354
방장산	국립	전남	장성군 북이면 방장로 353	061-394-5523		p.362
낙안민속	국립	전남	순천시 낙안면 민속마을길 1600	061-754-4400	●	p.346
백아산	지자체	전남	화순군 북면 수양로 353	061-379-3737		-
유치	지자체	전남	장흥군 유치면 휴양림길 154	061-863-6351		-
제암산	지자체	전남	보성군 웅치면 대산길 330	061-852-4434	●	-
팔영산	지자체	전남	고흥군 영남면 팔영로 1347-418	061-830-5430	●	-
백운산	지자체	전남	광양시 옥룡면 백계로 337	061-797-2655		-
가학산	지자체	전남	해남군 계곡면 산골길 306	061-535-4812	●	-
한천	지자체	전남	화순군 한천면 죽헌로 719	061-379-3734		-
주작산	지자체	전남	강진군 신전면 주작산길 398	061-430-3306	●	-
다도해	지자체	전남	신안군 자은면 백산리	061-240-8454		-
순천	지자체	전남	순천시 서면 운평리 산 160	061-749-4070		-
여수봉황산	지자체	전남	여수시 돌산읍 대복길 160	061-643-9180	●	-
무등산편백	개인	전남	화순군 이서면 안심리 산 168	061-373-2065		-
느랭이골	개인	전남	광양시 다압면 신원리 산 125	1588-2704	●	-
청옥산	국립	경북	봉화군 석포면 청옥로 1552-163	054-672-1051	●	p.378
통고산	국립	경북	울진군 서면 불영계곡로 880	054-783-3167	●	p.388
칠보산	국립	경북	영덕군 병곡면 칠보산로 587	054-732-1607	●	p.408
검마산	국립	경북	영양군 수비면 검마산길 191	054-682-9009	●	p.398
운문산	국립	경북	청도군 운문면 운문로 763	054-373-1327	●	p.416
대야산	국립	경북	문경시 가은읍 용추길 31-35	054-571-7181		p.424
청송	지자체	경북	청송군 부남면 청송로 3478-96	054-872-3163	●	-

휴양림	구분	지역	주소	연락처	야영장	찾아보기
토암산	지자체	경북	경주시 양북면 불국로 1208-45	054-772-1254	●	-
불정	지자체	경북	문경시 불정길 180	054-522-9443	●	-
군위장곡	지자체	경북	군위군 고로면 장곡휴양림길 195	054-380-6317	●	-
구수속	지자체	경북	울진군 북면 십이령로 2721	054-789-5470	●	-
성주봉	지자체	경북	상주시 은척면 성주봉로 3	054-541-6512	●	-
안동계명산	지자체	경북	안동시 길안면 고란길 207-99	054-850-4700		-
금봉	지자체	경북	의성군 옥산면 휴양림길 114	054-833-0123	●	-
송정	지자체	경북	칠곡군 석적읍 반계3길 88	054-979-6600	●	-
옥성	지자체	경북	구미시 옥성면 휴양림길 150	054-481-4052	●	-
운주산승마	지자체	경북	영천시 임고면 승마휴양림길 105	054-330-6287	●	p.452
안동호반	지자체	경북	안동시 도산면 퇴계로 2150-28	054-840-8265		-
비학산	지자체	경북	포항시 기북면 탑정리	054-270-3253	●	-
수도산	지자체	경북	김천시 대덕면 추량리 651	054-435-5128		-
미숭산	지자체	경북	고령군 고령읍 신리 산45-17	054-956-6226		-
흥림산	지자체	경북	영양군 영양읍 군청길 37	054-682-2241		-
독용산성	지자체	경북	성주군 금수면 사더래길 144	054-930-8401	●	-
팔공산금화	지자체	경북	칠곡군 가산면 가산로 323	054-971-1551	●	-
비슬산	지자체	대구	달성군 유가면 휴양림길 230	053-614-5481		-
화원	지자체	대구	달성군 화원읍 화원휴양림길 126	053-634-7460		-
학가산	개인	경북	예천군 보문면 우래리 산 60	054-652-0114	●	-
지리산	국립	경남	함양군 마천면 음정길 152	055-963-8133	●	p.436
남해편백	국립	경남	남해군 삼동면 금암로 658	055-867-7881	●	p.444
신불산폭포	국립	울산	울주군 상북면 청수골길 175	052-254-2123	●	p.430
용추	지자체	경남	함양군 안의면 상원리 산 10-1	055-963-8702		-
거제	지자체	경남	거제시 동부면 거제중앙로 325	055-639-8115	●	-
금원산	지자체	경남	거창군 위천면 금원산길 412	055-254-3971	●	-
오도산	지자체	경남	합천군 봉산면 오도산휴양로 398	055-930-3733	●	-
대운산	지자체	경남	양산시 탑골길 208-124	055-379-8670	●	-

한눈에 보는 우리나라 자연휴양림

휴양림	구분	지역	주소	연락처	야영장	찾아보기
산삼	지자체	경남	함양군 서상면 금당리 산4	055-964-9886		-
대봉산	지자체	경남	함양군 병곡지곡로 333	055-964-1090		-
한방	지자체	경남	산청군 금서면 동의보감로 555번길 45-6	055-970-6951	●	-
화왕산	지자체	경남	창녕군 고암면 청간길 128-126	055-533-2332	●	-
구재봉	지자체	경남	하동군 적량면 서리	055-880-2483		-
원동	개인	경남	양산시 원동면 늘밭로	055-382-5839		-
중산	개인	경남	산청군 시천면 중산리 산153-1	055-972-0675		-
덕원	개인	경남	하동군 옥종면 종화리 545	055-884-0850		-
절물	국립	제주	제주시 명림로 584	064-721-7421		p.466
서귀포	국립	제주	서귀포시 1100로 882	064-738-4544	●	p.458
교래	지자체	제주	제주시 조천읍 남조로 2023	064-783-7482	●	p.472
붉은오름	지자체	제주	서귀포시 표선면 남조로 1487-73	064-782-9171	●	p.480

*각 자연휴양림 홈페이지(https://foresttrip.go.kr)와 산림청 홈페이지 참조(http://www.forest.go.kr)

우리 산천에서 즐기는
아웃도어 여행의 모든 것

중앙books × 대한민국 가이드 시리즈

**대한민국
드라이브
가이드** 〈신간〉 이주영·허준성·여미현

서울에서 제주까지 모든 길이 여행이 되는
국내 드라이브 코스 45

**대한민국
자동차 캠핑
가이드** 허준성·여미현·표영도

캠핑카부터 차박까지 차에서 먹고 자고 머무는
여행의 모든 것

**대한민국
꽃 여행
가이드** 〈신간〉 황정희

이른 봄 매화부터 한겨울 동백까지
사계절 즐기는 꽃 나들이 명소 60

**대한민국
섬 여행
가이드** 이준휘

걷고, 자전거 타고, 물놀이 하고,
캠핑하기 좋은 우리 섬 50곳

휴일만 손꼽아 기다리는 당신에게

최고의 야외 생활을 설계해 줄
중앙북스의 **대한민국 가이드** 시리즈를 소개합니다.

**대한민국
트레킹
가이드**　　　　진우석·이상은

등산보다 가볍게, 산책보다 신나게!
계절별·테마별 트레킹 코스 66개

**제주 오름
트레킹
가이드**　　　　이승태

오늘은 오름, 제주의 자연과 만나는
생애 가장 건강한 휴가

**서울·경기·인천
트레킹
가이드**　　　　진우석

캠핑카부터 차박까지 차에서 먹고 자고 머무는
여행의 모든 것

**대한민국
자전거길
가이드**　　　　이준휘

언제든 달리고 싶은 우리나라 최고의
물길, 산길, 도심길 자전거 코스

**대한민국
자연휴양림 가이드**

초판 1쇄 2015년 8월 1일
개정판 1쇄 2020년 10월 5일
개정판 2쇄 2022년 7월 4일

지은이 | 이준휘

대표이사 겸 발행인 | 박장희
제작 총괄 | 이정아
편집장 | 손혜린
책임 편집 | 문주미
마케팅 | 김주희, 김다은, 심하연

표지 디자인 | ALL designgroup
본문 디자인 | 김미연, 변바희, 장선숙
지도 디자인 | 양재연, 김영주

발행처 | 중앙일보에스(주)
주소 | (04513) 서울시 중구 서소문로 100(서소문동)
등록 | 2008년 1월 25일 제2014-000178호
문의 | jbooks@joongang.co.kr
홈페이지 | jbooks.joins.com
네이버 포스트 | post.naver.com/joongangbooks
인스타그램 | @j_books

ⓒ이준휘, 2020

ISBN 978-89-278-1156-5 14980
ISBN 978-89-278-1136-7 (세트)

- 이 책은 저작권법에 따라 보호받는 저작물이므로 무단 전재와 무단 복제를 금하며
  책 내용의 전부 또는 일부를 이용하려면 반드시 저작권자와 중앙일보에스(주)의 서면 동의를 받아야 합니다.
- 책값은 뒤표지에 있습니다.
- 잘못된 책은 구입처에서 바꿔 드립니다.

중앙books는 중앙일보에스(주)의 단행본 출판 브랜드입니다.